Accounting Standards and Tax Law

회계기준과 세법

최기호

도서출판
청람

| 머리말 |

대학에서 회계원리, 중급회계와 세무회계를 강의한 지 올해로 33년이 되었습니다. 그 동안 회계와 세법의 차이와 유사성을 일목요연하게 정리하고 설명해주는 책이 있으면 좋겠다고 막연하게 생각해왔지만 감히 쓸 엄두를 내지 못하고 있다가 마침내 용기를 내었습니다.

이 책을 쓰면서 다음과 같은 점에 초점을 두었습니다.

첫째, 이 책에서는 회계기준과 세법을 별도로 설명하는 것이 아니라 양자의 차이를 보여주고 왜 차이가 나게 되었는지를 설명합니다. 회계기준과 세법의 차이를 단순히 나열하는 데 그치지 않기 위해서 양자의 차이가 생긴 본질적인 이유에 대해 기술하고자 노력하였습니다. 이렇게 한 이유는 회계기준과 세법의 차이를 이해하는 것이 재무회계와 세무회계를 체계적으로 공부하기 위한 첫걸음이라고 생각했기 때문입니다. 이런 점에서 이 책은 다른 중급회계 교재들 및 세무회계 교재들과 차별화됩니다.

둘째, 그동안 많은 학생들이 K-IFRS 기준서나 법인세법 조문을 직접 보지도 않은 채 동영상 강의 등에만 의존해서 공부하는 모습을 보면서 안타까운 생각이 들곤 했습니다. 회계기준과 세법의 차이를 이해하기 위해서는 일차적으로 K-IRFS 기준서와 법인세법 조문을 직접 읽고 스스로 해석할 수 있어야 합니다. 이런 점을 감안해서 이 책에서는 K-IRFS 기준서와 법인세법 조문을 본문 안에서 직접 제시하였으며 이를 바탕으로 설명하고자 하였습니다.

셋째, 회계기준과 세법의 차이는 영구적일 수도 있고 일시적일 수도 있습니다. 그런데 회계기준과 세법의 차이를 더 깊이 있게 이해하기 위해서는 영구적 차이와 일시적 차이가 시간에 따라서 어떻게 조정되는지를 알아야 합니다. 이런 점에서 이 책에서는 회계기준과 세법의 차이가 시간이 흐르면서 어떻게 조정되는지를 보여주고자 하였습니다. 특히 각 장마다 사례와 예제들을 싣고 이를 통해서 회계기준과 세법의 시간 흐름에 따른 차이의 변화를 설명하고자 노력하였습니다.

이 책의 목표는 많은 지식을 잘 요약해서 전달하는 것보다는 독자들이 한 번 더 생각하고 스스로 이해할 수 있도록 돕는 것입니다. 이런 점에서 이 책은 일방적 지식전달을 위한 수험서보다는 강의실에서 교수와 수강생이 함께 토론하는 데 이용할 수 있는 강의용 교재로 적합하다고 생각합니다.

아직도 갈 길이 멀다고 생각하지만 일단 무사히 책을 마무리한 기쁨을 가족들과 함께 나누고 싶습니다. 그리고 이 책을 쓰면서 많은 분들의 도움을 받았습니다. 책을 쓰는 과정에서는 서울시립대학교 세무전문대학원의 이예지 박사님 그리고 박사과정 김혜성 회계사의 도움을 받았고, 서울시립대학교 세무학과 16학번 박수진 회계사는 원고교정에 도움을 주었습니다. 또한 서울시립대학교 세무학과 18학번 강정인, 김가영, 조예진 학생은 바쁜 수험생활 중에서도 예제를 풀어보고 틀린 부분을 찾아주었습니다. 20학번 임다빈 학생은 초보자 관점으로 책의 난이도를 알려주었습니다. 모두에게 감사드립니다. 마지막으로 어려운 출판환경하에서도 출간에 힘써주신 도서출판 청람의 이수영 사장님과 편집부 직원 선생님들께도 감사드립니다.

2022년 8월 저자 드림

| 차례 |

CHAPTER 1 회계와 세법의 차이와 조정

CHAPTER 2 자산 · 부채 그리고 수익 · 비용

CHAPTER 5 유형자산의 취득원가

CHAPTER 6 유형자산의 감가상각

CHAPTER 7

유형자산의 재평가와 손상차손

CHAPTER 8

금융자산의 취득과 평가

CHAPTER 9

금융자산의 손상차손

CHAPTER 10

부채

CHAPTER 11

이자와 배당

CHAPTER 12

종업원급여

CHAPTER 13

주식기준보상

CHAPTER

1

회계와 세법의 차이와 조정

이번 장의 차례

1. 기업회계기준과 법인세법의 차이
2. 차이의 조정: 세무조정
3. 세무조정의 유형

CHAPTER 1

회계와 세법의 차이와 조정

기업회계기준과 법인세법은 기업의 일정기간 당기순이익, 즉 소득을 측정한다는 점에서 동일하다. 그러므로 기업회계기준과 법인세법은 많은 부분에서 서로 일치한다. 그렇지만 기업회계기준은 기업의 외부이용자에게 유용한 정보를 제공하는 것을 목적으로 하고 법인세법은 과세당국에게 기업의 조세부담능력에 대한 정보를 제공한다는 점에서 다르다. 이런 실행목표에서의 차이가 기업회계기준과 법인세법의 차이를 가져온다.

기업회계기준을 적용하여 측정한 재무보고 목적의 당기순이익은 법인세법을 적용하여 측정한 과세소득인 사업연도소득과 다르다. 양자의 차이를 조정하는 과정을 세무조정이라고 부른다. 세무조정은 결산상의 당기순이익을 기초로 사업연도소득과의 차이를 가감하는 방식으로 수행된다.

세무조정은 회계상 수익과 비용 그리고 법인세법상 익금과 손금의 차이를 조정하는 직접조정과 회계상 자산, 부채, 자본 그리고 법인세법상 자산, 부채, 자본의 차이를 조정하는 간접조정으로 구분된다. 간접조정은 다시 자산과 부채의 차이로 인한 조정과 자본항목인 잉여금의 조정 등의 유형으로 구분할 수 있다.

#기업회계기준과법인세법 #당기순이익과사업연도소득 #세무조정

1 기업회계기준과 법인세법의 차이

기업회계기준과 법인세법은 어떤 점에서 같고 어떤 점에서 다른가? 그리고 그 차이는 무엇 때문에 생겨났는가? 여러분들이 이번 학기 동안 계속해서 고민하고 알아볼 내용이다. 이번 절에서 간단하게 생각해본다.

1.1 기업회계기준과 법인세법

우리나라의 삼성전자, 현대자동차 그리고 미국의 애플, 구글과 같은 기업들은 모두 분기별 혹은 연차별로 재무제표를 작성하여 투자가들에게 공시한다. 또한 이들 기업들은 자국의 과세당국(우리나라의 국세청, 미국의 IRS)에 1년간의 소득을 신고한다. 기업들이 작성하는 재무제표는 주주, 채권자와 같은 외부이해관계자들에게 제공되는 것이며 과세당국에게 신고하는 소득은 법인세를 납부하기 위함이다.

재무제표는 기업회계기준에 따라서 작성된다. 기업회계기준은 일반적으로 인정된 회계원칙(Generally Accepted Accounting Principle: GAAP)이라고도 불린다. 원래 GAAP이 갖는 의미는 정해진 단 하나만의 명문화된 회계기준을 나타낸다기보다는 명문화되지 않았다고 하더라도 기업들이 따르고 있는 회계 관행 등까지 포함하는 넓은 의미이다. 그렇지만 주로 따라야 하는 것은 명문화된 기준일 것인데 우리나라에서는 일반기업회계기준과 한국채택국제회계기준(K-IFRS)이 있다. K-IFRS는 비록 우리나라가 스스로 제정한 기준은 아니지만 우리가 따른다고 국제사회에 약속한 국제회계기준이다. 반면 일반기업회계기준은 국제회계기준을 지키기 어려운 기업들을 위해서 만든 단순화한 회계기준이다. 우리나라에서 상장기업은 K-IFRS를 반드시 준수해야 하지만 비상장기업은 K-IFRS 대신에 일반기업회계기준에 의거하여 재무제표를 작성할 수도 있다. 본 교재에서는 K-IFRS를 중심으로 설명한다. 따라서 본 교재에서 특별한 언급 없이 기업회계기준이라고 하면 K-IFRS를 지칭하는 것으로 생각하면 된다.

법인세는 법인세법에 따라서 신고한다. 기업이 법인세 신고 시 준수해야 할 세법은 법인세법뿐만 아니라 법인세법 시행령, 시행규칙 등이 모두 포함된다. 법인세법은 국회에서 제정되는 것이고 법인세법 시행령은 행정부가 주도하여 대통령령으로 제정된다. 그리고 시행규칙은 기획재정부가 제정한다. 법인세법은 상대적으로 근본적인 사항을 규정하고 시행령은 실제 법을 시행하는 데 필요한 세부사항들을 규정하며 시행규칙은 시행령에서도 전부 규정할 수 없는 사항들을 담는다. 시행규칙에서조차 담을 수 없는 세부사항들에 대해서 예규나 집행기준에서 보완한다.

예를 들어 감가상각비의 규정을 보자. 법인세법에서는 감가상각비를 손금에 산입한다는 원칙만이 기술되어 있다. 감가상각비를 계산하기 위한 내용연수, 잔존가액, 상각방법에 대한 내용은 법인세법 시행령에 나온다. 그리고 시행규칙에는 자산의 종류별 내용연수를 규정하고 있다.

1.2 기업회계기준과 법인세법의 유사성

여러분들이 회계원리 혹은 중급회계를 통해서 공부한 바와 같이 재무제표는 재무상태표, 손익계산서, 현금흐름표 등으로 구성되며 기업의 자산, 부채 그리고 당기순이익이나 현금흐름에 대한 정보가 담겨있다. 이에 비하여 기업의 법인세 납부를 위해서는 과세당국에 1년간의 소득만을 신고하면 된다. 1년간의 소득을 당기순이익과 비슷한 개념이라고 생각하면 법인세 신고용으로 손익계산서만 만들면 된다는 점에서 법인세 신고는 재무제표 공시보다 단순한 것처럼 보인다. 그러나 여러분들이 다 알고 있다시피 자산, 부채, 당기순이익과 현금흐름은 각자 독립적으로 정해지는 것이 아니다. 따라서 비록 소득만 신고한다고 하더라도 자산, 부채, 현금흐름을 다 알고 있어야 하는 것이다.

이렇게 보면 재무제표를 작성하여 공시하는 회계의 업무나 1년간 소득을 계산하여 신고하는 법인세 신고 업무는 큰 개념에서 해야 할 일이 크게 다르지 않다. 따라서 기업회계기준과 법인세법은 기본적으로 많은 부분에서 서로 일치한다. 비록 동일한 대상을 가리키더라도 사용하는 용어가 서로 다르기는 하지만 이에 익숙해지기만 한다면 기업회계기준을 열심히 공부한 학생들은 법인세법의 대부분을 남보다 훨씬 빨리 그리고 보다 쉽게 이해할 수 있을 것이다.

1.3 기업회계기준과 법인세법의 차이

동일한 기간의 소득을 측정하고자 한다는 면에서 기업회계기준과 법인세법은 서로 다른 점보다는 같은 점이 훨씬 많다. 그러나 100% 일치하지는 않으며 이렇게 다른 점이 법인세법을 공부하는 것을 어렵게 만들고 법인세법에 대한 진입장벽의 역할을 한다. 이에 따라 우리는 기업회계기준과 법인세법의 차이를 큰 틀에서 검토해보는 것으로부터 출발하고자 한다.

기업회계기준과 법인세법은 측정대상, 실행목표, 필요한 정보의 특성이나 경영자 판단의 존중 정도에서 차이가 있다. 우선 왜 차이가 있는지를 먼저 이해하는 것이 세부적으로 기업회계기준과 법인세법을 비교할 때 도움이 된다. 다음의 〈표 1-1〉은 기업회계기준과 법인세법의 차이점을 요약해서 보여준다.

〈표 1-1〉에서 보면 기업회계기준과 법인세법의 차이는 실행목표에서부터 시작된다. 기업회계기준에서는 주주나 채권자들과 같은 외부이용자들에게 유용한 정보를 제공하는 것이 목표인 반면, 법인세법은 과세당국에게 기업의 조세부담능력에 대한 정보를 제공해주는 것이 목표이다. 주주나 채권자들은 기업의 미래가치를 판단할 수 있는 정보를 원한다. 과세당국은 기업의 과거 실적에 따른 세금부담능력을 알고 싶어 한다. 미래와 과거가 완전히 독립적이지 않고 서로 상관관계가 높다는 점에서 미래에 대한 정보와 과거에 대한 정보는 비슷할 수도 있겠지만 세부적으로 다를 수밖에 없다.

과거 실적을 보여주는 정보에서는 객관성, 정확성이 핵심이다. 미래가치를 보여주는 정보는 합리성, 예측가능성 등이 핵심이다. 기업의 미래가치는 아직 오지 않은 미래에 관한 것이므로 정답은 존재하지 않는다. 다만 그래도 이에 대해서 가장 잘 알고 있는 사람은 경영자이다. 따라서 기업의 미래가치를 보여주기 위해서는 경영자의 재량적인

표 1-1 기업회계기준과 법인세법의 차이

구분	기업회계기준	법인세법
측정대상	회계기간 동안 기업의 당기순이익	사업연도 동안의 사업연도소득
실행목표	외부이용자(주주 및 채권자)에게 유용한 정보제공	과세당국에게 기업의 조세부담능력에 대한 정보제공
정보의 특성	기업의 미래가치 판단에 유용한 정보	기업의 과거 실적을 계산하여 과세
경영자 판단	경영자의 합리적 판단을 존중	자의적 판단을 억제하고 객관적 사실에 근거한 과세

판단을 신뢰하고 인정해주어야 한다. 이에 비해서 기업의 과거 실적은 정답이 존재한다. 그렇기 때문에 재량적 판단을 최소화하고 오직 객관적인 증거에 의해서만 결정되어야 한다. 이것이 기업회계기준과 법인세법의 가장 결정적인 차이점이다.

1) 사례: 미실현평가익

사례 1-1

갑회사는 투자목적으로 주식을 100만원에 취득하여 보유 중인데 기말현재 200만원으로 평가된다.

위 (사례 1-1)을 보면 갑회사가 보유한 주식의 가치는 100만원 상승하였는데 이는 아직 현금화되지 않았으므로, 즉 실현되지 않았으므로 미실현이익이다. 앞서 말한 바와 같이 기업회계에서는 기업의 미래가치를 판단할 수 있는 정보를 제공하고자 한다. 100만원의 미실현이익은 지금 당장 처분하면 100만원의 현금이 들어온다는 의미가 되기도 하면서 앞으로도 이 정도의 이익을 실현시킬 수 있다는 점을 보여주는 정보로서 미래가치 판단에 유용하다. 따라서 기업회계기준에서는 미실현이익(혹은 손실)을 재무제표에 적극적으로 표시한다. 위 사례의 경우라면 재무상태표에는 주식의 가치를 200만원으로 나타내고 손익계산서에는 100만원의 평가이익을 보고하게 된다.[1)]

기업회계기준과는 달리 법인세법에서는 기업의 조세부담능력을 중시한다. 만일 위 사례에서와 같은 100만원의 미실현이익에 대해서 법인세를 부과한다고 하자. 그러면 어떻게 될까? 주식의 미실현이익은 아직 현금화되지 않았지만 법인세는 당장 현금으로 납부해야 한다. 기업에서 별도로 보관 중인 현금이 없다면 법인세를 납부하기 위해서 억지로 주식을 처분하여야만 할 것이다. 이렇게 억지로 주식을 처분하게 되면 의도치 않게 시가보다 낮은 가격으로 처분해야 하는 경우도 생길 수 있다. 따라서 미실현이익에 대해서 과세하는 것은 납세자에게 큰 부담이 될 수 있다.

위 사례와는 반대로 주식의 가치가 하락하여 미실현손실이 생겼다고 하자. 만일 미실현이익에 대해서 법인세를 부과한다고 가정하면 형평상 미실현손실은 과세소득에서 차감되어야 하고 그만큼 법인세 부담은 감소해야 한다. 그러나 법인세법에서는 미실현

1) 해당 주식을 당기손익-공정가치 지분상품으로 측정하는 경우이다. 만일 기타포괄손익-공정가치 지분상품으로 측정할 것을 선택하였다면 당기손익이 아닌 기타포괄손익으로 표시한다. 이에 대해서는 제8장에서 살펴보게 될 것이다.

손실에 대한 경영자의 판단을 신뢰하지 않으므로 미실현손실에 대해서도 비용(혹은 손금)으로 인정하지 않는다. 이와 같이 법인세법에서 미실현손익을 이익(혹은 익금)이나 비용(혹은 손금)으로 인정하지 않는 것은 납세자 부담을 가중시킨다는 점 외에도 이에 대한 경영자의 재량적 판단을 신뢰하지 않기 때문임을 알 수 있다. 결국 법인세법에서는 기업회계기준과는 달리 미실현이익(혹은 손실)을 소득으로 보지 않는다. 위 사례에서 보면 주식은 법인세법상 여전히 100만원으로 평가된다.

2) 사례: 충당부채

여러분은 회계상 충당부채를 기억하는가? 회계원리 혹은 중급회계를 열심히 공부한 학생이라면 충당부채가 무엇인지 잘 알고 있을 것이다. 우리가 흔히 부채라고 하는 것은 앞으로 갚아야 할 금액과 시기가 정해진 확정부채를 의미한다. 그러나 때로는 갚는 시기와 금액이 불확실한 경우도 있는데 불확실한 가운데에서도 시기와 금액을 어느 정도 합리적으로 추정할 수 있다면 이를 회계상 부채로 계상하게 된다. 이러한 부채를 충당부채라고 한다. 물론 충당부채에 대해서는 앞으로 더욱 자세하게 알아보게 될 것이다. 아래의 (사례 1-2)를 한번 보도록 하자.

사례 1-2

갑회사는 판매하는 제품에 대해 2년간 품질보증을 하였으며 이로 인한 비용으로 향후 100만원이 지출될 것으로 예상된다.

(사례 1-2)에서는 충당부채의 전형적인 상황을 보여준다. 갑회사가 품질보증에 대한 약속을 하였고 그로 인하여 100만원의 미래 지출이 예상된다. 중요한 것은 현재의 의무가 존재하는지 그리고 그 의무로 인한 미래 현금지출을 합리적으로 추정할 수 있는가이다. 상식적으로 판단해볼 때 회사가 소비자들에게 행한 약속은 구속력이 있으며 함부로 취소할 수 없다. 또한 향후 100만원의 지출은 합리적 추정이 가능하다. 따라서 기업회계기준의 입장에서 보면 이때 100만원은 비록 확정된 것은 아니지만 추정되는 부채, 즉 충당부채로 계상해야 한다. 물론 조금만 더 기다려보면 100만원의 지출이 실제로 그대로 일어날 것인지가 확실해질 것이다. 그렇지만 투자가들에게 기업의 미래가치를 보여줄 수 있는 유용한 정보를 제공해준다는 측면에서 보면 보다 더 확실해질 때

까지 기다리기보다는 현재 부채로 계상하는 것이 올바른 선택이 될 것이다. 따라서 위 (사례 1-2)에 대해서는 회계상 다음과 같이 분개한다.

차) 품질보증비용	100만원	대) 보증충당부채	100만원

그렇다면 과연 법인세법에서도 위와 같이 비용과 부채를 인식해야 할까? 그렇지 않다. 법인세법의 관점에서 보면 미래 100만원의 지출이 예상된다는 것은 그저 경영자의 자의적인 판단에 불과한 것이고 신뢰할 수 없는 금액이다. 만일 이런 경영자의 자의적 판단을 허용한다면 법인세를 낮추기 위해서 경영자들은 얼마든지 자의적으로 비용을 계상할 수 있을 것이다. 결론적으로 법인세법에서는 충당부채를 인정하지 않는다.

위와 같은 두 개의 사례를 보면서 우리는 기업회계기준과 법인세법의 차이가 나는 근본적인 원인이 무엇인지에 대해서 생각해볼 수 있다. 결국 경영자의 자의적 판단을 어디까지 신뢰할 것인가이다. 기업의 미래가치는 경영자가 가장 잘 알 수밖에 없기 때문에 기업회계기준에서는 경영자의 판단을 존중하고 신뢰한다. 그렇지만 법인세법에서는 경영자가 법인세부담을 낮추기 위해서 자의적 판단을 할 위험을 더욱 크게 생각한다. 이에 따라 법인세법에서는 경영자의 자의적 판단을 최대한 억제하고자 한다.

우리는 앞으로 기업회계기준과 법인세법의 차이를 확인하고 이를 조정하는 과정을 공부한다. 이번 절에서는 그 첫걸음으로 양자의 차이가 왜 나는지를 개념적으로 보여주고 그 사례를 들었다. 기업회계기준과 법인세법은 그 목표에서 차이가 난다. 즉 기업회계기준에서는 외부이용자들에게 기업의 미래를 보여주는 유용한 정보를 제공한다는 목표를 갖고 있지만 법인세법에서는 과세당국에게 기업의 조세부담능력을 보여주는 과거 실적을 파악한다는 목표를 갖는다. 이런 목표의 차이가 그 이후 양자의 차이를 가져오는 주된 원인이다. 기업의 미래는 경영자가 가장 잘 알고 있다. 따라서 기업회계기준에서는 비록 경영자의 재량성이라는 위험이 있다고 하더라도 어느 정도 합리적 수준에서 경영자의 판단을 존중하지만 법인세법에서는 훨씬 엄격하게 제한한다. 여러분은 앞으로 양자의 차이를 보면서 항상 이러한 점을 명심해야 한다.

2 차이의 조정: 세무조정

앞선 절에서 간략하게 기업회계기준과 법인세법의 차이에 대해서 설명해보았다. 물론 이렇게 간략하게 살펴본 것으로 여러분들이 양자의 차이를 완전하게 이해할 수 있을 것이라고는 생각하지 않는다. 이는 단지 시작일 뿐이지만 여러분들은 시작이 반이라는 속담을 믿고 인내심을 가지고 공부하기 바란다. 기업회계기준과 법인세법이 왜 차이가 나는지를 어렴풋하게라도 이해하였다면 그 다음으로는 이 차이를 어떻게 조정할 것인지에 대해서도 생각해보아야 할 것이다.

2.1 왜 차이를 조정해야 하는가?

기업회계기준과 법인세법의 차이를 조정한다는 것은 무슨 의미인가? 그리고 왜 조정해야 하는가? 차이를 조정한다는 것은 기업회계상 당기순이익과 법인세법상 과세소득을 각자 구하기보다는 기업회계상 당기순이익에서 차이만큼 가감하여 법인세법상 과세소득을 구한다는 의미이다. 물론 차이를 조정하지 않고 기업회계기준과 법인세법을 서로 분리해서 독자적으로 각각 소득을 계산할 수도 있다(독립적 계산방식). 그렇지만 기업회계기준과 법인세법이 유사하다면 굳이 독립적으로 소득을 계산하기보다는 기업회계기준을 적용해서 만들어진 소득(당기순이익)을 기초로 양자의 차이점만을 반영하여 조정하여 세법상 소득, 즉 사업연도소득을 계산하는 것이 효율적일 수도 있다(조정계산방식). 법인세법상 과세소득을 구하는 데 독립적 계산방식을 이용할 것인지 아니면 조정계산방식을 이용할 것인지는 양자의 차이가 얼마나 큰지에 달려있다.

만일 양자의 차이가 상당히 크다면 차라리 서로를 무시하고 독립적으로 소득을 각자 계산하는 방식이 효율적일 것이다. 그러나 양자의 차이가 크지 않다면 기업회계기준에서 구한 소득을 기초로 차이만을 조정하여 법인세법상 과세소득을 구하는 조정계산방식이 더욱 효율적일 것이다. 따라서 기업회계기준과 법인세법의 차이를 조정해야 하는 이유는 양자의 계산방식이 유사하다는 전제하에 보다 효율적으로 법인세법상 과세소득을 계산하기 위함이다.[2)]

2) 우리나라 법인세법 제43조에서는 일반적으로 공정·타당하다고 인정되는 기업회계기준을 적용하거나 관행을 계속 적용하여 온 경우에는 이 법 및 「조세특례제한법」에서 달리 규정하고 있는 경우를 제외하고

우리나라에서는 법인세법상 과세소득을 조정계산방식으로 구한다. 물론 과세소득을 조정계산방식이 아닌 독립적 계산방식으로 구했다고 해서 법인세법에 어긋나는 것은 아니다. 최종적인 과세소득만 차이가 없다면 말이다. 그러나 법인세법 자체가 암묵적으로 가정하고 있는 과정은 회계상 당기순이익을 기초로 조정을 하는 방식이라는 점에 주의해야 한다. 따라서 앞으로 본 교재에서도 법인세법을 설명할 때 회계상 당기순이익에서 차감 혹은 가감한다는 절차를 염두에 두고 설명하게 될 것이다. 그리고 이렇게 차이를 조정하는 과정을 세무조정이라고 한다.

2.2 용어

먼저 용어부터 정리하면 기업회계기준에서 구한 회계기간 동안의 소득을 우리는 당기순이익이라고 부른다. 반면 법인세법에서는 사업연도소득[3]이라고 부른다. 당기순이익과 사업연도소득은 같은 개념이다. 굳이 차이를 두자면 회계상 당기순이익은 법인세비용을 차감한 세후 소득인 반면, 법인세법상 사업연도소득은 법인세가 차감되지 않은 세전 소득이다. 따라서 정확하게 표현한다면 법인세법상 사업연도소득은 회계상 법인세비용 차감 전 당기순이익과 의미가 같다. 같은 개념이면 동일한 용어를 이용하는 것이 좋지 않을까 하는 생각도 할 수 있지만 오히려 같은 용어를 이용하면 이것이 회계상 개념을 지칭하는 것인지 아니면 법인세법상 개념을 지칭하는 것인지 혼란을 초래할 수 있다. 이런 점에서 동일한 개념이라고 하더라도 회계와 법인세법이 서로 다른 용어를 이용하는 것이 바람직하다.

회계상 당기순이익은 수익에서 비용을 차감해서 구한다. 법인세법의 사업연도소득은 익금에서 손금을 차감하여 구하게 된다. 따라서 회계상 수익과 법인세법상 익금 그리고 회계상 비용과 법인세법상 손금은 서로 대응되는 동일한 개념이다. 회계상으로는 수익, 이득, 차익 등으로 세분화하기도 하지만 법인세법에서는 과세되는 익금이라면 그 성격에 따라 구분하지 않는다. 회계에서는 동일한 수익이라고 하더라도 그 성격을 구

는 그 기업회계기준 또는 관행에 따른다고 규정하고 있다. 즉 법인세법상 규정된 조항 이외에는 기업회계기준에 따른 회계처리가 인정된다. 따라서 이런 점에서도 법인세법상 과세소득을 기업회계기준상 당기순이익을 기초로 하여 구하는 조정계산방식을 사용하는 법이 효율적이다.

3) 엄밀하게 보자면 법인세법상에서 기부금 한도초과를 조정하기 전 소득을 차가감소득이라고 부르고 기부금 한도초과를 조정한 후에는 각 사업연도소득이라고 부른다. 그러나 본 교재에서는 편의상 모든 세무조정을 종료한 후 세법상 과세소득이라는 의미로 사업연도소득이라고 부른다.

분하여 정보로 제공하는 것이 필요하지만 법인세법에서는 어차피 법인세를 과세한다는 면에서 동일하기 때문에 익금을 또 다시 성격별로 나누는 것은 불필요하다. 마찬가지로 회계에서는 비용, 손실, 차손 등으로 세분화하여 보고하기도 하지만 법인세법에서는 모두 손금이라는 하나의 용어로 나타낸다.

2.3 직접조정과 간접조정

법인세법과 기업회계기준의 차이를 조정하는 방식은 여러 가지가 있을 수 있다. 우선 아래의 〈표 1-2〉를 보도록 하자.

표 1-2 법인세법과 기업회계기준의 차이와 조정

기업회계상 당기순이익(A)	=	수익	−	비용	=	순자산 증감	−	잉여금 변동
법인세법상 사업연도소득(B)	=	익금	−	손금	=	순자산 증감	−	잉여금 변동
기업회계와 법인세법 차이 (A−B)	=	익금산입 익금불산입	−	손금산입 손금불산입	=	유보	−	기타
		직접조정				간접조정		

위의 〈표 1-2〉에서는 기업회계기준과 법인세법의 차이를 조정해서 법인세법상 과세소득을 구하는 과정을 요약해서 보여준다. 회계상 당기순이익은 수익에서 비용을 차감한 것이다. 법인세법에서 수익과 비용은 각각 익금과 손금이라고 불린다. 만일 기업회계기준의 당기순이익과 법인세법상 사업연도소득의 차이가 있다면 수익 대 익금 그리고 비용 대 손금에서 차이가 있다는 의미일 것이다. 세무조정이란 기업회계상 당기순이익을 법인세법의 사업연도소득으로 전환하는 과정이므로 수익을 익금으로 조정하기 위해서 수익 중 익금이 아닌 금액을 차감하고 수익은 아니지만 익금에 해당하는 금액을 가산하여야 한다. 전자를 익금불산입, 후자를 익금산입이라고 한다. 낯선 용어이기는 하지만 조금만 생각해보면 왜 이런 용어를 사용하는지를 이해할 수 있을 것이다. 비용과 손금 사이에서도 유사한 조정이 필요하므로 손금불산입, 손금산입이라는 용어를 이용한다. 따라서 법인세법상 사업연도소득을 구하기 위해서는 회계상 당기순이익에 익금산입과 손금불산입을 가산하고 익금불산입과 손금산입을 차감해야 한다. 이렇게 당기순이익에서 수익과 비용을 익금과 손금으로 전환하는 경로를 편의상 직접조정이라고 부르기로 하자.

(직접조정)

사업연도소득 = 당기순이익 + 익금산입 및 손금불산입 – 손금산입 및 익금불산입

여러분의 회계지식을 조금 더 활용해보도록 하자. 회계학을 공부하면서 수익과 비용은 자산과 부채와 서로 연결되어 있다는 것을 이미 알고 있을 것이다. 앞선 (사례 1-1)에서 주식의 평가이익 100만원을 수익으로 인식하게 되면 주식의 장부가액은 100만원에서 200만원으로 상승한다. 마찬가지로 (사례 1-2)에서 제품보증충당부채를 인식한다는 것은 동일한 금액의 제품보증비용을 인식한다는 것이다. 따라서 기업회계기준과 법인세법 사이의 자산과 부채에 대한 금액 차이가 있으면 당기순이익과 사업연도소득의 차이가 생긴다. 예를 들어서 회계상 자산의 증가로 보지만 세법에서는 자산의 증가를 인정하지 않는다면 이는 수익과 익금의 차이로 이어져서 당기순이익에서 해당 금액을 차감하여야만 사업연도소득이 구해진다. 즉 익금불산입 조정이 있어야 한다. 앞선 (사례 1-1)에서의 미실현이익의 경우를 생각해보면 알 수 있을 것이다. 반대로 회계상 부채가 생겼지만 세법에서 이를 인정하지 않는다면 회계상 비용을 세법상 손금으로 인정하지 않는다는 의미이며 손금불산입 조정이 필요하게 된다. 따라서 당기순이익보다 사업연도소득은 증가한다.

당기순이익과 사업연도소득 간 차이는 순자산 증감의 차이뿐만 아니라 잉여금 차이에 의해서도 나타난다. 다소 어려울 수 있겠지만 자기주식의 경우를 예로 들어보자. 회사가 자기주식을 100원에 취득하여 200원에 처분하였다면 100원의 자기주식처분익이 생긴 것이고 이는 회계상 당기순이익이 아닌 (자본)잉여금의 증가로 본다. 그러나 법인세법에서는 자기주식처분익도 과세소득인 사업연도소득이 되어야 한다. 즉 회계상 잉여금 증가지만 법인세법에서는 사업연도소득이 생긴 것이므로 익금산입 조정이 필요하다. 만일 자기주식처분익이 아니라 자기주식처분손실이 생겼다면 반대로 손금산입 조정이 필요할 것이다. 따라서 순자산의 차이와 더불어 잉여금의 차이도 당기순이익과 사업연도소득의 차이를 가져온다는 것을 알 수 있다. 당기순이익을 순자산의 차이와 잉여금 차이를 통해서 조정하는 것을 편의상 간접조정이라고 부르기로 하자.

(간접조정)

사업연도소득 = 당기순이익 ± 순자산 증감 차이 ± 잉여금 증감 차이

지금까지 설명한 바와 같이 세무조정은 당기순이익을 기초로 금액을 조정하여 사업

연도소득을 구하는 과정이다. 그리고 이는 직접조정과 간접조정으로 구분한다. 직접조정은 수익을 익금으로, 비용을 손금으로 전환하는 조정이다. 간접조정은 수익과 비용, 익금과 손금의 차이를 순자산 증감과 잉여금 증감의 차이로 간접적으로 구하는 것이다. 직접조정으로 하든지 간접조정으로 하든지 어떻게 하든 결과는 같다. 그렇지만 양자를 다 같이 이해하고 있어야 법인세법을 이해하는 것이 쉬워진다.

예제 1-1

회계상 자산 기초 10,000원, 기말 18,000원, 부채 기초 6,000원, 기말 9,000원, 자본금 기초와 기말 모두 3,000원, 이익잉여금에 대한 배당금 지급 500원이라면 당기순이익은 얼마인가?

| 풀이 |

※ 기초와 기말의 재무상태표를 만들어보면 아래와 같다.

	기초	기말	차이
자산	10,000	18,000	8,000
	10,000	18,000	8,000
부채	6,000	9,000	3,000
자본금	3,000	3,000	–
이익잉여금	1,000	500	(500)
당기순이익	–	5,500	5,500
	10,000	18,000	8,000

※ 위와 같은 표에서 보면 당기순이익은 5,500원이라는 것을 금방 알 수 있다. 그리고 앞서 설명한 대로 당기순이익은 순자산 증가 8,000원에서 부채 증가 3,000원을 차감하고 잉여금 감소 500원을 더한 금액이라는 것도 알 수 있다. 결국 순이익은 순자산 증감 그리고 잉여금 변동과 관련이 있음을 보여준다. 즉 다음과 같이 계산될 수 있다.

당기순이익 5,500원=자산 증가 8,000원−부채 증가 3,000원+잉여금 감소 500원=5,500원

예제 1-2

앞선 〈예제 1-1〉에서 이어진다. 세무상 자산 기초 15,000원, 기말 19,000원, 부채 기초 6,000원, 기말 6,500원, 자본금 기초와 기말 모두 3,000원, 그리고 세무상 기말잉여금은 5,100원이라면 사업연도소득은 얼마인가?

| 풀이 |

※ 기초와 기말의 세무상 재무상태표를 만들어보면 아래와 같다.

	기초	기말	차이
자산	15,000	19,000	4,000
	15,000	19,000	4,000
부채	6,000	6,500	500
자본금	3,000	3,000	–
이익잉여금	6,000	5,100	(900)
사업연도소득	–	4,400	4,400
	15,000	19,000	4,000

※ 위와 같은 표에서 보면 사업연도소득은 4,400원이라는 것을 알 수 있다. 즉 다음과 같이 계산한다.

사업연도소득=자산 증가 4,000원－부채 증가 500원＋잉여금 감소 900원=4,400원

※ 사업연도소득을 위와 같이 독립적으로 계산하지 않고 기업회계와의 차이를 조정하는 방식으로 구할 수도 있다(세무조정방식). 이는 다음과 같다.

	회계상 변동	세무조정	세무상 변동
자산	8,000	(4,000)	4,000
	8,000	(4,000)	4,000
부채	3,000	(2,500)	500
자본금	–	–	–
이익잉여금	(500)	(400)	(900)
당기순이익	5,500	(1,100)	4,400
	8,000	(4,000)	4,000

※ 위에서와 같은 세무조정방식으로 사업연도소득을 구하면 다음과 같이 회계상 당기순이익에서 차이를 조정하면 된다.

사업연도소득=회계상 당기순이익 5,500원－자산변동의 차이 4,000원＋부채변동의 차이 2,500원＋잉여금 변동의 차이 400원=4,400원

2.4 결산조정과 신고조정

흔히 세무조정을 결산조정과 신고조정으로 구분하기도 한다. 회사가 법인세를 신고하기 위해서는 결산과 신고절차를 거쳐야 한다. 결산은 장부를 작성하고 그에 따라 재무상태표와 손익계산서를 작성하는 과정이다. 여러분이 회계원리를 처음 공부할 때 경험을 떠올려보라. 아마도 거의 모든 학생들이 거래를 분개하고 수정분개와 마감분개를 거쳐서 시산표를 만들고 재무상태표와 손익계산서를 만드는 과정부터 회계학 공부를 시작했을 것이다. 그리고 이를 회계순환과정이라고 한다고 배웠을 것이다. 이것이 바로 결산과정이다. 법인세 신고는 이런 결산과정에서 만들어진 재무상태표와 손익계산서, 즉 결산서류를 기초로 세무조정을 거친 후 납부세액을 세무서에 신고하는 과정이다.

결산조정항목은 결산에 반영되어야만 익금과 손금에 반영할 수 있는 항목들이다. 반면 신고조정항목은 결산과는 무관하게 신고과정에서 익금과 손금으로 정할 수 있는 항목들이다. 따라서 결산조정항목은 실제로는 세무조정이 필요 없다. 우리가 세무조정이라고 하는 것은 신고절차에서 가감하는 항목들, 즉 신고조정을 의미한다. 그럼에도 불구하고 결산조정과 신고조정을 구분해야 하는 이유는 법인세법 조문을 읽고 이해하는데 필요하기 때문이다. 결산조정과 신고조정을 이해하기 위해서 법인세법 조문 하나를 예로 들어보자.

법인세법 제23조(감가상각비의 손금불산입)
내국법인이 각 사업연도의 결산을 확정할 때 …(중략)… 감가상각비를 손비로 계상한 경우에는 …(중략)… 그 계상한 감가상각비를 해당 사업연도의 소득금액을 계산할 때 손금에 산입하고, 그 계상한 금액 중 상각범위액을 초과하는 금액은 손금에 산입하지 아니한다.

위 조문을 읽어보면 감가상각비를 손금에 산입하려면 감가상각비를 손비로 계상하여야 한다는 것을 알 수 있다. 이는 결산조정을 의미한다. 즉 감가상각비는 신고과정에서 손금으로 세무조정하는 것은 허용되지 않고 결산단계에서 결산서에 반영되어야만 손금에 계상할 수 있다는 것이다. 그렇다면 당기순이익과 사업연도소득은 감가상각비로 인하여 차이가 나지 않을 것이며 세무조정은 필요 없을 것이다. 그런데 그 다음 구절을 보면 “상각범위액을 초과하는 금액은 손금에 산입하지 아니한다”고 규정되어 있다. 이 구절의 의미는 회사가 결산에 반영한 감가상각비라고 하더라도 세법에 정하는 일정범위를 초과하게 되면 손금으로 인정하지 않는다는 것인데 그렇게 되면 해당 금액만큼은 손금불산입 조정을 해야 한다. 따라서 이 경우에는 신고단계에서 세무조정이 필요하다. 이를 신고조정이라고 부른다.

3 세무조정의 유형

법인세법상 사업연도소득과 회계상 당기순이익 간의 차이는 매우 다양한 형태로 나타난다. 그렇지만 차이의 원인에 따라서 몇 가지 유형으로 구분해볼 수 있다. 이렇게 차이를 몇 가지 유형으로 분류하여 살펴보는 것은 여러분이 세무조정을 이해하는 데 도움이 될 것이다. 그리고 이런 차이의 유형을 통해서 다음 장에서 소득처분을 이해할 수도 있다.

표 1-3 | 세무조정의 유형

간접조정	직접조정	
	익금가산	손금가산
순자산 변동의 차이(유보)	유형 1	유형 2
잉여금 차이 (1): 사외유출 없음	유형 3	유형 4
잉여금 차이 (2): 사외유출 있음	유형 5	해당 없음

위의 〈표 1-3〉을 보자. 앞서 〈표 1-2〉에서 세무조정이 익금과 손금을 직접 조정하는 직접조정 그리고 순자산과 잉여금 변동을 이용하여 조정하는 간접조정으로 구분할 수 있다고 하였다. 직접조정에서 익금산입 및 손금불산입은 사업연도소득을 증가시킨다는 점에서 익금가산으로 하고 손금산입 및 익금불산입은 사업연도소득을 감소시키므로 손금가산이라고 하자. 간접조정은 순자산 변동의 차이와 잉여금의 차이로 구분하는데 잉여금 차이 (1)과 (2)는 사외유출이 있는지 여부에 의해 구분된다. 사외유출 여부로 잉여금 차이를 다시 구분하는 것은 뒤에서 배우게 될 소득처분과 밀접한 관련이 있기 때문이다.

3.1 순자산 변동의 차이(유보): 유형 1과 2

세무조정의 가장 대표적 유형은 기업회계기준과 법인세법 사이에서 자산과 부채, 즉 순자산에 대한 평가가 다르기 때문에 일어나는 것이다. 즉 회계기준과 법인세법에서 자산과 부채에 대한 평가가 달라지기 때문에 순자산 금액에서 회계-세무 차이가 발생하고 이로 인하여 회계상 당기순이익과 세무상 과세소득, 즉 사업연도소득 간 차이가 발생하는 것이다.

유형 1은 세무상 순자산 증가가 회계상 순자산 증가보다 크거나 아니면 세무상 순자산 감소가 회계상 순자산 감소보다 적은 경우인데 이 경우에는 회계상 순이익보다 세무상 사업연도소득이 크므로 익금가산 조정이 필요하다. 유형 2는 유형 1과 반대의 경우로서 손금가산 조정이 필요하다. 이를 정리하면 다음과 같다.

• 익금가산(유형 1)
- 세무상 순자산 증가 > 회계상 순자산 증가
- 세무상 순자산 감소 < 회계상 순자산 감소

• 손금가산(유형 2)
- 세무상 순자산 증가 < 회계상 순자산 증가
- 세무상 순자산 감소 > 회계상 순자산 감소

예제 1-3

다음은 ㈜서울의 제1기 비교재무상태표이다. 기말에 보증충당부채 900원이 있으며 이외에 회계-세무 차이는 없다. 제1기 사업연도소득을 구하시오.

	기초	기말	차이
자산	–	10,000	10,000
	–	10,000	10,000
부채	–	6,000	6,000
자본금	–	3,000	3,000
이익잉여금	–	–	–
당기순이익	–	1,000	1,000
	–	10,000	10,000

| 풀이 |

※ 보증충당부채는 세무상으로 인정되지 않는다. 따라서 회계와 세무상 순자산은 다음과 같이 차이가 난다.

회계상 기말순자산 10,000원−6,000원=4,000원

세무상 기말순자산 10,000원−5,100원=4,900원

※ 기초순자산은 회계와 세무상 모두 없으므로 회계상 순이익과 사업연도소득 간의 차이는 세무상 순자산 증가 4,900원−회계상 순자산 증가 4,000원=900원이다. 따라서 사업연도소득은 아래와 같이 구한다.

제1기 사업연도소득=회계상 순이익 1,000원+세무상 순자산 증가 4,900원−회계상 순자산 증가 4,000원=1,900원

※ 위와 같은 과정은 다음과 같은 정산표 형태로 보여줄 수 있다.

	회계상 변동	세무조정	세무상 변동
자산	10,000	−	10,000
	10,000	−	10,000
부채	6,000	(900)	5,100
자본금	3,000	−	3,000
이익잉여금	−	−	−
당기순이익	1,000	900	1,900
	10,000	−	10,000

※ 세무조정은 회계상 수정분개와 같은 의미를 갖는다. 즉 회계상 재무상태표에 아래와 같은 세무상 수정분개를 추가하여 세무상 재무상태표를 만든다고 생각하면 될 것이다.

차) 보증충당부채	900	대) 익금가산	900

※ 독자들의 이해를 돕기 위해서 위와 같은 세무조정을 하나의 분개의 형태로 나타내보자. 예를 들어 보증충당부채가 당기에 900원 증가하였다고 가정하고 회계와 세법의 분개를 생각해보면 다음과 같다.

회계	차) 품질보증비용	900	대) 보증충당부채	900
세법	분개 없음			
세무조정	차) 보증충당부채	900	대) 익금가산	900

예제 1-4

다음은 ㈜서울의 제1기와 제2기 비교재무상태표이다. 보증충당부채는 기초 900원, 기말에는 300원이 있으며 이외에 회계-세무 차이는 없다. 제2기 사업연도소득을 구하시오.

	제1기말	제2기말	차이
자산	10,000	18,000	8,000
	10,000	18,000	8,000
부채	6,000	9,000	3,000
자본금	3,000	3,000	–
이익잉여금	1,000	500	(500)
당기순이익	–	5,500	5,500
	10,000	18,000	8,000

| 풀이 |

※ 보증충당부채는 세무상으로 인정되지 않는다는 점을 감안하여 제2기 회계와 세무상 순자산을 기초와 기말로 구분하여 산출하면 다음과 같다.

기초: 회계상 순자산 10,000원−6,000원=4,000원
세무상 순자산 10,000원−5,100원=4,900원

기말: 회계상 순자산 18,000원−9,000원=9,000원
세무상 순자산 18,000원−8,700원=9,300원

※ 회계상 순자산은 5,000원 증가하였고 세무상 순자산은 4,400원 증가하였다. 제2기 사업연도소득은 아래와 같이 구한다.

제2기 사업연도소득=회계상 순이익 5,500원+세무상 순자산 증가 4,400원−회계상 순자산 증가 5,000원=4,900원

※ 위와 같은 과정은 다음과 같이 보여줄 수 있다.

	회계상 변동	세무조정	세무상 변동
자산	8,000	–	8,000
	8,000	–	8,000
부채	3,000	600	3,600
자본금	–	–	–
이익잉여금	(500)	–	(500)
당기순이익	5,500	(600)	4,900
	8,000	–	8,000

※ 예를 들어 당기에 실제로 보증비로 900원이 지출되었고 추가로 당기말 보증충당부채 300원을 설정하였다고 가정하고 회계와 세법의 차이조정에 대한 분개를 생각해보면 다음과 같다.

회계	차) 보증충당부채	900	대) 현금	900
	차) 품질보증비용	300	대) 보증충당부채	300
세법	차) 손금	900	대) 현금	900
세무조정	차) 손금가산	600	대) 보증충당부채	600

3.2 사외유출 없는 잉여금 차이: 유형 3과 4

잉여금은 순자산에서 주주들의 납입자본을 제외한 금액이다. 회계상으로 잉여금 증감은 당기순이익과 나머지 잉여금 증감으로 구분된다. 회계상 잉여금은 당기순이익으로 증가하지만 배당 등으로 감소하며 전기오류손익이나 기타포괄손익 등으로 변동한다. 회계와 마찬가지로 법인세법에서도 잉여금은 사업연도소득과 나머지 잉여금 증감으로 구분할 수 있다. 그런데 회계상으로 당기순이익이 아닌 잉여금 변동임에도 불구하고 세법상으로 사업연도소득으로 분류될 수 있다. 예를 들어 중요한 전기오류손익은 회계상 이익잉여금 변동으로 구분하지만 세법상으로는 사업연도소득으로 분류해야 한다. 반면 회계상으로는 당기순이익에 해당하지만 세법상 이익잉여금 변동에 해당하는 경우도 있다. 예를 들어 회계상 배당금 수익 중 일정부분은 세법상 배당금 수익으로 보지 않는다(수입배당금익금불산입). 이런 경우에는 모두 세무조정이 필요하다. 이를 정리하면 다음과 같다.

- 익금가산(유형 3): 세무상 잉여금 증가 < 회계상 잉여금 증가
- 손금가산(유형 4): 세무상 잉여금 증가 > 회계상 잉여금 증가

예제 1-5

다음은 ㈜서울의 제1기 비교재무상태표이다. 기타포괄손익-공정가치 금융자산 처분에 따른 기타포괄이익 3,000원을 제외하고 회계-세무 차이는 없다. 제1기 사업연도소득을 구하시오.

	기초	기말	차이
자산	–	10,000	10,000
	–	10,000	10,000
자본금	–	6,000	6,000
기타포괄손익	–	3,000	3,000
이익잉여금	–	–	–
당기순이익	–	1,000	1,000
	–	10,000	10,000

| 풀이 |

※ 회계상 기타포괄손익은 세무상 잉여금으로 인정되지 않는다. 따라서 기타포괄손익 증가 3,000원은 세무상 사업연도소득에 포함되어야 한다. 그렇지만 순자산은 변동하지 않는다. 즉 잉여금과 사업연도소득 간 대체가 일어난 것이다. 제1기 사업연도소득을 계산하면 다음과 같다.

제1기 사업연도소득=당기순이익 1,000원+기타포괄손익 증가 3,000원=4,000원

※ 위와 같은 과정은 다음과 같이 보여줄 수 있다.

	회계상 변동	세무조정	세무상 변동
자산	10,000	–	10,000
	10,000	–	10,000
자본금	6,000	–	6,000
기타포괄손익	3,000	(3,000)	–
이익잉여금	–	–	–
당기순이익	1,000	3,000	4,000
	10,000	–	10,000

※ 예를 들어 장부가액 7,000원인 기타포괄손익-공정가치 인식 금융자산을 10,000원에 처분하였다면 다음과 같이 세무조정 분개를 하게 될 것이다

회계	차) 금융자산	3,000	대) 기타포괄손익	3,000
	차) 현금	10,000	대) 금융자산	10,000
세법	차) 현금	10,000	대) 금융자산	7,000
			익금	3,000
세무조정	차) 기타포괄손익	3,000	대) 익금가산	3,000

예제 1-6

다음은 ㈜서울의 제1기와 제2기 비교재무상태표이다. 수입배당금 중 익금불산입된 금액 500원을 제외하고 회계-세무 차이는 없다. 제2기 사업연도소득을 구하시오.

	제1기말	제2기말	차이
자산	10,000	18,000	8,000
	10,000	18,000	8,000
부채	6,000	8,500	2,500
자본금	3,000	3,000	–
이익잉여금	1,000	1,000	–
당기순이익	–	5,500	5,500
	10,000	18,000	8,000

| 풀이 |

※ 수입배당금 익금불산입은 실제로 배당금을 수령했음에도 불구하고 세무상 익금으로 보지 않는 것이다. 이렇게 되면 사업연도소득은 회계상 당기순이익보다 500원만큼 감소한다. 제2기 사업연도소득을 계산하면 다음과 같다.

제2기 사업연도소득＝당기순이익 5,500원－수입배당금 익금불산입 500원＝5,000원

※ 순자산은 동일하다. 그런데 익금불산입 금액만큼 사업연도소득이 감소했으므로 세무상 잉여금은 증가한 것으로 처리해야 순자산 금액은 변동이 없을 것이다. 이는 다음과 같다.

	회계상 변동	세무조정	세무상 변동
자산	8,000	–	8,000
	8,000	–	8,000
부채	2,500	–	2,500
자본금	–	–	–
이익잉여금	–	500	500
당기순이익	5,500	(500)	5,000
	8,000	–	8,000

※ 예를 들어 배당금으로 1,000원을 수령하고 익금불산입률이 50%라고 하면 다음과 같이 세무조정 분개를 하게 될 것이다

회계	차) 현금	1,000	대) 배당금수익	1,000
세법	차) 현금	1,000	대) 익금	500
			잉여금	500
세무조정	차) 손금가산	500	대) 잉여금	500

3.3 사외유출된 잉여금 차이: 유형 5

회계상 비용이면서 거래대금도 지급되었지만 성격상 법인세법상 손금으로 인정하지 않는 경우가 있다. 앞선 유형 3, 4와 다른 점은 단순한 잉여금 차이가 아닌 이미 해당하는 금액이 사외로 유출되었다는 점이다. 예를 들어 회사가 지출한 기부금이 한도를 초과한 경우, 한도초과금액은 이미 지출이 완료되었지만 세법상 손금으로 보지 않는다. 따라서 해당 금액만큼은 익금가산으로 세무조정해야 한다. 사외유출이라는 성격상 손금가산 조정은 일어나지 않는다.

예제 1-7

다음은 ㈜서울의 제1기 비교재무상태표이다. 접대비 중 한도초과 500원을 제외하고 회계-세무 차이는 없다. 제1기 사업연도소득을 구하시오.

	기초	기말	차이
자산	–	10,000	10,000
	–	10,000	10,000
부채	–	6,000	6,000
자본금	–	3,000	3,000
이익잉여금	–	–	–
당기순이익	–	1,000	1,000
	–	10,000	10,000

| 풀이 |

※ 접대비 한도가 초과되었으므로 손금에 산입하지 않는다. 당연하게 사업연도소득은 500원만큼 증가한다. 재무상태표에서는 순자산 변동 없이 사업연도소득이 증가하였다면 잉여금이 감소하여야 한다. 제1기 사업연도소득은 다음과 같다.

제1기 사업연도소득=1,000원+접대비 한도초과 500원=1,500원

※ 사업연도소득이 증가하였지만 순자산에서의 차이는 없으므로 사업연도소득의 증가만큼 세무상 잉여금이 감소한 것으로 본다.

	회계상 변동	세무조정	세무상 변동
자산	10,000	–	10,000
	10,000	–	10,000

부채	6,000	–	6,000
자본금	3,000	–	3,000
이익잉여금	–	(500)	(500)
당기순이익	1,000	500	1,500
	10,000	–	10,000

※ 예를 들어 접대비로 1,000원을 지출하였는데 그중 500원이 한도를 초과하였다고 가정하면 다음과 같이 세무조정 분개를 하게 될 것이다

회계	차) 접대비	1,000	대) 현금	1,000
세법	차) 손금	500	대) 현금	1,000
	잉여금	500		
세무조정	차) 잉여금	500	대) 익금가산	500

예제 1-8

다음은 ㈜서울의 제1기 비교재무상태표와 회계-세무 차이의 내역이다. 제1기 사업연도소득을 구하시오.

	기초	기말	차이
자산	–	10,000	10,000
	–	10,000	10,000
부채	–	5,000	5,000
자본금	–	3,000	3,000
이익잉여금	–	–	–
당기순이익	–	2,000	2,000
	–	10,000	10,000

회계-세무 차이
(1) 정기예금 미수이자 250원
(2) 제품보증충당부채 180원
(3) 수입배당금 중 익금불산입 500원
(4) 기부금 한도초과 400원

| 풀이 |

※ 차이별로 다음과 같이 세무조정한다.

(1) 정기예금미수이자는 세무상 인정하지 않는다. 따라서 익금에 산입하지 않고 회계상 순이익에서 차감한다(유형 2).

(2) 충당부채도 세무상 인정하지 않으므로 손금에 산입하지 않고 회계상 순이익에 가산한다(유형 1).

(3) 수입배당금에서 차감해야 하므로 회계상 순이익에서 차감된다(유형 4).

(4) 대금은 지급되었지만 손금에 산입하지 않는다(유형 5).

※ 사업연도소득은 다음과 같다.

제1기 사업연도소득=2,000원−정기예금미수이자 250원+충당부채 180원−수입배당금익금불산입 500원+기부금 한도초과 400원=1,830원

※ 위와 같은 조정과정을 정산표로 나타내면 다음과 같다.

	회계상 변동	차이 (1)	차이 (2)	차이 (3)	차이 (4)	세무상 변동
자산	10,000	(250)	−	−	−	9,750
	10,000	(250)	−	−	−	9,750
부채	5,000	−	(180)	−	−	4,820
자본금	3,000	−	−	−	−	3,000
이익잉여금	−	−	−	500	(400)	100
당기순이익	2,000	(250)	180	(500)	400	1,830
	10,000	(250)	−	−	−	9,750

※ 위와 같은 세무조정을 하나의 수정분개의 형태로 나타내면 다음과 같다.

	차변	금액	대변	금액
차이 (1)	차) 손금가산	250	대) 미수이자	250
차이 (2)	차) 충당부채	180	대) 익금가산	180
차이 (3)	차) 손금가산	500	대) 이익잉여금	500
차이 (4)	차) 이익잉여금	400	대) 익금가산	400

이번 장의 요약

1. 기업회계기준은 당기순이익을 산출하기 위한 기준이며 법인세법은 사업연도소득을 산출하는 기준이다. 양자는 일정기간 동안 기업의 소득을 측정하는 기준이라는 점에서 개념상으로 유사하다.
2. 기업회계기준과 법인세법은 차이보다는 유사성이 더욱 크지만 회계기준에서는 기업의 미래가치를 보여주고자 하는 반면, 법인세법은 과거 실적을 파악하고자 한다는 점으로부터 차이들이 생겨난다.
3. 기업회계기준과 법인세법이 상당부분 유사하기 때문에 법인세법상 사업연도소득을 독립적으로 계산하기보다는 기업회계기준에 따른 당기순이익에서 양자의 차이만을 조정하여 사업연도소득을 구하는 것이 편리하다.
4. 당기순이익으로부터 수익과 비용 그리고 익금과 손금을 직접조정하여 사업연도소득을 구할 수도 있지만 순자산과 잉여금 변동의 차이를 이용한 간접조정으로 사업연도소득을 구할 수도 있다.
5. 기업회계기준과 법인세법의 차이의 원인은 직접조정방식보다는 간접조정방식에서 더욱 잘 보여줄 수 있다.
6. 결산조정은 법인세법상 익금과 손금을 반영하기 위해서는 결산단계에서 수익과 비용을 조정한다는 것인데 신고단계에서의 세무조정을 수반하지 않는다.
7. 법인세법상 신고조정은 결산과 무관하게 신고단계에서 익금과 손금을 추가로 산입할 수 있다.
8. 기업회계기준과 법인세법의 차이를 조정하는 유형은 순자산 변동 그리고 잉여금 변동에서의 차이로 분류할 수 있다.

CHAPTER

2

자산 · 부채 그리고 수익 · 비용

이번 장의 차례

CHAPTER 2

자산 · 부채 그리고 수익 · 비용

제1장에서 살펴본 대로 기업회계상 당기순이익과 법인세법상 사업연도소득은 개념은 유사하지만 세부적으로 차이가 난다. 양자의 차이는 자산 · 부채 그리고 잉여금의 차이로 설명할 수 있고 수익과 익금 그리고 비용과 손금의 차이로 설명할 수도 있다. 여러분은 앞으로 이런 차이에 대해서 계속 공부하게 될 것이다.

세무조정은 결산상 당기순이익에 가감만을 표시하는 것뿐만 아니라 가감항목들의 후속적인 결과를 처분하는 소득처분까지 해야 종료된다. 소득처분은 유보, 사외유출, 기타처분 등이 있는데 각각은 추가적인 소득세 과세 여부(사외유출)와 차기 이후 사업연도소득에 미치는 영향(유보) 그리고 후속결과가 없는 경우(기타)를 의미한다.

기업회계기준에서는 자산의 유형별로 공정가치, 회수가능액, 상각후원가 등으로 평가하며 부채 또한 상각후원가로 표시한다. 이에 비해 법인세법에서는 대체로 자산과 부채를 취득원가 중심으로 나타낸다. 상당부분의 세무조정은 이런 자산과 부채의 차이에서 비롯된다.

기업회계기준의 수익과 비용을 법인세법에서는 익금과 손금이라고 부른다. 수익 · 비용과 익금 · 손금의 차이의 대부분은 자산과 부채에 대한 차이로부터 생긴다. 그렇지만 자본구성에 대한 관점과 조세정책에 따라서도 양자의 차이가 생긴다.

#소득처분 #자산과부채의평가 #익금과손금

1 세무조정과 소득처분

세무조정을 통해서 익금 혹은 손금산입 조정을 하고 올바른 사업연도소득을 구했다면 모든 세무조정은 완료한 것일까? 올해 사업연도소득만 올바르게 조정되었다고 해서 문제가 끝나지는 않는다. 올해 세무조정이 앞으로 미래 사업연도소득에 미칠 영향도 파악해야 하고 법인세 납부만이 아닌 소득세의 추가 과세 여부도 정해야 한다. 이런 과정이 소득처분이다.

1.1 소득처분의 필요성

100만원에 취득하여 보유 중인 주식의 시가가 200만원으로 상승하였다고 가정하자. 회계상으로는 주식을 시가인 200만원으로 계상하고 평가익 100만원을 인식한다. 그러나 법인세법에서는 평가익을 인정하지 않는다고 하였으므로 일단 익금불산입 100만원을 하고 나면 사업연도소득은 올바르게 수정된다. 그러나 익금불산입 100만원 조정만으로 세무조정을 끝내면 나중에 문제가 생긴다.

예를 들어 곧바로 다음 해 해당 주식을 200만원에 처분하였다고 하자. 회계상으로는 200만원인 주식을 200만원에 처분하였으므로 이익과 손실은 없다. 그러나 세법에서는 원래 100만원에 구입한 주식을 200만원에 처분한 것이므로 100만원의 처분이익을 계상해야 하고 이에 따라 100만원을 익금산입하는 조정을 해야 한다. 하지만 해당 주식이 원래 100만원에 구입한 것이라는 사실을 어떻게 아는가? 물론 시간을 들여서 회사의 장부를 일일이 뒤져보면 알 수는 있겠지만 곧바로 해당 주식을 100만원에 구입하였다는 사실을 파악할 수는 없으며, 이에 따라 100만원의 익금가산 조정을 해줄 수 없다. 즉 주식에 대한 미실현익 100만원은 나중에 실제로 처분될 때 실현되므로 다시 세무조정을 해야 하는데 당초 미실현익 세무조정에 대한 아무런 기록이 없으면 추가적인 세무조정을 할 수 없게 된다.

익금가산이나 손금가산 조정만으로 세무조정을 끝냈을 때 생기는 또 다른 문제를 알아보자. 회사가 임원의 사적인 여행경비를 대신 부담하고 이를 일반관리비로 회계처리를 하였다. 원칙적으로는 임원에게 급여를 지급한 다음 그 급여를 가지고 임원이 개인적인 여행경비를 지출하는 것이 맞을 것이다. 세법에서는 이런 개인적 지출을 부당한 경비로 보아서 손금불산입 조정을 하게 된다. 그런데 그것으로 모든 세무조정을 끝낸다면 어떻게 될까? 문제는 부당한 경비를 받은 임원에 대한 후속조치를 취할 수 없다는 것이다. 원칙대로라면 이 임원은 회사로부터 추가적인 급여를 받은 것과 마찬가지이므로 추가급여에 대한 소득세를 부담해야 할 것인데 단지 부당경비로 익금가산 조정만 하게 되면 임원에 대한 추가 소득세를 부과할 길이 없다.

따라서 단순히 익금이나 손금산입 조정을 한 것만으로 세무조정을 끝내면 안 된다. 이러한 조정이 미래 어떤 영향을 가져다주는지 그리고 추가적인 소득세 과세를 어떻게 해야 하는지에 대한 처분이 필요하다. 이것이 소득처분이다.

1.2 소득처분의 유형

이렇게 세무조정과 관련된 후속적인 조치를 위해서 소득처분이 필요하다. 주식에 대한 미실현이익에 대해서 차감조정을 하고 난 후 미실현이익이 실현되면 가산조정을 해주기 위해서 '유보'라고 소득처분을 내려준다. 또한 임원에 대한 부당경비를 가산해주는 조정을 하고 나서 추가소득세를 과세하기 위하여 '사외유출-상여'라고 처분을 해준다. 이렇게 소득처분을 내려주면 설혹 담당자가 바뀌더라도 어떤 후속조치를 해야 할지를 알 수 있다. 즉 소득의 귀속을 정하는 절차는 향후 실질귀속자에게 과세관청이 추가로 과세하기 위한 후속적 조치로 반드시 선행되어야 하는 것이다.

그림 2-1 **차이의 유형과 소득처분**

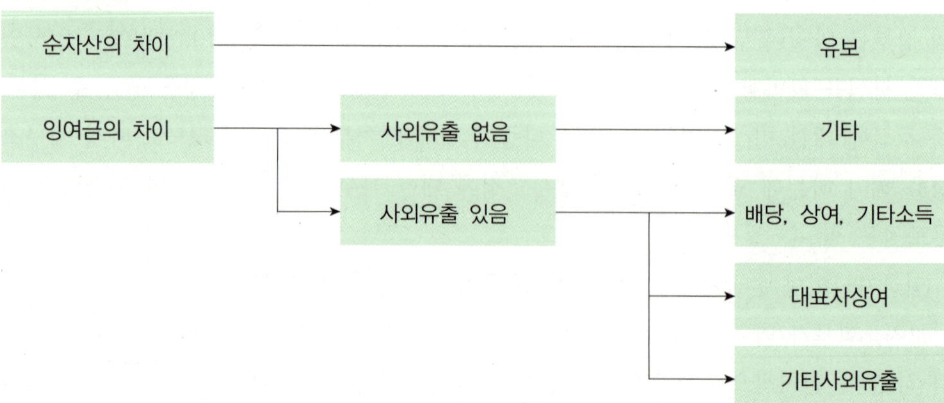

소득처분의 유형은 크게 보아 유보와 기타로 구분되고 기타는 다시 사외유출과 기타로 구분된다. 결론적으로 소득처분을 하는 목적은 미래 세무조정에 반영하거나(유보의 경우) 누군가에게 소득세를 과세하기 위함이다(사외유출의 경우).

〈그림 2-1〉에서는 소득처분의 유형을 보여준다. 크게 보면 유보, 기타 그리고 사외유출이다. 이를 보다 자세히 설명하면 다음과 같다.

1) 소득처분 유형: 유보

'유보'는 회계와 세법 간 순자산의 차이가 있는 경우, 다르게 말하면 손익의 귀속시기가 다른 경우에 생긴다. 앞선 주식 미실현익에 대한 사례에서 익금불산입 조정을 하게 된 이유를 생각해보면 회사가 보유 중인 주식의 평가를 얼마로 할 것인지에 대한 회계와 세법이 다르기 때문이기도 하고(순자산 차이) 회계에서는 실현되기 전에도 주식의 평가익을 계상하는 데 비하여 세법에서는 실현된 시점에서야 처분익을 계상할 수 있기 때문이기도 하다(귀속시기 차이).

'유보'처분은 순자산 차이로 인한 것이므로 해당되는 자산·부채에 유보처분을 내리는 것이고 그 자산·부채의 평가가 변동하거나 처분 혹은 상환되면 유보는 제거된다. 유보가 제거되면 최초 내려진 세무조정과는 반대의 세무조정을 해야 한다. 주식 미실현익에 대해서 손금가산 세무조정을 했으므로 나중에 해당 주식이 처분되어 이익이 실현되면 반대로 익금가산 세무조정을 해야 하는 것이다. 이렇게 '유보'처분은 영구적이 아닌 일시적 조정이 이루어지므로 '일시적 차이(temporary difference)'라고 한다. 용어를 '유보(留保)'가 아닌 '보류(保留)'라고 반대로 읽어보면 일시적 차이임이 보다 명확하게 이해될 것이다. 혹시 중급회계에서 법인세회계를 공부한 학생이라면 일시적 차이가 이연법인세를 가져오는 원인임을 알고 있을 것이다.

유보처분은 세무회계를 이해하는 데 매우 중요하다. 여러분은 세무회계를 이해하기 위해서 무엇이 중요한지에 대해서 세무회계 공부를 먼저 했던 선배들에게 물어보라. 아마도 많은 선배들이 유보처분을 이해하는 것이 어렵기도 하고 중요했다고 대답할 것이다.

2) 소득처분 유형: 사외유출

두 번째 소득처분 유형으로는 '사외유출'이 있다. 사외유출(社外流出)이라는 글자 그

대로 현금이 회사 밖으로 유출되었다는 의미이다. 거래를 분개하면서 대변에 현금유출이 있다면 차변에는 무엇이 오겠는가? 대부분 자산(혹은 부채) 아니면 비용일 것이다. 사외유출 처분은 회계상 현금유출이 있는 비용이지만 세무상으로는 그 비용을 손금으로 인정하지 않는 경우이다. 비용을 손금으로 인정하지 않겠다면 손금불산입 조정을 해야 하고 그 다음 후속조치로는 그 현금을 누가 수령했는지를 파악한 후 후속적 과세를 해야 한다.

사외유출 처분에는 후속적으로 어떤 소득세를 과세해야 하는지에 따라서 다시 세부적으로 유형이 구분된다. 구체적으로 보면 다음과 같다.

- 주주(임원 혹은 종업원 주주는 제외)인 경우는 배당(배당소득세를 원천징수)
- 임원 혹은 종업원(주주인 경우 포함)인 경우는 상여(근로소득세를 원천징수)
- 주주와 임원이 아닌 개인의 기타소득인 경우는 기타소득(기타소득세를 원천징수)
- 나머지는 기타사외유출(원천징수 없음)
- 귀속이 불분명한 경우에는 대표자상여(근로소득세를 원천징수)

소득세 과세: 배당, 상여, 기타소득

우선 소득세가 과세되는 경우는 배당, 상여, 기타소득으로 구분한다. 아직 소득세를 공부하지 않은 학생들은 어리둥절할 수도 있지만 우리나라 세법에서 개인의 종합소득은 근로, 이자와 배당, 기타, 사업으로 구분된다. 따라서 사외유출된 현금을 수령한 누군가에게 추가적으로 소득세를 과세하는데 그 소득을 근로소득, 배당소득 아니면 기타소득 중 어느 것으로 과세할 것인가에 따라서 각각 상여, 배당, 기타소득으로 처분하는 것이다.

기타사외유출

비록 소득이 사외로 유출되었지만 추가로 소득세를 과세할 수 없는 경우가 있다. 첫 번째로는 소득을 수령한 상대방이 법인 혹은 개인사업자인 경우이다. 소득처분에 대한 추가 과세를 하지 않더라도 어차피 법인은 법인세, 개인사업자는 사업소득을 스스로 계산하여 신고해야 하므로 굳이 추가 과세를 하지 않는 것이다. 이는 '기타사외유출'처분으로 부른다. '사외유출–기타소득' 처분과는 다름에 주의해야 한다. '사외유출–기타소득' 처분은 사외로 유출된 소득을 수령한 누군가의 기타소득으로 과세한다는 의미이며 '기타사외유출' 처분은 추가 과세를 하지 않고 세무조정을 종료한다는 의미이다.

기타사외유출 중에는 소득세를 과세해야 할 것인지 아닌지가 불분명하거나 불가능한 경우도 포함된다. 회사가 접대비를 과다하게 지출하여 한도를 초과하였다면 사외유출임에는 분명하지만 누가 그 지출의 수혜자인지는 알 수 없다. 이는 기부금 한도초과의 경우도 마찬가지이다. 따라서 이런 경우에는 굳이 따지지 않고 기타사외유출로 소득처분을 종료하는데 이를 법정기타사외유출이라고 한다. 우리나라 법인세법 시행령에서는 이렇게 법정기타사외유출로 처분해야 할 항목을 다음과 같이 제시하고 있다(법인세법 시행령 제106조).

- 과다경비로 손금부인된 금액 중 보험사업비
- 기부금 한도초과로 손금불산입된 금액
- 접대비로 손금불산입된 금액
- 채권자가 불분명한 사채이자로서 손금불산입된 금액 혹은 또는 차익에 대한 원천징수세액에 상당하는 금액
- 차입금 과다 혹은 업무무관자산의 보유로 손금불산입된 금액
- 소비성 서비스업에 대한 광고선전비로 손금불산입된 금액
- 임대보증금 간주익금으로 익금에 산입한 금액
- 대표자 상여로 처분한 경우 당해 법인이 그 처분에 따른 소득세 등을 대납하고 이를 손비로 계상하거나 그 대표자와의 특수관계가 소멸될 때까지 회수하지 아니함에 따라 익금에 산입한 금액
- 부당행위계산부인에 의하여 익금에 산입한 금액으로서 귀속자에게 상속세 및 증여세법에 의하여 증여세가 과세되는 금액
- 외국법인의 국내사업장의 각 사업연도의 소득에 대한 법인세의 과세표준을 신고하거나 결정 또는 경정함에 있어서 익금에 산입한 금액이 동 외국법인 본점에 귀속되는 소득

대표자상여

사외유출된 소득의 귀속자가 불분명하다는 이유로 소득세를 추가로 과세하지 않고 기타사외유출로 처분을 종료하게 된다면 이를 악용할 가능성도 있다. 즉 소득의 귀속자를 알 수 있음에도 불구하고 고의적으로 밝히지 않는 것이다. 이런 경우를 방지하기

위하여 '대표자상여' 처분을 내린다. '대표자상여' 처분이 내려지면 회사의 대표이사가 소득을 수령한 것으로 간주하고 대표이사의 소득으로 간주하게 된다.

대표자상여 처분은 소득의 귀속자를 알 수 있을 것으로 보이는데 밝히지 않는 경우에 적용한다. 예를 들어 채권자불분명사채이자를 생각해보면 회사가 이자비용으로 계상을 했는데 그 이자를 누가 받아갔는지가 불분명하다면 이는 고의적으로 상대방을 숨긴 것으로 의심할 수 있다.

3) 소득처분유형: 기타

세무조정이 필요하지만 유보, 사외유출 처분에 속하지 않는다면 '기타'로 처분한다. 기타는 말 그대로 그 어디에도 속하지 않는다는 의미이다. 유보도 아니고 사외유출도 아니라면 도대체 무엇일까? 대부분은 회계와 세법 사이에서 잉여금 분류에 대한 차이로 인한 것이다. 작년에 납부했던 재산세를 경정청구하여 환급받았다고 하자. 금액이 중요하다면 회계기준에서는 이를 소급처리하여 이익잉여금 증가로 처리한다. 그렇지만 세법에서는 환급받은 재산세에 대해서는 세금을 부과해야 하므로 사업연도소득에 포함시킨다. 따라서 당기순이익과 사업연도소득 간에 차이가 있고 이를 조정하기 위해 익금가산 조정을 한다. 그러면 소득처분은 어떻게 내려야 하는가? 순자산에서 차이가 있는 것도 아니고 현금이 사외로 유출된 것도 아니다. 이렇게 유보와 사외유출로 볼 수 없다면 기타로 분류하여 처분한다.

예제 2-1

다음 각 상황별로 제1차연도와 제2차연도의 적절한 세무조정과 소득처분을 하시오.

(상황 1) ㈜서울은 제1차연도 토지(구입가액 1억원)에 대하여 납부한 취득세 1천만원을 결산서에 비용으로 계상하였다. 그리고 제2차연도 토지를 1억1천만원에 처분하고 1천만원의 처분이익을 결산서에 계상하였다.

(상황 2) ㈜서울은 제1차연도 7월 1일 1억원의 1년 만기 정기예금(연 10%)을 들고 제1차연도 결산 시에 6개월간의 기간경과분 이자 5백만원을 결산서에 수입이자로 계상하였으며 제2차연도에 나머지 이자 5백만원을 수입이자로 계상하였다.

| 풀이 |

(상황 1)

※ 취득세는 회계기준과 세법에서 모두 취득원가에 가산해야 할 금액이다. 그런데 이를

비용으로 계상하였다면 회계와 세법 모두에 위배되는 처리를 한 것이다. 따라서 결산상 순자산이 세무상 순자산보다 감소하게 된다.

※ 취득원가에 가산한다는 의미는 자산의 처분 시 처분손익의 형태로 비용계상한다는 의미이다. 그런데 이를 취득시점에 비용으로 계상했으므로 손익의 귀속시기가 달라진다. 즉 취득시점에서는 세무상 순자산 변동>결산상 순자산 변동의 관계이므로 익금에 산입해야 하고(유형 1) 처분시점에서는 세무상 순자산 변동<결산상 순자산 변동의 관계이므로 손금에 산입해야 한다(유형 2).

※ 이런 유형의 차이에 대한 소득처분은 유보이다. 익금에 가산하는 유보처분과 구분하기 위해서 손금에 가산하는 유보처분은 △유보라고 한다. 또한 이 경우는 제2차연도 △유보는 제1차연도 유보가 해소면서 생긴 것이므로 '추인'받았다고 표현할 수도 있다.

세무조정: 제1차연도 손금불산입 1천만원(유보)
제2차연도 손금산입 1천만원(△유보)

※ (주)서울의 결산상 분개는 다음과 같다.

제1차연도	차) 토지	1억원	대) 현금	1억1천만원
	취득세	1천만원		
제2차연도	차) 현금	1억1천만원	대) 토지	1억원
			토지처분익	1천만원

※ 세무상 올바른 분개는 다음과 같다.

제1차연도	차) 토지	1억1천만원	대) 현금	1억1천만원
제2차연도	차) 현금	1억1천만원	대) 토지	1억1천만원

※ 위와 같은 결산과 세무상 분개의 차이를 조정하기 위한 세무조정을 분개로 나타내면 다음과 같다.

제1차연도	차) 토지	1천만원	대) 익금가산	1천만원
제2차연도	차) 손금가산	1천만원	대) 토지	1천만원

(상황 2)

※ 정기예금 미수이자는 회계상으로 계상해야 하지만 세법상 손익 귀속시기가 도래하지 않았으므로 세법에서는 인정받지 못한다. 따라서 앞선 (상황 1)과는 반대의 세무조정이 필요하다.

세무조정: 제1차연도 익금불산입 5백만원(△유보)
제2차연도 익금산입 5백만원(유보)

※ (주)서울의 결산상 분개는 다음과 같다.

제1차연도	차) 미수이자	5백만원	대) 이자수익	5백만원
제2차연도	차) 현금	5백만원	대) 미수이자	5백만원

※ 세무상 올바른 분개는 다음과 같다.

제1차연도	분개 없음			
제2차연도	차) 현금	5백만원	대) 이자수익	5백만원

※ 위와 같은 결산과 세무상 분개의 차이를 조정하기 위한 세무조정을 분개로 나타내면 다음과 같다.

제1차연도	차) 손금가산	5백만원	대) 미수이자	5백만원
제2차연도	차) 미수이자	5백만원	대) 익금가산	5백만원

※ (상황 2)의 제2차연도 유보처분도 제1차연도 △유보 상황이 해소되면서 생긴 것이다. 그렇지만 익금가산항목에 대해서는 '추인'받는다는 표현은 사용하지 않는다. 그것보다는 '정리'한다고 표현하는 것이 좋을 것 같다.

예제 2-2

다음은 ㈜서울의 세무조정 상황이다. 이에 대하여 세무조정을 하시오.

(상황 1) 업무와 관련 없이 임원인 홍길동과 그의 아들에게 각각 1천만원의 여행경비를 지출하였다.
(상황 2) 자기주식을 처분하여 1천만원의 처분익을 자본잉여금으로 계상하였다.
(상황 3) 비영리재단에 기부한 금액 중 1천만원이 한도초과되었다.
(상황 4) 증빙이 없는 접대비 1천만원이 있다.
(상황 5) 관계회사에게 무상으로 자금을 대여하였다. 인정이자는 1천만원이다.

| 풀이 |

※ 위 상황은 모두 순자산에서의 회계-세무 차이는 없으므로 소득처분은 유보가 아니다.

(상황 1) 경비가 이미 지출되었으므로 소득의 사외유출이 있는 상황이다. 그리고 소득을 지급받은 상대방이 임원인 홍길동인 경우에는 홍길동의 근로소득을 구성한다고 보아서 상여로 처분하며, 홍길동의 아들은 회사와 직접적인 고용관계 없이 소득을 지급받은 것이므로 기타소득을 구성한다고 보아서 기타소득으로 처분한다. 즉 다음과 같이 세무조정한다.

세무조정: 익금가산 업무무관경비 1천만원(상여)
익금가산 업무무관경비 1천만원(기타소득)

(상황 2) 자기주식처분익은 회계상으로는 자본잉여금이므로 자본의 증가로 보지만 세무상으로는 익금에 산입하여야 한다. 이는 순자산에서는 회계-세무 차이가 없지만 잉여금에서 차이가 생긴 것이므로 기타로 처분한다.

세무조정: 익금가산 자기주식처분익 1천만원(기타)

(상황 3) 기부금은 세법상 정해진 단체에만 기부한 경우에 한하여 한도 내의 금액만 손금으로 인정받을 수 있다. 법인세법 시행령 제106조에서 한도를 초과한 기부금에 대해서는 기타사외유출로 처분할 것으로 정했으므로 이에 따른다.

세무조정: 익금가산 기부금 한도초과 1천만원(기타사외유출)

(상황 4) 증빙이 없는 접대비는 소득이 사외로 유출되었지만 지급받은 상대방이 누군지 알 수 없는 경우에 해당한다. 따라서 이 경우에는 대표자상여로 처분한다.

세무조정: 익금가산 증빙불비접대비 1천만원(대표자상여)

(상황 5) 이자를 받지 않고 무상으로 자금을 대여한 것에 대해서 세법상 이자를 받은 것으로 간주하고 익금에 산입하는 것이다. 그리고 받아야 할 이자를 받지 않은 것이므로 실제 소득이 유출된 것으로 본다. 그런데 소득을 지급받은 자가 개인이 아닌 법인이고 이 법인이 이자를 지급하지 않고 자금을 사용한 것만큼 소득이 증가하여 법인세를 추가로 납부하였을 것이기 때문에 소득세를 추가로 과세하지 않으며 기타사외유출로 처분한다.

세무조정: 익금가산 가지급금 인정이자 1천만원(기타사외유출)

이번 절에서는 세무조정 후 소득처분에 대해서 알아보았다. 세무조정은 당기 사업연도소득에만 영향을 미치지 않고 미래 사업연도소득에도 영향을 줄 수 있다. 또한 세무조정은 소득세 과세에도 영향을 미친다. 따라서 단순히 익금과 손금조정뿐만 아니라 이런 조정의 영향을 별도로 표시해야 하는데 이를 소득처분이라고 한다. 소득처분은 유보, 사외유출, 기타로 구분되는데 사외유출은 다시 상여, 배당, 기타소득과 기타사외유출로 구분된다. 따라서 세무조정은 단지 익금 혹은 손금만 정하는 것이 아니라 소득처분까지 내려야 완성된다.

2 자산과 부채

사업을 하는 사람이라면 사업체의 자산과 부채가 얼마인지를 파악하고 있어야 한다. 이는 비단 사업에만 해당하는 것은 아니다. 한 개인 혹은 한 가정의 경제를 효율적으로 관리하려면 우선 자산과 부채가 얼마나 있는지를 알아야 하고 국가를 제대로 관리하면서 국가의 자산과 부채가 얼마인지를 알아야 한다. 이렇게 경제적 의사결정을 제대로 내리기 위해서는 우리의 자산과 부채가 얼마인지를 파악하는 것이 첫걸음이다. 마찬가지로 우리가 당기순이익이나 사업연도소득을 계산하기 위해서는 자산과 부채가 얼마나 있는지를 정확하게 파악하는 것으로부터 출발해야 한다. 자산과 부채가 얼마인지를 명확하게 모른다면 당기순이익이나 사업연도소득을 계산할 수 없다.

2.1 정의

개념을 이해하는 첫걸음은 정의를 내려보는 것이다. 이번 절에서는 우선 자산과 부채를 정의해보도록 한다. 즉 자산 그리고 부채란 무엇인가? 이번 절은 여기에 대한 답이다.

1) 기업회계기준

K-IFRS 재무보고를 위한 개념체계에 따르면 자산에 대해서 다음과 같이 정의한다.

> **K-IFRS 재무보고를 위한 개념체계(자산의 정의)** 문단 4.3
> 자산은 과거 사건의 결과로 기업이 통제하는 현재의 경제적 자원이다.

위 정의에서 경제적 자원이란 경제적 효익을 창출하는 잠재적 권리를 의미한다. 이때 경제적 효익을 창출한다는 것은 궁극적으로 현금유입을 가져다주는 것이라고 해석할 수 있다. 이런 경제적 효익 창출이 100% 확실해야 하는 것은 아니고 특정 조건하에서 효익을 창출할 수 있으면 자산으로 볼 수 있다. 기업이 통제한다는 것은 경제적 효익을 독점적으로 얻을 수 있는 능력인데 타인을 사용에서 배제할 수 있는 능력이 포함된다. 통제란 대체로 법적으로 보호받을 수 있는 권리가 있음을 의미하지만 특정한 노하우 보유 등과 같이 법적 보호가 없이도 경제적 효익을 독점할 수 있다면 통제하는 것으로 본다. 마지막으로 과거 사건의 결과여야 한다는 것은 구입, 생산 등 거래를 통해서 획득한 것이어야 한다는 것이다. 따라서 미래 현금을 창출할 수 있는 계획이 수립된 것만으로 자산이라고 할 수 없다.

K-IFRS 재무보고를 위한 개념체계(부채의 정의) 문단 4.26
부채는 과거 사건의 결과로 기업이 경제적 자원을 이전해야 하는 현재의무이다.

위 부채의 정의를 보면 부채는 현재의 의무여야 한다. 의무란 법적 의무뿐만 아니라 도덕적인 의무나 관행 등에 의한 의무까지도 포함된다. 예를 들어 회사가 자선단체에 기부금을 약속하였다면 비록 법적인 의무는 없을지라도 약속이 언론에 공표되는 등 회피할 수 없는 경우에는 부채로 보아야 할 것이다. 경제적 자원을 이전하는 것은 그 가능성이 100% 확실하지 않더라도 그 가능성이 꽤 높으면 부채가 될 수 있다. 과거 사건이 있어야 한다는 것은 단순한 미래 지출계획 등으로 인한 경제적 자원 이전 계획은 부채로 볼 수 없다는 것이다.

부채는 금융부채, 충당부채 그리고 그 밖의 부채로 구분한다. 금융부채는 미래 현금, 금융자산 혹은 자신의 지분상품을 인도해야 할 계약상 의무이다. 충당부채는 계약에 기초하지 않은 의제의무로서 미래 경제적 자원의 이전가능성이 높지만 확정되지 않았다는 점에서 금융부채와 구분된다. 그렇다면 그 밖의 부채는 무엇일까? 현금, 금융자산을 인도하지 않고 그 대신 재화나 용역을 인도해야 하는 선수금이나 계약에 기초하지 않은 미지급법인세 등이 나머지 부채가 된다.

2) 법인세법

우리나라 법인세법에서는 자산과 부채에 대한 별도의 정의는 내리지 않고 있다. 법인세법에서는 자산과 부채보다는 익금과 손금을 측정하는 데 집중하고 있다. 비록 명백한 정의는 내리지 않고 있지만 기업회계상 자산과 부채의 정의는 세법에서도 어느 정도 수용가능할 것으로 보인다. 다만 자산과 부채에서 기업회계에서는 미래 경제적 효익의 창출가능성이나 경제적 자원의 이전가능성을 경영자의 재량적 판단에 의존하고 있지만 법인세법에서는 성격상 경영자의 재량적 판단을 최소한으로 인정할 수밖에 없다는 점을 주의해야 한다.

2.2 자산의 평가

자산을 얼마로 평가해야 하는가? 여러분 대부분은 아직 재산이 없는 학생이므로 재산이 얼마인지 별로 궁금하지 않을 것이다. 그렇지만 자신의 돈을 회사에 투자한 사람이라면 회사의 자산이 도대체 얼마인지 궁금하지 않을 수 없다. 여러분이 길을 가다 보는 건물은 도대체 얼마일까? 어떤 사람은 취득한 가격으로 말할 수도 있고 어떤 사람은 지금 처분했을 때 받을 수 있는 가액으로 말할 수도 있다. 어떻게 측정하는 것이 가장 좋을 것인지 정답은 없겠지만 기업마다 자기만의 방식으로 제가끔 평가하는 것보다는 일관된 기준을 적용하여 평가하는 것이 필요할 것이다. 이런 점에서 이번 절에서는 자산을 평가하는 것에 대한 회계와 법인세법상의 기준을 알아본다.

1) 기업회계기준

회계상 자산은 취득원가 혹은 공정가치로 평가하는데 회수가능액을 상한선으로 한다. 취득원가는 회사가 자산을 이용할 수 있도록 하는 데 들어간 원가를 의미한다. 외부로부터 자산을 구입한다면 구입가격, 운송비, 취득관련 세금이나 설치비용 등이 모두 포함된다. 채권의 경우에는 상각후원가로 평가할 수 있는데 상각후원가란 취득 시 정해진 이자율을 이용하여 계산한 현재가치라는 점에서 취득원가와 유사한 개념이다. 이에 비하여 공정가치란 시장에서 정상적으로 거래되는 가격을 의미하는데 증권거래소에 상장된 주식에 대해 형성된 가격 등이 대표적이다. 각각의 경우를 알아본다.

취득원가와 공정가치

자산을 평가하면서 고려해야 할 것은 측정의 신뢰성과 목적적합성이다. 취득원가는 과거 이미 나간 지출이므로 객관적이고 검증가능하다는 점에서 신뢰성이 높다. 어떤 자산을 이용하는 데 얼마가 들었는지는 과거 거래기록으로 뒷받침되며 객관적으로 입증가능하다. 따라서 취득원가는 신뢰성이 높다. 그러나 취득 당시 공정가치인 취득원가는 취득 이후부터 공정가치와 달라진다. 그런데 실제로 투자가들이 관심을 갖는 것은 자산의 취득원가가 아닌 공정가치이다. 주식을 보유한 투자가들을 생각해보라. 이들이 관심을 가져야 할 것은 그 주식을 과거에 얼마에 샀는지보다는 이 주식의 시장가격이 얼마인지이다. 따라서 공정가치가 투자가들에게 보다 더 유용한 정보이다. 그렇지만 공정가치는 주식이나 채권과 같이 활성화된 시장이 존재하지 않는 경우에는 알기가 어렵고 활성화된 시장이 존새하지 않음에도 불구하고 억지로 신뢰성이 없는 공정가치를 이용하게 되면 오히려 취득원가보다 유용하지 못하게 될 수 있다.

상각후원가

상각후원가는 고정적인 미래 현금흐름을 갖는 자산을 평가하는 측정치이다. 금융자산 중 채권이 여기에 해당한다. 앞으로 수취할 현금흐름의 금액과 시기를 알 수 있다면 이를 취득원가와 일치시키는 이자율(유효이자율)을 구하고 이를 이용하여 현재가치로 할인한 금액으로 자산을 평가하는 것이다.

예를 들어 명목이자는 없이 10년 후 500만원을 받기로 한 채권을 193만원에 취득하였다고 하자. 10년 후 500만원의 현재가치가 취득원가인 193만원이 되도록 할 수 있는 이자율을 역으로 구하면 대략 10%가 된다. 이때 10%는 취득 당시 유효이자율이다. 그러면 1년 후 이 채권의 가치는 얼마로 평가해야 할까? 1년이 지났으므로 이제 9년 후에 500만원을 받게 될 것인데 이를 10%의 유효이자율로 현재가치로 할인하면 212만원이 된다. 212만원이 바로 상각후원가이다.

상각후원가는 매년도말 현재가치이다. 매년말 상각후원가는 변동한다. 상각후원가의 변동은 이자수익에 가감한다. 앞선 예에서 10년 후 500만원을 받는 채권의 상각후원가는 제1차연도말 193만원에서 제2차연도에는 212만원으로 증가하는데 그 차이는 19만원이다. 19만원의 성격은 이자수익이다. 즉 제1차연도 193만원의 10%가 붙었기 때문에 상각후원가가 19만원 증가된 것이다. 제1차연도말 상각후원가의 증가와 이자수익 인식을 분개로 나타내면 다음과 같다.

차) 금융자산	190,000	대) 이자수익	190,000

이렇게 유효이자율을 이용해서 현재가치와 이자수익을 계산하므로 상각후원가 측정에는 유효이자율이 핵심적 역할을 한다. 따라서 상각후원가는 유효이자율법이라고도 할 수 있다. 이제부터 여러분은 상각후원가라는 용어를 보면 유효이자율법을 떠올려야

하고 반대로 유효이자율법을 적용한다고 하면 상각후원가로 측정한다는 것을 염두에 두어야 할 것이다.

여기에서 유효이자율은 취득 시 정해지고 나면 그 이후 바꾸지 않는다. 취득 당시 유효이자율은 시장이자율과 거의 같았겠지만 그 이후에는 시장이자율과 달라진다. 이렇게 상각후원가는 취득원가를 기초로 하여 취득 당시 유효이자율을 계속 이용한다는 점에서 취득원가의 변형된 형태이다.

회수가능액

회수가능액은 회사가 자산으로부터 기대하는 가치이다. 기업회계에서는 회수가능액을 자산 또는 현금창출단위의 공정가치에서 처분부대원가를 뺀 금액과 자산의 사용가치 중 더 많은 금액으로 정의한다(K-IFRS 제1036호 문단 18). 회수가능액은 자산평가의 상한금액이다. 따라서 자산을 취득원가 혹은 공정가치로 평가할 때 평가금액은 회수가능액을 초과할 수 없다. 만일 회수가능액으로 자산을 감액한다면 감액된 금액은 손상차손으로 계상한다. 재고자산의 경우에는 회수가능액이라는 개념이 아닌 순실현가능가치라는 개념을 적용한다. 순실현가능가치는 사실상 회수가능액과 유사한 개념이지만 재고자산이라는 특성을 감안해서 사용가치를 빼고 처분가치만을 고려한다. 또한 금융자산의 경우에도 금융자산이라는 특성상 원금 및 이자를 회수하지 못할 가능성, 즉 신용손실을 차감한 가치를 회수가능액의 개념으로 본다.

자산별 평가방법

기업회계기준에서는 일률적으로 하나의 기준으로 모든 자산을 평가하기보다는 자산의 특성을 감안하여 자산마다 적절한 기준을 적용한다. 재고자산의 경우에는 취득원가와 순실현가능가치 중 적은 금액으로 평가한다. 유형자산과 무형자산의 경우에는 취득원가로 평가하는 원가모형과 공정가치로 평가하는 재평가모형 중 선택할 수 있다. 금융자산의 경우에는 공정가치 혹은 상각후원가로 평가한다. 재고자산을 제외한 모든 자산에 대해서 회수가능액은 평가의 상한선이다. 재고자산은 회수가능액이 아닌 순실현가능가치와 비교하며 가치 하락 시 손상차손이 아닌 재고자산평가손실로 계상한다. 또한 금융자산의 경우에는 기대신용손실을 차감한 후의 장부가액을 초과할 수 없다. 이러한 자산유형별 평가방법을 요약하면 다음과 같다.

표 2-1 K-IFRS에 따른 자산 유형별 평가방법

자산 유형	평가방법	상한선
재고자산	취득원가	순실현가능가치
유형 및 무형자산	원가모형과 재평가모형 중 선택	회수가능액
금융자산	상각후원가 혹은 공정가치	기대신용손실 차감 후 가치

2) 법인세법

원칙

법인세법 제42조(자산 · 부채의 평가)
내국법인이 보유하는 자산 및 부채의 장부가액을 증액 또는 감액(감가상각을 제외)한 경우에는 그 평가일이 속하는 사업연도 및 그 후의 각 사업연도의 소득금액을 계산할 때 그 자산과 부채의 장부가액은 평가 전의 가액으로 한다.

위와 같은 법인세법 규정을 보면 원칙적으로 자산과 부채는 취득된 이후에는 평가하지 않는다는 것을 알 수 있다. 물론 위 규정에는 단서조항으로 예외가 있다. 예외 중 하나는 법률상 어쩔 수 없이 평가를 해야 하는 경우 그리고 특별히 정한 자산으로 재고자산이나 유가증권이 포함된다. 다만 재고자산이나 유가증권의 평가를 허용한다는 것은 앞서 살펴본 기업회계에서와 같이 공정가치를 반영한다는 것이 아니며 선입선출법, 평균법 등과 같이 원가흐름 가정을 적용하여 단위당 취득원가를 정한다는 의미이다. 따라서 위 법인세법 규정은 기업회계와 달리 평가과정을 통해서 자산의 공정가치가 반영되는 것을 허용하지 않겠다는 원칙을 표명한 것이다.

평가손실

법인세법 제42조(자산 · 부채의 평가)
특정 자산은 그 장부가액을 감액할 수 있다. 자산평가손실은 감액사유가 발생한 사업연도에 장부가액을 사업연도 종료일 현재의 시가로 감액하고, 그 감액한 금액을 비용으로 계상해야만 손금으로 인정한다.

법인세법에서 자산에 대한 평가를 허용하지 않는다는 것은 미실현손익을 인정하지 않는다는 것이다. 그렇다면 미실현손익은 언제 익금 혹은 손금으로 인정하는가? 미실현손익이 실현되려면 거래를 통해서 외부로 처분되어야 한다. 평가익이 계상된 자산이라면 언젠가는 처분될 것으로 볼 수 있으므로 자산처분 시까지 기다렸다가 익금에 산입할 수 있다. 그러나 평가손, 즉 미실현손실이 있는 자산이라면 처분이 불가능할 수도 있다.

예를 들어 자산을 도난당했다고 하자. 그러면 자산이 존재하지 않기 때문에 처분이 불가능하다. 또한 자산이 파손되어 제기능을 못한다면 그 누구에게 이런 자산을 처분할 수 있을까? 또한 파산한 기업의 주식 등은 휴지조각일 뿐인데 어떻게 처분할 수 있을까? 따라서 이런 경우에는 비록 처분이 되지 않았더라도 미실현손실을 손금으로 인정해줄 수밖에 없다. 이런 점에서 위 규정은 앞서 표명한 원칙에 대한 예외가 된다.

이런 예외규정은 특정 자산에 대해서 적용된다. 위 규정이 적용되는 특정 자산에는 다음과 같은 것들이 포함된다.

- 파손·부패 등의 사유로 인하여 정상가격으로 판매할 수 없는 재고자산
- 천재·지변·화재, 법령에 의한 수용, 폐광으로 인하여 파손 또는 멸실된 유형자산
- 파산하거나 부도 발생한 법인의 주식

위 규정을 읽어보면 감액할 수 있다고만 했으므로 위 규정은 평가손실의 경우로 한정된다는 점에 주의해야 한다. 또한 비용으로 계상해야만 손금으로 계상할 수 있다고 했으므로 제1장에서 기술한 세무조정 유형 중 결산조정에 해당된다. 즉 결산과정에 반영되어야 하며 결산 종료 후 신고과정에서는 감액을 손금에 산입할 수 없다. 따라서 위 조항 때문에 실제로 신고과정에서 세무조정은 일어나지 않는다.

상각후원가

법인세법 시행령 제68조(자산의 판매손익 등의 귀속사업연도)
…(중략)… 또한 법인이 장기할부조건 등에 의하여 자산을 판매하거나 양도함으로써 발생한 채권에 대하여 기업회계기준이 정하는 바에 따라 현재가치로 평가하여 현재가치할인차금을 계상한 경우 해당 현재가치할인차금상당액은 해당 채권의 회수기간 동안 기업회계기준이 정하는 바에 따라 환입하였거나 환입할 금액을 각 사업연도의 익금에 산입한다.

앞서 설명한 대로 법인세법의 원칙은 자산을 취득원가로 평가하는 것이다. 따라서 상각후원가 평가를 인정하지 않는다. 다만 위 법인세법 시행령 규정은 하나의 예외를 보여준다. 즉 법인세법에서는 예외적으로 장기할부판매로 인한 채권의 경우에는 결산조정에 따라 결산상 상각후원가로 평가한 경우에 한하여 현재가치 평가를 수용한다. 물론 기업회계기준에서는 장기할부채권을 상각후원가로 평가하는 것이므로 기업회계기준을 따랐다면 당연히 법인세법에서도 인정될 것이다.

3) 차이와 세무조정

기업회계상 자산은 대부분 공정가치를 반영하여 평가할 수 있지만 법인세법에서는 원칙적으로 자산의 평가를 익금이나 손금으로 인정하지 않는다. 따라서 만일 회계상으로 공정가치나 회수가능액을 반영하여 회계처리를 하였다면 세무조정에서 이를 부인한다. 또한 이는 순자산 증감의 차이에 해당하므로 유보로 처분한다. 유보로 처분된 평가손익은 해당 자산이 처분될 때 반대로 손금 혹은 익금으로 산입되어 정리될 것이다.

법인세법상 파손된 재고자산이나 유형자산 혹은 파산한 법인의 주식 등은 감액이 가능하다. 이런 사유가 발생한다면 회계상으로도 당연히 손실을 계상하여야 한다. 다만 회계상으로는 대부분 실제로 이런 사유가 발생하기 이전에 평가손실을 계상하였을 것이다. 그런데 회사가 기업회계를 무시하고 파손이나 멸실된 재고자산에 대해서 손실을 계상하지 않았다면 세법상으로는 손금을 계상할 수 없다. 앞서도 말했듯이 감액사유에 따른 손금계상은 결산조정사항이고 그래서 회사가 비용으로 계상한 경우에만 손금으로 인정받을 수 있다.

기업회계기준에서는 금융자산을 공정가치 혹은 상각후원가로 평가하지만 법인세법에서는 장기할부판매로 인한 채권의 경우를 제외하고는 상각후원가 평가를 인정하지 않는다. 따라서 장기할부채권을 제외하고 기업회계상 상각후원가로 평가된 금융자산의 경우에는 취득원가와의 차이를 익금 혹은 손금에 산입하고 유보로 처분한다.

예제 2-3

다음 각 일자별로 K-IFRS에 따른 회계처리와 세무조정을 하시오.

(제1차연도) 토지를 3억원에 취득하였는데 연도말 공정가치는 4억원이다. 토지에 대해 재평가모형을 적용한다.

(제2차연도) 토지를 4억원에 처분하였다.

| 풀이 |

※ K-IFRS에 의하면 재평가모형과 원가모형으로 유형자산을 평가할 수 있다. 만일 재평가모형을 적용한다면 매년말 유형자산의 공정가치를 인식하여야 하고 공정가치 상승은 재평가잉여금(기타포괄손익)으로, 공정가치 하락은 재평가손실(당기손익)로 인식한다. 회계처리는 다음과 같다.

제1차연도	차) 토지	3억원	대) 현금	3억원
	차) 토지	1억원	대) 재평가잉여금	1억원
제2차연도	차) 현금	4억원	대) 토지	4억원

※ 세법에는 유형자산의 재평가를 인정하지 않는다. 따라서 재무상태표의 회계-세무 차이는 다음과 같다.

계정과목	회계		세법		회계-세무 차이	
	제1차연도	제2차연도	제1차연도	제2차연도	제1차연도	제2차연도
토지	4억원	–	3억원	–	(1억원)	–
재평가잉여금	(1억원)	(1억원)	–	–	1억원	1억원

※ 세무조정에서 주의할 것은 두 계정과목에서 세무조정을 해야 한다는 것이다. 하나는 토지에 대한 세무조정이며 다른 하나는 재평가잉여금에 대한 세무조정이다. 토지에 대한 세무조정은 유보로 처분한다. 재평가잉여금은 잉여금 분류와 관련된 차이이므로 기타로 처분한다. 세무조정은 다음과 같다.

제1차연도 손금 토지 1억원(△유보)
익금 재평가잉여금 1억원(기타)
제2차연도 익금 토지 1억원(유보)

※ 위 세무조정을 분개로 표시하면 아래와 같다.

제1차연도	차) 손금가산	1억원	대) 토지	1억원
	차) 재평가잉여금	1억원	대) 익금가산	1억원
제2차연도	차) 토지	1억원	대) 익금가산	1억원

요약하면 기업회계에서 자산은 취득원가, 공정가치, 상각후원가 혹은 순실현가능가치 등으로 평가한다. 또한 자산의 장부가액은 회수가능액을 초과할 수 없다. 이에 비해서 법인세법에서는 대체로 취득원가로 평가하도록 하고 있으며 예외적으로 감액을 허용한다. 따라서 회계상 자산을 취득원가가 아닌 다른 가치로 평가하였다면 세법과 차이가 생기고 세무조정을 해야 한다. 이때 세무조정은 순자산 차이로 인한 것이므로 일시적 차이이며 유보로 처분한다. 따라서 해당 자산의 감가상각이나 처분이 일어나면 반대방향으로 다시 세무조정을 해서 유보를 정리해주어야 한다.

2.3 부채의 평가

자산의 평가가 중요하듯이 부채의 평가도 중요하다. 자산과 달리 부채는 미래 현금지출이 어느 정도 정해져 있다. 현금흐름을 알 수 있다면 현재가치로 평가하는 것이 객관적이다. 자산과 마찬가지로 부채의 현재가치도 상각후원가라고 부른다. 부채의 현재가치 평가를 위해서는 이자율을 알고 있어야 하는데 상각후원가계산에 이용되는 이자율을 유효이자율이라고 부르며 유효이자율을 이용해서 장부금액과 이자비용을 계산하는 방법을 유효이자율법이라고 한다.

1) 기업회계기준

앞서 살펴보았듯이 부채는 미래 경제적 자원을 이전시켜야 할 현재의 의무로 정의되며 금융부채, 충당부채 등으로 구분된다. 다만 미지급법인세, 선수금 등은 부채이기는 하지만 금융부채도 아니고 충당부채도 아니다.

금융부채

K-IFRS 제1109호(금융상품) 문단 4.2.1
모든 금융부채는 일부 항목을 제외하고는 후속적으로 상각후원가로 측정되도록 분류한다.

금융부채는 현금이나 금융자산 혹은 자기 자신의 지분상품을 이전시켜야 하는 계약상 의무로 정의된다. 금융부채는 정의상 이전금액이나 시기가 확정되어 있기 때문에 현재가치 평가가 가장 적합하다. 따라서 위 K-IFRS 제1109호에서 기술하고 있듯이 금융부채는 대체로 상각후원가로 측정한다. 제외되는 일부 항목이란 파생상품과 같이 예외적으로 특별한 계약을 일컫는 것이므로 여러분은 거의 모든 금융부채는 상각후원가로 측정한다고 기억하면 될 것이다.

자산의 경우와 마찬가지로 상각후원가는 부채로 조달한 현금과 미래 지급할 이자 및 상환원금의 현재가치를 일치시키는 유효이자율로 할인한 현재가치이다. 예를 들어서 5년간 매년말 10,000원씩 이자를 지급하며 5년 후 100,000원을 상환하기로 하고 121,647원을 차입하였다고 하자. 그러면 5년간의 현금지출액의 현재가치가 121,647원이 되도록 할인율을 구해야 한다. 계산해보면 이 할인율은 5%임을 알 수 있는데 이것이 유효이자율이다. 따라서 이런 금융부채의 제1차연도말 상각후원가는 앞으로 남은 현금흐름을 5%로 할인한 현재가치 117,730원이 될 것이다.

부채의 상각후원가가 제1차연도 121,647원에서 제2차연도에는 117,730원으로 3,917원만큼 감소하였다. 이렇게 감소된 금액은 매년말 지급하는 이자비용 10,000원에서 차감한다. 따라서 회사가 계상하는 이자비용은 현금으로 지급하는 10,000원에서 3,917원을 차감한 6,083원인데 이 금액은 제1차연도 상각후원가인 121,647원에 유효이자율 5%를 곱한 것과 같다. 이렇게 상각후원가와 이자비용을 산출하는 방법을 유효이자율법이라고 한다. 이자비용과 금융부채 상각후원가의 변동을 분개로 나타내면 다음과 같다.

차) 금융부채	3,917	대) 현금	10,000
이자비용	6,083		

충당부채

K-IFRS 제1037호(충당부채, 우발부채 및 우발자산)

충당부채로 인식하는 금액은 현재의무를 보고기간말에 이행하기 위하여 필요한 지출에 대한 최선의 추정치이어야 한다(문단 36). 그리고 화폐의 시간가치 영향이 중요한 경우에 충당부채는 의무를 이행하기 위하여 예상되는 지출액의 현재가치로 평가한다(문단 45).

충당부채는 현재의무로서 미래 경제적 자원의 이전이 예상된다는 점에서 부채로 구분한다. 그러나 다른 부채와는 달리 미래 경제적 자원의 이전이 확정되지 않았으며 다만 합리적으로 추정된다는 점에서 차이가 있다. 따라서 미래 지출을 경영자의 합리적 판단에 기초한 최선의 추정치로 예상하여 부채를 계상할 수밖에 없다. 그리고 이렇게 지출에 대한 최선의 추정치를 구하여 이를 현재가치로 평가한다. 현재가치로 평가하는 과정은 상각후원가를 구하는 과정과 동일하다.

2) 법인세법

금융부채

법인세법에서는 부채의 평가에 대한 규정이 따로 존재하지 않는다. 별도의 규정이 없다면 법인세법에서도 기업회계에서와 같이 금융부채에 대한 상각후원가 평가를 허용하는 것으로 보아야 할까? 그렇지 않다. 구체적인 규정은 없지만 이자지급에 대한 규정을 통해서 간접적으로 부채의 평가원칙을 알아볼 수 있다.

법인세법 시행령 제71조(임대료 등 기타손익의 귀속사업연도)
…(중략)… 법인이 사채를 발행하는 경우에 상환할 사채금액의 합계액에서 사채발행가액의 합계액을 공제한 금액은 기업회계기준에 의한 사채할인발행차금의 상각방법에 따라 이를 손금에 산입한다.

우리나라 법인세법에서는 지급이자의 손익귀속시기를 실제로 혹은 약정에 따라 지급을 하는 날로 정하고 있는데 위 법인세법 규정에서는 예외적으로 회사채의 경우는 기업회계기준에 의한 방법을 허용한다고 정하고 있다. 약정에 따라 지급을 하는 날 이자비용을 손금으로 한다는 규정은 현재가치에 따른 유효이자가 아닌 명목상 지급하는 이자를 실제로 지급하는 시기에 손금에 산입한다는 의미로 해석된다. 만일 법인세법에서 상각후원가 평가를 허용하고자 한다면 지급이자의 손익귀속시기에 대해서 기업회계기준을 준용한다든가 아니면 유효이자율법에 따른다든가 하는 별도의 규정을 마련했어야 하며 그런 규정을 두고 있다면 굳이 회사채의 경우에 예외조항을 둘 필요도 없었을 것이다.

법인세법 시행령 제72조(자산의 취득가액 등)
…(중략)… 취득가액에는 자산을 장기할부조건 등으로 취득하는 경우 발생한 채무를 기업회계기준이 정하는 바에 따라 현재가치로 평가하여 현재가치할인차금으로 계상한 경우의 당해 현재가치할인차금을 포함하지 않는다.

또한 위 법인세법 규정을 보면 장기할부조건으로 자산을 취득함으로써 발생한 채무의 경우에는 상각후원가(즉 현재가치 평가)를 인정하고 있음을 알 수 있다. 이는 앞서 장기할부판매로 인한 채권에 대한 상각후원가 평가를 인정한 것에 대응되는 규정이고 법인세법상 부채의 평가원칙에 대한 예외규정이다.

요약하면 우리나라 법인세법에서는 회사채와 장기할부매입채무의 경우를 제외하면 상각후원가 평가를 인정하지 않는 것으로 보아야 한다. 이와 같이 우리나라 법인세법에서 부채에 대한 상각후원가로 평가하는 것을 인정하지 않는 바람에 금융부채의 경우 유효이자와 명목이자와의 차이가 상환일에 한꺼번에 조정되는 다소 이상한 상황이 벌어질 수 있다. 예를 들어 5년 후 100,000원을 상환하기로 하고 78,353원을 차입했다고 하자. 기업회계에 따른다면 이 금융부채의 유효이자율은 5%로 계산되고 이에 따라 매년 5%의 유효이자를 이자비용으로 계상한다. 그렇지만 법인세법에서는 명목상 지급하는 이자만을 손금에 산입하는 것이므로 이 금융부채에 대해서는 상환 시까지 이자비용을 손금에 산입할 수 없다. 그리고 상환일이 속한 제5차연도에 한꺼번에 21,647원의 이자를 손금에 산입하게 된다.

충당부채

법인세법에서는 금융부채에 대한 규정과 마찬가지로 충당부채에 대해서도 별도 규정을 마련하고 있지 않다.[1] 별도 규정이 없다는 것은 충당부채를 허용하지 않는다는 의미이다. 회계상 충당부채가 경영자의 판단에 의존하여 계상되는 부채라는 점에서 법인세법에서 이를 허용한다면 경영자가 자의적으로 세부담을 줄이기 위해서 충당부채를 악용할 것이다. 따라서 경영자의 자의적 판단에 의해 익금이나 손금이 계상되는 것을 최대한 억제하고자 한다는 법인세법에서의 큰 관점에서 충당부채를 인정하지 않는 것

1) 법인세법상 퇴직급여충당금은 회계상 충당부채에 해당한다. 그러나 퇴직급여충당금은 퇴직연금으로 대체되고 2016년 이후부터 새로 적립할 수 없기 때문에 이제 법인세법상 퇴직급여충당금은 인정되지 않는다고 보아야 한다. 퇴직급여충당금과 퇴직연금에 대해서는 제12장을 참고하라.

은 전혀 놀랍지 않다.

3) 차이와 세무조정

금융부채의 경우 기업회계에서 상각후원가로 평가하였다면 현재가치 평가를 인정하지 않는 법인세법과 차이가 생긴다. 이 차이는 부채의 상환 시에는 소멸하게 되는 일시적 차이이므로 유보 혹은 △유보로 처분한다. 이렇게 유보로 처분된 금액은 상각후원가에 대한 장부금액이 조정되는 과정에서 반대방향으로 손금추인되거나 익금으로 정리된다. 기업회계상 충당부채는 법인세법에서 인정되지 않는다. 따라서 기업회계기준에 따라 계상한 충당부채는 전액 익금산입되는데 이 역시 일시적 차이이므로 유보처분된다. 유보로 처분된 금액은 충당부채에 대한 실제 지출이 있을 때 반대로 △유보 추인된다.

3 수익과 비용

기업회계상 수익·비용 그리고 법인세법상 익금·손금은 서로 동일한 개념인데 다만 부르는 용어만 다를 뿐이다. 동일한 개념인데 왜 용어를 다르게 할까? 법인세법에서 수익을 왜 익금이라고 부르고 비용을 왜 손금이라고 부르게 되었는지는 모르겠지만 독자들의 혼동을 피하기 위해서는 이렇게 다른 용어로 부르는 것도 괜찮은 것 같다. 이번 절에서는 회계상 수익과 비용 그리고 법인세법상 익금과 손금의 개념에 대해서 알아보기로 한다.

회계학에 대해 지식을 갖추고 있다면 수익과 비용은 모두 자산, 부채의 평가와 관련된다는 것을 알고 있을 것이다. 수익과 비용을 정확하게 산출할 수 있으면 관련된 자산과 부채도 자연스럽게 산출된다. 반대로 자산과 부채를 정확하게 평가하면 수익과 비용도 그에 따라 인식된다. 법인세법도 마찬가지이다. 다만 문제는 어디에 비중을 둘 것인가이다. 기업회계기준에서는 우선 자산과 부채를 제대로 평가하는 것에 비중을 두지만 법인세법에서는 익금과 손금을 정확하게 산출하는 것에 더 초점을 둔다. 이런 관점을 가지고 기업회계기준과 법인세법을 보면 양자의 차이를 이해하는 데 도움이 된다.

3.1 수익과 익금

수익은 회계상 용어이고 익금은 이에 대응하는 법인세법상 용어이다. 이런 용어들이 아직은 어색할지 모르겠지만 자꾸 반복적으로 접하다 보면 익숙해진다. 수익과 익금은 개념상으로 동일하다. 앞서 말했듯이 수익과 익금은 자산·부채와 관련된다. 기업회계기준과 법인세법 모두 수익에 대한 별도의 개념을 정의하지 않으며 순자산 증가를 통해서 수익과 익금을 정의하고 측정한다.

1) 기업회계기준

K-IFRS 재무보고를 위한 개념체계(수익과 비용의 정의) 문단 4.68
수익은 자산의 증가 또는 부채의 감소로서 자본의 증가를 가져오며, 자본청구권 보유자의 출자와 관련된 것을 제외한다.

위 K-IFRS에서는 수익의 정의와 인식기준에 대해서 언급하고 있다. 먼저 수익을 자산의 증가 혹은 부채의 감소라고 정의하고 있으며 이 중에서 자본청구권 보유자(즉 주주)의 출자와 관련된 것은 제외한다고 하였다. 수익의 전제조건은 순자산의 증가가 있어야 한다는 것이다. 그렇지만 순자산 증가가 반드시 수익을 의미하지는 않는다. 순자산 증가 중 주주들의 자본금납입으로 볼 수 있는 금액은 제외한다. 따라서 순자산 증가는 수익의 필요조건이지만 충분조건은 아니다. 이런 정의의 가장 큰 특징은 수익을 독자적으로 정의하지 않고 자산과 부채를 통해서 간접적으로 정의했다는 점이다.

여러분은 회계원리를 공부하면서 자산과 부채 그리고 수익과 비용은 결코 서로 떨어질 수 없으며 서로 연결되어 있다는 점을 잘 알게 되었을 것이다. 따라서 자산과 부채를 정확하게 계산한다면 수익과 비용은 저절로 계산될 수 있으며 반대로 수익과 비용을 정확하게 계산할 수 있다면 자산과 부채도 저절로 계산될 것이다. 수익과 비용을 계상하면 자산과 부채도 계상되는 것이고 자산과 부채를 계상하게 되면 수익과 비용도 계상된다. 그렇다면 자산과 부채, 아니면 수익과 비용 어느 쪽을 먼저 측정하여 계상할 것인가?

논리적으로는 수익과 비용을 먼저 정의하든지 아니면 자산과 부채를 먼저 정의하든지 결과는 같아야 한다. 그러나 현실적으로는 반드시 그렇지 않다. 이런 점에서 지금의 기업회계기준에서는 자산과 부채를 먼저 정의하고 이를 통해서 수익과 비용을 정의한다는 점을 분명히 하고 있는 것이다.

2) 법인세법

법인세법 제15조(익금의 범위)
익금이란 자본 또는 출자의 납입 및 익금불산입으로 규정된 것을 제외하고 해당 법인의 순자산을 증가시키는 거래로 인하여 발생하는 이익 또는 수입('수익')의 금액으로 한다.

위 법인세법 규정을 보면 법인세법상 익금의 정의는 순자산 증가라는 필요조건이 있다는 점에서 기업회계상 수익의 정의와 매우 유사하다. 이런 법인세법의 정의는 기본적으로 순자산 증가라는 조건을 충족하면 익금이 될 수 있다는 점에서 소득의 유형을 일일이 열거하고 있는 소득세법과는 다르다. 따라서 법인세법에서는 소득에 대해서 순자산 증가설에 입각한 포괄적 정의를 내리고 있다고 하는데, 이에 비해 소득세법에서는 소득의 유형을 일일이 열거하는 열거주의에 입각하고 있다고 한다. 위 규정을 포괄적인 규정으로 본다는 것은 일일이 법인세법이나 시행령에서 열거하고 있지 않더라도 순자산이 증가했으면 익금이 된다는 것이다. 반면 소득세법에서는 법에 구체적으로 열거되어 있지 않은 소득에 대해서 과세할 수 없다.

익금의 범위

법인세법에서는 익금을 정의한 후, 익금에 해당하는 항목들을 열거한다. 이런 항목들은 예시규정이다. 따라서 앞서 설명한 대로 익금의 범위로 열거되어 있지 않더라도 순자산 증가에 해당한다면 익금으로 보아야 한다. 법인세법에서 익금으로 별도로 예시하고 있는 항목은 다음과 같다.

법인세법 제15조(익금의 범위)

1. 특수관계인인 개인으로부터 유가증권을 시가보다 낮은 가액으로 매입하는 경우 시가와 그 매입가액의 차액에 상당하는 금액
2. 외국법인세액으로서 외국납부세액공제의 대상이 되는 금액
3. 동업기업으로부터 배분받은 소득금액

법인세법 시행령 제11조(수익의 범위)

1. 한국표준산업분류에 따른 각 사업에서 생기는 사업수입금액
2. 자산의 양도금액

2의2. 자기주식의 양도금액

3. 자산의 임대료
4. 자산의 평가차익
5. 무상으로 받은 자산의 가액
6. 채무의 면제 또는 소멸로 인하여 생기는 부채의 감소액
7. 손금에 산입한 금액 중 환입된 금액
8. 부당행위계산부인 규정에 따라 자본거래로 인하여 특수관계인으로부터 분여받은 이익
9. 업무와 관련 없는 가지급금 및 그 이자로서 정당한 사유 없이 정해진 기일까지 회수하지 않은 금액
10. 그 밖의 수익으로서 그 법인에 귀속되었거나 귀속될 금액

위 규정을 살펴보면 여러분이 금방 이해할 수 있는 항목들도 있지만 어느 항목은 무슨 말인지도 잘 모르겠고 왜 익금이 되어야 하는지도 이해되지 않는 항목들도 있을 수 있다. 너무 조급해하지 말고 지금 당장 여러분들이 이해하기 어려울 것으로 생각되는 항목들은 앞으로 차차 공부하기로 하자.

자본거래로 인한 익금불산입

앞선 법인세법에 따른 익금의 정의를 보면 자본 또는 출자의 납입은 익금에서 제외한다고 규정되어 있다. 이는 K-IFRS의 정의와 다르지 않다. 다만 자본 또는 출자의 납입으로 보는 거래의 범위에 대해서는 법인세법과 기업회계가 차이가 난다. 우선 법인세법에서 자본거래로 보아서 익금에 산입하지 않는 거래는 다음과 같다.

법인세법 제17조(자본거래로 인한 수익의 익금불산입)

1. 주식발행액면초과액
2. 주식의 포괄적 교환차익
3. 주식의 포괄적 이전차익
4. 감자차익
5. 합병차익
6. 분할차익

위 규정에서 주식의 포괄적 교환차익과 이전차익 그리고 합병과 분할차익은 모두 기업 구조조정에서 일시적으로 발생하는 것이다. 이런 예외적 항목을 제외한다면 법인세법에서는 주식발행초과금과 감자차익만을 자본의 납입으로 본다는 것을 알 수 있다. 그런데 여러분이 회계학을 공부하면서 자본을 구성하는 요소로서 주식발행초과금과 감자차익 외에도 자기주식처분이익과 주식매수선택권 등이 있음을 알고 있을 것이다. 그렇지만 위 규정을 보면 이런 항목들은 법인세법에서는 자본의 납입으로 인정하지 않고 있다.

평가차익 등의 익금불산입

법인세법에서는 자본거래는 아니지만 익금에 산입하지 않는 항목들을 특별하게 예시하고 있다. 이는 다음과 같은 항목들이다.

법인세법 제18조(평가이익 등의 익금불산입)

1. 자산의 평가차익. 다만, 보험업법 및 기타법률에 의한 평가차익은 제외한다.
2. 각 사업연도소득으로 이미 과세된 소득(비과세되거나 면제되는 소득 포함)
3. 손금에 산입하지 아니한 법인세 또는 법인지방소득세를 환급받았거나 환급받을 금액을 다른 세액에 충당한 금액
4. 국세 또는 지방세의 과오납금의 환급금에 대한 이자
5. 부가가치세의 매출세액
6. 무상으로 받은 자산의 가액(국고보조금 등은 제외)과 채무의 면제 또는 소멸로 인한 부채의 감소액 중 이월결손금의 보전에 충당된 금액
7. 연결모법인이 연결자법인으로부터 지급받았거나 지급받을 법인세비용
8. 자본준비금을 감액하여 받는 배당. 다만, 자본준비금을 자본전입할 경우 의제배당으로 과세되는 경우에는 익금으로 본다.

위 항목들을 왜 익금에 산입되지 않을까? 여러분이 위 항목의 성격을 안다면 성격상 위 항목들은 당연히 익금에 산입될 수 없다는 것을 알 수 있다. 따라서 위 규정은 특별히 익금불산입을 규정한 것이 아니고 성격상 익금에 산입할 수 없는 항목들을 예시한 것이다. 혹시 여러분들은 위 항목이 무엇을 의미하는지 아직 잘 모를 수도 있다. 그러나 다음 장부터 차근차근 공부하다 보면 도대체 왜 위 항목들이 익금에 산입될 수 없는지를 이해하게 될 것으로 기대한다.

3) 차이와 세무조정

회계상 수익과 법인세법상 익금은 개념은 유사하지만 실제 개별 규정을 살펴보면 차이가 난다. 따라서 차이에 대한 세무조정과 소득처분이 필요하다. 만일 그 차이가 자산과 부채와 관련된 차이라면 유보로 처분해야 하고 자본과 당기손익의 분류상 문제라면 기타로 처분해야 할 것이다.

예를 들어서 자산 평가익을 회계상 수익으로 계상했다면 법률에 의한 평가증이 아닌 한 법인세법에서는 익금으로 보지 않는다. 이런 경우라면 익금불산입 조정을 한 후에 유보로 처분한다. 유보로 처분하는 이유는 자산과 부채의 차이이기 때문이다. 유보처분이 되면 나중에 해당 자산이나 부채가 처분 혹은 상환될 때 반대로 세무조정되며 유보가 정리되는 과정을 밟는다.

만일 자본과 손익의 분류상의 차이라면 기타로 처분되어야 한다. 앞선 법인세법 규정을 보면 자기주식처분익은 회계상으로는 자본 증가이지만 법인세법상에서는 익금으로 보고 있다. 따라서 자기주식처분익을 회계기준에 따라 자본 증가로 회계처리했다면 법인세법에서는 익금산입 조정을 한 후에 기타로 처분한다. 기타로 처분한 것은 이런 조정은 순자산의 차이도 아니면서 사외유출도 없었기 때문이다.

예제 2-4

주주로부터 결손보전의 목적으로 공정가치 9,000,000원인 토지를 증여받아 결산상 결손금 7,000,000원(세무상 결손금 5,000,000원)을 보전하고 나머지는 자본잉여금으로 계상하였다. 세무조정을 하시오.

| 풀이 |

※ 토지를 증여받은 경우의 취득원가에 대해서는 K-IFRS에서는 명문의 규정이 없다. 다만 일반기업회계기준에서는 증여받은 자산에 대해서는 공정가치를 취득원가로 하면서 동시에 자산수증익을 계상하여 당기손익으로 한다. 따라서 본 예제에서와 같이 자본잉여금으로 처리한 것은 일반기업회계기준에 비추어 올바른 회계처리라고 할 수 없다.

※ 세법에서는 자산수증익은 익금에 산입한다는 것을 명문화하고 있으며 다만 그 금액 중 결손보전에 지출된 금액은 익금에 불산입한다고 규정한다.

※ 이에 대한 세무조정은 제1장에서 설명했던 회계-세무 차이에 대한 유형 3, 4와 같다. 즉 회계상 자본잉여금이지만 세법상으로는 사업연도소득을 구성한다. 이에 따라 순자산의 차이도 없고 사외유출도 없으므로 다음과 같이 세무조정하고 기타로 처분한다.

익금산입 자산수증익 9,000,000원(기타)
손금산입 자산수증익 5,000,000원(기타)

※ 위와 같은 세무조정을 분개로 표시하면 아래와 같다.

차) 자본잉여금	9,000,000원	대) 익금가산	9,000,000원
차) 손금가산	5,000,000원	대) 자본잉여금	5,000,000원

예제 2-5

다음은 제2기의 결산내역이다. 이를 반영하여 제2기의 세무조정을 하시오. 제1기의 세무조정은 적절하게 이루어졌다.

(1) 상품 매출액 5,000,000원(매출원가 4,000,000원)은 세무상으로 제1기에 인식되어야 한다.
(2) 매출채권에 대한 손실충당금환입액 7,000,000원 중 2,000,000원은 제1기 세법상 한도액을 초과하여 손금부인한 금액이다.

| 풀이 |

※ 재무상태표에서의 제1기와 제2기 회계-세무 차이는 다음과 같다.

	회계-세무 차이		차이의 증가(감소)
	제1기	제2기	
매출채권	5,000,000	–	(5,000,000)
손실충당금	2,000,000	–	(2,000,000)
재고자산	(4,000,000)	–	4,000,000

※ 위에서 보면 제1기 세무조정은 다음과 같았을 것이다. 그리고 이런 차이는 순자산의 차이에 해당하므로 소득처분은 유보이다.

익금산입 매출채권 5,000,000원(유보)
손금산입 재고자산 4,000,000원(△유보)
익금산입 손실충당금 2,000,000원(유보)

차) 매출채권	5,000,000원	대) 익금가산	5,000,000원
차) 손금가산	4,000,000원	대) 재고자산	4,000,000원
차) 손실충당금	2,000,000원	대) 익금가산	2,000,000원

※ 제2기만 보면 회계-세무 차이는 없다. 그러나 제1기 차이가 해소되었으므로 이에 대한 세무조정을 해야 한다. 즉 제2기 세무조정은 제1기 세무조정으로부터 영향을 받은 것이다. 이 또한 순자산의 차이로 인한 것이므로 소득처분은 유보이다. 따라서 제1기 세무조정으로 유보된 금액들을 반대방향으로 세무조정해야 한다. 구체적인 제2기의 세

무조정은 아래와 같고 이를 분개로 표시하면 다음과 같다.

손금산입 매출채권 5,000,000원(△유보)
익금산입 재고자산 4,000,000원(유보)
손금산입 손실충당금 2,000,000원(△유보)

차) 손금가산	5,000,000원	대) 매출채권	5,000,000원
차) 재고자산	4,000,000원	대) 익금가산	4,000,000원
차) 손금가산	2,000,000원	대) 손실충당금	2,000,000원

요약하면 기업회계기준에 따른 수익과 법인세법상 익금은 서로 대응되는 개념이다. 회계상 수익은 순자산의 증가로 정의된다. 유사하게 법인세법에서도 익금은 순자산의 증가로 정의한다. 그러나 세부적으로 기업회계기준과 법인세법은 차이를 보인다. 기업회계기준에서는 수익을 세부적으로 열거하고 있지 않지만 법인세법에서는 익금과 익금불산입항목을 예시적으로 열거하고 있다. 앞으로 공부하게 될 것이지만 수익과 익금의 차이는 순자산과 관련이 있을 수도 있으며 자본과 잉여금 분류와 관련된 것일 수도 있다.

3.2 비용과 손금

비용 혹은 손금은 수익 혹은 익금과 대조되는 반대 개념이다. 다만 기업회계기준에서는 보수주의를 적용하여 비용을 조기에 적극적으로 인식하여 당기순이익이 과대계상되는 것을 막고자 하지만 법인세법에서는 반대로 재량적인 손금 계상을 최소화하여 사업연도소득이 과소계상되는 것을 막고자 한다. 이런 점에서 회계와 세법 간 차이가 날 수 있다.

1) 기업회계기준

K-IFRS 재무보고를 위한 개념체계(수익과 비용의 정의) 문단 4.69
비용은 자산의 감소 또는 부채의 증가로서 자본의 감소를 가져오며, 자본청구권 보유자에 대한 분배와 관련된 것을 제외한다.

위의 비용에 대한 정의를 앞선 수익의 경우와 비교해보면 상대적으로 대응되는 개념으로 구성되었음을 알 수 있다. 수익이 자본의 증가를 초래한다면 비용은 자본의 감소를 초래하며 자본의 납입은 수익이 아닌 것처럼 자본청구권자에 대한 분배는 비용이 아니라고 정의한다. 여기에서 자본청구권자에 대한 분배(distribution)에는 자본의 환급(return of capital)과 배당(dividends)이 포함된다. 자본의 환급은 자본금이나 자본잉여금에서 분배되는 것이며 배당은 이익잉여금에서 분배된다.

2) 법인세법

법인세법 제19조(손금의 범위)

손금은 자본 또는 출자의 환급, 잉여금의 처분 및 이 법에서 규정하는 것을 제외하고 해당 법인의 순자산을 감소시키는 거래로 인하여 발생하는 손비의 금액으로 한다. 손비는 이 법 및 다른 법률에 달리 정하고 있는 것을 제외하고는 그 법인의 사업과 관련하여 발생하거나 지출된 손실 또는 비용으로서 일반적으로 용인되는 통상적인 것이거나 수익과 직접 관련된 것으로 한다.

위 규정은 앞선 K-IFRS 규정과 큰 틀에서 동일하다. 즉 손금은 순자산을 감소시키는 거래로부터 생기는 것이며 자본의 환급이나 잉여금 처분(즉 배당)을 제외한다고 규정하고 있다는 점에서 그렇다.

다만 손금은 사업과 관련된 것으로 한정한다고 부수적인 언급을 하고 있다. 기업회계기준에서 이런 점을 언급하지 않은 것은 사업관련성을 무시하는 것이 아니라 사업관련성은 너무나 당연히 충족한다고 가정하고 있기 때문인데 법인세법에서 굳이 이 점을 강조한 것은 과세당국 입장에서 이 당연한 전제조건이 충족되지 않는다면 손금으로 인정하지 않겠다는 의지를 표명한 것이라고 해석된다.

법인세법에서 사업관련성을 특별히 언급했다는 점에서 기업회계기준과 법인세법의 중요한 차이가 날 수 있는데 기업회계기준에서는 경영자가 회계처리를 한 비용은 당연히 사업과 관련이 있는 것이라고 보는 반면, 법인세법에서는 이를 당연시하지 않고 다시 한번 법적 관점에서 판단해보겠다는 것이다. 따라서 회계상 비용으로 계상하였다고 하더라도 과세당국에서 사업과 무관하다고 판단한 비용은 손금으로 인정되지 않는 것이고 이러한 정신은 법인세법 곳곳에서 규정으로 나타난다.

또한 법인세법에서는 손금은 통상적이어야 하고 수익과 관련이 있어야 한다고 언급하고 있는데 이는 사업관련성과 다른 개념이라기보다 사업관련성을 보다 구체적으로 정의한 것으로 볼 수 있다. 예를 들어 회사가 대표이사 부부의 해외경비를 비용으로 계상하였다면 이를 손금으로 인정해야 하는가? 여기에서 판단은 사업관련성이다. 거래처와 중요한 계약을 맺기 위해 여행을 한 것이고 거래상대방과의 계약에서 부부가 함께 참석하는 것이 통상적이라면 이 여행경비는 회사의 손금으로 인정받을 수 있을 것이다.

손금의 범위

법인세법에서는 익금과 마찬가지로 손금에 대해서도 예시적으로 열거하고 있다. 다시 한번 말하지만 법인세법에서 열거하고 있는 손금항목들은 예시적인 것이므로 여기에 규정되어 있지 않다고 하더라도 앞선 정의에 부합한다면 손금으로 보아야 한다. 법인세법에서 예시하는 항목들을 살펴보면 다음과 같다.

법인세법 시행령 제19조(손비의 범위)

1. 판매한 상품 또는 제품에 대한 원료의 매입가액과 그 부대비용

1의2. 판매한 상품 또는 제품의 보관료, 포장비, 운반비, 판매장려금 및 판매수당 등 판매와 관련된 부대비용(판매장려금 및 판매수당의 경우 사전약정 없이 지급하는 경우를 포함한다)

2. 양도한 자산의 양도 당시의 장부가액

3. 인건비

4. 유형자산의 수선비

5. 유형자산 및 무형자산에 대한 감가상각비

5의2. 특수관계인으로부터 자산 양수를 하면서 기업회계기준에 따라 장부에 계상한 자산의 가액이 시가와 차이가 있는 경우, 그에 해당하는 감가상각비 상당액

6. 자산의 임차료

7. 차입금 이자

8. 회수할 수 없는 부가가치세 매출세액미수금

9. 자산의 평가차손

10. 제세공과금

11. 영업자가 조직한 단체로서 법인이거나 주무관청에 등록된 조합 또는 협회에 지급한 회비

12. 광업의 탐광비

13. 무료진료의 가액
13의2. 제조업 · 도매업 또는 소매업을 영위하는 내국법인이 해당 사업에서 발생한 잉여 식품 등을 무상으로 기증하는 경우 기증한 잉여 식품 등의 장부가액
14. 업무와 관련 있는 해외시찰 · 훈련비
15. 근로청소년 교육을 위한 운영비 또는 수당
16. 우리사주조합에 출연하는 자사주의 장부가액 또는 금품
17. 장식 · 환경미화 등의 목적으로 항상 전시하는 미술품의 취득가액을 그 취득한 날이 속하는 사업연도의 손비로 계상한 경우(취득가액이 거래단위별로 1천만원 이하인 것으로 한정한다)
18. 광고선전 목적으로 기증한 물품의 구입비용으로 연간 3만원 이내의 금액
19. 임직원이 금융지주회사 혹은 해외모법인으로부터의 주식매수선택권 또는 주식이나 주식가치에 상당하는 금전으로 지급받는 상여금
19의2. 상법 등에 의해 주식매수선택권 또는 금전을 부여받거나 지급받은 자에 대한 주식의 매수가액과 시가의 차액을 금전 또는 해당 법인의 주식으로 지급하는 경우의 해당 금액 혹은 주식매수선택권 행사에 따라 주식을 시가보다 낮게 발행하는 경우 그 주식의 실제 매수가액과 시가의 차액 혹은 주식기준보상으로 금전을 지급하는 경우 해당 금액
20. 중견기업이 중소기업 지원을 위해 부담하는 기여금
21. 임원 또는 직원의 사망 이후 유족에게 학자금 등으로 일시적으로 지급하는 금액
22. 그 밖의 손비로서 그 법인에 귀속되었거나 귀속될 금액

위와 같이 엄청나게 많은 항목들을 손금의 예로 들고 있다. 이제 막 세무회계 공부를 시작한 학생으로서 어떤 항목은 쉽게 이해될 것이지만 어떤 항목에 대해서는 그 의미를 잘 알 수 없을 것이라고 본다. 앞으로 차차 공부하게 될 것이므로 조급하게 생각할 필요는 없다.

자본거래로 인한 손금불산입

앞선 정의에 따르면 출자의 환급이나 잉여금 처분에 의한 순자산 감소는 손금에 산입하지 않는다. 이는 기업회계에서도 당연히 비용이 아니므로 차이가 나지 않는다.

법인세법 제20조(자본거래 등으로 인한 손비의 손금불산입)

1. 결산을 확정할 때 잉여금의 처분을 손비로 계상한 금액
2. 주식할인발행차금: 상법에 따라 액면미달의 가액으로 신주를 발행하는 경우 그 미달하는 금액과 신주발행비의 합계액

3) 차이와 세무조정

기업회계기준에 따른 비용과 법인세법상 손금은 개념이 비슷하지만 실제로는 많은 차이가 난다. 이것은 기업회계기준과 법인세법의 입장이 서로 다르기 때문이다. 회계에서는 경영자는 이익을 과대계상하고자 하는 동기가 있다고 보고 보수적 관점에서 비용을 인식하는 것에 대해서는 관대하다. 반면 법인세법에서는 경영자들은 세금을 줄이기 위해서 사업연도소득을 줄이려는 동기가 있다고 의심한다. 이러한 의심에 기초해서 법인세법에서는 손금을 계상하는 것을 항상 감시하고 엄격하게 제한을 가하고자 한다. 이런 입장의 차이로 인하여 법인세법 조문을 보면 항상 손금에 대해서 의심하며 제한하는 규정이 있음을 알 수 있다.

만일 회계상 비용과 법인세법상 손금의 차이가 자산, 부채에 관한 것이라면 익금 혹은 손금조정하고 유보로 처분되며 해당 자산과 부채가 처분되거나 상환되는 시점에서 다시 반대방향으로 유보로 처분하여 정리한다. 예를 들어 결산상 계상한 감가상각비가 법인세법에서 인정하는 범위를 초과하였다면 초과된 금액은 손금불산입하고 유보로 처분한다. 그리고 이렇게 유보로 처분된 금액은 그 이후 감가상각비 범위액에 미달한 금액을 한도로 손금에 산입하고 △유보로 처분하거나 해당 자산이 처분될 때 손금에 산입하고 △유보로 처분하여 정리한다.

만일 현금지출이 있었는데 회계상 비용을 법인세법에서 손금에 산입하지 않는 조정을 했다면 이는 사외유출로 처분한다. 예를 들어 회계상 접대비로 지출하였지만 법인세법상 접대비로 손금에 산입할 수 없다면 이는 기타사외유출로 처분한다. 회계상 계상한 비용 중 법인세법 입장에서 임원에게 업무와 무관한 여행경비로 판단된다면 이는 사외유출 상여로 처분한다. 이렇게 손금에 산입되지 않는 세무조정 중에는 사외유출로 처분되는 경우가 많다.

요약하면 수익·익금과 마찬가지로 비용과 손금도 서로 대응되는 개념이다. 회계상 비용과 법인세법상 손금은 서로 유사한 개념을 갖는다. 그러나 현실적으로 양자는 많은 차이가 있다. 앞으로 우리가 공부하게 될 많은 세무조정은 대부분 비용과 손금의 차

이 때문에 생긴다. 수익 대 익금의 차이와 유사하게 비용과 손금의 차이도 순자산의 차이로 인한 것과 자본이나 잉여금 분류상의 차이도 있다. 또한 이미 현금유출이 있음에도 양자의 차이가 있을 수 있는데 이는 사외유출로 처분한다.

3.3 당기손익과 포괄손익

K-IFRS 제1001호(재무제표 표시) 문단 81A
포괄손익계산서에는 다음을 표시한다.
(1) 당기순손익
(2) 총기타포괄손익
(3) 당기손익과 기타포괄손익을 합한 당기포괄손익

기업회계기준에서는 수익에서 비용을 차감하면 당기순이익이 산출된다. 법인세법에서는 익금에서 손금을 차감하여 사업연도소득을 구한다. 그런데 K-IFRS에서는 당기순이익을 개념상 당기손익과 당기포괄손익으로 구분한다. 이에 비해 법인세법에서는 이런 구분이 없다. 따라서 당기손익에서 조정하여 사업연도소득을 구하는 것과 당기포괄손익에서 조정하여 사업연도소득을 구하는 것은 다르다.

위 K-IFRS에서는 당기순손익과 기타포괄손익을 구분하고 양자를 합하여 당기 포괄손익을 구하여 포괄손익계산서에 표시한다고 규정하고 있다. 이에 따르면 포괄손익계산서에 표시되는 당기포괄손익은 다음과 같이 구성된다.

당기포괄손익 = 당기순손익±총기타포괄손익

K-IFRS에서는 당기포괄손익을 당기순손익과 총기타포괄손익으로 구분하는 이유를 명시적으로 밝히지 않고 있지만 기업의 미래 현금흐름의 예측가능성이나 경영자의 성과를 평가함에 있어서 차이가 있기 때문이 아닐까 생각된다. 예를 들어 제품을 판매하여 거둔 이익이라면 당연히 당기순손익에 포함되고 경영자성과에 포함되어야 한다. 그러나 토지의 시가가 상승하여 평가익이 생겼다면 이런 이익이 경영자성과에 포함되어야 할 것인가에 대해서는 의문이 생긴다. 또한 이런 평가이익이 과연 기업의 미래 현금흐름을 예측하는 데 유용할 것인지도 불확실하다. 따라서 토지의 시가 상승으로 인한

평가이익은 비록 당기포괄손익을 구성하지만 당기순손익이 아닌 총기타포괄이익으로 구분하는 것이다.

법인세법에서는 이런 구분이 없다. 세무조정은 결산상 당기순이익에서 사업연도소득으로 조정하는 것인데 여기에서 결산상 당기순이익이 당기포괄손익을 지칭하는 것인지 아니면 당기순손익을 지칭하는 것인지를 분명히 정해야만 세무조정을 할 수 있다. 예를 들어 결산상 당기순이익이 당기순손익을 지칭하는 것이라면 기타포괄손익에 대해서는 세무조정을 해주어야 한다. 그러나 결산상 당기순이익이 당기순손익이 아닌 당기포괄손익을 지칭하는 것이라면 기타포괄손익에 대해서 세무조정할 필요가 없다. 본 교재에서 별도로 언급하지 않는 한 결산상 당기순이익이라고 함은 당기순손익을 지칭하는 것으로 정한다. 따라서 본 교재에서는 기타포괄손익에 대해서 항상 세무조정을 한다.

이번 장의 요약

1. 세무조정에 따른 소득처분은 미래 사업연도소득에 대한 영향을 확인하고 소득세를 추가적으로 과세하기 위하여 필요하다.

2. 소득처분은 유보, 사외유출, 기타로 구분되는데 사외유출은 다시 상여, 배당, 기타소득과 기타사외유출로 구분한다.

3. 기업회계기준에 따른 자산은 과거사건의 결과로 회사가 통제하는 경제적 자원으로 정의되며 기업회계기준에 따른 부채는 과거사건의 결과로 미래 경제적 자원을 이전시켜야 하는 현재의 의무로 정의된다.

4. 기업회계기준에 따른 자산은 취득원가보다는 공정가치, 상각후원가, 순실현가능가치 등으로 측정되며 회수가능액을 상한선으로 두지만 법인세법에서는 취득원가를 고수한다.

5. 기업회계기준에 따른 부채 중 금융부채는 상각후원가로 평가하고 비록 불확실하더라도 미래 지출을 합리적으로 추정한 충당부채도 계상하지만 법인세법에서는 원칙상 현재가치 평가를 수용하지 않으며 충당부채도 수용하지 않는다.

6. 기업회계기준에 따른 수익과 법인세법상 익금은 모두 순자산 증가를 요건으로 한다는 점에서 용어만 다를 뿐이며 개념상으로는 대부분 일치한다.

7. 기업회계기준에 따른 비용과 법인세법상 손금은 모두 순자산 감소를 초래하는 것으로 정의한다는 점에서 개념상으로 유사하다.

8. 비록 개념상으로는 유사할지 모르지만 현실적으로 비용과 손금의 차이는 빈번하게 생기고 대부분 세무조정사항은 여기에 속한다.

9. 기업회계기준에 따른 당기포괄손익은 당기순손익과 기타포괄손익으로 구성된다. 결산상 당기순이익은 기업회계기준의 당기순손익을 지칭하는 것으로 정한다. 따라서 기타포괄손익에 대해서는 세무조정이 필요하다.

CHAPTER

3

수익의 인식

이번 장의 차례

CHAPTER 3

수익의 인식

스마트폰을 구매하면서 내가 스마트폰이라는 재화를 구입하는 것인지 아니면 통화서비스를 구입한 것인지 헷갈려본 경험이 다들 한 번은 있을 것이다. 계약의 형태에 따라서 다르겠지만 스마트폰을 공짜로 샀다고 좋아했는데 곰곰 생각해보면 사실은 통신요금에 스마트폰의 가격이 포함되어 있는 경우도 본다.

재화와 서비스는 수익의 인식시점이 다르다. 스마트폰은 판매 시 한꺼번에 수익을 인식하지만 통신서비스는 시간흐름에 따라 수익을 인식해야 한다. 이런 구분을 정확하게 하지 못하면 당기순이익 혹은 사업연도소득이 부정확해진다. 따라서 계약으로부터 생기는 수익의 형태를 구분하고 수익의 인식시점을 정하는 것이 중요하다. 이런 관점에서 이번 장에서는 수익인식을 공부하는 데 K-IFRS 제1115호(고객과의 계약에서 생기는 수익)를 기초로 법인세법과의 차이를 집중적으로 살펴볼 것이다.

계약으로부터 생긴 수익인식에서 기업회계기준과 법인세법의 주요 차이는 거래가격을 산정하는 방식에 있다. 기업회계기준에서는 변동대가가 있을 경우에는 합리적으로 추정한 금액을 대가로 산정하지만 법인세법에서는 계약상 대가를 우선하며 그 이후 변동금액은 확정시점에서 반영한다. 또한 계약상 대가에는 유의적인 금융요소가 포함되어 있을 수 있다. 기업회계기준에서는 유의적인 금융요소를 대가와 분리하여 이자수익으로 인식하지만 법인세법에서는 장기할부판매와 같은 예외적인 경우를 제외하고 유의적인 금융요소를 별도로 분리하지 않는다.

최종적인 수익인식에서 수익을 한 시점에 인식할 것인지 아니면 기간에 걸쳐 인식할 것인지를 정하는 것은 중요하다. 공사진행기준은 기간에 걸쳐 수익을 인식하는 기본적인 방법이다. 이에 대해서 기업회계기준과 법인세법은 차이가 없다.

#수익인식 #변동대가 #유의적인금융요소 #공사진행기준

1 고객과의 계약에서 생긴 수익

이번 장에서는 고객과의 계약에서 생긴 수익을 대상으로 다룬다. 회사가 인식하는 수익 중에는 고객과는 무관하게 생기는 수익도 있을 수 있다. 보유 중인 금융자산의 평가익이나 유형자산처분익 등은 고객과 무관하게 생긴 수익이라고 할 수 있다. 그렇지만 기업이 영업활동을 함에 따라 대부분의 수익창출원은 고객과의 계약에서 생긴다. 이런 점에서 이번 장에서 다루는 고객과의 계약에서 생긴 수익은 대부분 기업매출, 즉 수익과 관련이 된다.

1.1 수익인식의 개요

수익의 인식이란 무엇인가? 한마디로 언제 얼마의 수익을 인식할 것인지를 정하는 것이다. 수익의 최종 형태는 현금이다. 회사가 수익활동을 통해서 최종적으로 현금을 획득하기 위해서는 여러 활동들을 순차적으로 수행해야 한다. 예를 들어 여러분이 겨울방학을 이용해서 군고구마를 팔아서 용돈을 벌기로 마음먹었다고 하자. 여러분 손에 최종적으로 현금이 들어오기 위해서 어떤 활동들을 수행해야 하는가? 간단하게 ① 고구마 10만원어치 구입, ② 고구마 굽기, ③ 고구마 20만원에 외상 판매, ④ 현금 15만원 회수라는 4단계를 거친다고 하자. 만일 이런 4단계가 하루나 이틀 동안에 벌어진다면 굳이 언제 수익을 인식할 것인지를 고민하지 않아도 15만원을 벌었다는 것을 금방 알 수 있다. 그러나 만일 1단계부터 최종 4단계까지 기간이 몇 년이 걸린다면 어떻게 해야 할 것인가? 가장 보수적인 사람이라면 마지막으로 현금이 회수될 때까지 수익인식을 연기할 것이므로 현금 15만원을 회수하고 나서야 15만원의 수익과 10만원의 비용을 계상할 것이다. 반면 성미가 급하고 덤벙거리는 사람이라면 고구마를 사놓은 것만으로도 수익이 생긴 것으로 생각하고 곧바로 20만원의 수익과 10만원의 비용을 계상할 것이다. 그렇지만 객관적이고 합리적인 사람이라면 언제 얼마의 수익을 인식할 것인가? 이번 장에서 우리가 고민해야 할 문제이고 K-IFRS 제1115호에서 다루는 문제이다.

1) 기업회계기준

K-IFRS 제1115호에서는 수익인식과정을 계약의 식별→수행의무의 식별과 수익의 인식→거래가격의 산정과 배분이라는 단계별로 규정하고 있다. 물론 자산의 평가이익처럼 계약과 무관하게 수익이 생길 수도 있겠지만 대부분 수익은 고객과의 계약에서 생긴다. 핵심은 하나의 계약 안에서도 여러 수행의무가 있을 수 있고 수행의무별로 수익의 인식시점은 다를 수 있다는 것이다. 두 번째 핵심은 거래가격을 산정하는 것인데 대가가 미래 사건에 의해 변동될 수 있다는 점과 대가 속에는 금융요소, 즉 이자가 포함될 수 있다는 점이다.

2) 법인세법

법인세법에서는 기업회계처럼 체계적으로 수익인식을 규정하고 있지 않다. 문제는 기업회계를 충실하게 따른다면 법인세법에서도 문제가 없는가이다. 누누이 말하지만 기업회계는 경영자의 판단을 합리적인 것으로 신뢰하지만 법인세법은 대체로 신뢰하지 않는다. 이에 따라 기업회계는 합리적 수준에서 수익을 인식하지만 법인세법은 확실해져야만 수익(혹은 익금)을 인식한다.

그렇다면 세법에서의 수익(혹은 익금)인식시점은 언제인가? 기본적으로 세법에서는 과세할 수 있는 시점, 즉 수익에 대한 권리확정시점에 수익을 인식하는 것이기 때문에 ① 특정한 채권이 성립하고, ② 구체적 채무이행을 청구할 수 있는 사실이 발생하고, ③ 채권의 금액을 확실하게 계산할 수 있는 시점이 된다.

이런 양자의 입장 차이는 거래가격 산정에서 가장 극명하게 나타난다. 법인세법은 현금을 수령할 것이 확실해지기까지 익금을 산입하지 않는다. 또한 대가에 포함된 이자요소를 대체로 무시한다. 이런 차이로 인하여 수익과 익금산입과정에서의 차이가 생긴다.

1.2 고객과의 계약

계약은 수익인식의 출발점이다. 그렇다면 계약 없이는 수익도 생기지 않는가? 자산평가익처럼 계약에 기초하지 않은 수익도 있지만 대부분 수익은 계약에서 시작된다. 실제로 계약서를 별도로 작성하지 않았다고 하더라도 수익을 인식하게 되는 대부분 행위에는 암묵적으로 계약이 숨어있다. 계약서가 있는지 없는지가 아니라 실질적인 계약이 성립되었는가가 중요하다. 계약이 식별되었다면 그 다음으로 과연 이 계약으로부터 인식해야 할 수익이 생기는지를 판단해야 한다. 중요한 것은 계약에서의 상업적 실질과 대가의 회수가능성이다.

1) 기업회계기준

K-IFRS 제1115호(고객과의 계약에서 생기는 수익) 문단 9
다음 기준을 모두 충족하는 때에만, 이 기준서의 적용범위에 포함되는 고객과의 계약으로 회계처리한다.

(1) 계약 당사자들이 계약을 승인하고 각자의 의무를 수행하기로 확약한다.
(2) 이전할 재화나 용역과 관련된 각 당사자의 권리를 식별할 수 있다.
(3) 이전할 재화나 용역의 지급조건을 식별할 수 있다.
(4) 계약에 상업적 실질이 있다(계약의 결과로 기업의 미래 현금흐름의 위험, 시기, 금액이 변동될 것으로 예상된다).
(5) 고객에게 이전할 재화나 용역에 대하여 받을 권리를 갖게 될 대가의 회수가능성이 높다.

고객과 맺은 계약은 수익인식의 첫 출발점이다. 대부분 수익은 계약에 기초해서 일어난다. 그렇지만 모든 계약이 수익으로 연결되는 것은 아니다. K-IFRS에서는 계약을 식별하기 위한 다섯 가지 조건을 제시한다. 다섯 가지 조건 중 처음 세 가지는 계약이 법적 효력을 갖기 위해서는 당연히 필요한 것이다. 예를 들어 당사자가 확약을 하지 않은 계약이나 당사자들의 의무가 명시되지 않은 계약서는 법적 효력이 없다. 따라서 다섯 가지 조건 중 (1)~(3)은 계약으로서 가져야 할 당연한 특성으로 볼 수 있다. 중요한 것은 (4) 상업적 실질 그리고 (5) 대금의 회수가능성이다.

상업적 실질

상업적 실질이 있어야 한다는 것은 향후 현금흐름의 변동을 가져올 수 있어야 한다는 의미이다. 즉 회사가 이 계약을 통해서 돈을 벌 수 있을 것으로 합리적으로 기대할 수 있어야 상업적 실질이 있는 것이다. 물론 계약을 수행해서 돈을 벌지 못하고 오히려 손해를 볼 수도 있겠지만 이는 어디까지나 사후적인 것이고 적어도 사전적으로는 투입하는 비용에 비하여 창출하는 현금이 많을 것으로 합리적으로 기대할 수 있어야 할 것이다. 예를 들어서 회사가 100% 소유하고 있는 자회사와 서로 간에 소유하는 동일한 자산을 교환하기로 한 계약은 양 회사의 현금흐름에 변동을 가져올 수 없으므로 상업적 실질이 없다. 또한 계약을 언제든지 조건 없이 취소할 수 있다면 이 역시도 상업적 실질을 갖춘 것으로 볼 수 없다.

대금 회수가능성

대금의 회수가능성도 계약식별에 있어서 중요한 요소이다. 대금의 회수가능성은 상업적 실질과도 관련이 있다. 계약으로부터 현금흐름을 거의 기대할 수 없다면 이를 상업적 실질이 있는 것으로 볼 수 없다.

회사가 손실이 생길 것을 알면서도 고객과 계약을 맺었다면 이는 위에서 말하는 계약으로 볼 수 있을까? 이렇게 손실이 생길 것이 확실한 계약을 손실부담계약이라고 한다. 손실이 확실함에도 불구하고 왜 계약을 맺었을까? 회사는 여러 가지 상황에서 고객과의 관계 유지 아니면 회사의 명성 유지 등을 이유로 손실이 예상됨에도 불구하고 계약을 맺을 수 있다. 이런 손실부담계약은 계약체결과 함께 손실과 충당부채를 인식해야 한다. 따라서 손실부담계약은 수익의 인식과는 무관한 계약이 될 것이므로 K-IFRS 제1115호에서 규정하는 계약에 해당되지 않는다.

2) 법인세법

법인세법에서도 상업적 실질 여부는 중요하다. 그렇기 때문에 법인세법에서는 상업적 실질이 없는 계약 혹은 거래를 이용해서 조세회피를 했는지를 따져본다. 그리고 상업적 실질 없이 부당하게 조세가 감소되는 결과를 초래하게 된 거래라면 이를 인정하지 않고 부인한다. 이것이 법인세법에서 규정하는 부당행위계산의 부인이다(법인세법 제52조). 예를 들어 100% 소유한 자회사에게 자산을 공정시가보다 훨씬 낮은 가격으로 처분하는 계약을 맺었다면 이는 회계상으로도 상업적 실질이 결여된 계약이 될 수 있고 법인세법에서도 부당한 거래로 보게 될 것이다.

그런데 반대로 상업적 실질이 없는데도 세금이 증가하는 계약을 맺었다면 어떻게 될까? 앞선 예와는 반대로 자산을 공정시가보다 훨씬 높은 가격으로 처분하는 계약을 맺은 경우가 해당된다. 이런 경우라면 법인세법에서는 일단 수용한다. 다만 높은 가격으로 매입하기로 한 상대방이 특수관계자라면 부당한 이익을 제공한 것이므로 그 상대방에게 과세할 것이다.

3) 차이와 세무조정

회계상 상업적 실질이 없는 계약으로 보았음에도 불구하고 법인세법에서 이를 익금에 산입하는 경우는 현실적으로 생길 수 없을 것이다. 반대로 회계상으로 상업적 실질이 있다고 보았지만 법인세법에서는 이를 부당행위로 간주하는 경우가 있을 수 있다. 이런 경우라면 고의적으로 감소시킨 수익을 추가로 익금에 산입하게 된다. 예를 들어 자산을 특수관계자에게 저가로 양도하는 계약을 체결하였다면 형식적으로 체결된 계약을 부인하고 시가로 양도하는 계약을 체결한 것으로 본다. 따라서 시가와 대가와의 차이를 익금산입해야 한다. 다만 익금에 산입하는 시점은 계약을 체결한 시점이 아니라 실제로 자산이 양도된 시점이다.

1.3 사례와 쟁점

사례 3-1

갑회사는 고객에게 컴퓨터를 판매하고 향후 5년간 세무서비스를 제공하기로 계약을 맺었다. 그리고 5년간 100만원씩 대금을 받기로 하였는데 2년 후 세법이 개정되면 그 이후 3년간은 20만원을 추가하여 120만원씩 대금을 받기로 하였다.

위 사례를 보고 앞서 살펴본 각 단계별로 관련된 쟁점을 정리해보자.

- 1단계(계약의 식별): 위 계약은 수익을 인식해야 할 거래가 되는가?
- 2단계(수행의무 식별): 위 계약을 수행하면서 회사가 해야 할 수행의무에는 무엇이 있는가? 컴퓨터 판매라는 수행의무가 있는 것인가? 아니면 세무서비스 용역의 수행의무가 있는가? 그것도 아니라면 컴퓨터 판매와 세무서비스 용역 제공이라는 두 개의 수행의무가 각각 있는 것인가?
- 3단계(거래가격의 산정): 위 계약으로부터의 대가는 모두 얼마인가? 2년 후 세법 개정 조건을 어떻게 반영해야 하는가? 그리고 미래 현금흐름의 할인은 어떻게 해

야 하는가?

- 4단계(거래가격의 수행의무 배분): 만일 앞서서 수행의무를 컴퓨터 판매와 세무서비스 제공이라는 두 개로 식별하였다면 각각의 수행의무에 얼마의 대가를 배분해야 하는가?
- 5단계(수익인식): 각 기간별로 얼마의 수익을 인식해야 하는가?

수익을 언제 얼마만큼 인식할 것인가? 위의 단계는 이 질문에 대한 답을 찾기 위해서 수행해야 할 절차를 단계별로 구분하여 보여주며 이것이 K-IFRS 제1115호의 핵심 내용이다. 이런 점에서 K-IFRS 제1115호는 수익인식 전반에 걸친 회계기준이다. 기업회계기준에서 중요시하는 것은 각 단계마다 합리적인 판단이다. 그러나 법인세법에서는 판단보다는 객관성을 보다 중요시한다. 일반적으로는 수행의무의 이행보다 나중에 현금이 회수된다. 따라서 이런 입장을 수익인식과정에 대입시키면 법인세법에서는 회계기준보다 신중하게 현금회수가 확실해질 때까지 수익(혹은 익금)을 인식하지 않는다.

2 수행의무의 식별

수익에는 대가가 반드시 따른다. 수익을 창출하기 위해서 반대급부로 회사는 수행해야 할 의무를 진다. 역으로 회사는 계약상 의무를 수행하고 그 대가를 받는 것이다. 계약서를 식별하였다면 계약상 수행의무를 식별해야 한다. 하나의 계약에는 여러 개의 수행의무가 있을 수 있다. 수행의무를 식별해야 하는 이유는 식별된 수행의무를 제대로 수행했는지에 따라서 수익을 인식할 것인가가 정해지고 수익인식의 시기 및 형태도 정해지기 때문이다. 그렇다면 계약 내에 몇 개의 수행의무가 존재하고 있는가? 그리고 존재하는 수행의무를 서로 구분하는 기준은 무엇인가? 이번 절에서 이에 대한 답을 구한다.

1) 기업회계기준

K-IFRS 제1115호(고객과의 계약에서 생기는 수익) 문단 22
계약 개시시점에 고객과의 계약에서 약속한 재화나 용역을 검토하여 고객에게 다음 중 어느 하나를 이전하기로 한 각 약속을 하나의 수행의무로 식별한다.
(1) 구별되는 재화나 용역(또는 재화나 용역의 묶음)
(2) 실질적으로 서로 같고 고객에게 이전하는 방식도 같은 '일련의 구별되는 재화나 용역'

K-IFRS 제1115호(고객과의 계약에서 생기는 수익) 문단 27
다음 기준을 모두 충족한다면 고객에게 약속한 재화나 용역은 구별되는 것이다.
(1) 고객이 재화나 용역 그 자체에서 효익을 얻거나 고객이 쉽게 구할 수 있는 다른 자원과 함께하여 그 재화나 용역에서 효익을 얻을 수 있다(그 재화나 용역이 구별될 수 있다).
(2) 고객에게 재화나 용역을 이전하기로 하는 약속을 계약 내의 다른 약속과 별도로 식별해 낼 수 있다(그 재화나 용역을 이전하기로 하는 약속은 계약상 구별된다).

구별되는 재화나 용역

K-IFRS 제1115호 문단 22(1)에서는 계약에서 약속한 재화나 용역이 서로 구별될 때 각각 다른 수행의무로 식별된다고 규정하고 있다. 그렇다면 '구별'된다는 것은 어떤 의미인가? 문단 27에서는 구별되는 재화나 용역이라는 의미는 재화나 용역이 제공하는 효익이 서로 별개로 구분되어야 하며 또한 계약상으로도 서로 다른 재화나 용역으로 구분되어야 할 것을 규정한다. 또한 문단 29에서는 문단 27(2)의 의미를 예를 들어 설명하고 있다. 즉 고객에게 재화나 용역을 이전하기로 하는 약속이 문단 27(2)에 따라 별도로 식별되는지를 파악할 때, 그 목적은 계약상 그 약속의 성격이 각 재화나 용역을 개별적으로 이전하는 것인지, 아니면 약속된 재화나 용역을 투입한 결합품목(들)을 이전하는 것인지를 판단하는 것이라고 정한다. 그리고 문단 29에서는 둘 이상의 약속이 식별될 수 없는 세 가지 사례를 들고 있다.[1)]

1) 문단 29에서 보여주는 세 가지 사례는 다음과 같다.
(1) 기업은 해당 재화나 용역과 그 계약에서 약속한 다른 재화나 용역을 통합하는(이 통합으로 고객이 계약한 결합산출물(들)에 해당하는 재화나 용역의 묶음이 됨) 유의적인 용역을 제공한다. 다시 말해

일련의 구별되는 재화나 용역

K-IFRS 제1115호 문단 22(2)에서는 서로 구별되는 재화나 용역이라고 하더라도 실질적으로 같은 재화나 용역이 연속적으로 제공되는 경우에는 이를 하나의 수행의무로 본다는 것을 규정한다. 예를 들어 고객에게 앞으로 100일 동안 매일 1개씩 우유를 배달하기로 했다고 하자. 이런 경우 우유 하나 하나는 각각 구별되는 재화이기는 하지만 사실상 동일하며 이전방식이 같으므로 문단 22(2)에서는 이는 100개의 수행의무가 아닌 하나의 수행의무로 보아야 한다고 규정하는 것이다.

앞서 설명한 수행의무 식별과 관련된 K-IFRS 제1115호 내용은 언뜻 보기에 매우 복잡해 보인다. 여러분의 이해를 돕기 위해서 〈그림 3-1〉로 정리해본다. 〈그림 3-1〉은 계약 내에 두 개 이상의 재화나 용역의 제공의무가 있는 경우에 이를 하나의 수행의무로 볼 것인지 아니면 별개의 수행의무로 볼 것인지를 K-IFRS 규정에 따라 판단할 수 있도록 요약한 것이다.

〈그림 3-1〉을 보면 우선 K-IFRS 문단 22(1)에서 출발한다. 문단 22(1)에서는 계약에서 제공하기로 한 약속이 서로 구별된다면 별개의 수행의무로 본다고 규정한다. 그리고 그 다음 문단 27에서는 별개의 수행의무가 되기 위해서 우선 제공하는 효익이 구분되어야 하며 계약상으로도 구분되어야 할 것을 규정한다. 만일 이 두 조건이 모두 충족된다면 일단 이는 별개의 수행의무가 될 수 있지만 문단 22(2)에서는 이 두 조건이 모두 충족되었다고 하더라도 실질적으로 서로 같고 이전방식이 같은 일련의 구별되는 재화나 용역이라면 단일한 수행의무라고 규정한다. 따라서 문단 22(1)에 해당하면서 문단 22(2)에 해당하지 않는다면 비로소 두 개 이상의 재화나 용역을 각각 별개의 수행의무로 규정할 수 있는 것이다.

서 기업은 고객이 특정한 결합산출물(들)을 생산하거나 인도하기 위한 투입물로서 그 재화나 용역을 사용하고 있지 있다. 결합산출물(들)은 둘 이상의 단계, 구성요소, 단위를 포함할 수 있다.

(2) 하나 이상의 해당 재화나 용역은 그 계약에서 약속한 하나 이상의 다른 재화나 용역을 유의적으로 변형 또는 고객 맞춤화하거나, 계약에서 약속한 하나 이상의 다른 재화나 용역에 의해 변형 또는 고객 맞춤화된다.

(3) 해당 재화나 용역은 상호 의존도나 상호 관련성이 매우 높다. 다시 말해서 각 재화나 용역은 그 계약에서 하나 이상의 다른 재화나 용역에 의해 유의적으로 영향을 받는다. 예를 들면 어떤 경우에는 기업이 각 재화나 용역을 별개로 이전하여 그 약속을 이행할 수 없을 것이기 때문에 둘 이상의 재화나 용역은 서로 유의적으로 영향을 주고받는다.

그림 3-1 K-IFRS 제1115호에 따른 수행의무의 식별

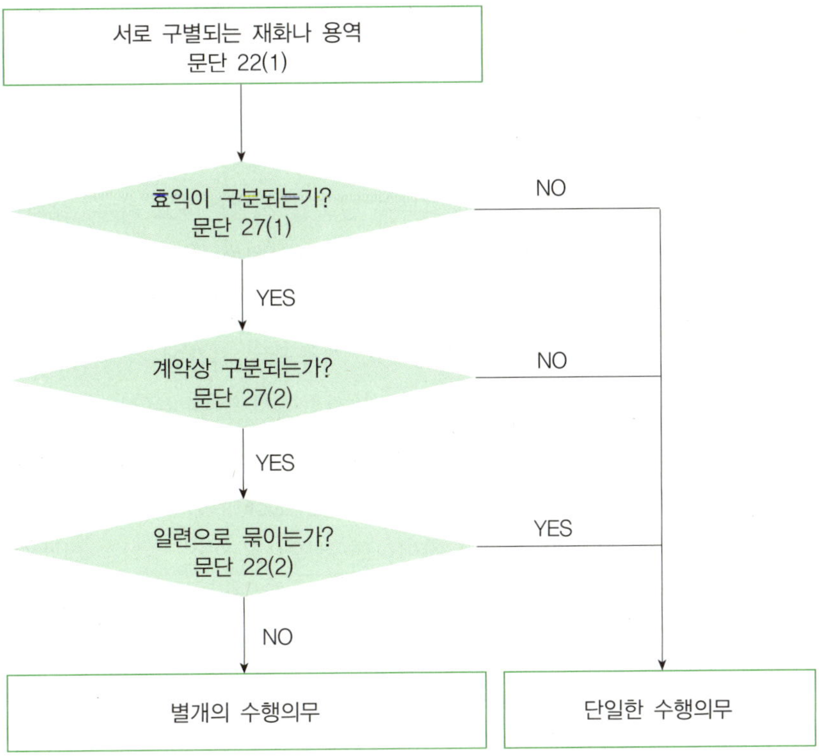

앞선 (사례 3-1)에 K-IFRS 제1115호를 적용해보자. 만일 고객이 컴퓨터를 이용함으로써 얻는 효익과 세무서비스를 받음으로써 얻는 효익이 별개로 구분되고 계약상 이 둘의 의무가 별도로 명시된 것이라면 문단 27에 의하여 컴퓨터 판매와 세무서비스 제공은 문단 22(1)에서 언급한 서로 '구별'되는 재화와 용역이므로 이 계약은 컴퓨터 판매와 세무서비스 제공이라는 두 개의 수행의무가 있는 것으로 식별된다.

그러나 만일 고객에게 제공하는 컴퓨터가 다른 용도로는 이용할 수 없고 오직 세무서비스를 이용하는 데에만 사용가능하다면 컴퓨터 판매는 세무서비스를 제공하기 위한 수단에 불과하므로 K-IFRS 제1115호 문단 29에 따라서 세무서비스를 제공하는 것이 유일한 수행의무가 된다. 반대로 고객에게 컴퓨터를 판매하기 위하여 고객의 컴퓨터에 적합한 세무서비스를 부가적으로 제공한 것이라면 세무서비스는 컴퓨터를 팔기 위한 하나의 부가서비스에 불과한 것이므로 컴퓨터를 제공하는 것이 유일한 수행의무가 될 것이다.

수행의무 식별의 중요성

이렇게 수행의무를 구분하는 것은 수행의무를 이행했는지가 수익인식시점을 결정하는 기준이 되기 때문이다. 부동산 매매계약에서의 수행의무는 부동산을 양도하는 것이다. 따라서 수행의무가 완성되는 시점, 즉 부동산이 양도되는 시점이 수익을 인식해야 하는 시점이 된다.

만일 하나의 계약 내에 두 개의 수행의무가 있음을 식별했다고 하자. 그런데 이 두 개의 수행의무를 이행하는 시점이 각각 다르다면 그에 따라 수익을 인식하는 시점 또한 달라져야 한다. 앞선 사례에서 보자. 세무서비스와 같은 용역을 제공하는 것은 특정 시점에서 수익을 인식하는 것이 아니라 용역이 제공되는 기간에 걸쳐 수익을 인식한다. 반면 컴퓨터 판매와 같은 재화의 공급은 한 시점에서 전부 수익을 인식한다. 이런 점에서 컴퓨터를 판매하려고 세무서비스를 제공한 것인지 아니면 세무서비스를 제공하기 위해서 덤으로 컴퓨터를 제공한 것인지의 판단은 중요하다. 만일 세무서비스는 컴퓨터를 팔기 위한 부가서비스에 불과한 것이라면 계약으로 인한 수익은 컴퓨터의 판매시점에서 전부 인식한다. 반대로 컴퓨터는 세무서비스를 팔기 위해 덤으로 주는 것에 불과하다면 수익은 세무서비스가 제공되는 기간에 걸쳐 인식된다. 만일 컴퓨터 판매와 세무서비스 판매가 별개의 수행의무로 식별된다면 컴퓨터 판매시점에 별개로 수익을 인식하고 나머지는 세무서비스 제공기간에 걸쳐 수익으로 인식한다. 주의할 것은 K-IFRS 제1115호 문단 22(2)에 따라 일련의 구별되는 재화나 용역을 제공하는 수행의무는 단일한 수행의무로 구분하면서 기간에 걸쳐 수익을 인식한다는 점이다.

2) 법인세법

수행의무의 구분은 익금 및 손금의 인식과는 직접적으로 관련이 없다. 따라서 법인세법에서는 기업회계에서와 같이 수행의무를 어떻게 구분한다는 직접적인 규정은 없다. 비록 직접적인 규정은 없지만 위에서 설명한 K-IFRS 규정은 상식이나 직관에 비추어 보아서 법인세법의 취지와 다르지 않다.[2)]

요약하면 회계상 수익의 인식시점은 수익에 대한 반대급부로 회사가 제공해야 하는

2) 기획재정부에서 제정한 법인세 해석을 위한 예규를 보면 한국채택국제회계기준 적용법인이 IFRS 제1115호 적용으로 인하여 혼재된 공급에 대한 수행의무를 구분하여 재화의 공급과 용역의 공급으로 각각 수익을 인식하는 경우에는 법인세법에서도 이를 인정하여 손익귀속시기를 적용할 것을 규정한다(기획재정부 법인세제과-102, 2020.1.23.). 이를 보더라도 기업회계기준과 법인세법 간 차이는 없다.

의무가 수행된 시점과 같다. 따라서 수익을 인식하기 위해서는 계약 내 존재하는 수행의무가 어떤 것들이 있고 이들의 성격이 어떠한가를 식별해야 한다. 수행의무 식별의 기준은 상호 관련성 없이 독립적인 성격을 가져야 한다는 것이다. 식별된 수행의무의 성격에 따라서 한 시점에서 수익을 인식할 수도 있으며 기간에 걸쳐 인식하게 될 수도 있다. 법인세법에서는 수행의무에 대한 별도의 규정을 갖고 있지 않다. 다만 큰 틀에서 보면 기업회계기준과 다른 입장을 취하고 있지 않은 것으로 보인다.

3 거래가격의 산정과 배분

수익의 크기는 거래가격이 보여준다. 거래가격은 회사가 수행한 의무에 대한 대가이다. 그러나 중요한 것은 명목상의 대가가 아닌 사실상의 대가여야 한다. 여기에는 두 가지 주의할 점이 있다. 하나는 변동대가이며 다른 하나는 유의적 금융요소이다. 이렇게 변동하는 대가와 유의적 금융요소를 어떻게 거래가격에 반영할 것인가? 그리고 이에 대한 법인세법의 입장은 무엇인가? 이번 절에서는 이런 물음에 대한 답을 제공한다.

3.1 거래가격의 산정

1) 기업회계기준

K-IFRS 제1115호(고객과의 계약에서 생기는 수익) 문단 47
거래가격을 산정하기 위해서는 계약 조건과 기업의 사업 관행을 참고한다. 거래가격은 고객에게 약속한 재화나 용역을 이전하고 그 대가로 기업이 받을 권리를 갖게 될 것으로 예상하는 금액이며, 제삼자를 대신해서 회수한 금액(예: 일부 판매세)은 제외한다. 고객과의 계약에서 약속한 대가는 고정금액, 변동금액 또는 둘 다를 포함할 수 있다.

수행의무가 식별되었다면 다음으로는 거래가격을 산정하여야 한다. 거래가격은 수행의무에 대한 대가를 말한다. 따라서 형식적으로 설정된 가격이 아닌 실질적으로 회사가 받는 대가를 의미한다. 그리고 이런 대가에는 수행의무의 대가가 아닌 누군가를 대신해서 회수한 금액은 제외하는데, 예를 들면 부가가치세 매출세액 등이다. 우리나라 부가가치세법에서는 거래징수방식을 채택하고 있어서 사업자들은 소비자가 부담하는 부가가치세를 가격에 포함하여 징수하고 소비자를 대신해서 이를 과세당국에 납부한다. 예를 들어 고객에게 재화를 판매하고 100만원의 대가를 산정하였다면 실제로 고객으로부터 수령하는 금액은 10% 부가가치세를 포함하여 110만원이 되는데 여기에서 10만원은 고객을 대신해서 회수한 금액이 되므로 거래가격은 110만원이 아닌 100만원이 된다.

2) 법인세법

법인세법에서도 거래가격 산정의 기본적인 원칙은 기업회계와 동일하다. 우리나라 법인세법 제18조에서는 부가가치세 매출세액은 익금에 산입하지 않는다고 규정하고 있는데 이는 누군가를 대신해서 징수한 금액은 거래가격에서 배제한다는 K-IFRS 규정과 동일한 것이다.

3.2 변동대가

거래가격이 확정적이지 않고 사전약정이나 미래 사건에 따라서 달라지는 것을 변동대가라고 한다. 예를 들어 반품 조건으로 판매하는 경우나 매출할인 조건으로 판매하는 경우가 여기에 해당한다. 물론 수익의 인식시점을 대가가 확정되는 시점으로 미룬다면 변동대가의 문제는 없을 것이다. 그러나 회계기준에서는 대가가 확정될 때 수익을 인식하는 것이 아니라 계약상 의무가 이행되었을 때 수익을 인식한다. 따라서 만일 수익을 인식해야 하는데도 아직 대가가 확정되지 않았다면 이러한 변동대가를 합리적으로 추정해야 한다. 반대로 법인세법에서는 당초 계약금액과 달라지는 변동대가를 사전적으로 추정하지 않고 사후적으로 확정될 때 조정한다. 따라서 기업회계와 법인세법은 변동대가에 대한 손익의 귀속시기가 다르다.

1) 기업회계기준

변동대가의 추정

> **K-IFRS 제1115호(고객과의 계약에서 생기는 수익)** 문단 50
> 계약에서 약속한 대가에 변동금액이 포함된 경우에 고객에게 약속한 재화나 용역을 이전하고 그 대가로 받을 권리를 갖게 될 금액을 추정한다.

거래가격 산정에서 주의해야 할 것은 변동대가이다. 변동대가는 조건에 따라 대가가 달라질 수 있는 경우이다. 예를 들어 구매수량이 일정기준을 넘어서면 할인을 해줄 수 있고 외상판매 후 현금을 조기에 지급하면 할인을 해줄 수 있다.

앞선 (사례 3-1)에서 보면 회사는 5년간 100만원을 받기로 하였지만 2년 후 세법개정이 된다면 20만원을 추가하여 120만원을 받는다는 계약을 맺었다. 만일 금융요소를 무시한다면 계약시점에서의 거래가격은 얼마로 해야 하는가? 가장 보수적인 가격은 5년간 100만원씩 500만원으로 하는 것이고 가장 적극적인 가격은 3년 후부터는 120만원을 받는다고 생각하고 560만원으로 하는 것이다. 따라서 거래가격은 500~560만원의 사이가 될 것인데 어떻게 정해야 할까?

위의 K-IFRS 제1115호 문단 50에서는 대가를 추정한다고 규정한다. 추정한다는 의미는 기댓값으로 한다는 의미 혹은 가장 일어날 가능성이 높은 금액으로 한다는 것으로 해석할 수 있다. 앞선 예에서 세법개정의 확률은 40%라고 하자. 그러면 기댓값은 500만원×60%+560만원×40%=524만원이다. 그런데 여기에서 524만원은 기댓값이기는 하지만 실제로는 절대로 생길 수 없는 금액이다. 즉 500만원 아니면 560만원이 되는 것이지 524만원이 되는 경우는 생길 수 없다. 이런 경우에는 일어날 가능성이 가장 높은 사건을 기준으로 거래가격을 산정한다. 여기에서 가장 일어날 가능성이 높은 사건이 세법이 개정되지 않는 것이므로 거래가격은 500만원이 된다. 반면 기댓값이 적절한 거래가격이 될 수도 있다. 앞선 사례에서처럼 경우의 수가 두 개만 있는 것이 아니라 여러 개가 있다면 가장 일어날 가능성이 높은 사건으로 추정하기보다는 각각의 사건이 일어날 확률에 따라 기댓값을 구하는 것이 적절할 것이다.

변동대가 추정의 제약

> **K-IFRS 제1115호(고객과의 계약에서 생기는 수익) 문단 56**
> 변동대가와 관련된 불확실성이 나중에 해소될 때, 이미 인식한 누적 수익 금액 중 유의적인 부분을 되돌리지(환원하지) 않을 가능성이 매우 높은(highly probable) 정도까지만 추정된 변동대가(금액)의 일부나 전부를 거래가격에 포함한다.

변동대가를 발생확률에 따른 기댓값으로 추정하게 되면 현실적으로 다소 비합리적인 경우가 생길 수 있다. 발생확률은 낮지만 극단적으로 큰 금액을 대가로 받기로 하였다고 하자. 이 경우에는 단순하게 기댓값을 계산하면 대부분 금액은 발생확률이 매우 낮게 된다. 예를 들어 대가로 10,000원을 수령할 확률 10%, 20,000원을 수령할 확률 80%인데 1,000,000원을 받을 확률도 10%가 된다고 가정해보자. 각각의 대가에 발생확률을 곱한 기댓값은 10,000원×10%+20,000원×80%+1,000,000원×10%=117,000원이다. 이때 기댓값 117,000원을 대가로 보는 것이 합리적인가? 직관적으로 생각해보면 전혀 합리적이 아니라는 생각이 든다. 이렇게 기댓값을 대가로 보는 것이 합리적이 아니라면 도대체 얼마를 대가로 산정해야 하는가? 위 K-IFRS 제1115호 문단 56은 이에 대한 해답을 제공한다. 위 문단 56에 따라서 생각해보면 나중에 불확실성이 해소될 때 되돌리지 않을 가능성이 매우 높은 정도는 20,000원까지이다. 20,000원까지는 되돌리지 않을 가능성이 90%에 달하지만 20,000원을 초과하는 금액은 되돌리지 않을 가능성이 10%에 불과하다. 이렇게 기댓값으로 대가를 산정하는 것이 불합리해지는 경우에는 위 문단 56을 적용하여 변동대가를 제약한다.

매출할인

변동대가 중 하나는 매출할인이다. 회사는 외상판매 후 대금을 조기에 회수하기 위하여 매출할인 조건을 부여할 수 있다. 예를 들어 외상으로 제품을 판매한 후 판매대금을 1개월 내에 현금으로 지급하면 5%를 할인해준다고 할 수 있다. 앞선 K-IFRS 제1115호 문단 50에 따르면 이런 경우에는 매출할인은 받을 가능성과 안 받을 가능성 중 더욱 가능성이 높은 사건을 전제하여 거래가격을 산정한다. 예를 들어 매출할인을 받을 가능성이 높다고 판단되면 매출할인을 받은 후의 가격을 거래가격으로 하고 혹시라도 매출할인을 받지 않았다면 그때 수익에서 조정한다.

반품

반품을 조건으로 제품을 판매하는 경우도 있다. 매출할인과 다른 점은 이 경우에는 제품 자체가 환입된다는 것이다. 반품 조건부 판매에서도 K-IFRS에 따라서 반품될 금액을 추정하여 거래가격에서 차감해야 한다. 구체적인 회계처리로 처음부터 반품 예상 재고자산의 판매가격을 거래가격에서 차감하고 취득원가는 매출원가로 인식하지 않는 방법을 생각해볼 수 있다. 그러나 비록 반품이 예상될지라도 제품이 고객에게 이전된다는 점에서 마치 처음부터 이전이 안 된 것으로 회계처리하는 것은 어색하다. 이런 점을 감안해서 K-IFRS에서는 반품될 것으로 추정되는 재고자산의 판매가격만큼은 환불부채로 판매가격에서 차감하고 동 자산의 취득원가는 매출원가 대신에 반환제품회수권이라는 일종의 재고자산으로 인식하는 방법을 제안하고 있다(문단 55).

2) 법인세법

법인세법에서는 변동대가의 처리에 대한 명확한 규정이 없다. 다만 경영자의 재량에 따른 추정을 전혀 신뢰하지 않는 법인세법의 취지에 따른다면 당초 계약상 가격으로 익금을 정하되 당초 계약상 가격에 비해 변동이 생긴다면 변동된 금액만큼을 사후적으로 수정한다. 앞의 (사례 3-1)에서는 당초 계약에 따른 가격은 5년간 총 500만원이므로 500만원을 익금으로 보고 나중에 혹시라도 세법이 개정되어 금액이 증가한다면 증가한 금액만큼을 추가로 익금에 산입하는 것이다.

매출할인

법인세법 시행령 제68조(자산의 판매손익 등의 귀속사업연도)
법인이 매출할인을 하는 경우 그 매출할인금액은 상대방과의 약정에 의한 지급기일이 속하는 사업연도의 매출액에서 차감한다.

법인세법에서는 법인이 매출할인을 하는 경우 그 매출할인금액은 상대방과의 약정에 의한 지급기일이 속하는 사업연도의 매출액에서 차감한다고 규정한다. 이는 매출할인이 예상된다고 하더라도 이는 실제 매출할인이 확정된 시점에서 익금에서 차감한다는 의미로 해석된다.

반품

반품의 경우에는 법인세법상 명확한 규정은 없으나 앞선 매출할인의 경우에 비추어 유추하여 해석해볼 수 있다. 즉 처음부터 환불부채를 추정하는 것은 허용하지 않고 실제 반품이 확정되었을 때 매출과 매출원가를 차감한다.

3) 차이와 세무조정

결과적으로 기업회계에서는 변동대가를 적극적으로 추정하려고 하지만 법인세법에서는 변동대가를 추정하지 않고 실제 확정된 시점에서 조정한다. 즉 변동대가가 판매가격에 반영되는 시점이 기업회계기준과 법인세법 간에 달라진다. 따라서 이러한 조정에 의해서 일시적 차이가 생긴다. 이러한 차이에 대해서 익금 및 손금 조정한 후에 유보로 처분한다. 이와 같이 유보로 처분된 금액은 실제 변동대가가 확정된 시점에서 반대로 조정된다.

예제 3-1

제1차연도말 ㈜서울은 ㈜부산에 상품 100개를 개당 100원에 판매하고 대금은 6개월 후에 받기로 하였다. 다만 ㈜부산이 1개월 이내 대금을 갚는다면 5% 할인을 해주기로 약정하였다. 지금까지 경험에 따르면 대체로 1개월 이내 대금이 회수될 것으로 예상한다. 아래 상황별로 K-IFRS에 따른 회계처리와 필요한 세무조정을 하시오.

(상황 1) 예상대로 1개월 후 제2차연도 ㈜부산으로부터 현금 9,500원을 회수하였다.
(상황 2) 예상과 달리 6개월 후 ㈜부산으로부터 현금을 회수하였다.

| 풀이 |

※ K-IFRS에 의하면 고객으로부터 받을 대가에 변동금액이 포함된 경우에는 그 금액을 추정하여 수익을 인식한다. 추정한 금액이 확정된 금액과 다른 경우에는 그 차액을 확정시점에서 수익에 가산 혹은 차감한다. 이에 따라 위 상황 1과 2에 대해서 회계처리하면 아래와 같다.

연도	상황 1	상황 2
제1차연도	차) 수취채권 9,500 대) 매출 9,500	차) 수취채권 9,500 대) 매출 9,500
제2차연도	차) 현금 9,500 대) 수취채권 9,500	차) 현금 10,000 대) 수취채권 9,500 매출 500

※ 세법에서는 추정을 허용하지 않으므로 변동대가를 고려하지 않고 익금을 정한 후 확정시점에서 조정한다. 이에 따른 회계-세무 차이는 상황 1과 2 모두 아래와 같다.

(상황 1과 2)

구분	회계		세법		회계-세무 차이	
	제1차연도	제2차연도	제1차연도	제2차연도	제1차연도	제2차연도
수취채권	9,500	-	10,000	-	500	

※ 세무조정은 상황 1과 2 모두 다음과 같다.

제1차연도 익금 수취채권 500원(유보)
제2차연도 손금 수취채권 500원(△유보)

※ 위 세무조정을 분개로 나타내면 다음과 같다.

제1차연도	차) 수취채권	500	대) 익금가산	500
제2차연도	차) 손금가산	500	대) 수취채권	500

예제 3-2

㈜서울은 제1차연도말 제품 100개를 개당 100원에 외상판매하는 계약을 고객과 체결하였다. 고객이 1개월 이내 반품하면 전액 환불한다. 각 제품의 원가는 60원인데 ㈜서울은 97개의 제품이 반환되지 않을 것으로 추정하였다. 아래와 같은 상황일 때 K-IFRS에 따른 회계처리와 세무조정을 하시오.

(상황 1) 30일 이내 제품 3개가 반품된 경우
(상황 2) 30일 이내 반품이 전혀 없는 경우

| 풀이 |

※ K-IFRS에는 반품이 예상되는 매출의 경우에는 반품 예상금액 3개×100원=300원을 환불부채로 계상한다. 환불부채는 일종의 충당부채이다. 또한 반품이 예상되는 제품의 원가인 3개×60원=180원을 반환제품회수권으로 보아서 매출원가에서 제외한다. 반환제품회수권은 재고자산의 성격이다. 따라서 매출원가는 97개×60원=5,820원이다. 또한 1개월 이내 반품이 가능하다면 무조건적인 대금의 수취권리가 확보된 것이 아니므로 반품기간 종료 시까지는 계약자산이라는 계정과목을 이용한다.

연도	상황 1	상황 2
제1차연도	차) 계약자산 10,000 대) 매출 9,700 환불부채 300 차) 매출원가 5,820 반환제품회수권 180 대) 재고자산 6,000	차) 계약자산 10,000 대) 매출 9,700 환불부채 300 차) 매출원가 5,820 반환제품회수권 180 대) 재고자산 6,000
제2차연도	차) 환불부채 300 대) 계약자산 300 차) 재고자산 180 대) 반환제품회수권 180 차) 수취채권 9,700 대) 계약자산 9,700	차) 환불부채 300 대) 매출 300 차) 매출원가 180 대) 반환제품회수권 180 차) 수취채권 10,000 대) 계약자산 10,000

※ 세법에서는 경영자의 추정에 의해 계상되는 자산과 부채를 인정하지 않는다. 환불부채와 반환제품회수권 등이 이에 해당한다. 재무상태표의 회계-세무 차이는 다음과 같다. 계약자산과 수취채권의 구분은 세법상 큰 의미가 없으므로 사실상 동일한 계정과목으로 취급한다.

(상황 1)

구분	회계		세법		회계-세무 차이	
	1차연도	2차연도	1차연도	2차연도	1차연도	2차연도
수취채권(계약자산)	10,000	9,700	10,000	9,700	–	–
반환제품회수권(재고자산)	180	180	–	180	(180)	–
환불부채	(300)	–	–	–	300	–

(상황 2)

구분	회계		세법		회계-세무 차이	
	1차연도	2차연도	1차연도	2차연도	1차연도	2차연도
수취채권(계약자산)	10,000	10,000	10,000	10,000	–	–
반환제품회수권(재고자산)	180	–	–	–	(180)	–
환불부채	(300)	–	–	–	300	–

※ 상황 1과 상황 2의 세무조정은 아래와 같이 동일하다.

제1차연도 익금산입 환불부채 300원(유보) 손금산입 반환제품회수권 180원(△유보)
제2차연도 손금산입 환불부채 300원(△유보) 익금산입 반환제품회수권 180원(유보)

※ 위 세무조정을 분개로 나타내면 다음과 같다.

제1차연도	차) 환불부채	300	대) 익금가산	300
	차) 손금가산	180	대) 반환제품회수권	180
제2차연도	차) 손금가산	300	대) 환불부채	300
	차) 반환제품회수권	180	대) 익금가산	180

요약하면 계약상 수행의무에 대한 대가로서의 가격이 조건에 따라 다르게 정해지는 것을 변동대가라고 한다. 전통적인 변동대가의 예로서는 매출할인이나 반품조건부 판매 같은 것들을 들 수 있다. 기업회계기준에서는 변동대가를 추정할 것을 규정한다. 추정한다는 의미는 확정 시까지 기다리지 않고 수익의 인식시점에서 최선의 추정치를 구한다는 뜻이다. 이에 비해 법인세법에서는 계약상 대가를 기초로 익금산입 후 대가가 변동하였다면 그 변동한 대가가 확정된 시점에서 조정한다.

3.3 유의적인 금융요소

계약상 수행의무가 이행되고 수익을 인식하고자 하는데 그 대가는 미래에 수취하는 경우가 있다. 이렇게 대가를 미래에 수취하게 된다면 앞으로 수취하게 될 명목상의 대가와 현재가치에는 차이가 난다. 그리고 이런 차이가 중요하다면 이를 유의적인 금융요소로 보는데 이러한 유의적인 금융요소는 어떻게 처리해야 할까? 여기에 대한 답을 찾아본다.

1) 기업회계기준

K-IFRS 제1115호(고객과의 계약에서 생기는 수익) 문단 60
거래가격을 산정할 때, 계약 당사자들 간에 (명시적으로나 암묵적으로) 합의한 지급시기 때문에 고객에게 재화나 용역을 이전하면서 유의적인 금융 효익이 고객이나 기업에 제공되는 경우에는 화폐의 시간가치가 미치는 영향을 반영하여 약속된 대가(금액)를 조정한다.

수행의무의 대가로 받는 시기에 따라서 판매가격은 달라질 수 있다. 예를 들어 여러분이 재화를 판매하고 100만원의 판매대금을 지금 당장 받을 수도 있는 안과 5년 후에 받을 수 있는 안 중에 하나를 선택해야 한다고 가정하자. 선택에 아무런 제약이 없다면 판매대금을 지금 당장 받는 것을 선택하는 것이 지극히 당연하다. 지금 아무리 현금을 쓸 데가 없더라도 당장 100만원을 받으면 은행에 예금하고 이자라도 받을 수 있기 때문에 5년 후에 받는 경우보다 훨씬 유리하다. 이는 지금 당장 받을 수 있는 현금 100만원과 5년 후에 받는 현금 100만원의 가치는 서로 다르다는 것을 의미한다.

그렇다면 지금 당장 100만원의 현금을 5년 후에 받는 것으로 선택하기 위해서는 5년 후에 얼마를 받아야 할까? 만일 은행정기예금 이자율이 10%라고 가정하면 여러분 입장에서는 지금 100만원을 포기하는 대가로 최소한 100만원×$(1+10\%)^5$=161만원은 받아야 할 것이다. 따라서 5년 후에 161만원의 판매대금을 받기로 하였다면 161만원이 전부 제품판매의 대가는 아닌 것이며 이 중 61만원은 사실상 이자의 성격, 즉 금융요소가 된다. 그리고 이런 61만원의 금융요소가 무시할 정도로 작은 금액이 아니라면 거래가격 산정에서 이런 금융요소는 차감해야 한다.

금융요소를 거래가격에서 분리하는 이유는 금융요소는 수익의 인식방법이 다르기 때문이다. 재화의 판매로 인한 수익은 판매시점에서 계상하지만 이자수익은 기간경과에 따라서 계상한다. 따라서 만일 양자를 분리하지 않고 한꺼번에 계상한다면 판매시점에 인식하는 장부상 수익이 실제보다 과대계상된다.

금융요소에 대한 이자수익을 별도로 인식하기 위해서는 이자율을 정해야 한다. K-IFRS 제1115호 문단 64에서는 이자율은 기업과 고객이 별도 금융거래를 한다면 반영하게 될 할인율을 사용한다고 정하고 있다. 이런 할인율은 기업 입장에서 고객에게 당장 현금지급을 조건으로 재화를 판매할 경우에 적용되는 가격을 기준으로 산정한다. 예를 들어 고객에게 재화를 판매하고 5년 후에 128만원을 받기로 했는데 만일 고객에게 현금으로 판매한다면 100만원을 받을 수 있다고 하자. 그렇다면 이때 금융요소는 28만원이 되고 할인율은 대략 5%가 된다. 따라서 100만원은 재화를 판매한 대가이므로 재화 판매시점에서 수익으로 인식하고 금융요소 28만원은 5% 할인율, 즉 유효이자율을 적용하여 5년에 걸쳐 이자수익으로 계상하면 된다.[3)]

이렇게 거래가격에 포함된 유의적인 금융요소를 거래가격과 분리하면 이에 상응하는 자산인 수취채권은 현재가치인 상각후원가로 계상된다. 반대방향으로 수취채권을 현재가치 혹은 상각후원가로 표시한다는 것은 수익인식에서 거래가격에 포함된 유의적인 금융요소를 분리한다는 의미이다. 이렇게 자산의 계상과 수익의 인식이 동전의 앞

3) 최초에 정해진 할인율, 즉 유효이자율은 변동하지 않는다.

뒷면처럼 동일하다는 것은 여러분도 충분히 잘 알고 있으리라고 믿는다.

2) 법인세법

우리나라 법인세법에서는 K-IFRS에서와 같이 거래가격에 포함된 금융요소를 어떻게 처리할 것인지에 대한 명문화된 규정은 없다. 그러나 법인세법에서 이자수익을 계상함에 있어서 유효이자를 인정하지 않고 명목이자만을 인정하고 있다는 점에서 거래가격과 금융요소를 별도로 분리하지 않는다는 점을 알 수 있다. 즉 법인세법에서 명목이자만을 익금으로 산입하게 되면 이는 상응하는 수취채권을 현재가치가 아닌 명목가치로 계상한다는 의미로 해석되고 익금에서 재화나 용역의 대가와 이자요소를 별도로 분리하지 않는다는 의미로도 해석된다.

따라서 법인세법에서는 계약상 이자율과 이자를 명시하지 않는 한 거래가격에 포함된 금융요소는 분리하지 않고 거래가격에 포함하여 익금으로 산입한다. 이렇게 되면 재화를 판매한 후 지금 당장 100만원을 현금으로 받는 거래와 5년 후 100만원을 받기로 한 거래에서 판매시점에서 인식하는 익금은 100만원으로 동일하다.

장기할부판매에 대한 예외

법인세법 시행령 제68조(자산의 판매손익 등의 귀속사업연도)

ⓐ 법인이 장기할부조건으로 자산을 판매하거나 양도한 경우로서 판매 또는 양도한 자산의 인도일이 속하는 사업연도의 결산을 확정함에 있어서 해당 사업연도에 회수하였거나 회수할 금액과 이에 대응하는 비용을 각각 수익과 비용으로 계상한 경우에는 그 장기할부조건에 따라 각 사업연도에 회수하였거나 회수할 금액과 이에 대응하는 비용을 각각 해당 사업연도의 익금과 손금에 산입한다.

ⓑ 다만, 중소기업인 법인이 장기할부조건으로 자산을 판매하거나 양도한 경우에는 그 장기할부조건에 따라 각 사업연도에 회수하였거나 회수할 금액과 이에 대응하는 비용을 각각 해당 사업연도의 익금과 손금에 산입할 수 있다.

ⓒ 또한 법인이 장기할부조건 등에 의하여 자산을 판매하거나 양도함으로써 발생한 채권에 대하여 기업회계기준이 정하는 바에 따라 현재가치로 평가하여 현재가치할인차금을 계상한 경우 해당 현재가치할인차금상당액은 해당 채권의 회수기간 동안 기업회계기준이 정하는 바에 따라 환입하였거나 환입할 금액을 각 사업연도의 익금에 산입한다.

법인세법에서는 수익인식에서 현재가치 평가를 수용하지 않고 명목가치로 계상하는 것이 원칙임을 설명하였다. 그런데 이런 원칙에 대한 예외가 있다. 그것이 바로 장기할부판매의 경우이다. 할부판매는 대금을 2회 이상 분할하여 회수하기로 한 판매형식을 말하며 장기란 1년 이상의 기간을 뜻한다. 둘을 합치면 장기할부판매는 판매대금을 1년 이상에 걸쳐 2회 이상 나누어 받는 판매를 말하는 것이다.

위 법인세법 시행령 제68조는 장기할부판매의 익금산입에 대한 예외규정이다. ⓐ를 보면 사업연도에 회수하였거나 회수할 금액을 결산상 수익으로 계상한 경우에는 이 금액을 익금에 산입한다고 규정하고 있다. 이는 재화의 판매시점에서 명목가치로 계상하기로 한 원칙에 대한 예외규정이다. 이렇게 회수금액을 익금에 산입하도록 허용하는 기준을 '회수기준'이라고 부르기로 하자. 그리고 우리가 주의할 것은 결산상 계상한 경우에만 허용한다는 것인데 이는 결산조정을 해야 한다는 것을 의미한다. 즉 ⓐ는 장부할부판매의 익금산입에 대하여 결산조정에 따른 회수기준을 인정하는 조항이다.

중소기업에 대한 예외

ⓑ는 중소기업에 대한 ⓐ의 예외규정이다. 어떤 점이 예외일까? 여러분이 한번 위 조문을 자세히 읽어보라. ⓐ에 비해 ⓑ는 훨씬 간략한데 결산상 계상하는 경우라는 문구가 없으며 '한다'라는 표현 대신에 '할 수 있다'라고 표현되어 있다. 즉 ⓑ는 굳이 결산상 계상하지 않더라도 회수기준을 적용할 수 있다는 신고조정임을 시사하며 이 또한 강제가 아닌 임의 선택이라는 점을 시사한다. 따라서 위 시행령에 따르면 중소기업은 장기할부판매에 대해 회수기준을 결산조정이 아닌 임의신고조정으로 선택할 수 있다. 즉 결산상 어떻게 회계처리를 했는지와 무관하게 법인세 신고단계에서 회수기준을 선택하여 신고할 수 있다는 의미이다.

기업회계기준 적용에 따른 예외

ⓒ 조문 역시 ⓐ에 대한 예외규정이다. ⓒ는 기업회계기준에 따라서 현재가치로 평가한 경우에는 현재가치할인차금을 기업회계기준이 정하는 바에 따라 익금에 산입한다는 규정이다. 여기에서 현재가치할인차금이란 K-IFRS에 언급한 유의적인 금융요소를 말한다.

위 규정은 당연히 여러분들에게 복잡하게 보일 것이다. 정리하면 첫째, 모든 재화의 판매에 적용되는 법인세법상 큰 원칙은 대가에 포함된 금융요소를 구분하지 않고 명목가치로 익금을 계상하는 것이다. 이는 강제신고조정사항이므로 결산에서 이를 따르지 않는다면 법인세신고에 반영하여 조정해야 한다(명목가치와 인도기준, 강제신고조정). 둘째, 이 원칙에 대한 장기할부판매 예외규정이 앞서 본 법인세법 시행령 제68조 ⓐ이다. 이는 장기할부판매의 조건에 부합하는 거래에 대해서는 예외적으로 결산조정에 따른 회수기준을 허용함을 규정한다(명목가치와 회수기준, 결산조정). 셋째, 법인세법 시행령 제68조 ⓐ에 대한 예외로서 중소기업은 결산과 무관하게 임의로 회수기준을 적용할 수 있다(명목가치와 회수기준, 임의신고조정). 넷째, 앞선 규정과 무관하게 기업회계기준에 따른 회계처리는 수용한다(현재가치와 인도기준, 결산조정).

위 법인세법 시행령 제68조는 반드시 장기할부판매에만 적용되는 것일까? 혹시 이러한 규정의 취지에 맞추어 이를 일반적인 장기판매에도 적용하는 것으로 확대 해석할 수도 있을까? 결론적으로 그렇게 할 수 없다. 위 법인세법 시행령은 반드시 장기할부판매에만 적용해야 하는 예외적인 규정이다. 그렇다면 하필이면 왜 장기할부판매에만 이런 복잡하기 그지없는 예외규정을 두었을까? 저자가 생각하기에는 이는 할부판매에 관한 과거 우리나라 기업회계기준 규정의 변천에 맞추어 법인세법에서 이를 수용하기 위한 개정 노력의 결과물이다. 지금에 와서 보면 이 규정은 복잡하기도 하지만 합리적으로 보이지도 않는다.

3) 차이와 세무조정

기업회계와 법인세법의 가장 큰 차이는 거래에 내재된 금융요소를 별도로 분리하는지 여부이다. 금융요소를 분리하는 것과 하지 않는 것의 차이는 수익인식과 익금산입의 시기가 달라진다는 것이지만 총액은 달라지지 않는다. 따라서 금융요소 분리 여부에 대한 차이는 일시적 차이이므로 유보로 처분되어야 한다. 다만 장기할부판매의 경우에는 기업회계기준을 법인세법에서 수용하므로 차이가 나지 않는다.

예제 3-3

제1차연도초 원가 8,000원인 기계장치를 처분하고 제1차연도와 제2차연도말 각각 10,000원을 대금으로 분할하여 수령하기로 약정하였다. 약정대로 대금을 수령하였다고 가정하고 아래 상황별로 각 연도별로 해야 할 세무조정을 수행하시오(중소기업이 아님).

(상황 1) 명목가치, 현금회수기준: 회수한 현금만큼을 수익으로 계상하고 비용은 수익에 비례하여 결산에 반영한다.

(상황 2) 명목가치, 인도기준: 처분시점에서 미래 받을 금액만큼을 수익으로 계상하고 장부가액을 비용으로 계상한다.

(상황 3) 현재가치, 인도기준: 처분시점에서 미래 받을 금액의 현재가치를 수익으로 계상하고 장부가액을 비용으로 계상하며 기간경과에 따라 유효이자율법을 적용하여 이자수익으로 계상한다. 이 거래에 대한 유효이자율은 25%이다.

| 풀이 |

※ 각 상황별로 결산상 분개를 해보면 다음과 같다.

상황	제1차연도	제2차연도
상황 1	차) 현금 10,000 대) 매출 10,000 매출원가 4,000 재고자산 4,000	차) 현금 10,000 대) 매출 10,000 매출원가 4,000 재고자산 4,000
상황 2	차) 매출채권 20,000 대) 매출 20,000 매출원가 8,000 재고자산 8,000 차) 현금 10,000 대) 매출채권 10,000	차) 현금 10,000 대) 매출채권 10,000
상황 3	차) 매출채권 14,400[a] 대) 매출 14,400 매출원가 8,000 재고자산 8,000 차) 매출채권 3,600[b] 대) 이자수익 3,600 차) 현금 10,000 대) 매출채권 10,000	차) 매출채권 2,000[b] 대) 이자수익 2,000 차) 현금 10,000 대) 매출채권 10,000

a) 유효이자율 25%로 할인한 금액

b) 제1차연도 14,400원×25%=3,600원, 제2차연도 8,000원×25%=2,000원

※ 재화에 대한 장기할부판매의 경우 회계기준은 현재가치와 인도기준을 적용한다. 즉 재화의 인도시점에서 미래 수령할 대가의 현재가치를 수익으로 인식한다. 이 경우 매출채권의 장부가액은 유효이자율법에 따라 조정되며 장부가액 조정에 따라서 이자수익을 인식한다. 이는 상황 3과 같다.

※ 세법에서는 인도시점에서 명목가치로 익금에 산입하는 것이 원칙이지만(상황 2) 장기할부판매의 경우에는 현금회수기준으로 익금에 산입하는 것도 허용한다(상황 1). 또한 장기할부판매의 경우에는 회계기준에 따른 회계처리도 수용하므로 현재가치와 인도기준을 적용한 결산도 인정한다(상황 3).

※ 재무상태표에서의 회계-세무 차이는 다음과 같다.

(상황 1)

구분	결산		세법		회계-세무 차이	
	제1차연도	제2차연도	제1차연도	제2차연도	제1차연도	제2차연도
매출채권	–	–	–	–	–	–
재고자산	(4,000)	(4,000)	(4,000)	(4,000)	–	–

(상황 2)

구분	결산		세법		회계-세무 차이	
	제1차연도	제2차연도	제1차연도	제2차연도	제1차연도	제2차연도
매출채권	10,000	–	10,000	–	–	–
재고자산	(8,000)	(8,000)	(8,000)	(8,000)	–	–

(상황 3)

구분	결산		세법		회계-세무 차이	
	제1차연도	제2차연도	제1차연도	제2차연도	제1차연도	제2차연도
매출채권	8,000	–	8,000	–	–	–
재고자산	(8,000)	(8,000)	(8,000)	(8,000)	–	–

※ 따라서 상황 1, 2, 3 모두 세무조정이 필요 없다.

예제 3-4

판매대금으로 22,500원을 2년 후에 일시에 받기로 하였다는 점을 제외하고 앞선 〈예제 3-3〉과 동일한 상황이라면 각 상황별로 필요한 세무조정을 하시오.

| 풀이 |

※ 각 상황별로 분개를 해보면 다음과 같다.

상황	제1차연도	제2차연도
상황 1	분개 없음	차) 현금 22,500 대) 매출 22,500 매출원가 8,000 재고자산 8,000
상황 2	차) 매출채권 22,500 대) 매출 22,500 매출원가 8,000 재고자산 8,000	차) 현금 22,500 대) 매출채권 22,500
상황 3	차) 매출채권 14,400 대) 매출 14,400 매출원가 8,000 재고자산 8,000 차) 매출채권 3,600 대) 이자수익 3,600	차) 매출채권 4,500 대) 이자수익 4,500 차) 현금 22,500 대) 매출채권 22,500

※ K-IFRS에서는 할부판매와 일반판매를 구분하지 않고 인도기준과 현재가치로 수익을 인식한다(상황 3).

※ 그러나 세법에서는 장기할부판매가 아닌 일반판매가 되므로 상황 2와 같이 명목가치와 인도기준을 적용해야 한다. 재무상태표에서 회계-세무 차이를 보면 다음과 같다.

(상황 1)

구분	결산		세법		회계-세무 차이	
	1차연도	2차연도	1차연도	2차연도	1차연도	2차연도
매출채권	-	-	22,500	-	22,500	-
재고자산	-	(8,000)	(8,000)	(8,000)	(8,000)	-

(상황 2)

구분	결산		세법		회계-세무 차이	
	1차연도	2차연도	1차연도	2차연도	1차연도	2차연도
매출채권	22,500	-	22,500	-	-	-
재고자산	(8,000)	(8,000)	(8,000)	(8,000)	-	-

(상황 3)

구분	결산		세법		회계-세무 차이	
	1차연도	2차연도	1차연도	2차연도	1차연도	2차연도
매출채권	18,000	-	22,500	-	4,500	-
재고자산	(8,000)	(8,000)	(8,000)	(8,000)	-	-

※ 상황별로 세무조정은 다음과 같다.

상황	제1차연도	제2차연도
상황 1	익금 매출채권 22,500원(유보) 손금 재고자산 8,000원(△유보)	익금 재고자산 8,000원(유보) 손금 매출채권 22,500원(△유보)
상황 2	없음	없음
상황 3	익금 매출채권 4,500원(유보)	손금 매출채권 4,500원(△유보)

요약하면 유의적인 금융요소란 미래 수취하게 될 대가의 명목가치와 현재가치 간의 차이이다. 기업회계기준에서는 유의적인 금융요소는 유효이자율법을 적용하여 이자수익으로 계상한다. 따라서 계약상 받기로 한 대가에 유의적인 금융요소가 있다면 유효이자율법을 적용하여 대가를 수취할 때까지 매 기간마다 이자수익을 계상한다. 반면

법인세법에서는 유의적 금융요소를 별도로 구분하지 않는다. 따라서 법인세법상 유의적인 금융요소는 명목가치에 포함되어 일시에 익금에 산입된다.

3.4 거래가격의 배분

하나의 계약 내에 여러 개의 수행의무가 존재하는데 거래가격은 수행의무가 아닌 계약 전체에 대해서 산정될 수 있다. 이렇게 되면 각각의 수행의무별로 거래가격을 배분해야만 수익을 인식할 수 있다.

1) 기업회계기준

K-IFRS 제1115호(고객과의 계약에서 생기는 수익) 문단 73
거래가격을 배분하는 목적은 기업이 고객에게 약속한 재화나 용역을 이전하고 그 대가로 받을 권리를 갖게 될 금액을 나타내는 금액으로 각 수행의무(또는 구별되는 재화나 용역)에 거래가격을 배분하는 것이다.

거래가격은 계약별로 정해지는데 만일 하나의 계약 내에 수행의무가 둘 이상으로 식별되었다면 각각의 수행의무에 대해 거래가격을 배분해야 한다. 배분기준으로 가장 합리적인 것은 수행의무가 독립적으로 수행된다고 했을 때 적용되는 판매가격이다. 예를 들어 계약에 따른 거래가격이 80만원이고 수행의무가 A, B 두 개인데 만일 A, B를 독립적으로 수행했을 때 거래가격이 A가 70만원, B가 30만원이라고 하자. 이런 경우 A와 B의 거래가격을 기준으로 배분했을 때에는 A는 80만원×70%=56만원, B는 80만원×30%=24만원이 된다.

2) 법인세법

법인세법에서는 거래가격 배분에 대한 별도의 규정은 없다. 다만 기업회계기준에서 제시한 상대적 판매가격기준을 제대로 적용하였다면 법인세법상으로도 인정받을 수 있다.

4 수익의 인식

수익인식과정을 모두 거친 후 최종 결과물은 계약 내 수행의무별로 이번 연도에 인식해야 할 수익이 얼마인지를 보여주는 것이다. 이번 절에서는 여기에 대해서 알아본다.

4.1 일반원칙

수익인식의 큰 원칙은 수행의무가 이행될 때 한꺼번에 수익을 인식하거나 아니면 기간에 걸쳐 비례적으로 인식한다는 것이다. 기간에 걸쳐 비례적으로 수익을 인식할 때 적용하는 방법을 진행기준이라고 부른다. 이런 원칙은 기업회계기준과 법인세법이 동일하다.

1) 기업회계기준

K-IFRS 제1115호(고객과의 계약에서 생기는 수익) 문단 31
고객에게 약속한 재화나 용역, 즉 자산을 이전하여 수행의무를 이행할 때(또는 기간에 걸쳐 이행하는 대로) 수익을 인식한다. 자산은 고객이 그 자산을 통제할 때(또는 기간에 걸쳐 통제하게 되는 대로) 이전된다.

우리가 지금까지 수익인식 단계를 밟아온 것은 결국 수행의무의 형태별로 수익의 인식시점과 인식하는 형태가 달라질 수 있기 때문이다. 수익의 인식시점은 수행의무의 이행시점과 관련이 있는데 수행의무의 이행은 자산의 이전을 의미하고 자산의 이전이란 고객이 해당 자산을 통제하게 되는 것을 말한다. 자산에 대한 통제란 자산을 사용하도록 지시하고 자산의 나머지 효익의 대부분을 획득할 수 있는 능력을 말한다. 통제에는 다른 기업이 자산의 사용을 지시하고 그 자산에서 효익을 획득하지 못하게 하는 능력이 포함된다(문단 33).

수익인식의 형태는 크게 보아 수행의무가 한 시점에 이행된 것으로 보아서 이행된 시점에서 한꺼번에 수익을 인식하는 경우와 수행의무가 기간에 걸쳐 이행된다고 보아서 기간에 걸쳐 수익을 인식하는 경우가 있다. 수행의무의 이행시점을 고객이 자산을 통제하게 된 시점으로 본다고 하였으므로 수익인식의 형태는 고객에게 자산에 대한 통제가 어떤 식으로 이전되는가에 따라 달려 있다. 즉 고객에게 한 시점에서 자산의 통제를 이전하게 되면 수행의무는 한 시점에서 이행된 것이고 수익도 그 시점에서 한꺼번에 인식한다. 이와는 달리 고객이 기간에 걸쳐 자산을 통제하게 된다면 수행의무는 기간에 걸쳐서 이행되는 것이며 수익도 기간에 걸쳐 인식한다.

통제 이전시점의 판단

그렇다면 자산의 통제가 한 시점에 이전되는 것인지 아니면 기간에 걸쳐 이전되는 것인지를 어떻게 판단할까? K-IFRS 제1115호 문단 35에서 기간에 걸쳐 이전되는 경우를 정하고 나서 여기에 속하지 않으면 한 시점에 이전되는 것으로 본다.

K-IFRS 제1115호(고객과의 계약에서 생기는 수익) 문단 35

다음 기준 중 어느 하나를 충족하면, 기업은 재화나 용역에 대한 통제를 기간에 걸쳐 이전하므로, 기간에 걸쳐 수행의무를 이행하는 것이고 기간에 걸쳐 수익을 인식한다.

(1) 고객은 기업이 수행하는 대로 기업의 수행에서 제공하는 효익을 동시에 얻고 소비한다.

(2) 기업이 수행하여 만들어지거나 가치가 높아지는 대로 고객이 통제하는 자산(예: 재공품)을 기업이 만들거나 그 자산가치를 높인다.

(3) 기업이 수행하여 만든 자산이 기업 자체에는 대체 용도가 없고, 지금까지 수행을 완료한 부분에 대해 집행가능한 지급청구권이 기업에 있다.

위 K-IFRS 제1115호 문단 35에서는 고객에게 자산의 통제가 기간에 걸쳐 이전되는 것으로 보아야 하는 판단기준을 정하고 있다. 위 K-IFRS 규정에 따라서 자산의 통제가 기간에 걸쳐 이전된다고 판단되면 수익도 그에 따라 기간에 걸쳐 이전되는 것이고 그렇지 않다면 한 시점에서 수익을 인식한다.

앞선 (사례 3-1)에서와 같이 회사가 5년간 세무서비스 용역을 제공한다고 하자. 이런 경우라면 위 문단 35(1)에서 정하고 있는 대로 기업이 수행하는 대로 수행에서 제공하는 효익을 동시에 얻고 소비하는 경우에 해당하므로 기간에 걸쳐 이전되는 것으로 보아야 한다. 또 다른 사례로 회사가 경영자문보고서를 제공하는 계약을 체결하였는데 중간에 계약이 종료된다면 그동안 투입된 원가를 보상받는다고 하자. 이런 경우라면 위 문단 35(3)에 의하여 기간에 걸쳐 통제가 이전되는 것으로 보아야 한다.

2) 법인세법

법인세법에서도 기업회계와 유사하게 일시에 익금에 산입하거나 아니면 기간에 걸쳐 진행기준에 따라서 익금에 산입할 수 있다. 다만 기업회계기준에서와 같이 큰 틀의 원칙을 정하고 있지는 않다.

4.2 한 시점에 인식하는 수익

1) 기업회계기준

K-IFRS 제1115호(고객과의 계약에서 생기는 수익) 문단 38

수행의무가 기간에 걸쳐 이행되지 않는다면, 그 수행의무는 한 시점에 이행되는 것이다. 다음과 같은 통제 이전의 지표를 참고하여야 한다.

(1) 기업은 자산에 대해 현재 지급청구권이 있다.
(2) 고객에게 자산의 법적 소유권이 있다.
(3) 기업이 자산의 물리적 점유를 이전하였다.
(4) 자산의 소유에 따른 유의적인 위험과 보상이 고객에게 있다.
(5) 고객이 자산을 인수하였다.

앞선 K-IFRS 제1115호 문단 35 규정에서 기간에 걸쳐 통제가 이전되는 것으로 보지 않는 경우에는 한 시점에서 수익을 인식한다. 그렇다면 언제 시점에서 통제가 이전되는 것으로 보아야 하는가? 위 문단 38에서는 통제가 이전되는 시점을 정하는 기준을 보여준다. 정리하면 문단 35에 해당되지 않는다면 한 시점에서 통제가 이전되는 것으로 보아야 하는데 그 통제의 이전시기는 위 문단 38을 참고한다.

2) 법인세법

법인세법 시행령 제68조(자산의 판매손익 등의 귀속사업연도)

1. 상품(부동산을 제외한다)·제품 또는 기타의 생산품의 판매: 그 상품 등을 인도한 날
2. 상품 등의 시용판매: 상대방이 그 상품 등에 대한 구입의 의사를 표시한 날
3. 상품 등외의 자산의 양도: 그 대금을 청산한 날. 다만, 대금을 청산하기 전에 소유권 등의 이전등기(등록을 포함한다)를 하거나 당해 자산을 인도하거나 상대방이 당해 자산을 사용수익하는 경우에는 그 이전등기일(등록일을 포함한다)·인도일 또는 사용수익일 중 빠른 날로 한다.
4. 자산의 위탁매매: 수탁자가 그 위탁자산을 매매한 날

위 법인세법 시행령은 K-IFRS에서 말하는 자산의 통제가 고객에게 일시에 이전되는 시점을 구체적 유형별로 보여주고 있다. K-IFRS에서는 유형별로 이전되는 시점을 유형별로 제시하지 않고 포괄적으로 정의를 내리고 있으나 경영자의 재량적 판단을 제한하고자 하는 법인세법 입장에서는 일일이 유형별로 고객에게 통제가 이전되는 시점을 규정하고 있다. 그렇다면 기업회계기준과 법인세법 간에는 차이가 있는 것인가? 위 법인세법 시행령을 보면 K-IFRS에서 말하는 자산통제 이전의 포괄적인 정의에 모두 부합하는 것으로 보인다. 따라서 기업회계기준과 법인세법 간의 근본적인 차이는 없는 것으로 보인다.

예제 3-5

(주)서울은 세탁기 10대를 1대당 500원에 판매하도록 (주)부산에 위탁하고 다음과 같은 거래를 하였다. 판매수수료는 1대당 50원이다. 세탁기의 원가는 350원이다. 적절한 세무조정을 하시오.

제1차연도에 (주)서울은 상품을 적송하였다. 운반비 120원은 현금으로 지급하고 비용계상하였다.
제1차연도에 (주)부산은 8대의 세탁기를 판매하고 이를 매출로 기록하였다. (주)서울은 회계처리하지 않았다.
제2차연도에 (주)부산은 수수료를 차감한 금액 3,600원을 송금하고 비용계상하였다. (주)서울은 매출 3,600원과 매출원가 2,800원을 기록하였다.

| 풀이 |

※ 위탁판매에 대해서는 세법과 회계기준의 차이는 없다. 즉 수탁자가 판매한 시점이 위탁자가 매출과 매출원가를 인식하는 시점이 된다.

※ 그런데 문제에서는 수탁자가 판매대금을 송금한 시점에서 위탁자가 매출과 매출원가를 인식하였으므로 이런 결산은 회계기준과 세법 모두를 위배한 것이다. 만일 세법과 회계기준에 따라서 올바르게 위 거래를 분개하면 다음과 같다.

(세법과 K-IFRS에 따른 올바른 회계처리)

구분	(주)서울	(주)부산
적송 제1차연도	차) 적송품 3,620 대) 재고자산 3,500 현금 120	분개 없음
판매 제1차연도	차) 매출채권 3,600 대) 매출 4,000 판매수수료 400 차) 매출원가 2,896[a] 대) 적송품 2,896	차) 현금 4,000 대) 수탁매출(부채) 3,600 수수료수익 400
송금 제2차연도	차) 현금 3,600 대) 매출채권 3,600	차) 수탁매출(부채) 3,600 대) 현금 3,600

a) 적송품 취득원가 3,620원×적송품 10중 8개 판매 80%

※ ㈜서울과 ㈜부산의 재무상태표의 회계-세무 차이는 다음과 같다.

㈜서울

구분	결산		세법		회계-세무 차이	
	제1차연도	제2차연도	제1차연도	제2차연도	제1차연도	제2차연도
재고자산(적송품)	3,500	700	724[a]	724	(2,776)	24[b]
매출채권	–	–	3,600	–	3,600	–

a) 판매되지 않은 재고자산 잔액 3,620원−2,896원
b) 120원×미판매비율 20%

㈜부산

구분	결산		세법		회계-세무 차이	
	제1차연도	제2차연도	제1차연도	제2차연도	제1차연도	제2차연도
수탁매출(부채)	–	–	(3,600)	–	(3,600)	–

(세무조정)

연도	(주)서울	(주)부산
제1차연도	익금 재고자산 120(유보) 매출채권 3,600(유보) 손금 재고자산 2,896(△유보)	손금 수탁매출 3,600(△유보)
제2차연도	손금 매출채권 3,600(△유보) 익금 재고자산 2,800(유보)	익금 수탁매출 3,600(유보)

※ 위 세무조정을 분개로 표시하면 다음과 같다.

㈜서울

제1차연도	차) 손금가산	2,776	대) 재고자산	2,776
	차) 매출채권	3,600	대) 익금가산	3,600
제2차연도	차) 손금가산	3,600	대) 매출채권	3,600
	차) 재고자산	2,800	대) 익금가산	2,800

㈜부산

제1차연도	차) 손금가산	3,600	대) 수탁매출	3,600
제2차연도	차) 수탁매출	3,600	대) 익금가산	3,600

4.3 기간에 걸쳐 인식하는 수익

앞선 K-IFRS 제1115호 문단 35에 따라서 자산의 통제가 기간에 걸쳐 이전되는 것으로 판단하였다면 구체적으로 수익을 어떻게 인식해야 할 것인가? 결론적으로는 진행기준을 적용한다.

1) 기업회계기준

K-IFRS 제1115호(고객과의 계약에서 생기는 수익) 문단 39

기간에 걸쳐 이행하는 수행의무 각각에 대해, 그 수행의무 완료까지의 진행률을 측정하여 기간에 걸쳐 수익을 인식한다. 진행률을 측정하는 목적은 고객에게 약속한 재화나 용역에 대한 통제를 이전(기업의 수행의무 이행)하는 과정에서 기업의 수행 정도를 나타내기 위한 것이다.

기간에 걸쳐 수익을 인식한다는 것은 어떻게 한다는 것인가? 위 K-IFRS 제1115호는 진행률을 측정하여 인식한다고 인급하고 있다. 즉 전체 기간에 걸쳐 인식해야 할 총수익에 그 기간에 해당하는 진행률을 곱하여 인식해야 할 수익을 계산한다. 예를 들어 총거래가격이 100만원인데 올해 20%가 진행되었다면 20만원을 수익으로 인식하는 것이다.

진행률이란 기업이 수행의무를 이행한 정도를 의미하는 것인데 산출법과 투입법이 있다. 산출법이란 결과물을 기준으로 완성된 정도를 진행률로 보는 것이다. 예를 들어 건설용역으로 10층 건물을 신축한다고 했을 때 8층까지 완성이 되었다면 80%가 진행되었다고 보는 것이다. 투입법은 투입된 원가비율을 진행률로 보는 것이다. 예를 들어 10층 건물을 짓는 데 1억원이 소요된다고 추정되는데 올해까지 3천만원의 원가가 투입되었다면 누적진행률은 30%로 추정된다.

진행기준을 이용하지 않는다면 어떤 방법을 이용할 수 있을까? 두 가지 방법이 있을 수 있는데 계약시점에서 추정된 수익을 인식할 수 있고 반대로 수행의무가 완성될 때까지 기다렸다가 수익을 인식할 수도 있을 것이다. 수행의무가 수행되는 기간이 단기라면 어느 방법을 이용하든지 결과는 진행기준을 사용하는 것과 크게 다르지 않을 것이다.

그러나 수행의무가 수행되는 기간이 장기라면 두 방법 모두 문제가 있다. 즉 계약시점에서 추정한 수익을 인식하는 방법은 추정의 불확실성이 너무 크다는 점에서, 반대로 수행의무 완성시점에서 수익을 인식하는 방법은 불확실성은 없지만 수익인식을 지나치게 미룬다는 점에서 각각 문제가 있다. 이런 점에서 진행기준을 적용하는 것이 합리적이다.

2) 법인세법

법인세법 시행령 제69조(용역제공 등에 의한 손익의 귀속사업연도)
건설·제조 기타용역(도급공사 및 예약매출 포함)의 제공으로 인한 익금과 손금은 그 목적물의 건설 등의 착수일이 속하는 사업연도부터 그 목적물의 인도일(용역제공의 경우에는 그 제공을 완료한 날)이 속하는 사업연도까지 작업진행률을 기준으로 하여 계산한 수익과 비용을 각각 해당 사업연도의 익금과 손금에 산입한다.

위 법인세법 시행령에서는 용역 제공의 경우에는 진행기준을 적용할 것을 규정한다. 앞선 기업회계기준에서도 기간에 걸쳐 자산의 통제가 이전되는 경우는 대부분 용역제공의 경우일 것으로 생각된다. 따라서 위와 같은 법인세법 규정은 기업회계기준과 일치한다.

법인세법 시행규칙에서는 구체적으로 진행기준을 어떻게 적용해야 할 것인지를 정한다. 시행규칙에서는 우선 진행률을 정해야 하는데 진행률은 총공사예정비에서 당해 사업연도말까지 발생한 누적공사비의 비율로 정의한다. 그리고 이런 진행률에 총계약금액을 곱해서 당해 사업연도까지 누적해서 신고해야 할 익금을 계산한 후 직전사업연도까지 신고한 익금을 차감하여 당기에 신고해야 할 익금산입을 계산한다. 이런 법인세법상의 진행률 적용방법은 기업회계기준에서도 인정될 수 있어서 양자의 차이는 없다.4)

예제 3-6

㈜서울건설의 공사기간별 예상원가와 실제 발생원가는 다음과 같다. ㈜서울건설은 공사대금으로 2,000원을 완공시점에 받기로 하고 공사완성시점에 수익과 비용 전부를 인식한다. 연도별로 세무조정을 하시오.

구분	제1차연도	제2차연도	제3차연도	제4차연도
실제공사원가	160	340	700	300
예상추가원가	640	500	300	-

| 풀이 |

※ K-IFRS에 따른다면 공사진행기준을 적용해야 하고 그에 따른 공사이익은 다음과 같다.

4) 또한 법인세법상에서는 공사원가에 의한 작업진행률 이외에도 건설의 수익실현이 작업시간 등과 비례관계가 있고 작업시간 등에 대한 투입 및 완성비율을 객관적으로 산정할 수 있는 경우에는 '작업시간 등에 의한 작업진행률'을 적용할 수 있도록 기업회계기준을 수용함에 따라 K-IFRS에 의거하여 적정하게 진행률이 산정되었다면 양자의 차이는 발생되지 않을 것이다.

	제1차연도	제2차연도	제3차연도	제4차연도
도급액	2,000	2,000	2,000	2,000
실제공사원가	160	340	700	300
예상추가원가	640	500	300	–
예상공사원가	800	1,000	1,500	1,500
진행률(누적)계산				
총예정공사원가	800	1,000	1,500	1,500
누적공사원가	160	500	1,200	1,500
누적진행률	20%	50%	80%	100%
수익인식(누적)	400	1,000	1,600	2,000
공사이익계산				
당기수익	400	600	600	400
당기공사원가	(160)	(340)	(700)	(300)
공사이익	240	260	(100)	100

※ 위 공사진행기준에 의한 분개는 다음과 같다.

제1차연도	차) 매출채권	400	대) 공사매출	400
	공사원가	160	현금	160
제2차연도	차) 매출채권	600	대) 공사매출	600
	공사원가	340	현금	340
제3차연도	차) 매출채권	600	대) 공사매출	600
	공사원가	700	현금	700
제4차연도	차) 매출채권	400	대) 공사매출	400
	공사원가	300	현금	300
	차) 현금	2,000	대) 매출채권	2,000

※ K–IFRS에 따른 방법은 아니지만 만일 공사완성기준을 적용한다면 분개는 다음과 같다.

제1차연도	차) 미완성공사	160	대) 현금	160
제2차연도	차) 미완성공사	340	대) 현금	340
제3차연도	차) 미완성공사	700	대) 현금	700
제4차연도	차) 미완성공사	300	대) 현금	300
	차) 현금	2,000	대) 공사매출	2,000
	공사원가	1,500	미완성공사	1,500

※ K–IFRS와 세법 모두는 공사진행기준을 이용해야 한다. 그런데 문제에서와 같이 회사가 K–IFRS를 무시하고 공사완성기준을 적용하여 결산하였다면 재무상태표의 결산–

세무 차이는 다음과 같다.

(결산: 공사완성기준)

	제1차연도	제2차연도	제3차연도	제4차연도
매출채권	–	–	–	–
미완성공사(재고자산)	160	500	1,200	–

(세법: 공사진행기준)

	제1차연도	제2차연도	제3차연도	제4차연도
매출채권	400	1,000	1,600	–
미완성공사(재고자산)	–	–	–	–

(결산–세무 차이)

	제1차연도	제2차연도	제3차연도	제4차연도
매출채권	400	1,000	1,600	–
미완성공사(재고자산)	(160)	(500)	(1,200)	–

※ 세무조정은 다음과 같다.

제1차연도	익금	매출채권	400원(유보)	손금	미완성공사	160원(△유보)
제2차연도	익금	매출채권	600원(유보)	손금	미완성공사	340원(△유보)
제3차연도	익금	매출채권	600원(유보)	손금	미완성공사	700원(△유보)
제4차연도	손금	매출채권	1,600원(△유보)	익금	미완성공사	1,200원(유보)

예제 3-7

앞선 〈예제 3-6〉에서 공사대금은 1,200원이며 K-IFRS에 따라서 회계처리하였다고 가정하고 연도별 세무조정을 하시오.

| 풀이 |

※ 공사대금이 1,200원이라면 완공시점에서 손실을 보게 된다. 계약시점에서는 400원의 이익을 예상하였지만 제3차연도 종료시점에는 300원의 손실이 날 것이 예상된다. K-IFRS에 의하면 이렇게 공사원가가 증가하여 공사계약에서 손실이 예상되는 경우에는 예상되는 손실을 충당부채로 인식하여야 한다.

	제1차연도	제2차연도	제3차연도	제4차연도
도급액	1,200	1,200	1,200	1,200
실제공사원가	160	340	700	300
예상추가원가	640	500	300	–
예상공사원가	800	1,000	1,500	1,500
진행률(누적)계산				
총예정공사원가	800	1,000	1,500	1,500
누적공사원가	160	500	1,200	1,500
누적진행률	20%	50%	80%	100%
수익인식(누적)	240	600	960	1,200
공사이익계산				
당기수익	240	360	360	240
당기공사원가	(160)	(340)	(700)	(300)
예상손실	–	–	(60)	60
공사이익	80	20	(400)	–

※ 위 공사진행기준에 의한 분개는 다음과 같다.

제1차연도	차) 매출채권	240	대) 공사매출	240
	공사원가	160	현금	160
제2차연도	차) 매출채권	360	대) 공사매출	360
	공사원가	340	현금	340
제3차연도	차) 매출채권	360	대) 공사매출	360
	공사원가	700	현금	700
	차) 공사손실	60	대) 공사손실충당부채	60
제4차연도	차) 매출채권	240	대) 공사매출	240
	공사원가	300	현금	300
	차) 공사손실충당부채	60	대) 충당부채환입	60
	차) 현금	1,200	대) 매출채권	1,200

※ K-IFRS와 세법 모두는 공사진행기준을 이용한다는 점에서는 차이가 없다. 그렇지만 세법에서는 미래 예상되는 손실을 충당부채로 계상한 것을 인정하지 않는다. 이에 따라 회계-세무 차이는 다음과 같다.

(회계)

	제1차연도	제2차연도	제3차연도	제4차연도
매출채권	240	600	960	–
손실충당부채	–	–	(60)	–

(세법)

	제1차연도	제2차연도	제3차연도	제4차연도
매출채권	240	600	960	–
손실충당부채	–	–	–	–

(결산–세무 차이)

	제1차연도	제2차연도	제3차연도	제4차연도
매출채권	–	–	–	–
손실충당부채	–	–	60	(60)

※ 세무조정은 다음과 같다.

제3차연도 익금 손실충당부채 60원(유보)
제4차연도 손금 손실충당부채 60원(△유보)

요약하면 수익의 인식시점은 수행의무별로 정해진다. 수행의무는 재화나 용역을 제공하는 것인데 이는 결국 자산을 이전하는 것이다. 따라서 수익의 인식시점은 자산의 통제가 이전되었는지에 따라서 정해진다. 자산의 통제는 한 시점에 이전되기도 하고 기간에 걸쳐 이전되기도 한다. 한 시점에 통제가 이전된다면 수익도 한 시점에서 한꺼번에 인식된다. 기간에 걸쳐 통제가 이전된다면 수익도 기간에 걸쳐 인식한다. K-IFRS에서는 기간에 걸쳐 통제가 이전되는 경우를 정하고 있으며 여기에 해당되지 않는 것은 한 시점에 이전되는 것으로 본다. 법인세법에서는 한 시점에 이전되는 경우를 구체적 사례로 제시하고 있다. 기업회계기준과 법인세법에서는 모두 기간에 걸쳐 통제가 이전되는 경우에는 진행률을 적용하여 수익 혹은 익금을 인식한다. 결국 기업회계기준과 법인세법의 큰 차이는 없다.

이번 장의 요약

1. 기업회계기준에서 고객과의 계약에서 생긴 수익을 인식하는 첫 단계는 계약을 식별하는 것이다.
2. 기업회계기준에 따라 수익을 인식해야 하는 계약은 상업적 실질과 대금의 회수가능성이 있어야 하는데 이런 조건이 충족되지 않는다면 법인세법에서도 부당행위로 부인될 수 있다.
3. 기업회계기준에 따라 계약이 식별되었다면 계약 내에서 서로 구분되는 수행의무를 식별한다.
4. 기업회계기준에서 수행의무가 이행되는 시점과 형태가 수익인식의 시점과 형태를 결정하게 되므로 수행의무를 식별하는 것이 중요하다.
5. 기업회계기준에서 수행의무가 식별되고 나면 거래가격을 산정하게 되는데 계약상 거래가격에는 변동대가와 유의적 금융요소가 포함되어 있다.
6. 기업회계기준에 따르면 변동대가의 경우 거래가격은 변동대가를 감안한 추정치이지만 법인세법에서는 계약상 거래가격이다.
7. 기업회계기준에 따르면 유의적 금융요소는 거래가격과 분리하여 유효이자율법을 적용하여 기간에 걸친 이자수익으로 계상하지만 법인세법에서는 거래가격에 포함시킨다.
8. 기업회계기준과 법인세법에서는 자산의 통제가 한 시점에 이전되면 이전시점에서 수익(혹은 익금)을 한꺼번에 인식하며 자산의 통제가 기간에 걸쳐 이전되면 수익(혹은 익금)도 기간에 걸쳐 인식한다.
9. 자산의 통제가 기간에 걸쳐 이전될 경우 기업회계기준과 법인세법에서는 진행기준으로 수익 또는 익금을 인식한다.

CHAPTER

4

재고자산

이번 장의 차례

CHAPTER 4

재고자산

재고자산은 판매를 위하여 보관 중인 자산이다. 재고자산은 수시로 구입과 처분이 이루어진다. 재고자산이 결정되면 매출원가가 결정되고 이는 다시 당기순이익 혹은 사업연도소득을 결정한다. 만일 회계상 기말재고자산과 법인세법상 기말재고자산이 차이가 나면 그 금액만큼 회계상 순이익과 사업연도소득이 차이가 나기 때문에 세무조정을 해야 한다. 그리고 기말재고자산의 차이는 다음 해에는 기초재고자산의 차이가 되므로 반대방향으로 조정되어 차이가 해소되는 일시적 차이이다.

기말재고자산의 단위당 취득원가를 정하기 위해서는 원가흐름의 가정이 필요하다. 기업회계기준에서는 선입선출법이나 가중평균법 중 하나를 선택하여 적용한다. 법인세법에서도 원가흐름의 가정은 필요한데 법인세법에서는 후입선출법도 선택할 수 있다. 이를 재고자산의 평가방법이라고 한다.

재고자산의 단위당 취득원가가 결정되었다면 기업회계기준에서는 이 금액을 순실현가능가치와 비교하여 적은 금액으로 재고자산을 표시해야 한다. 순실현가능가치가 취득원가보다 하락한 경우에는 재고자산평가손실을 인식하며 재고자산 평가충당금을 설정한다. 법인세법에서도 기업회계기준에서 이용하는 저가법을 적용할 수 있다.

기업회계기준에서는 하나의 재고자산평가방법을 선택하였다면 일관성 있게 계속해서 적용해야 한다. 이와는 달리 법인세법에서는 재고자산평가방법은 사전에 신고해야 하는데 만일 신고하지 않거나 신고한 방법과 다른 방법으로 평가하거나 혹은 임의로 변경한 경우에는 강제신고조정을 통하여 세무조정해야 한다.

#원가흐름의가정 #재고자산평가손실 #재고자산감모손실 #재고자산평가방법의신고 #무신고와임의변경

1 재고자산과 매출원가

재고자산은 단순히 자산을 표시하는 여러 계정과목 중 하나가 아니라 매출원가를 결정하는 중요한 계정과목이다. 따라서 여러분은 기본적으로 재고자산과 매출원가가 어떻게 관련이 되는지를 이해하고 있어야 한다.

1) 기업회계기준

재고자산은 영업목적상 단기간 내 처분을 목적으로 보유하는 자산을 의미한다. 재고자산이 처분되면 매출원가로 계상되는데 재고실사법을 통하여 매출원가를 확정하게 되므로 재고자산의 평가는 당기순이익과 직접적인 관련을 맺는다.

매출과 매출원가

회계원리를 처음 공부하는 학생들이 재고자산과 매출원가에 대한 수정분개를 접하면서 이해하는 데 힘들어하는 경우를 자주 본다. 이는 재고자산과 매출원가의 수정분개는 통상적인 자산처분과는 다른 방식으로 이루어지기 때문이다. 일반적으로 자산이 처분되면 자산의 장부가액과 처분대가와 차액을 처분손익으로 계상한다. 재고자산을 처분하는 것도 마찬가지라고 생각한다면 다음과 같이 분개할 수 있다.

차) 현금	×××	대) 재고자산	×××
		매출총이익	×××

그러나 재고자산의 경우는 다른 자산과 달리 조금 독특한 회계처리를 한다. 재고자산은 처분대가를 매출로 계상하고 처분된 재고자산의 장부가액은 매출원가로 계상한다. 즉 수익과 비용을 상계하여 순액을 표시하지 않고 수익과 비용을 분리하여 총액으로 표시하는 것이다. 따라서 다음과 같이 분개한다.

차) 현금	×××	대) 매출	×××
차) 매출원가	×××	대) 재고자산	×××

계속기록법

원칙적으로 재화의 판매가 발생할 때마나 위와 같은 분개를 해야 한다. 따라서 재고자산을 매입하고 판매하는 분개는 다음과 같이 이루어진다. 이렇게 판매 시마다 일일이 매출원가를 기록하는 방법을 계속기록법이라고 한다.

재고자산 매입	차) 재고자산	×××	대) 현금	×××
재고자산 판매	차) 현금	×××	대) 매출	×××
	매출원가	×××	재고자산	×××

재고실사법

그러나 입출고가 빈번한 재고자산의 특성상 매번 위와 같은 분개를 하기보다는 회계기말에 한꺼번에 해치우는 것이 효율적일 수도 있다. 즉 계속기록법과는 달리 매출과 관련된 분개는 매번 하지만 매출원가 관련 분개는 기말재고실사를 통해서 기말재고금액을 확정 지은 후 매출원가를 한꺼번에 인식하는 분개를 할 수 있다. 이를 재고실사법이라고 한다.

재고실사법에서는 재고자산을 판매할 때마다 매출원가를 기록하지 않으므로 재고자산의 감소가 나타나지 않는다. 그러다 보니 기말에 매출원가를 한꺼번에 인식할 때까지 재고자산은 계속적으로 증가하는 것처럼 보인다. 이런 오해를 피하기 위해서 기중 재고자산 매입 시에는 '매입'이라는 임시계정을 이용하여 재고자산 매입을 별도로 기록한다. 따라서 재고실사법에서는 다음과 같은 분개가 이루어진다.

재고자산 매입	차) 매입	×××	대) 현금	×××
재고자산 판매	차) 현금	×××	대) 매출	×××
기말수정분개	차) 재고자산(기말)	×××	대) 재고자산(기초)	×××
	매출원가	×××	매입	×××

위의 계속기록법과 재고실사법을 비교해보면 재고실사법에서는 기말수정분개를 통해서 한 번에 매출원가를 인식한다는 점에서 효율적으로 보인다. 물론 전산시스템에 의하여 거래를 자동으로 기록하고 분개하는 상황에서 재고실사법이 계속기록법보다 효율적이라고 주장하는 것은 설득력이 없다고 생각할지도 모른다. 그렇지만 재고실사법은 개념적으로 매출원가와 재고자산 간의 관계를 보여주는 데 적합하다. 이런 점 때문에 아무리 전산시스템으로 자동으로 회계장부를 작성하는 시대라고 하더라도 재고실사

법은 여전히 유용하다.

계속기록법과 재고실사법은 장부를 기록하는 방법일 뿐이므로 원칙적으로 수익과 비용의 총액이 달라져서는 안 된다. 재고자산의 단위당 취득원가가 일정하다고 하면 계속기록법과 재고실사법에서 매출원가와 기말재고는 당연히 동일하다. 그러나 재고자산의 단위당 취득원가가 연중 변동하면 계속기록법과 재고조사법하에서 매출원가와 재고자산은 달라질 수 있다.

재고자산은 1년 이내 처분된다고 가정하므로 기말재고는 편의상 전부 다음 해에 판매되는 것으로 가정한다. 이러한 가정이 현실에 맞지 않을 수도 있다. 그러나 혹시 기말재고가 1년 이상 처분되지 않고 계속 재고로 남아있다고 하더라도 이런 가정 때문에 회계상 오류가 생기지는 않는다.

2) 법인세법

법인세법에서는 계속기록법이나 재고실사법에 대한 별도의 규정은 없다. 그러나 계속기록법과 재고실사법에 대한 개념은 기업회계기준과 다르지 않다. 또한 기말재고는 1년 이내 처분된다고 하는 가정도 법인세법에서 여전히 유효하다.

3) 차이와 세무조정

기업회계와 법인세법 사이에서 기말재고금액에서 차이가 난다면 이 차이는 일시적 차이이므로 유보로 처분한다. 앞서 말한 바와 같이 모든 기말재고는 다음 해에 처분된다고 가정하게 되므로 이렇게 유보처분된 금액은 곧바로 다음 해에 반대방향으로 추인되어 정리한다.

예제 4-1

도매업을 영위하는 ㈜서울의 연도별 회계와 법인세법 간 재고자산 내역이다. 각 연도별로 재고자산과 관련된 세무조정을 하시오.

	제1차연도	제2차연도	제3차연도	제4차연도
회계	10,000	10,000	10,000	10,000
(−) 법인세법	8,000	11,000	7,000	10,000
차이	2,000	(1,000)	3,000	−

| 풀이 |

※ 회계와 세법에 따른 차이는 익금 혹은 손금신입 유보로 처분하며 다음 해에는 반내 방향으로 추인한다. 세무조정은 다음과 같다.

제1차연도 손금산입 당기말 재고자산 2,000원(△유보)
제2차연도 익금산입 전기말 재고자산 2,000원(유보) 당기말 재고자산 1,000원(유보)
제3차연도 손금산입 전기말 재고자산 1,000원(△유보) 당기말 재고자산 3,000원(△유보)
제4차연도 익금산입 전기말 재고자산 3,000원(유보)

※ 위 세무조정을 보면 항상 전기말 재고자산과 당기말 재고자산에 대한 세무조정이 구분되어 있음을 알 수 있다. 그런데 전기말과 당기말 재고자산의 세무조정을 별개로 하지 않고 합쳐서 조정하면 어떻게 될까? 예를 들어서 제3차연도 세무조정을 합쳐서 4,000원(△유보)으로 조정하더라도 문제는 없을까? 결론적으로 특별한 문제는 없다. 다만 위의 경우처럼 전기말과 당기말 세무조정을 별도로 해주면 곧바로 당기말 재고자산의 금액이 차기의 유보로 남는다는 것을 알 수 있어서 편리할 것이다.

※ 당기말 재고자산에 대한 세무조정은 다음 해에는 반대로 영향을 준다는 것을 이해하기 위해서 다음과 같은 표를 마음속으로 그려보자.

	제1차연도	제2차연도	제3차연도	제4차연도
제1차연도	△2,000	2,000		
제2차연도		1,000	△1,000	
제3차연도			△3,000	3,000
합계	△2,000	3,000	△4,000	3,000

요약하면 재고자산은 수많은 계정과목 중 하나가 아니라 매출원가를 결정하는 중요한 역할을 한다. 따라서 재고자산을 어떻게 결정하는지는 당기순이익이나 사업연도소득에 직접적인 영향을 미친다. 재고자산을 판매하면 매출과 매출원가라는 수익과 비용이 동시에 계상된다. 계속기록법은 판매할 때마다 매번 매출원가를 계상하는 방법이다. 이에 비해 재고실사법은 기말재고실사를 통해서 기말재고를 확정한 후 기말수정분개를 통해서 매출원가를 한 번에 결정하는 방법이다. 재고자산에 대한 기본적인 관점은 기업회계기준과 법인세법이 동일하다. 다만 세부적인 차이로 인하여 세무조정이 생길 수 있는데 재고자산과 관련된 차이는 차기에 곧바로 해소되는 일시적 차이이다.

2 취득원가

재고자산의 취득원가를 결정하는 것은 다른 자산과 다르지 않다. 그러나 재고자산은 입출고가 빈번하게 이루어진다는 점에서 실제로 들어간 실제원가가 아닌 표준원가를 이용하거나 아니면 매출가격을 통해서 원가를 역으로 구하는 소매재고법 등을 이용할 수 있다.

2.1 실제원가

재고자산의 취득원가는 실제 발생한 원가가 되어야 한다. 재고자산의 취득원가는 원재료 등을 외부로부터 매입하는 매입원가, 원재료 등을 제품으로 전환하기 위해서 들어가는 노무원가와 제조간접원가 등의 전환원가 그리고 기타원가로 구성된다. 또한 생산공정 단계별로는 원재료, 재공품, 완제품 등으로 재고자산을 구분할 수 있다.

1) 기업회계기준

K-IFRS 제1002호(재고자산) 문단 10
재고자산의 취득원가는 매입원가, 전환원가 및 재고자산을 현재의 장소에 현재의 상태로 이르게 하는 데 발생한 기타원가 모두를 포함한다.

K-IFRS 제1002호에 따르면 기업회계상 재고자산의 취득원가는 현재의 장소에 현재의 상태로 이르게 하는 데 발생한 원가를 의미한다. 여기에는 매입원가, 전환원가는 당연히 포함되며 이런 원가 외에도 특별하게 기여한 원가가 있다면 포함시켜야 한다.

매입원가

재고자산의 매입원가는 외부로부터 구매하는 경우의 원가를 의미한다. 매입원가는 매입가격에 수입관세와 제세금(과세당국으로부터 추후 환급받을 수 있는 금액은 제외), 매입운임, 하역료 그리고 완제품, 원재료 및 용역의 취득과정에 직접 관련된 기타원가를 가산한 금액이다. 매입할인, 리베이트 및 기타 유사한 항목은 매입원가를 결정할 때 차감한다(문단 11).

전환원가

재고자산의 전환원가는 원재료를 완제품으로 전환시키는 데 들어간 원가를 의미한다. 여기에는 직접노무원가 등 생산량과 직접 관련된 원가를 포함한다. 또한 원재료를 완제품으로 전환하는 데 드는 고정 및 변동 제조간접원가의 체계적인 배부액도 포함한다(문단 12). 생산공정에 투입되지 않은 원재료 그리고 생산공정에 투입되었지만 아직 완성되지 않은 재공품 그리고 생산완료된 제품 등으로 재고자산을 구분한다. 제조과정에 따른 분개를 해보면 다음과 같다.

원재료 매입	차) 원재료	×××	대) 현금	×××
원재료 투입	차) 재공품	×××	대) 원재료	×××
노무비 투입	차) 재공품	×××	대) 노무비	×××
간접비 배부	차) 재공품	×××	대) 제조간접비	×××
완성	차) 제품	×××	대) 재공품	×××

기타원가

기타원가는 재고자산을 현재의 장소에 현재의 상태로 이르게 하는 데 발생한 범위 내에서만 취득원가에 포함된다. 예를 들어 특정한 고객을 위한 비제조간접원가 또는 제품 디자인 원가를 재고자산의 원가에 포함하는 것이 적절할 수도 있다(문단 15).

유의적인 금융요소

재고자산을 후불조건으로 취득할 수도 있다. 계약이 실질적으로 금융요소를 포함하고 있다면, 해당 금융요소(예: 정상신용조건의 매입가격과 실제 지급액 간의 차이)는 금융이 이루어지는 기간 동안 이자비용으로 인식한다(문단 18).

2) 법인세법

법인세법 제41조(자산의 취득가액)
내국법인이 매입·제작·교환 및 증여 등에 의하여 취득한 자산의 취득가액은 다음 각 호의 구분에 따른 금액으로 한다.
1. 타인으로부터 매입한 자산: 매입가액에 부대비용을 더한 금액
2. 자기가 제조·생산 또는 건설하거나 그 밖에 이에 준하는 방법으로 취득한 자산: 제작원가에 부대비용을 더한 금액

위의 법인세법 규정은 재고자산뿐만 아니라 일반적인 자산의 취득원가에 동일하게 적용되는 규정이다. 기업회계기준의 규정보다는 포괄적이기는 하지만 전체적인 의미는 동일하다. 다음 시행령에서는 위 규정을 다음과 같이 보다 상세하게 설명하고 있다.

법인세법 시행령 제72조(자산의 취득가액 등)
자산의 취득가액은 다음 각 호의 금액으로 한다.
1. 타인으로부터 매입한 자산: 매입가액에 부대비용(취득세(농어촌특별세와 지방교육세 포함), 등록면허세, 그 밖의 부대비용)을 가산한 금액
2. 자기가 제조·생산 또는 건설 기타 이에 준하는 방법에 의하여 취득한 자산: 제작원가에 부대비용을 가산한 금액(즉 원재료비·노무비·운임·하역비·보험료·수수료·공과금(취득세와 등록세 포함)·설치비 기타 부대비용의 합계액)

위 시행령 규정을 보더라도 기업회계기준과 취득원가의 개념은 동일하다는 것을 알 수 있다. 다만 기업회계기준에서는 후불조건부 계약에 금융요소가 포함된 경우에는 이를 취득원가와 분리한 후에 이자비용으로 인식할 것으로 규정하고 있지만 법인세법에서는 장기할부조건이 아닌 경우에는 금융요소를 분리하지 않는다. 이런 경우에는 법인세법과 기업회계기준 사이의 차이가 생긴다. 즉 기업회계기준에 따른 재고자산의 취득원가가 법인세법에 따른 취득원가보다 작아질 것이다.

3) 차이와 세무조정

재고자산의 취득원가를 기업회계기준에 따라 회계처리했다면 대체로 세법과 일치한다. 다만 기업회계기준에 따라서 후불조건으로 취득한 재고자산의 취득원가에서 금융

요소를 제외하였다면 이만큼 익금산입 조정해야 하며 유보로 처분한다.

예제 4-2

도매업을 영위하는 ㈜서울에서 제1차연도초에 100개의 상품을 매입하고 2년 후에 144,000원을 일시에 지급하기로 하였다. 정상적인 현금 매입가액은 100,000원이다. 제1차연도에 개당 1,500원에 80개를 판매하였고 20개는 재고로 남았다. 제1차연도의 적절한 회계처리를 하고 필요한 세무조정을 하시오.

| 풀이 |

※ 재고자산 매입계약에 포함된 유의적인 금융요소는 144,000원－100,000원＝44,000원이다. 그리고 2년 후 144,000원과 현재 100,000원을 동등하게 만드는 이자율은 20%이다. 재고자산의 취득원가에는 금융요소가 제외되어야 하고 금융요소는 계약에 내재된 이자율로 대금지급 시까지 매연도 이자비용으로 계상한다. 이를 분개하면 다음과 같다.

매입	차) 재고자산	100,000	대) 매입채무	100,000
매출	차) 현금	120,000	대) 매출	120,000
매출원가	차) 매출원가	80,000	대) 재고자산	80,000
이자비용	차) 이자비용	20,000	대) 매입채무	20,000

※ 법인세법에서는 금융요소를 취득원가와 분리하지 않는다. 따라서 매입시점에서 유의적인 금융요소 44,000원은 재고자산에 익금산입 유보처분되고 동시에 미지급금에 손금산입 △유보로 처분한다.

※ 여기에서 유보와 △유보처분이 동시에 내려지므로 순효과는 0이 되어서 세무조정을 할 필요가 없을 것이라는 오해도 할 수 있다. 그러나 유보처분과 △유보처분이 내려지는 자산과 부채가 서로 다른 계정과목이고 유보가 해소되는 시점이 다르기 때문에 합치면 안 되고 별도로 세무조정해야 한다.

※ 재고자산에 내려진 44,000원의 유보처분은 재고자산 처분 시 그 비율만큼 손금으로 추인되며 미지급금에 내려진 44,000원의 △유보처분은 이에 대한 이자비용 계상 시마다 익금으로 상계된다. 첫해 80%의 재고자산이 처분되었으므로 남아있는 유보는 44,000원×20%＝8,800원이다. 동시에 첫 해 이자비용으로 20,000원이 계상되었으므로 남아있는 △유보는 △24,000원이다.

※ 예외적으로 장기할부매입의 경우에는 기업회계기준의 처리방법을 수용하지만 본 사례는 할부매입이 아니기 때문에 기업회계기준의 처리방법을 수용하지 않는다. 따라서 법인세법상 기말재고는 28,800원이 되어야 한다. 이 차이는 익금산입 조정하고 유보로 처분한다.

세무조정: 익금산입 재고자산 8,800원(유보)
손금산입 매입채무 24,000원(△유보)

※ 위와 같은 1차연도 세무조정 중 재고자산에 유보된 금액은 제2차연도에는 반대방향으로 추인된다. 따라서 제2차연도에는 동일한 금액을 △유보로 추인한다. 미지급금에 △유보된 금액은 미지급금에 대한 이자비용 계상 시에 익금산입 유보로 정리될 것이다.

2.2 표준원가

기말재고를 실제원가가 아닌 표준원가로 측정할 수 있다. 표준원가는 실제로 발생한 원가가 아닌 사전에 정해놓은 원가이다. 표준원가는 실제 발생한 원가가 집계되기도 전에 금방 분개할 수 있다는 점에서 편리하다는 점 외에도 실제원가와의 차이를 분석해서 재고관리의 책임소재를 밝히고 문제점을 추적할 수 있는 관리상 장점도 있다.

1) 기업회계기준

K-IFRS 제1002호(재고자산) 문단 21

표준원가법이나 소매재고법 등의 원가측정방법은 그러한 방법으로 평가한 결과가 실제원가와 유사한 경우에 편의상 사용할 수 있다. 표준원가는 정상적인 재료원가, 소모품원가, 노무원가 및 효율성과 생산능력 활용도를 반영한다. 표준원가는 정기적으로 검토하여야 하며 필요한 경우 현재 상황에 맞게 조정하여야 한다.

재고자산의 취득원가는 실제로 발생한 원가로 측정하는 것이 원칙이다. 그러나 실무적 효율성을 위해서 표준원가법이나 소매재고법 등을 이용할 수 있다. K-IFRS 제1002호 문단 21에서는 이런 표준원가나 소매재고법에서 결정된 원가가 실제원가와 유사하다는 전제조건하에서 이런 간편법을 이용할 수 있도록 허용하고 있다.

표준원가법은 사전에 단위당 제조원가를 정해놓고 이를 재고자산의 취득원가로 정하는 것이다. 이는 재고자산을 외부에서 구입하는 것이 아니라 제조생산하는 경우에 적합하다. 만일 사전에 정해놓은 제조원가와 실제원가가 차이가 난다면 차이분석을 통해 정상과 비정상으로 구분하여 관리할 수 있다. 표준원가법은 간편하다는 장점 외에도 이렇게 차이분석을 통해서 차이의 원인을 밝히고 개선점을 찾을 수 있다는 장점도 있다. 그러나 표준원가가 실제원가와 차이가 커지면 회사의 재무상태를 왜곡시킬 가능성도 있다. K-IFRS에는 명문화된 규정이 없지만 일반기업회계기준에서는 표준원가로 재고자산을 측정하는 경우 표준원가와 실제원가와의 차이 중 정상적 차이는 매출원가로 분류하며 비정상적 차이는 영업외비용으로 처리하도록 규정하고 있다.

2) 법인세법

법인세법에서 기업회계기준상 표준원가법을 허용할까? 여러분이 조금만 생각해보면 허용되지 않을 것이라고 쉽게 결론을 내릴 수 있을 것이다. 왜냐하면 표준원가법이란 경영자의 재량에 따라서 정해진 표준원가를 이용하는 방법이기 때문이다. 실제로 법인세법 시행령 제47조에서 열거하는 여러 평가방법 중 표준원가에 대한 언급은 없다.

따라서 만일 기업회계기준에서 표준원가로 측정한 재고자산과 법인세법상 실제원가로 측정된 재고자산 간 차이는 익금 혹은 손금산입되고 유보로 조정되며 차기에 곧바로 반대방향으로 추인 혹은 정리된다.[1)]

2.3 소매재고법

다양한 품종의 상품을 소비자에게 직접 판매하는 경우에는 기말재고의 원가보다는 판매가격을 구하는 것이 훨씬 쉽다. 판매가격에 이익률 혹은 원가율을 적용하면 원가를 역으로 추정할 수 있다. 이런 방법을 소매재고법이라고 한다.

---

1) 표준원가계산제도를 택하고 있는 경우에도 그 계산방법이 기업회계기준에 의한 것이고, 법인이 신고한 재고자산평가방법에 의하여 계산한 실제원가와의 차액을 당해 법인의 원가계산기간의 종료일에 재고자산 또는 매출원가에 적절하게 배부조정하는 경우에는 이를 적법한 처리로 본다(서이46012-10032, 2004. 1. 7.). 그러나 표준원가 적용 시 생긴 차이를 재고자산과 매출원가로 다시 배부한다면 이는 결과적으로 실제원가로 계산한 것과 마찬가지가 되는 것이므로 표준원가로 재고자산의 취득원가를 구한 것으로 볼 수는 없다.

1) 기업회계기준

K-IFRS 제1002호(재고자산) 문단 22
소매재고법은 이익률이 유사하고 품종변화가 심한 다품종 상품을 취급하는 유통업에서 실무적으로 다른 원가측정법을 사용할 수 없는 경우에 흔히 사용한다. 소매재고법에서 재고자산의 원가는 재고자산의 판매가격을 적절한 총이익률을 반영하여 환원하는 방법으로 결정한다. 이때 적용되는 이익률은 최초판매가격 이하로 가격이 인하된 재고자산을 고려하여 계산하는데, 일반적으로 판매부문별 평균이익률을 사용한다.

소매재고법은 재고자산의 취득원가가 아닌 판매가격을 파악한 후에 취득원가를 역으로 구하는 방법이다. 판매가격으로 취득원가를 알아내려면 매출총이익률을 알아야 한다. 예를 들어 매출총이익률이 20%인데 기말재고의 판매가가 10,000원이라면 판매가격에서 매출총이익이 차지하는 비율이 20%이므로 나머지 80%가 취득원가일 것으로 추정하여 재고자산을 8,000원으로 측정한다.

K-IFRS 제1002호 문단 22에서도 언급된 바와 같이 이러한 소매재고법은 다품종상품을 취급하는 유통업에 적합하다. 소매재고법이 가장 잘 어울리는 업종의 형태로 대형할인점을 떠올려보자. 엄청나게 다양한 상품이 있고 기말재고가 창고에 있기보다는 매장에 나와 있다. 그리고 끊임없이 새로운 상품이 입고되고 팔려 나간다. 이런 상황에서 차분하게 매장에 있는 상품의 취득원가를 일일이 파악하기보다는 간편하게 매장에 있는 상품들의 매가를 확인한 후 역산해서 취득원가를 추정하는 것이 보다 효율적일 것이다.

소매재고법에서의 저가법 적용

위 K-IFRS 제1002호 문단 22를 보면 이익률을 구할 때 최초판매가격 이하로 가격이 인하된 재고자산을 고려하라는 규정이 있다. 무슨 의미일까? 아래와 같은 예를 들어본다.

사례 4-1

갑회사의 판매가능 상품의 원가합계는 6,000원인데 이들 상품의 정상판매가격은 10,000원이고 정상원가율은 60%이다. 그런데 판매부진으로 제품판매가격을 일률적으로 20% 내렸다. 기말재고자산의 정상판매가격은 2,000원이며 인하된 판매가격은 1,600원이다.

위 사례에서 소매재고법을 적용하면 기말재고의 원가는 얼마로 측정되어야 하는가? 기말재고의 정상판매가격 2,000원에 정상원가율 60%를 곱하면 1,200원이다. 그런데 정상판매가에서 20% 할인하였으므로 기말재고의 할인된 판매가격은 1,600원이고 여기에 정상원가율 60%을 곱하면 960원이다. 둘 중 어느 것이 맞는가? 상식적으로 생각하면 1,200원이 되어야 할 것 같다. 왜냐하면 실제 취득원가가 1,200원이기 때문이다. 그런데 위 K-IFRS 제1002호 문단 22에 따르면 판매가격 이하로 인하된 재고자산을 고려하라고 하였으므로 재고자산은 960원으로 측정되어야 한다.

이상하게 생각될지 모르지만 K-IFRS 제1002호 문단 22는 저가법을 적용한다는 취지를 언급한 것이다. 원래 취득원가는 1,200원이지만 판매가격이 인하되었다는 것은 그만큼 재고자산의 실현가능가치가 손상된 것이라고 볼 수 있으므로 취득원가도 실제 원가에서 20%만큼 할인해서 측정한다는 의미인 것이다.

그렇다면 판매가격이 인상되는 경우에는 어떻게 할 것인가? 정상판매가격보다 가격을 인상하는 경우가 흔하지는 않겠지만 그래도 가끔씩 생길 수 있다. 앞선 (사례 4-1)에서 만일 제품가격을 20% 인상하였다고 하자. 이런 경우에는 기말재고의 인상된 판매가격이 2,400원이 될 것이다. 그렇지만 이때에는 인상된 판매가격이 아닌 정상판매가격에 60%를 곱한 1,200원으로 한다. 그래야 저가법의 취지에 맞는다.

2) 법인세법

법인세법 시행령 제74조에서는 재고자산의 평가방법을 열거하고 있는데 재고자산을 품종별로 당해 사업연도 종료일에 있어서 판매될 예정가격에서 판매예정차익금을 공제하여 산출한 취득가액을 그 자산의 평가액으로 하는 방법을 평가방법 중 하나로 예시하고 있다. 이는 기업회계기준에서 말하는 소매재고법과 동일한 방법이다. 따라서 소매재고법에 관해서는 기업회계기준과 법인세법 간 차이는 생기지 않는다.

3 단위원가 결정

재고자산 단위별로 취득원가가 다를 수 있다. 이렇게 재고자산 단위별로 취득원가가 다른 경우에 판매되고 난 후 재고자산의 단위당 원가는 어떻게 정해야 할까? 직관적으로는 일일이 남아있는 재고자산의 취득원가를 추적해서 구하는 것이 타당하게 보인다. 그러나 이렇게 하는 것은 번거롭기도 하지만 반드시 합리적이지도 않다. 따라서 재고자산의 취득원가를 일일이 추적하기보다는 일정한 원가흐름의 가정하에서 재고자산 단위원가를 정한다. 또한 재고자산은 저가법으로 평가해야 한다. 저가법평가는 기업회계기준에서는 선택의 여지가 없는 강제적인 규정이다. 그러나 법인세법에서는 저가법 평가는 선택사항이다.

3.1 원가흐름 가정

1) 기업회계기준

동일한 재고자산이라고 하더라도 취득원가는 시기별로 달라진다. 원재료 가격이 상승할 수 있고 인건비도 수시로 변할 수 있으며 새로운 기계가 들어와서 생산효율이 좋아져서 생산원가가 줄어들 수도 있다. 이렇게 취득원가가 서로 다른 재고자산 중 일부가 처분된다면 처분된 재고자산의 원가를 어떻게 정해야 할까?

개별법

K-IFRS 제1002호(재고자산) 문단 23
통상적으로 상호 교환될 수 없는 재고자산항목의 원가와 특정 프로젝트별로 생산되고 분리되는 재화 또는 용역의 원가는 개별법을 사용하여 결정한다.

예를 들어 취득원가를 제외하고 모든 것이 동일한 두 개의 상품이 있는데 하나는 100원에 취득한 것이고 다른 하나는 120원에 취득한 것이다. 고객에게 이 상품 중 하나를 판매하였다면 두 상품 중 어느 것을 팔았는지 확인한 후에 매출원가를 100원 아니면 120원으로 계상하는 것이 외관상으로는 가장 정확해 보인다. 이렇게 실제 판매된 재고자산의 취득원가를 일일이 추적해서 정확하게 계상하는 방법을 개별법이라고 부른다.

개별법이 외관상 가장 정확해 보이기는 하지만 과연 가장 좋은 방법이라고 할 수 있을까? 우선 개별법은 번거롭다. 위 예에서처럼 상품이 두 개만 존재한다면 문제가 없겠지만 취득원가가 매일매일 달라지는 상황에서 재고수량이 많아진다면 고객에게 판매할 때마다 재고의 취득원가를 찾아서 장부에 기록하는 일은 상당히 번거롭고 손이 많이 간다.

요즘처럼 바코드 시스템이 보급된 상황이라면 아무리 취득원가가 다양하다고 하더라도 고객에게 판매되는 상품의 취득원가를 개별적으로 추적하는 것이 불가능하지는 않다. 그러나 이렇게 개별 추적하는 방법은 경영자가 기업의 순이익을 재량적으로 결정할 수 있도록 한다는 또 다른 문제를 갖고 있다. 즉 동일한 상품이라면 고객은 취득원가가 얼마인지는 관심이 없을 것이므로 어느 것을 판다고 해도 문제는 없을 것이고 회사는 다양한 취득원가를 갖는 상품 중 임의로 어떤 것을 팔 것인지를 정할 수 있다. 만일 취득원가가 낮을 때 매입한 재고자산을 판매하면 당기순이익은 많아질 것이고, 반대로 취득원가가 높을 때 매입한 재고자산을 판매하면 당기순이익은 줄어들 것이다. 이런 식으로 경영자가 재량에 의해서 매출원가를 결정하면 그로 인하여 정해지는 당기순이익의 신뢰성이 낮아지는 문제점이 생긴다. 결론적으로 개별법은 조선업과 같이 주문을 받아서 생산하는 일부 업종에 한정하여 사용한다.

선입선출법과 가중평균법

K-IFRS 제1002호(재고자산) 문단 25

문단 23이 적용되지 않는 재고자산의 단위원가는 선입선출법이나 가중평균법을 사용하여 결정한다. 성격과 용도 면에서 유사한 재고자산에는 동일한 단위원가 결정방법을 적용하여야 하며, 성격이나 용도 면에서 차이가 있는 재고자산에는 서로 다른 단위원가 결정방법을 적용할 수 있다.

이렇게 재고자산의 흐름을 일일이 추적하는 개별법의 문제를 피하려면 재고자산의 원가흐름을 체계적으로 가정하여야 한다. K-IFRS 제1002호 문단 25에서는 선입선출법과 가중평균법이라는 두 방법만을 제안하고 있는데 우리나라의 일반기업회계기준에서는 후입선출법도 함께 제시하고 있다. K-IFRS에서 후입선출법을 배제한 것은 후입선출법은 재고자산의 자연스러운 흐름과 일치하지 않고 원가흐름 가정을 너무 다양하게 허용하면 이를 악용해서 이익조정을 할 수도 있다는 점을 감안했을 것으로 보인다.

원가흐름 가정은 재고자산의 흐름과 어느 정도 일치해야 한다. 그렇지만 선입선출법과 가중평균법 중 어느 방법이 합리적인지를 판단하는 것은 불가능하다. 따라서 재고자산평가방법의 최초 선택은 회계정책으로 본다. 회계정책으로 본다는 것은 이는 전적으로 경영자의 재량에 달려 있다는 의미이다. 다만 일단 선택한 이후에는 마음대로 바꿀 수 없다.

선입선출법 혹은 가중평균법과 같은 평가방법의 선택은 모든 재고자산에 대해서 일률적으로 적용하는 것은 아니며 재고자산의 종류별로 보다 합리적인 방법을 적용할 수 있다. 예를 들면 원재료에 대해서는 선입선출법, 완제품에 대해서는 가중평균법 등으로 분리해서 선택할 수 있다는 것이다.

2) 법인세법

우리나라 법인세법 시행령 제74조에서는 원가흐름의 가정으로 개별법, 선입선출법, 후입선출법, 총평균법과 이동평균법을 제시하고 있다. 법인세법 시행령상의 방법들은 열거 규정이므로 이 외의 방법은 선택할 수 없다. 법인세법상 총평균법과 이동평균법은 기업회계기준에서 말하고 있는 가중평균법과 동일한 것인데 다만 재고실사법을 적용하는지 아니면 계속기록법을 적용하는지에 따라서 달라질 뿐이다. 따라서 K-IFRS에서 후입선출법을 허용하지 않음에도 불구하고 법인세법에서 이를 허용한다는 점을 제외하고는 기업회계기준과 법인세법은 동일하다.

기업회계기준에서 적용하는 방법과 법인세법에서 적용하는 방법을 다르게 할 수 있을까? 예를 들어 회계상으로는 선입선출법을 이용하면서 법인세법상으로는 후입선출법으로 신고하는 것이 가능할까? 재고자산평가는 결산조정이라는 점에서 원칙적으로 불가능하다.

3.2 재고자산의 순실현가능가치 평가

원가흐름 가정을 이용하여 재고자산의 단위원가가 정해졌으면 다음으로는 순실현가능가치와 비교하여 평가해야 한다. K-IFRS에서는 모든 자산에 대해 손상차손 검사를 적용한다. 재고자산의 경우에도 마찬가지이다. 다만 다른 자산에 대해서는 회수가능액을 상한선으로 정하지만 재고자산은 처분가치에 중점을 둔 순실현가능가치를 상한선으로 한다는 점이 다를 뿐이다. 법인세법에서도 순실현가능가치를 상한선으로 정하는 저가법을 수용하고 있다. 다만 K-IFRS와는 달리 회사가 선택하여 신고할 수 있다.

1) 기업회계기준

K-IFRS 제1002호(재고자산) 문단 9
재고자산은 취득원가와 순실현가능가치 중 낮은 금액으로 측정한다.

순실현가능가치

자산평가에 대한 K-IFRS의 일관된 입장은 모든 자산은 그 자산으로부터의 회수가능액을 초과하여 계상할 수 없다는 것이다. 이는 재고자산도 예외가 될 수 없다. 다만 재고자산의 경우에는 회수가능액이라고 하지 않고 순실현가능가치라고 표현했다. 여러분은 제2장에서 회수가능액의 정의를 기억하는가? 회수가능액은 자산처분으로부터 기대할 수 있는 현금흐름과 그 자산을 사용함으로써 얻을 것이라고 기대하는 가치 중 큰 금액으로 정의된다. 그런데 재고자산은 사용으로부터 가치를 얻는 자산이 아니고 오직 처분을 목적으로 보유하는 자산이므로 회수가능액 중 사용가치는 고려할 필요가 없다. 따라서 재고자산의 경우에는 순실현가능가치라는 표현을 사용한 것이다.

이런 순실현가능가치는 공정가치와는 어떻게 다른가? 순실현가능가치는 통상적인 영업과정에서 재고자산의 판매를 통해 실현할 것으로 기대하는 순매각금액을 말한다. 공정가치는 측정일에 재고자산의 주된 (또는 가장 유리한) 시장에서 시장참여자 사이에 일어날 수 있는 그 재고자산을 판매하는 정상거래의 가격을 반영한다. 전자는 기업특유가치이지만, 후자는 그러하지 아니하다. 재고자산의 순실현가능가치는 순공정가치와 일치하지 않을 수도 있다(문단 7). 즉 공정가치는 정상적인 상황에서 거래되는 가격이고 순실현가능가치는 회사 입장에서 현 상황에서 기대할 수 있는 매각금액이다. 따라서 양자는 일치할 수도 있지만 아닐 수도 있다.

이렇게 재고자산을 취득원가와 순실현가능가치 중 적은 금액으로 표시하는 방법을 흔히 저가법이라고 한다. 현재 K-IFRS에서는 모든 자산은 회수가능액을 초과할 수 없도록 하였으므로 어떻게 생각하면 저가법이 일반적이라고 할 수 있다. 그러나 이는 저가법이라고 하기보다 자산평가의 상한선을 정한 것이다. 따라서 저가법이라는 표현은 마치 재고자산에 대해서만 적용되는 특별한 방법이라는 생각을 불러일으킨다는 점에서 다소 오해의 소지가 있다.

회계처리

재고자산의 순실현가능가치가 취득원가보다 낮아지면 재고자산의 장부가액을 순실현가능가치로 감액해야 한다. 예를 들어 기말재고자산의 취득원가는 100,000원인데 현재 순실현가능가치는 90,000원이라고 하자. 이러한 감액에 대한 회계처리는 다음과 같이 두 가지 방법이 있다.

직접법	차) 재고자산평가손실	10,000	대) 재고자산	10,000
간접법	차) 재고자산평가손실	10,000	대) 재고자산평가충당금	10,000

위 분개에서 직접법은 재고자산의 장부가액을 직접 감액하는 방법이고 간접법은 재고자산평가충당금이라는 평가용 계정을 만들어서 간접적으로 표시하는 방법이다. 어느 방법이든지 결과적으로 재고자산의 장부가액과 매출원가는 동일하다. K-IFRS와 일반기업회계기준에서는 특정한 방법을 제안하고 있지는 않다. 다만 간접법은 재고자산의 취득원가를 별도로 표시할 수 있다는 점에서 투자가들에게 보다 유용한 정보를 제공할 수 있는 장점이 있어서 많은 교재들에서는 간접법으로 표시하는 경우를 예를 들고 있다.

간접법에 따라서 재고자산평가충당금을 설정했으면 곧바로 다음 해에는 전액 환입하고 기말에 처음부터 다시 설정해야 한다. 그러나 번거로움을 피하려면 굳이 기초에 다시 환입할 필요 없이 기말에 설정해야 할 평가충당금을 전기말 설정된 평가충당금과 비교하여 차이만큼을 추가로 전입하든지 아니면 환입하면 된다.

감모손실

감모손실은 평가손실과 어떻게 다른가? 감모손실은 재고자산이 파손, 도난 등의 사유로 멸실되어 수량이 줄어든 것으로서 수량은 그대로이지만 단위당 가치가 하락한 평가손실과 구분된다. 예를 들어 기말재고가 장부상 100개가 있어야 하고 단위당 취득원가는 100원이라고 하자. 그렇다면 회계기말 재고자산의 장부가액은 100개×100원=10,000원일 것이다. 그런데 재고자산의 단위당 순실현가능가치가 90원이 되었다고 하면 기말재고자산은 100개×90원=9,000원이 될 것이고 원래 장부가액 10,000원에 비하여 1,000원의 재고자산평가손실이 생긴 것이다. 반면 재고자산의 단위당 순실현가능가치는 100원으로 취득원가와 같지만 기말재고실사결과 수량이 90개로 파악되었다면 기말재고자산은 90개×100원=9,000원이 되고 이는 1,000원의 감모손실이 생긴 것이다.

회계상 평가손실과 감모손실을 구분해야 하는 이유는 무엇일까? 손실이라는 점에서는 차이가 없지만 그 원인은 다르다. 평가손실은 외부적 요인에 의한 것이지만 감모손실은 내부적 요인에 의한 것일 가능성이 높다. 평가손실 1,000원이 생긴 것과 감모손실 1,000원이 생긴 것은 관리자 입장에서는 분명히 다른 것이다. 평가손실은 사실상 그 누구의 잘못도 아닌 외부환경의 변화에 기인한 것일 수 있지만 감모손실은 정상과 비정상을 구분하여 비정상적인 손실은 누군가 책임을 져야 하는 내부문제일 수 있다는 것이다. 비용의 분류도 이러한 취지에 맞추어 우리나라 일반기업회계기준에서는 평가손실 및 정상적인 감모손실은 매출원가로 분류하고 비정상적인 감모손실은 영업외비용으로 분류한다고 규정한다. 다만 K-IFRS에서는 비용분류에 대한 명확한 기준은 제시하지 않는다.

2) 법인세법

저가법

법인세법 시행령 제74조(재고자산의 평가)
재고자산의 평가는 다음에 해당하는 방법 중 법인이 납세지 관할세무서장에게 신고한 방법에 의한다.

1. 원가법: 취득가액을 그 자산의 평가액으로 하는 방법
2. 저가법: 원가법과 기업회계기준이 정하는 바에 따라 시가로 평가한 가액 중 낮은 편의 가액을 평가액으로 하는 방법

위 법인세법 규정을 보면 우리나라 법인세법에서도 재고자산의 순실현가능가치에 의한 저가법 평가를 허용하고 있음을 알 수 있다. 다만 기업회계기준에서는 저가법 적

용이 선택이 아닌 필수인 데 비하여 법인세법에서는 원가법과 저가법 중 선택하여 신고할 수 있다는 점이 다르다. 저가법 적용의 세부적인 사항은 기업회계기준이 정하는 바에 따른다고 했으므로 K-IFRS에 의한 저가법 평가를 제대로 실행하고 법인세법상 신고를 마쳤다면 법인세법에서도 인정된다.

감모손실

법인세법 제42조에서는 재고자산으로서 파손·부패 등의 사유로 정상가격으로 판매할 수 없는 것은 감액할 수 있다고 규정한다. 이는 저가법 적용에 따른 평가손실과 다른 사유로 생긴 감모손실도 손금산입을 허용하는 것이다. 다만 파손·부패·기타 사유로 인해 정상가격으로 판매할 수 없는 자산으로 입증할 수 있는 증거를 갖춘 경우에만 손금으로 인정될 수 있다는 점에 주의해야 한다.

3) 차이와 세무조정

법인세법상 재고자산에 대해 저가법을 신고한 경우 기업회계기준에 따른 평가손실을 세법에서 인정하므로 차이가 없다. 다만, 신고한 방법과 다르게 평가가 이루어진 경우에는 이를 조정하는 세무조정이 필요하다.

저가법을 신고하지 않은 상황에서 결산상 재고자산평가손실을 인식한 경우 파손·부패 등의 사유가 아니면 손금으로 인정하지 않으므로 손금불산입 유보로 처분한다. 한편, 파손·부패 등의 사유로 인한 재고자산 감모손실은 감액사유가 발생한 사업연도에 결산상 비용으로 계상한 경우 혹은 해당 재고자산이 정상적으로 판매된 경우에 손금으로 인정된다.

따라서 파손·부패 등으로 인한 재고자산 감모손실을 감액사유가 발생하지 않은 사업연도에 비용으로 인식한 경우 손금불산입 유보로 처분되고 실제 감액사유가 발생한 사업연도 혹은 재고자산이 처분된 다음 사업연도에 반대의 세무조정으로 추인된다. 이는 단순한 손금산입시기의 차이이므로 일시적 차이에 해당한다.[2)]

2) 세무조사에서 실제로 재고자산이 존재하지 않는데 감모에 대한 객관적 사유가 없는 것으로 밝혀졌다면 단순한 익금산입 유보처분되는 것에 그치지 않고 재고누락 또는 매출누락으로 간주하여 시가에 의한 매출액 상당액을 익금산입하고 대표자에 대한 상여로 처분될 수도 있다. 즉 실제로 재고자산을 판매하여놓고도 이를 고의로 숨겼다고 보는 것이다.

예제 4-3

다음은 도매업을 영위하는 ㈜서울의 재고자산의 수량, 취득원가와 순실현가능가치이다.

구분	제1차연도	제2차연도	제3차연도
장부상 수량	100개	120개	90개
실제 수량	90개	100개	80개
단위당 취득원가	100원	130원	90원
단위당 순실현가능가치	80원	100원	95원

| 물음 1 | K-IFRS에 따른 연도별 회계처리를 하시오.

| 물음 2 | 법인세법상 선입선출법과 저가법으로 신고하였으나 감모손실은 세법상 요건을 충족하지 않을 때 필요한 세무조정을 하시오. 기말재고자산의 취득원가는 선입선출법을 적용하여 결정하였다.

| 물음 3 | 감모손실은 세법상 요건을 충족하지만 법인세법상 원가법으로 선입선출법만을 신고했을 때 필요한 세무조정을 하시오. 기말재고자산의 취득원가는 선입선출법을 적용하여 결정하였다.

| 풀이 |

(물음 1)

※ 감모손실과 평가손실은 어느 것부터 구하는지에 따라서 금액이 달라질 수 있다. 만일 감모손실부터 구한다면 감모손실은 장부상 수량과 실제 수량 간 차이에 단위당 취득원가를 곱한다. 이렇게 구하고 나면 평가손실은 자연스럽게 단위당 취득원가와 단위당 순실현가능가치의 차이에 실제 수량을 곱해서 구한다. 제1차연도의 예를 들면 감모손실은 (100개−90개)×100원=1,000원이고 평가손실은 (100원−80원)×90개=1,800원이 된다.

※ 순서를 바꾸어서 평가손실부터 구한다면 제1차연도 평가손실은 (100원−80원)×100개=2,000원이 될 것이고 제1차연도 감모손실은 (100개−90개)×80원=800원이 된다. 어떤 식으로 계산하든지 틀린 것은 아니지만 감모손실을 보다 정확하게 파악한다는 의미에서 보면 평가손실을 구하고 감모손실을 구하는 것이 좋을 것이다.

※ 평가손실을 구하고 그 다음 감모손실을 구하면 연도별 평가손실과 감모손실은 다음과 같다.

구분	제1차연도	제2차연도	제3차연도
재고자산평가손실	2,000	3,600	−
재고자산감모손실	800	2,000	900

※ 연도별 회계처리

제1차연도	차) 재고자산평가손실	2,000	대) 재고자산평가충당금	2,000
	차) 재고자산감모손실	800	대) 재고자산	800
제2차연도	차) 재고자산평가손실	1,600	대) 재고자산평가충당금	1,600
	차) 재고자산감모손실	2,000	대) 재고자산	2,000
제3차연도	차) 재고자산평가충당금	3,600	대) 재고자산평가충당금환입	3,600
	차) 재고자산감모손실	900	대) 재고자산	900

(물음 2)

※ 감모손실에 대한 세무조정

제1차연도 재고자산 익금산입 800(유보)

제2차연도 재고자산 손금산입 800(△유보) 재고자산 익금산입 2,000(유보)

제3차연도 재고자산 손금산입 2,000(△유보) 재고자산 익금산입 900(유보)

(물음 3)

※ 평가손실에 대한 세무조정

제1차연도 재고자산평가충당금 익금산입 2,000(유보)

제2차연도 재고자산평가충당금 익금산입 1,600(유보)

제3차연도 재고자산평가충당금 손금산입 3,600(△유보)

※ 법인세법상 저가법 신고를 하지 않고 선입선출법만 신고하였는데 회계상으로는 저가법을 적용하였으므로 법인세법상 재고자산평가방법을 임의로 변경한 것이다. 법인세법에서는 재고자산평가방법을 임의로 변경한 경우에는 선입선출법과 당초 신고한 방법으로 평가한 금액 중 큰 금액으로 정한다고 하였다. 이 경우에는 당초 신고한 방법이 선입선출법이므로 법인세법과 결산상 취득원가는 동일하다.

※ 평가손실이 없다면 감모손실 금액도 달라질 것이다. 평가손실을 부인한 후 감모손실을 구하면 다음과 같다.

구분	제1차연도	제2차연도	제3차연도
재고자산감모손실(평가 후)	800	2,000	900
재고자산감모손실(평가 전)	1,000	2,600	900
차이	△200	△600	–

※ 감모손실은 결산조정이다. 따라서 위 차이만큼을 회사가 결산상 추가로 반영할 수 있지만 세무조정은 없다.

4 평가방법의 선택과 변경

지금까지 재고자산 장부금액을 정하는 여러 방법에 대해서 살펴보았다. 이런 방법들은 선택의 여지가 없는 강제사항도 있지만 재량적으로 선택할 수 있는 방법들도 있다. 회계기준에서는 재량적인 선택이 가능한 회계처리방법에 대해서는 계속성의 원칙을 적용하며 그 방법의 변경에 대해서는 상당한 합리적 사유가 있어야 한다. 법인세법에서는 재량적 선택을 허용하되 사전에 신고하도록 한다. 이번 절에서는 이러한 재고자산 평가방법의 선택과 변경에 대해서 알아보고 기업회계기준과 법인세법의 차이를 비교한다.

1) 기업회계기준

평가방법의 선택

K-IFRS 제1008호(회계정책, 회계추정의 변경 및 오류) 문단 13
한국채택국제회계기준에서 특정 범주별로 서로 다른 회계정책을 적용하도록 규정하거나 허용하는 경우를 제외하고는 유사한 거래, 기타 사건 및 상황에는 동일한 회계정책을 선택하여 일관성 있게 적용한다.

회사는 원가흐름의 가정으로 선입선출법과 가중평균법 중 하나를 선택할 수 있다. 앞서 언급한 대로 이런 원가흐름의 가정은 회사가 선택하는 회계정책이다. 이런 회계정책의 선택에 따라서 당기순이익은 직접적 영향을 받는데 경영자가 임의로 회계정책을 선택하고 수시로 변경한다면 당기순이익의 조작가능성이 높아진다. 따라서 기업회계기준에서는 계속성 원칙을 천명함으로써 일단 한번 선택한 회계정책은 정당한 사유없이 변경할 수 없도록 한다.

평가방법의 변경

K-IFRS 제1008호(회계정책, 회계추정의 변경 및 오류) 문단 14
기업은 다음 중 하나의 경우에 회계정책을 변경할 수 있다.
(1) 한국채택국제회계기준에서 회계정책의 변경을 요구하는 경우
(2) 회계정책의 변경을 반영한 재무제표가 거래, 기타사건 또는 상황이 재무상태, 재무성과 또는 현금흐름에 미치는 영향에 대하여 신뢰성 있고 더 목적적합한 정보를 제공하는 경우

한번 선택한 회계정책은 계속 적용하는 것이 원칙이겠지만 예외적으로 회계정책을 변경할 수도 있다. 이런 변경 사유 중에는 기업회계기준 자체가 변경되어 어쩔 수 없이 변경하여야만 하는 경우가 있다. 앞에서도 한 번 설명하였지만 과거 기업회계기준에서는 원가흐름의 가정으로 후입선출법도 허용되었지만 K-IFRS에서 이를 폐지하였다면 후입선출법을 적용하던 기업들은 어쩔 수 없이 다른 방법으로 변경할 수밖에 없다.

또한 기업이 처한 상황의 변동으로 인하여 보다 적합한 방법이라고 생각되는 경우에는 경영자의 판단으로 회계정책이 변경될 수도 있다. 예를 들어 선입선출법을 이용하던 회사와 가중평균법을 이용하던 회사가 서로 합병하여 하나의 회사가 되었다면 둘 중 어느 회사는 기존의 방법을 변경해야 할 것이다. 그러나 앞서 설명한 바와 같이 원가흐름의 가정을 변화시키는 것은 당기순이익의 중대한 변동을 초래할 수 있다. 따라서 실무적으로 경영자의 재량적 판단에 의하여 회계정책을 바꾸는 것은 거의 허용되지 않는다.

소급적용

K-IFRS 제1008호(회계정책, 회계추정의 변경 및 오류) 문단 19
회계정책의 변경은 다음과 같이 회계처리한다. …(중략)… 경과규정이 없는 한국채택국제회계기준을 최초 적용하는 경우에 발생하는 회계정책의 변경이나 자발적인 회계정책의 변경은 소급적용한다.

평가방법이 변경되면 이에 대한 효과는 소급처리하는 것이 원칙이다. 소급처리한다는 것은 마치 처음부터 변경된 회계정책을 적용했던 것처럼 과거의 재무제표를 소급하

여 수정하는 방법이다. 그러면 언제까지 소급해야 하는가? K-IFRS에서는 실무적으로 가능한 기간까지 소급해야 한다고 정한다. 그러나 재고자산에 관한 한 소급처리에 대해서 너무 걱정할 필요는 없다. 왜냐하면 재고자산의 수정은 자동으로 다음 해가 되면 상쇄되기 때문이다. 따라서 당기까지 영향을 미치는 것은 기초재고와 기말재고의 변경효과뿐이다.

예를 들어 재고자산평가방법 변경으로 인하여 기초재고자산이 당초 가액보다 100원이 증가된 것으로 수정되었다고 하자. 기초재고자산의 증가는 전년도 당기순이익, 즉 이익잉여금을 100원 증가시키지만 올해 매출원가를 100원 증가시킨다. 따라서 아래와 같이 분개한다.

차) 매출원가	100	대) 이익잉여금	100

그런데 혹시 올해 회계순환과정에서 장부가 마감되었다고 하자. 장부가 마감되었다는 것은 손익계정이 마감되어 이익잉여금으로 대체되었음을 의미하므로 위 분개에서 매출원가는 이익잉여금의 감소로 대체된다. 따라서 위 분개는 다음과 같이 수정된다.

차) 이익잉여금	100	대) 이익잉여금	100

결국 위 분개는 회사의 재무상태에 영향을 미치지 않는다. 이런 점 때문에 비록 과거로 소급한다고 하더라도 우리가 고려해야 할 것은 당기의 기초재고와 기말재고뿐이다.

2) 법인세법

평가방법의 신고

법인세법 시행령 제74조(재고자산의 평가)
재고자산의 평가는 법인이 납세지 관할세무서장에게 신고한 방법에 의한다.

위 조문을 보면 이미 살펴보았듯이 법인세법에서도 재고자산평가방법은 회사가 선택할 수 있음을 알 수 있다. 오히려 법인세법에서 주어진 선택의 폭은 K-IFRS보다 넓다. K-IFRS는 허용하지 않는 후입선출법을 선택할 수도 있으며 기업회계기준에서는 선택의 여지없이 강제로 저가법을 적용해야 하지만 법인세법에서는 저가법도 선택사항이다.

신고기한

법인세법 시행령 제74조(재고자산의 평가)
법인이 재고자산의 평가방법을 신고하고자 하는 때에는 신설법인은 설립일이 속한 사업연도의 과세표준 신고기한까지 그리고 신고를 한 법인으로서 그 평가방법을 변경하고자 하는 법인은 변경할 평가방법을 적용하고자 하는 사업연도의 종료일 이전 3월이 되는 날까지 신고한다.

물론 어떤 방법을 선택해야 하는가는 경영자의 판단이다. 그렇지만 법인세법에서는 사전에 신고할 것을 규정하고 있다. 위 조문을 보면 신설법인은 최초 사업연도 과세표준 신고기한 내에 신고하도록 한다. 그리고 일단 신고를 한 후에 변경을 하고자 한다면 그때에는 사업연도 종료 3개월 전까지 신고하도록 한다. 이와 같이 사업연도 종료 3개월 전까지 반드시 신고하도록 하는 이유는 법인세를 임의로 조정할 수 있는 시간을 주지 않겠다는 의미이다. 즉 회사가 올해 세금이 얼마 나올지를 추정해본 다음 재고자산 평가방법을 임의로 변경한다면 조세회피 목적으로 재고자산평가방법이 악용될 수 있다. 사업연도 종료 전 3개월이라면 올해 법인세를 미리 추정하기는 어려울 것이다.

무신고와 임의변경

법인세법 시행령 제74조(재고자산의 평가)
기한 내에 신고하지 않은 경우에는 선입선출법에 의하여 평가하는데 신고한 평가방법 외의 방법으로 평가하거나 기한 내 변경신고를 하지 않고 그 방법을 변경한 경우에는 신고한 평가방법에 의하여 평가한 가액이 선입선출법에 의하여 평가한 가액보다 큰 경우에는 신고한 평가방법에 의한다.

법인세법에서는 반드시 신고를 하도록 규정하고 있지만 신고를 하지 않은 경우에는 어떻게 되는가? 위 조문에서는 신고를 하지 않은 경우, 즉 무신고의 경우에는 선입선출법으로 평가한다고 규정한다. 따라서 신고를 하지 않고 평가를 했다면 선입선출법을 적용하여 평가한 금액으로 강제로 익금 혹은 손금으로 조정해야 한다.

그런데 신고를 했지만 신고한 방법을 적용하여 평가한 금액으로 평가되어 있지 않다면 어떻게 할까? 이는 변경신고를 하지 않고 다른 방법으로 변경한 경우와 동일하므로 임의변경에 해당한다. 임의변경의 경우에는 선입선출법과 당초 신고한 방법으로 평가한 금액 중 큰 금액으로 정한다. 임의변경 시에는 왜 무신고와 처리방법이 다를까?

이렇게 무신고와 임의변경의 처리방법이 다른 이유는 무신고에서와 같이 선입선출법을 강제할 경우 오히려 이를 악용하는 경우도 생길 수 있기 때문이다. 예를 들어 평균법으로 평가하던 회사에서 사업연도말 법인세를 추정해본 결과 선입선출법으로 변경하게 되면 법인세가 크게 감소할 수 있음을 알게 되었지만 이미 신고기한은 넘긴 상황이 되었다고 하자. 그런데 앞선 무신고 조항을 적용하게 된다면 이 회사는 고의적으로 평균법과 다른 금액으로 평가하고 무신고 조항을 적용받아 자동으로 선입선출법으로 변경한 효과를 누리게 될 것이다. 이런 상황을 피하고자 위 규정에서와 같이 무신고와 달리 적용되는 임의변경 조항을 둔 것이다. 다만 고의성 없이 단순한 착오에 의하여 평가금액이 신고한 평가방법을 적용한 금액과 달라졌다면 이는 임의변경으로 보지 않고 착오금액만을 수정한다.

3) 차이와 세무조정

기업회계기준에서는 재고자산평가방법의 이용에 따른 별다른 규정이 없지만 세법은 반드시 기한 내에 신고하고 신고한 방법에 의하여 평가하도록 한다. 다만 세법에 따라서 재고자산을 정확하게 평가하였다면 기업회계기준과 차이는 발생하지 않는다.

그러나 만일 기업회계기준과 별개로 재고자산평가방법을 신고하지 않거나 임의변경하여 결산상 재고자산금액이 세법상 금액보다 크다면 손금산입 △유보, 결산상 재고자산금액이 세법상 금액보다 작다면 익금산입 유보로 처분한다. 해당 재고자산의 유보 혹은 △유보는 그 다음 사업연도에 반대의 세무조정으로 익금산입하여 정리한다.

재고자산평가방법 변경이 K-IFRS에 따른 정당한 회계정책변경에 해당하고 동시에 법인세법상으로도 적법하게 신고하였다고 하더라도 세무조정이 필요할 수 있다. K-IFRS에 따르면 회계정책변경은 소급법으로 회계처리해야 하지만 법인세법은 소급법을 적용하지 않는다. 예를 들어 재고자산평가방법 변경으로 기초와 전기말재고자산이 100원씩 증가하였다고 하자. K-IFRS에 따르면 소급법을 적용하여 재고자산평가방법에 의한 기초재고자산 증가에 대해 다음과 같이 회계처리한다.

차) 매출원가	100	대) 이익잉여금	100

그러나 법인세법에서는 K-IFRS에서와 같이 소급법을 적용하지 않는다. 따라서 만일 위에서와 같이 K-IFRS에 따른 회계처리를 하였다면 매출원가 100원을 손금불산입하고 기타로 처분해야 한다. 기타로 처분하는 이유는 순자산의 차이도 아니고 사외유출도 없었기 때문이다. 즉 이익잉여금의 차이로 보기 때문이다.

예제 4-4

도매업을 영위하는 ㈜서울은 제1차연도에 설립되었는데 결산상 재고자산은 평균법으로 평가하며 재고실사법을 적용한다. 매입현황은 다음과 같다. ㈜서울은 저가법을 적용하지 않는다.

연도	매입일	수량	단가	금액
제1차연도	1월	100개	100원	10,000원
	7월	100개	120원	12,000원
제2차연도	3월	100개	130원	13,000원
	9월	100개	90원	9,000원

기말재고자산 수량은 제1차연도 100개이며 제2차연도 50개이다. 다음 상황에 따라서 제1차연도와 제2차연도 재고자산과 관련된 필요한 세무조정을 하시오.

(상황 1) 재고자산평가방법을 신고하지 않았다.
(상황 2) 재고자산평가방법을 제1차연도 12월에 평균법으로 신고하였다.
(상황 3) 재고자산평가방법을 후입선출법으로 신고하였다.

| 풀이 |

※ 회계와 세법에 따른 평가방법은 다음과 같다.

상황	제1차연도	제2차연도
상황 1	무신고, 선입선출법	무신고, 선입선출법
상황 2	평균법[a)]	평균법
상황 3	임의변경, 선입선출법과 후입선출법 중 큰 금액	임의 변경, 선입선출법과 후입선출법 중 큰 금액

a) 통상 사업연도 종료일 3개월 전까지 신고해야 하므로 12월에 신고한 경우에는 무신고가 될 것이다. 그러나 여기에서는 제1차연도가 설립연도이고 설립연도에는 예외적으로 사업연도 종료일까지 신고하면 세법상 적법하다. 따라서 평균법을 적용한다.

※ 각 평가방법에 따른 재고자산금액은 다음과 같다.

	제1차연도	제2차연도
평균법	100개×@110=11,000	50개×@110=5,500
선입선출법	100개×@120=12,000	50개×@90=4,500
후입선출법	100개×@100=10,000	50개×@100=5,000

※ 평가방법 적용 차이에 따른 기말재고자산의 회계-세무 차이는 다음과 같다.

	제1차연도			제2차연도		
	회계	세법	차이	회계	세법	차이
상황 1	11,000	12,000	1,000	5,500	4,500	(1,000)
상황 2	11,000	11,000	-	5,500	5,500	-
상황 3	11,000	12,000	1,000	5,500	5,000	(500)

※ 위에 따른 세무조정은 다음과 같다.

상황 1　제1차연도 익금 재고자산 1,000원(유보)
　　　　제2차연도 손금 재고자산 1,000원(△유보) 손금 재고자산 1,000원(△유보)
상황 2　제1차연도, 제2차연도 세무조정 없음
상황 3　제1차연도 익금 재고자산 1,000원(유보)
　　　　제2차연도 손금 재고자산 1,000원(△유보) 손금 재고자산 500원(△유보)

예제 4-5

㈜서울은 제1차연도에 설립되었고 그 해 100개의 상품을 단위당 100원에 구입하였으며 제2차연도에는 다시 100개의 상품을 단위당 130원에 구입하였다. 기말재고자산 수량은 제1차연도 20개이며 제2차연도는 50개이다. ㈜서울은 결산상 평균법과 저가법을 적용하여 기말재고자산을 평가한다. 순실현가능가치는 제1차연도 70원이며 제2차연도 80원이다. 다음 상황에 맞추어 필요한 세무조정을 하시오.

(상황 1) 재고자산평가방법을 신고하지 않았다.
(상황 2) 저가법을 제외하고 평균법만을 평가방법으로 신고하였다.
(상황 3) 제2차연도 4월 중 평균법과 저가법으로 신고하였다.

| 풀이 |

※ 저가법이란 기말에 원가와 순실현가치 중 적은 금액으로 평가하는 방법이며 만일 원가보다 평가금액이 낮은 경우에는 이를 재고자산평가손실로 인식하고 재고자산평가충당금이라는 재고자산의 평가계정을 설정한다.

※ 저가법을 적용하여 제1차연도와 제2차연도 기말재고자산을 평가하면 다음과 같다.

연도	재고수량	단가			금액
		원가	순실현가치	저가	
제1차연도	20개	100원	70원	70원	1,400원
제2차연도	50개	125원[a)]	80원	80원	4,000원

a) (기초재고 20개×100원+당기매입 100개×130원)/120개=125원

※ 저가법 적용에 따른 회계상 분개는 아래와 같다.

제1차연도	차) 매출원가	8,000	대) 매입	10,000
	상품(기말)	2,000		
	차) 재고자산평가손실	600	대) 재고자산평가충당금	600
제2차연도	차) 매출원가	8,750	대) 매입	13,000
	상품(기말)	6,250	상품(기초)	2,000
	차) 재고자산평가손실	1,650	대) 재고자산평가충당금	1,650

※ 세법에서도 저가법은 인정된다. 다만 세법에서는 저가법도 선입선출법 등과 마찬가지로 신고해야 하는 평가방법 중 하나이다. 따라서 납세자들은 저가법을 별도로 신고해야 하고 신고를 하지 않거나 임의로 변경한 경우에는 세법상 선입선출법 혹은 선입선출법과 신고한 방법 중 큰 금액으로 한다.

※ 각 상황에 따른 세법상 평가방법은 다음과 같다.

(상황 1) 무신고이므로 제1차연도와 제2차연도 모두 선입선출법으로 평가한다.

(상황 2) 신고한 방법과 평가한 방법이 다르게 적용된 경우로서 임의변경에 해당한다. 따라서 선입선출법과 회사가 신고한 방법 중 큰 금액으로 한다.

(상황 3) 제1차연도는 무신고이므로 선입선출법을 적용하고 제2차연도는 적법한 변경이므로 회계상 적용한 방법으로 한다.

※ 재고자산에 대한 회계-세무 차이와 그에 따른 세무조정은 아래와 같다.

상황	연도	장부(순액)	세법	차이	세무조정
상황 1	제1차	1,400	2,000	600	익금 재고자산평가 600(유보)
	제2차	4,000	6,500	2,500	손금 전기 재고자산평가 600(△유보) 익금 재고자산평가 2,500(유보)
상황 2	제1차	1,400	2,000	600	익금 재고자산평가 600(유보)
	제2차	4,000	6,500	2,500	손금 전기 재고자산평가 600(△유보) 익금 재고자산평가 2,500(유보)
상황 3	제1차	1,400	2,000	600	익금 재고자산평가 600(유보)
	제2차	4,000	4,000	-	손금 전기 재고자산평가 600(△유보)

요약하면 재고자산 평가방법의 선택과 변경에 대해서 K-IFRS에서는 저가법은 강제사항이므로 선택의 여지가 없고 선입신출법과 가중평균법은 회사가 재량적으로 선택한다. 다만 일단 선택한 방법은 계속적으로 사용해야 하며 예외적으로 정당한 사유가 존재하는 경우에는 변경이 가능하다. 법인세법에서는 저가법도 선택할 수 있으며 K-IFRS에서 인정하지 않는 후입선출법도 선택할 수 있다. 법인세법에서는 재고자산 평가방법을 사전에 신고한 후 선택해야 하며 변경도 동일한 절차를 거친다.

이번 장의 요약

1. 재고자산의 평가는 매출원가를 결정하며 당기순이익 혹은 사업연도소득에 직접 영향을 미친다.
2. 재고자산에 대한 기업회계기준과 법인세법의 차이는 유보로 조정되며 다음 해에 반대방향으로 조정된다.
3. 재고자산에 대한 장부기록방법에는 재고실사법과 계속기록법이 있는데 재고실사법은 보다 효율적인 방법이지만 관리목적상으로는 계속기록법이 장점을 갖는다.
4. 재고자산의 취득원가는 매입원가, 전환원가 그리고 기타원가로 구성되며 기업회계기준과 법인세법의 차이는 없다.
5. 기업회계기준에서는 재고자산의 취득원가에서 유의적인 금융요소를 분리해서 제외하지만 법인세법에서는 유의적인 금융요소를 별도로 구분하지 않는다.
6. 기업회계기준에서 재고자산은 실제원가, 표준원가, 소매재고법으로 측정하는데 법인세법에서는 표준원가를 제외하고 실제원가와 소매재고법은 수용한다.
7. 재고자산의 원가를 기말재고와 매출원가로 구분하기 위해서는 원가흐름의 가정이 필요한데 K-IFRS에서는 선입선출법과 가중평균법만을 선택할 수 있지만 법인세법에서는 후입선출법도 선택가능하다.
8. 기업회계기준에서는 재고자산을 취득원가와 순실현가능가치 중 적은 금액으로 표시하는 저가법을 반드시 채택해야 하지만 법인세법에서는 선택할 수 있다.
9. 저가법에서 재고자산의 취득원가에 비해 순실현가능가치가 하락하였다면 재고자산평가충당금을 설정하여 간접적으로 평가손실을 인식한다.
10. 기업회계기준에서는 재고자산 평가방법을 선택한 후 계속적으로 적용하여야 하며 정당한 사유 없이 변경할 수 없도록 하는 데 비해 법인세법에서는 최초 선택과 변경 시에는 사전에 신고하도록 규정하며 신고하지 않거나 임의로 변경하는 경우에는 강제로 신고조정한다.

CHAPTER

5

유형자산의 취득원가

이번 장의 차례

CHAPTER 5

유형자산의 취득원가

기업회계상 유형자산은 한 회계기간을 초과하여 사용하는 자산이다. 법인세법에서도 유형자산을 바라보는 관점은 유사하지만 편의상 소액의 자산 등에 대해서는 즉시 손금에 산입하는 것을 허용하거나 감가상각으로 의제하기도 한다(즉시상각의제).

유형자산의 취득원가는 매입가격뿐만 아니라 매입에 따른 세금 및 운반비와 같은 여러 가지 매입부대비용을 적절하게 고려하여 결정해야 한다는 점에서 기업회계기준과 법인세법은 동일하다. 다만 기업회계기준에서는 충당부채도 취득원가에 포함되며 대금에 포함된 유의적인(즉 중요한) 금융요소를 분리한다. 이에 비해 법인세법에서는 충당부채를 허용하지 않으며 유의적인 금융요소를 분리하지 않는다.

기업회계기준과 법인세법에서는 모두 유형자산을 취득하기 위하여 소요된 차입원가를 취득원가에 가산한다. 이렇게 취득원가에 가산되는 차입원가를 기업회계기준에서는 자본화차입원가 그리고 법인세법에서는 건설자금이자라고 부른다. 자본화차입원가와 건설자금이자에는 유형자산 취득과 직접 관련이 있는 특정차입금 이자 그리고 간접적인 관련성을 갖는 일반차입금 이자가 포함된다.

기업회계기준과 법인세법에서는 유형자산을 취득한 이후에도 취득원가에 가산하는 지출이 있을 수 있는데 이를 자본적 지출이라고 한다. 법인세법에서는 소액의 자본적 지출은 즉각 손금에 산입하는 것(즉시상각)을 허용하기도 한다.

#취득원가 #충당부채 #유의적인금융요소 #자본화차입원가와건설자금이자 #수익적지출과자본적지출 #즉시상각

1 유형자산의 정의와 인식

이번 절에서는 유형자산의 정의와 인식조건에 대해서 알아본다. 즉 유형자산은 어떤 자산이며 다른 자산과 어떻게 구분되는지 그리고 유형자산으로 장부에 기록되려면 어떤 조건을 갖추고 있어야 하는지를 알아본다.

1.1 유형자산의 정의

1) 기업회계기준

K-IFRS 제1016호(유형자산) 문단 6
유형자산이란 재화나 용역의 생산이나 제공, 타인에 대한 임대 또는 관리활동에 사용할 목적으로 보유하는 물리적 형태가 있는 자산으로서 한 회계기간을 초과하여 사용할 것이 예상되는 자산이다.

우선 유형자산은 통상적인 영업활동에 사용할 목적으로 보유하고 있는 자산이다. 통상적 영업활동이란 재화나 용역의 생산이나 제공 그리고 타인에 대한 임대 또는 관리활동을 의미한다. 이렇게 영업활동에 사용할 목적으로 보유하고 있다는 점에서 처분할 목적으로 보유하고 있는 재고자산과 구분된다. 또한 임대목적이라는 점에서는 투자부동산과 유사하지만 기계장치 등과 같이 부동산이 아닌 자산이라는 점에서 차별화된다. 그리고 유형자산은 물리적 형태가 있다는 점에서 무형자산과 구별된다.

유형자산은 장기간 보유하는 자산이다. 장기간이란 한 회계기간을 초과하는 기간을 말한다. 이런 점에서 유형자산은 단기간 보유하는 소모품 등과도 구분된다. 이렇게 장기간 사용하는 자산이므로 취득원가를 사용기간(내용연수) 동안 감가상각비로 배분해야 한다. 토지와 건물 등과 같은 유형자산은 취득한 이후에 공정가치가 변동하기 쉽기 때문에 재평가할 수도 있다. 각각의 이슈에 대해서 앞으로 알아볼 것이다.

동식물과 같은 자산은 어떻게 구분해야 하는가? 수확을 목적으로 보유하는 동식물은 생물자산으로 별도로 구분 표시한다. 그렇지만 관람용이나 경비용으로 보유하고 있는 동식물은 유형자산으로 구분한다. 예를 들어 과수원에서 보유하는 과일나무는 생물자산이다. 그렇지만 울타리 대신 심은 나무들은 유형자산이다. 동물원에 있는 사자, 호랑이 등은 수확을 목적으로 키우는 것이 아니므로 유형자산으로 분류해야 한다.

2) 법인세법

법인세법 시행령 제24조(감가상각자산의 범위)
"건물, 기계 및 장치, 특허권 등 유형자산 및 무형자산"이란 다음 각 호의 유형자산 및 무형자산을 말한다.
1. 다음 각 목의 어느 하나에 해당하는 유형자산
   가. 건물(부속설비를 포함한다) 및 구축물(이하 "건축물"이라 한다)
   나. 차량 및 운반구, 공구, 기구 및 비품
   다. 선박 및 항공기
   라. 기계 및 장치
   마. 동물 및 식물
   바. 그 밖에 가목부터 마목까지의 자산과 유사한 유형자산

법인세법에서는 유형자산에 대한 별도의 정의는 없다. 다만 위 법인세법 시행령에서 감가상각자산을 규정하면서 토지를 제외한 유형자산에 대한 유형분류를 하고 있다. 위 시행령 규정을 앞선 기업회계기준과 비교해보면 법인세법에서는 투자부동산이나 생물자산을 별도로 구분하지 않고 모두 유형자산의 범주에 포함시키고 있음을 알 수 있다.

1.2 유형자산의 인식

1) 기업회계기준

K-IFRS 제1016호(유형자산) 문단 7
유형자산으로 인식되기 위해서는 다음의 인식기준을 모두 충족하여야 한다.
(1) 자산으로부터 발생하는 미래 경제적 효익이 기업에 유입될 가능성이 높다.
(2) 자산의 원가를 신뢰성 있게 측정할 수 있다.

인식은 장부에 기록하는 것을 의미한다. 유형자산의 인식조건은 유형자산이라는 계정과목으로 장부에 기록되기 위하여 갖추어야 할 조건을 말한다. 유형자산의 인식기준은 미래 경제적 효익의 유입가능성 그리고 원가의 신뢰성 있는 측정이다. 이러한 인식기준은 모든 자산에 동일하게 적용되는 것으로 볼 수 있지만 재고자산이나 금융자산의 경우에는 인식조건을 명시적으로 부여하지 않는다. 이와 같이 유형자산(혹은 무형자산)의 경우에만 인식기준을 제시하고 있는 것은 유형자산의 특성상 재고자산이나 금융자산과는 달리 사용가치를 얻는 것이 주된 목적이기 때문이다. 사용가치는 처분가치보다 측정이 어렵고 사전에 예상하기 어렵기 때문에 경제적 효익의 유입가능성과 원가 측정의 신뢰성을 특별히 제시하고 있는 것이다.

당연한 말이지만 미래 경제적 효익을 가져다줄 것으로 기대할 수 없는 자산은 유형자산이 될 수 없다. 즉 고장 난 기계, 움직이지 않는 자동차 등은 유형자산이 아니다. 또한 원가를 신뢰성 있게 측정할 수 없다면 유형자산으로 보지 않는다. 신뢰성 있는 측정이 되기 위해서는 자산과 지출과의 인과관계를 확인할 수 있어야 한다. 만일 자산의 취득과 직접적으로 관련된 지출을 확인할 수 없다면 유형자산으로 인식할 수 없다.

2) 법인세법

법인세법에서는 유형자산의 인식에 대한 별도의 규정이 없다. 그렇지만 기업회계기준과 법인세법의 정신에 비추어본다면 양자의 차이는 없는 것으로 볼 수 있다. 다만 법인세법에서는 유형자산으로 분류해야 함에도 불구하고 소액이거나 관리목적상 유형자산으로 분류하기 어려운 과목의 경우에는 곧바로 비용으로 산입하는 것이 가능하도록 허용하는 규정을 두고 있다. 각각의 경우를 알아본다.

소액자산의 취득가액 불산입

법인세법 시행령 제31조(즉시상각의 의제)
다음을 제외하고 그 취득가액이 거래단위별로 100만원 이하인 감가상각자산에 대해서는 그 사업에 사용한 날이 속하는 사업연도의 손비로 계상한 것에 한정하여 손금에 산입한다.
1. 그 고유업무의 성질상 대량으로 보유하는 자산
2. 그 사업의 개시 또는 확장을 위하여 취득한 자산

성격은 유형자산에 해당하지만 금액이 적은 자산이라면 굳이 자산으로 계상해서 감가상각하는 대신 중요성 원칙에 따라서 곧바로 비용으로 처리할 수 있을 것이다. 이러한 취지를 가지고 법인세법에서는 소액자산의 경우에는 취득원가로 보지 않고 결산상 비용처리를 했다면 이를 손금에 산입하는 것을 허용한다(즉 결산조정에 의한 즉시 손금산입 허용). 법인세법에서 말하는 소액자산이란 거래단위별로 100만원이 안 되는 것을 말한다. 그렇다면 1천만원인 자동차를 구입하면서 타이어, 핸들, 엔진 등으로 일일이 100만원 미만으로 쪼개어서 구매하면 1천만원의 취득가액을 전부 손금으로 산입할 수 있을까? 그렇게 할 수는 없다. 왜냐하면 거래단위별로 100만원 이하라고 했기 때문이다. 즉 자동차는 하나의 거래단위로 구매하는 것이며 이것을 타이어, 핸들, 엔진 등으로 나누어 구매하는 것은 아니기 때문이다.

그런데 아무리 거래단위별 소액이어도 손금에 산입할 수 없는 자산도 있다. 위 규정에 보면 업무상 대량으로 보유하는 자산 그리고 사업의 개시 및 확장을 위해서 취득한 자산이다. 단순히 하나의 탁자를 생각해보자. 만일 회사에서 사무실에 탁자를 50만원에 구입하여 비치하였다면 이는 거래단위별로 100만원이 안 되므로 자산으로 보지 않고 곧바로 손금에 산입할 수 있다.

그런데 일반회사가 아닌 식당이라고 해보자. 식당에서 탁자는 업무 성격상 대량으로 보유하는 자산이다. 그럼에도 불구하고 거래단위별 소액이라고 해서 무조건 손금에 산입할 수 있다고 하면 식당에서 보유하고 있는 대부분의 자산들은 전부 곧바로 손금에 산입할 수 있다는 의미가 된다. 이러한 경우 때문에 업무 성격상 대량으로 보유하는 자산은 손금에 산입할 수 없고 자산으로 계상했다가 감가상각을 통해서 손금에 산입해야 한다. 이는 사업의 개시 및 확장에 들어간 자산의 경우도 마찬가지이다.

용도에 따른 취득가액 불산입

법인세법 시행령 제31조(즉시상각의 의제)

취득가액에도 불구하고 다음의 자산에 대해서는 이를 그 사업에 사용한 날이 속하는 사업연도의 손비로 계상한 것에 한정하여 손금에 산입한다.

1. 어업에 사용되는 어구(어선용구를 포함한다)
2. 영화필름, 공구, 가구, 전기기구, 가스기기, 가정용 기구・비품, 시계, 시험기기, 측정기기 및 간판
3. 대여사업용 비디오테이프 및 음악용 콤팩트디스크로서 개별자산의 취득가액이 30만원 미만인 것
4. 전화기(휴대용 전화기를 포함한다) 및 개인용 컴퓨터(그 주변기기 포함)

감가상각자산은 감가상각과정에서 지속적인 관리가 필요하다. 그런데 감가상각과정에서 지속적으로 관리하기가 어려운 자산들이 있다. 예를 들어 휴대전화는 가격도 100만원이 넘고 기간도 1년 이상 사용하므로 유형자산으로 등재하고 감가상각을 하는 것이 개념상으로는 맞겠지만 개인이 휴대하고 다니는 과정에서 자주 분실이나 파손이 일어나기 쉽다. 또한 회사 전체적으로 자산의 개수도 많다. 이런 점에서 휴대전화와 같은 자산은 유형자산으로 계상한 후 장부상 지속적으로 관리하면서 감가상각하는 것이 번거롭다. 이런 취지에서 휴대전화와 유사한 성격을 갖는 자산들을 일괄적으로 손금으로 계상할 수 있도록 허용하고 있다.

요약하면 유형자산은 장기간 영업활동에 사용할 목적으로 보유하고 있는 물리적 형태를 갖춘 자산이다. 이런 특성은 재고자산, 금융자산, 투자자산, 무형자산 등과 유형자산을 구분해준다. 또한 이런 특성으로 인하여 유형자산에 대해서는 별도의 인식조건이 부과된다. 즉 미래 경제적 효익의 유입가능성과 원가 측정의 신뢰성이 필요하다.

법인세법에서는 유형자산에 대한 별도의 인식조건을 규정하고 있지 않다. 그러나 소액의 자산이나 관리목적상 일일이 감가상각하기 어려운 자산을 결산상 비용으로 계상하였다면 법인세법에서도 유형자산으로 분류하지 않고 곧바로 손금에 산입하는 것을 허용한다.

2 취득원가

이번 절에서는 유형자산의 취득원가에 대해서 알아본다. 유형자산의 취득원가는 장부가액과 감가상각의 기초가 된다는 점에서 중요하다. 유형자산의 취득원가는 상식적으로 판단해서 취득원가에 당연히 포함되는 금액도 있지만 여러 가지 생각해보아야 할 문제들도 있다. 무상으로 취득하거나 다른 자산과 교환으로 취득하는 경우도 있을 수 있다. 또한 내용연수 종료 후 들어가는 복구비용과 취득원가에 포함된 금융요소를 처리하는 데 있어서 기업회계기준과 법인세법의 입장이 다를 수 있다.

2.1 원칙

1) 기업회계기준

K-IFRS 제1016호(유형자산)
인식하는 유형자산은 원가로 측정한다(문단 15). 유형자산의 원가는 관세 및 환급불가능한 취득 관련 세금을 가산하고 매입할인과 리베이트 등을 차감한 구입가격, 경영진이 의도하는 방식으로 자산을 가동하는 데 필요한 장소와 상태에 이르게 하는 데 직접 관련되는 원가, 자산을 해체, 제거하거나 부지를 복구하는 데 소요될 것으로 최초에 추정되는 원가로 구성된다(문단 16).

기업회계기준에서는 유형자산은 원가로 측정한다고 규정하고 있다. 원가로 측정한다는 것은 취득을 위해 지출된 금액을 취득원가로 한다는 의미이다. 이러한 취득원가에는 매입가격 외에도 관세나 취득세 등과 같은 세금, 설치비용이나 운송비와 같이 자산을 가동하는 데 직접 관련된 원가 등이 포함된다.

유형자산의 취득원가는 자산을 현재 장소, 현재 상태에 이를 수 있도록 기여한 직접비용이다. 직접비용이라 함은 해당 유형자산을 취득하지 않았더라면 발생하지 않았을 비용임과 동시에 그 비용을 부담하지 않았더라면 그 유형자산을 취득할 수 없었을 비용을 의미한다. 즉 유형자산의 취득과 인과관계가 명백한 비용이다.

예를 들어 기계장치의 운반비를 생각해보자. 운송비는 기계장치의 구입가격과는 무관하지만 기계장치를 구입하지 않았더라면 부담하지 않았을 비용임과 동시에 운송비를 부담하지 않았더라면 기계장치를 취득하여 사용하지 못하였을 것이다. 따라서 기계장치의 운송비는 취득원가에 포함되어야 한다.

반면에 기계장치 구입과 관련된 사무를 보았던 직원의 인건비를 생각해보자. 사무실 직원의 인건비는 비록 기계장치 구입과 일정부분 관련이 있을 것으로 보이지만 기계장치를 구입하지 않았더라도 그 직원에 대한 인건비는 지출되었을 것이며 그 직원이 아니더라도 기계장치를 취득할 수 있었을 것이다. 따라서 사무실 직원의 인건비는 기계장치 취득과 관련된 직접원가라기보다는 간접원가로 보아야 할 것이며 기계장치의 취득원가에서 배제되어야 한다.

2) 법인세법

법인세법 제41조(자산의 취득가액)
내국법인이 매입·제작·교환 및 증여 등에 의하여 취득한 자산의 취득가액은 타인으로부터 매입한 자산(단기금융자산 등 제외)은 매입가액에 부대비용을 가산한 금액, 자기가 제조·생산 또는 건설하거나 그 밖에 이에 준하는 방법에 의하여 취득한 자산은 제작원가에 부대비용을 가산한 금액 그리고 그 밖의 자산은 취득 당시의 시가로 한다.

법인세법에서는 취득원가에 대해서 유형자산만의 별도의 규정을 갖고 있지 않으며 모든 자산의 취득원가에 대한 일반적인 원칙을 규정하고 있다. 법인세법에서는 자산을 제3자로부터 매입한 경우와 자가제조한 경우로 구분하여 매입가액 혹은 제조원가에 부대비용을 가산한 금액으로 정한다고 규정한다. 여기에서 부대비용이란 취득과정에서 발생한 세금, 운임, 하역비, 보험료 등이다.

다만 주의해야 할 것은 제3자로부터 매입하거나 자가제조하지 않은 기타의 경우에는 취득 당시의 시가로 한다는 점이다. 여기에서 기타의 경우란 제3자가 아닌 특수관계자로부터 무상으로 취득하거나 아니면 현금이 아닌 현물로 매입하는 경우가 해당될 것이다.

취득원가에 포함되는 경우

> **법인세법 시행령 제72조(자산의 취득가액 등)**
> 취득가액에는 다음의 금액을 포함하는 것으로 한다.
> 1. …(중략)…
> 2. 건설자금이자로 손금에 산입하지 아니한 금액
> 3. 유형자산의 취득과 함께 국·공채를 매입하는 경우 기업회계기준에 따라 그 국·공채의 매입가액과 현재가치의 차액을 해당 유형자산의 취득가액으로 계상한 금액

법인세법 시행령에서는 취득가액에 특별하게 포함되어야 사항을 규정한다. 건설자금이자는 뒤에서 설명하게 될 자본화차입원가와 동일한 개념이므로 해당 절에서 설명하도록 한다.

특정한 유형자산의 경우에는 취득 시 법에 의하여 의무적으로 국공채 등을 매입해야 하는 경우가 있다. 자동차를 매입하는 경우가 대표적 사례이다. 자동차를 매입하면 종류별로 구입가격의 최대 20%까지 지방자치단체가 발행하는 채권을 의무적으로 매입하여야 한다. 이런 채권은 당연히 시중이자율보다 낮은 이자를 지급하는 채권이기 때문에 매입가액에 비하여 실제 가격, 즉 현재가치는 훨씬 낮을 수밖에 없다. 현재가치보다 높은 가격으로 어쩔 수 없이 매입한 채권의 매입가액과 현재가치와의 차액은 자동차 매입에 따른 부대비용으로 보아야 하기 때문에 취득원가에 포함시킨다. 이는 회계상으로도 그렇게 해야 할 것이다.

취득원가에서 제외하는 경우

> **법인세법 시행령 제72조(자산의 취득가액)**
> 취득가액에는 다음의 금액을 포함하지 않는 것으로 한다.
> 1. 자산을 장기할부조건 등으로 취득하는 경우 발생한 채무를 기업회계기준이 정하는 바에 따라 현재가치로 평가하여 현재가치할인차금으로 계상한 경우의 당해 현재가치할인차금
> 2. 연지급수입에 있어서 취득가액과 구분하여 지급이자로 계상한 금액
> 3. 부당행위계산부인으로 인한 시가초과액

위 법인세법 시행령에서는 취득원가에서 제외할 금액에 대해 규정한다. 자세한 내용

은 다음 절에서 다루기로 한다.

3) 차이와 세무조정

취득원가에 대한 기본적 관점은 세법과 기업회계기준이 서로 일치한다. 다만 기업회계기준에서는 복구충당부채와 같이 취득원가에 추정금액이 포함되지만 세법은 보수적이므로 복구충당부채와 같은 추정부채를 인정하지 않는다. 또한 금융비용 자본화와 같이 대금결제와 관련된 금융요소의 포함 여부에서 약간의 불일치가 발생할 수 있다.

결산상 취득원가로 계상하였으나 세법상 취득원가로 볼 수 없는 경우에는 손금산입 △유보처분하여 취득원가를 부인하고 감가상각 등 그 이후 비용계상을 부인하여 정리한다. 이와는 반대로 세법상 취득원가로 계상하여야 하나 결산상 비용으로 계상한 경우에는 자본적 지출을 수익적 지출로 구분한 것이므로 해당 금액을 취득원가에 가산한 후 감가상각한 것으로 본다(즉시상각의제).

예제 5-1

㈜서울은 차량을 10,000원에 취득하면서 액면가액 1,000원인 공채를 액면가액으로 취득하였다. 공채의 현재가치와 시가는 400원이다. 공채를 만기까지 보유하는 경우와 즉각 처분하는 경우로 구분하여 K-IFRS에 따른 회계처리를 하고, 이에 따른 세무조정을 하시오.

| 풀이 |

※ 예를 들어 자동차, 건물 등을 구입하면 지방자치단체가 발행하는 지방채(지역개발채권)를 명목가치로 의무적으로 매입해야 한다. 이런 지방채는 대체로 시중이자율보다 명목이자율이 낮을 것이므로 명목가치보다 현재가치가 낮다. 이런 명목가치와 현재가치와의 차이가 할인액이 되는데 할인을 감수하고 채권을 매입한 것은 자산을 취득하기 위한 것이므로 이는 매입부대비용과 성격이 같다. K-IFRS에서는 이에 대한 명문화된 규정은 없지만 취지를 생각하면 당연히 매입부대비용으로 보아서 취득원가에 산입해야 한다.

※ K-IFRS에는 명문화된 규정이 없지만 법인세법에서는 이렇게 의무적으로 구입하는 채권의 할인액을 취득원가에 산입하도록 하는 규정이 있다(법인세법 시행령 제72조). 따라서 회사가 기업회계기준에 따라서 올바르게 회계처리하였다면 세무조정은 필요 없을 것이다. 올바른 회계처리는 다음과 같다.

〈만기까지 보유하는 경우〉

차) 차량운반구	10,600	대) 현금	11,000
금융자산	400		

〈즉각 처분하는 경우〉

차) 차량운반구	10,600	대) 현금	10,600

※ 위 두 가지 경우 모두 세무조정은 없다.

2.2 시가와 매입가액이 다른 경우

자산을 시가와 다른 가액으로 매입하게 되면 취득원가는 어떻게 계상해야 하는가? 기업회계에서는 취득 시 자산의 가액은 원가로 정한다고 밝히고 있으며 법인세법은 해당 거래가 부당행위인지 아닌지에 따라서 처리방법이 다르다. 각각에 대해서 알아본다.

1) 기업회계기준

앞서 보았듯이 K-IFRS에서는 유형자산은 원가로 측정한다고 명백히 정하고 있다. 원가란 취득을 위해 소요된 지출을 의미하는 것이므로 매입가액이 공정가치(즉 시가)와 차이가 난다고 하더라도 매입가액이 취득원가가 된다. 유형자산의 경우에는 활성화된 시장이 존재하지 않는 경우가 많으므로 신뢰할만한 공정가치를 구하기 어렵고 운송비나 세금과 같이 매입하는 측의 상황에 따라서 원가가 달라질 수 있다. 이런 점을 고려해서 K-IFRS에서는 유형자산의 공정가치보다는 원가를 더욱 신뢰하는 것으로 보인다. 다만 공정가치보다 높은 가액으로 매입하였다면 기말 회수가능액이 장부가액보다 낮아지므로 손상차손이 계상되고 결국 자산의 장부가액은 공정가치로 표시될 것이다. 또한 회사가 재평가모형을 선택하게 되면 기말에 유형자산을 재평가하여 공정가치로 표시할 수 있다.[1)]

1) 유형자산의 재평가에 대해서는 제7장에서 설명한다.

2) 법인세법

매입가액이 시가와 차이가 나는 경우, 법인세법에서는 해당 거래가 부당행위인지 아닌지에 따라서 처리방법이 달라진다. 각각의 처리방법을 알아보자.

사례 5-1

갑회사가 관계회사인 을로부터 시가 10억원인 유형자산을 15억원에 매입하였다.

부당행위로 인한 시가초과

앞선 법인세법 시행령 제72조를 보면 법인세법에서는 부당행위계산부인으로 인한 시가초과액은 취득가액에 포함하지 않는다. 이는 특수관계자로부터 시가보다 높은 가액으로 자산을 매입한 경우를 말한다. 이 경우 시가초과액은 취득가액에 포함되지 않는다고 하였으므로 법인세법상 취득가액은 시가가 된다. 위의 (사례 5-1)을 보면 부당행위로 인한 시가초과액은 5억원이며 이 금액은 취득가액에 포함하지 않기 때문에 결국 법인세법상 취득가액은 시가인 10억원이 된다.

그렇다면 시가초과액이 아닌 시가미달액은 어떻게 처리될 것인가? 예를 들어 (사례 5-1)에서 매입가액이 15억원이 아닌 9억원이나 8억원인 저가매입의 경우이다. 법인세법에서는 시가보다 낮은 가액으로 취득한 경우에는 부당행위계산부인 규정을 원칙적으로 적용하지 않는다. 두 가지 이유인데 하나는 시가보다 낮은 가격으로 판매한 거래상대방에게 부당행위계산부인 규정을 적용하여 과세할 수 있기 때문이고 다른 하나는 어차피 해당 자산을 미래에 처분하면 추가로 과세될 것이기 때문이다.[2] 따라서 저가매입의 경우는 시가와 무관하게 매입가액이 취득가액이 된다. 다만 이때 관계회사인 을회사는 저가로 양도하였기 때문에 부당행위계산부인 규정을 적용받아서 해당 금액만큼이 익금에 산입된다.

2) 특수관계자인 개인으로부터 유가증권을 저가로 매입한 경우는 예외이다. 이 경우에는 익금에 산입한다. 이에 대해서는 제8장에서 다시 설명한다.

정상가액 초과금액에 대한 기부금 의제

> **법인세법 시행령 제35조(기부금의 범위)**
> 특수관계인 외의 자에게 정당한 사유 없이 자산을 정상가액보다 낮은 가액으로 양도하거나 특수관계인 외의 자로부터 정상가액보다 높은 가액으로 매입하는 경우 그 차액은 기부금으로 본다. 여기에서 정상가액은 시가에 시가의 100분의 30을 더하거나 뺀 범위의 가액으로 한다.

특수관계자가 아닌 자로부터 시가를 초과하여 매입한 금액은 어떻게 될까? 매입한 상대방이 특수관계자가 아니므로 부당행위계산부인 규정을 적용하지 않는다. 그렇다면 시가를 초과했더라도 그대로 취득원가로 인정되는 것인가? 그것은 아니다. 위 시행령을 보면 부당행위는 아니지만 정상가액 초과액은 기부금으로 본다는 것을 알 수 있다. 이때 정상가액은 시가의 30%를 가감한 금액이다. 즉 정상가액 초과액은 취득원가에서 부인하고 이를 매입한 상대방에게 기부한 것으로 보는 것이다.

앞선 (사례 5-1)에서 갑회사가 유형자산을 매입한 상대방인 을회사가 관계회사가 아니라고 하자. 시가의 30%를 더한 13억원이 정상가액인데 매입가액이 15억원이므로 정상가액을 2억원 초과하여 매입하였다. 이런 경우 2억원은 기부금으로 의제되므로 취득원가에서 제외된다. 따라서 법인세법상 취득가액은 정상가액인 13억원이다.

그렇다면 특수관계가 없는 제3자로부터 정상가액에 미달하여 매입한 경우는 어떻게 될까? 위 법인세법 시행령 제35조는 고가매입 혹은 저가양도의 경우에만 해당된다. 따라서 이 경우에는 매입가액이 취득가액이 된다. (사례 5-1)에서 만일 매입가액이 5억원이라면 시가보다 5억원이 낮은 것이고 정상가액 7억원에 비해서도 2억원이 낮은 가액으로 매입한 것이지만 취득가액은 매입가액 그대로 5억원이 된다. 다만 거래상대방인 을회사는 정상가액에 미달하는 2억원을 기부금으로 의제해야 한다.

이상의 경우를 요약하면 〈그림 5-1〉과 같다. 〈그림 5-1〉을 보면 우선 매입가액과 시가를 비교해서 고가매입인지 아니면 저가매입인지를 판단한다. 저가매입이라면 취득가액은 매입가액이 된다. 고가매입이라면 매입상대방이 특수관계자인지 여부를 다시 판단해야 한다. 매입상대방이 특수관계자라면 시가 초과액만큼을 취득가액에서 제외하므로 취득가액은 시가가 된다. 매입상대방이 특수관계자가 아니라면 시가가 아닌 정상가액과 비교한다. 시가에 비해서는 고가매입이지만 정상가액보다 낮은 가액이라면 취

그림 5-1 시가와 매입가액이 다른 경우의 법인세법상 취득가액

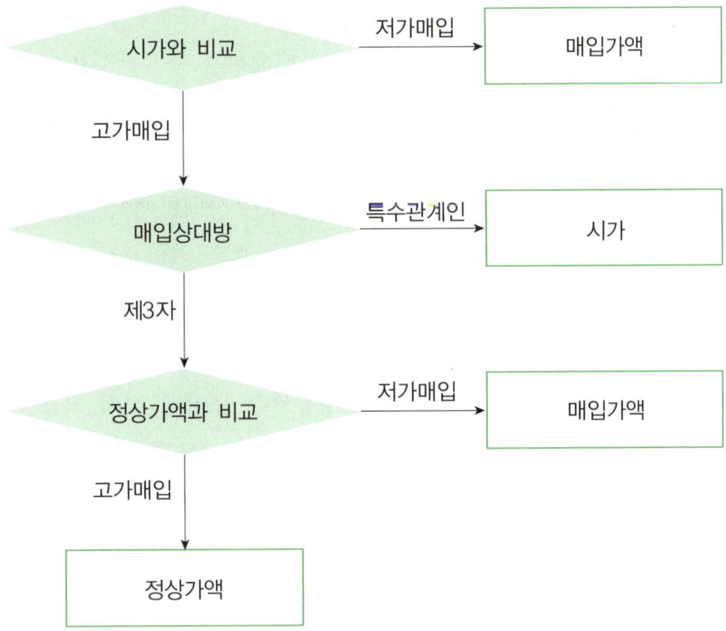

득가액은 그대로 매입가액이 되지만 만일 정상가액보다도 높은 가액으로 매입한 것이라면 정상가액이 법인세법상 취득가액이다.

3) 차이와 세무조정

〈그림 5-1〉을 보면 유형자산의 법인세법상 취득가액은 매입가액, 시가 혹은 정상가액으로 표시된다. 그러나 K-IFRS에 의하면 취득가액은 매입가액이다. 따라서 기업회계기준과 법인세법상 공히 모두 매입가액이 취득가액이 되는 경우에는 세무조정은 필요 없다. 다만 법인세법상 매입가액이 시가 혹은 정상가액이 되는 경우에는 그 차이에 대한 세무조정이 필요하다.

〈그림 5-1〉에 의하면 법인세법상 매입가액이 부인되고 시가 혹은 정상가액이 취득가액이 되는 경우는 모두 매입가액이 시가 혹은 정상가액을 초과하는 고가매입의 경우이다. 그렇다면 이 차이만큼 손금산입 △유보로 처분된다. 이렇게 △유보처분된 금액은 일시적 차이이므로 해당 자산의 내용연수에 걸쳐서 반대방향으로 익금산입 유보처분되어 정리된다.[3)]

그런데 법인세법상 취득가액이 매입가액이 아닌 시가 혹은 정상가액이 되는 경우에는 단순히 취득가액에 대한 세무조정만으로 세무조정이 끝나지 않는다. 앞선 법인세법 규정에 의하면 부당행위로 간주된 시가초과액에 대해서는 특수관계자가 누구인가에 따라서 익금산입 후 배당, 상여, 기타소득이나 기타사외유출 등으로 처분이 내려져야 한다. 또한 상대방이 법인세법상 기부금을 받는 것이 허용되지 않는 단체라면 기부금으로 간주되는 정상가액 초과 매입금액은 익금산입하고 상대방에게 소득세가 부과될 수 있도록 적절한 소득처분을 내려야 한다(배당, 상여 혹은 기타소득 등).

앞선 (사례 5-1)을 보자. 법인세법상 취득가액은 시가인 10억원이고 결산상 취득원가는 매입가액인 15억원이므로 양자 차이 5억원만큼 손금에 산입하여 △유보로 처분한다. 이 금액은 일시적 차이로서 유형자산의 내용연수 동안에 걸쳐 익금산입되거나 아니면 처분시점에서 익금산입되어 정리된다. 그러나 세무조정은 아직 끝나지 않았다. 시가초과액 5억원은 특수관계자인 매입상대방에게 이익을 제공한 것으로 간주되므로 익금에 산입한다. 소득처분은 거래상대방의 지위에 따라서 달라진다. 사례에서와 같이 관계회사라면 기타사외유출 처분을 내리지만 개인이면서 주주라면 배당, 임원이라면 상여로 처분된다.

앞선 (사례 5-1)에서 매입상대방이 특수관계자가 아닌 제3자라면 정상가액 초과 매입금액은 기부금으로 의제된다. 기부금으로 의제되었을 때 그 상대방이 사회복지법인과 같은 기부금을 받을 수 있는 공익법인이라면 별도의 세무조정은 필요 없다. 그러나 매입상대방이 법인세법상 기부금을 받을 수 없는 단체라면 익금에 산입하고 상대방의 지위에 따라 소득처분을 내려야 한다.

예제 5-2

㈜서울은 제1차연도 공정가치가 10,000원인 토지를 20,000원에 현금으로 구입하였다. ㈜서울은 제2차연도 토지를 10,000원에 처분하고 처분손실로 10,000원을 인식하였다. 아래 상황별로 연도별 세무조정을 하시오.

(상황 1) 대주주로부터 구입한 경우
(상황 2) 특수관계가 없는 사회복지법인으로부터 구입한 경우

---

3) 예를 들어 감가상각자산이라면 결산상 계상되는 감가상각비율만큼 익금산입 유보로 처분되면서 정리된다. 토지와 같이 감가상각되지 않는 자산이라면 처분 시 한꺼번에 익금산입 유보로 정리된다. 이에 대해서는 제6장에서 상세하게 설명한다.

| 풀이 |

※ 회계상 유형자산의 취득원가는 지급한 대가로 측정한다. 여기에는 거래상대방과의 공정한 거래를 했음을 이미 전제한 것이다. 따라서 문제에서 주어진 공정가치에 현혹될 필요 없이 지급한 대가인 20,000원을 토지의 취득원가로 계상한다. 따라서 상황 1과 상황 2 모두 분개는 다음과 같다.

제1차연도	차) 토지	20,000	대) 현금	20,000
제2차연도	차) 현금	10,000	대) 토지	20,000
	토지처분손실	10,000		

(상황 1)

※ 회계상 공정가치는 법인세법상 시가와 같은 개념이다. 따라서 위 상황은 시가보다 높은 가액으로 매입한 고가매입이다. 또한 매입상대방이 특수관계자인 대주주이므로 시가초과액을 부인하여 손금산입함과 동시에 부당행위에 따른 익금을 산입한다. 이때 상대방이 대주주이므로 소득처분은 배당이다.

※ 재무상태표상 회계-세무 차이는 다음과 같다.

	제1차연도			제2차연도		
	장부	세법	차이	장부	세법	차이
토지	20,000	10,000	(10,000)		–	–
이익잉여금(사외유출)	–	10,000	10,000	–	10,000	10,000

※ 토지에 손금산입 △유보처분된 금액은 처분시점에서 익금산입된다. 이에 따른 세무조정은 아래와 같다.

제1차연도	손금산입	토지	10,000원(△유보)
	익금산입	부당행위계산부인	10,000원(배당)
제2차연도	익금산입	토지	10,000원(유보)

※ 이러한 세무조정을 분개로 표시하면 아래와 같다.

제1차연도	차) 손금가산	10,000	대) 토지	10,000
	이익잉여금(유출)	10,000	익금가산	10,000
제2차연도	차) 토지	10,000	대) 익금가산	10,000

(상황 2)

※ 고가매입이지만 매입상대방이 특수관계자가 아니므로 법인세법상 정상가액 초과 여부를 판단해야 한다. 법인세법상 정상가액은 13,000원이므로 정상가액을 7,000원 초과하

였다. 따라서 7,000원을 손금산입하고 △유보로 처분한 후 처분시점에서 익금산입한다. 그리고 7,000원을 기부금으로 의제하는데 매입상대방이 기부금을 받을 수 있는 공익법인이므로 추가적인 세무조정은 없다. 다만 지정기부금 한도를 초과하지 않았는지는 추후에 판단해야 한다.

※ 회계-세무 차이는 아래와 같다.

	제1차연도			제2차연도		
	장부	세법	차이	장부	세법	차이
토지	20,000	13,000	(7,000)	–	–	–
이익잉여금(사외유출)	–	7,000	7,000	–	7,000	7,000

※ 세무조정은 아래와 같다. 만일 매입상대방이 기부금을 받을 수 없는 임의단체라면 제1차연도에 정상가액 초과금액 7,000원을 익금에 산입해야 한다.

제1차연도 손금산입 토지 7,000원(△유보)
제2차연도 익금산입 토지 7,000원(유보)

※ 위의 세무조정을 분개로 표시하면 아래와 같다.

제1차연도	차) 손금가산	7,000	대) 토지	7,000
제2차연도	차) 토지	7,000	대) 익금가산	7,000

2.3 무상으로 취득한 경우

앞선 절에서는 저가매입의 경우에는 회계와 법인세법에서 모두 매입가액을 취득가액으로 본다고 설명하였다. 시가보다 낮은 가액으로 매입하는 경우의 극단적 형태는 무상으로 취득하는 경우이다. 앞선 절의 설명을 곧이곧대로 따라가면 무상으로 취득한 경우 매입가액이 0원이므로 취득가액도 0원이 되는 아주 이상한 상황이 벌어진다. 이렇게 되더라도 취득가액은 0임을 고수해야 하는가? 이번 절에서는 이에 대해서 알아본다.

1) 기업회계기준

영리기업이 가치가 있는 자산을 무상으로 취득할 수 있을까? 상식적으로 이런 일이 생길 것이라고 보지는 않지만 그렇다고 전혀 일어나지 말라는 법도 없다. 예를 들어 거래처가 회사와 유리한 조건으로 다른 계약을 맺기 위해서 자산을 증여할 수도 있으며 회사의 소유주인 대주주가 회사의 영업활동에 도움을 주기 위해서 아니면 결손을 보전할 목적으로 자산을 증여할 수도 있다. 혹시라도 자산을 무상으로 취득하게 된다면 취득원가 개념하에서는 다소 난처한 상황이 벌어진다.

앞선 K-IFRS에서는 자산의 취득원가는 취득에 소요된 원가로 한다고 명백히게 규정하고 있다. 이런 규정을 따르면 무상으로 취득했으므로 취득원가는 0원이다. 그러면 분명히 가치가 있는 자산임에도 불구하고 재무상태표에 자산의 장부가액이 0원으로 표시되는 모순이 생긴다. 이런 모순에 빠지지 않기 위해서 취득원가를 취득 당시의 공정가치로 계상한다면 K-IFRS 규정을 정면으로 위배하게 된다. 결국 이러지도 못하고 저러지도 못하는 진퇴양난에 빠지게 되는 것이다. 약간의 지혜를 발휘해서 일단 취득원가를 '0'원으로 계상한 다음 재평가모형을 적용해서 공정가치를 장부가액으로 계상하는 방안도 생각해볼 수 있지만 이것도 재평가모형을 적용했을 때 한해서 적용할 수 있는 일종의 편법에 불과하다.

비록 K-IFRS에는 명확한 규정이 없지만 우리나라 일반기업회계기준에서는 유형자산은 최초에는 취득원가로 측정하며, 현물출자, 증여, 기타 무상으로 취득한 자산은 공정가치를 취득원가로 한다고 규정하고 있다. 따라서 K-IFRS를 적용받지 않는 비상장기업 등은 무상으로 취득한 자산에 대해서는 공정가치를 취득원가로 하고 자산수증익을 계상하여야 한다. 그렇지만 무상이 아니라 시가보다 훨씬 낮은 가액으로 약간의 대가만 지급하고 사실상 자산을 증여받은 경우라면 어떻게 해야 할지에 대한 규정은 여전히 찾아볼 수 없다.

2) 법인세법과 세무조정

법인세법 제41조(자산의 취득가액)
내국법인이 …(중략)… 증여 등에 의하여 취득한 자산의 취득가액은 …(중략)… 그 밖의 자산은 취득 당시의 시가로 한다.

기업회계기준과 달리 법인세법에서의 입장은 명쾌하다. 위 법인세법 규정을 보면 증여로 취득한 자산의 취득가액은 취득 당시의 시가로 한다고 명확하게 규정하고 있다.

그리고 이로 인한 자산수증익은 익금에 산입하지만 결손보전에 사용된 금액은 익금에서 제외한다.

따라서 만일 무상으로 취득한 자산에 대해서 결산상 취득원가를 0으로 계상하였다면 시가와의 차이만큼은 익금산입하여 유보로 처분해야 한다. 혹시 부당행위계산부인 규정이 적용되는지 궁금한가? 혹시 법인세법상 무상취득이 부당행위로 간주되더라도 무상으로 취득한 경우에는 이익을 제공받은 것이고 여기에는 법인세가 당연히 과세될 것이므로 별도로 부당행위계산부인 규정을 적용하지 않는다.

예제 5-3

㈜서울은 제1차연도 공정가치가 10,000원인 토지를 무상으로 취득하고 취득가액을 0으로 계상하였다. ㈜서울은 제2차연도 토지를 10,000원에 처분하고 처분이익으로 10,000원을 인식하였다. 이에 대한 세무조정을 하시오.

| 풀이 |

※ ㈜서울은 토지의 취득대가로 지급한 금액이 없으므로 토지의 취득원가를 0으로 계상하고 처분이익을 계상한 것이다. 분개는 다음과 같다. 이런 회계처리는 명백하게 가치가 있는 토지가 재무상태표에 나타나지 않는다는 문제점이 있다.

(결산상 분개)

제1차연도	분개 없음(비망기록으로 토지원가를 0으로 계상)			
제2차연도	차) 현금	10,000	대) 토지처분이익	10,000

※ K-IFRS가 아닌 일반기업회계기준에서는 공정가치를 취득원가로 하고 자산수증이익을 계상하도록 한다. 이를 분개로 나타내면 다음과 같다. 그러나 이 방법은 유형자산의 취득원가는 지급한 대가로 한다는 원칙에 대한 명백한 위배가 된다.

(기업회계기준에 따른 분개: 자산수증익)

제1차연도	차) 토지	10,000	대) 자산수증익	10,000
제2차연도	차) 현금	10,000	대) 토지	10,000

※ 위와 같은 회계처리에 대한 대안으로는 무상으로 취득한 토지의 취득원가를 일단 0원으로 계상하고 난 후 기말에 재평가하여 공정가치로 계상하는 것이다. 이에 대한 분개는 다음과 같다. 그런데 이 방법은 만일 회사가 재평가모형이 아닌 원가모형을 채택하고 있는 경우에는 적용할 수 없다는 문제점이 있다.

(기업회계기준에 따른 분개: 재평가)

제1차연도	차) 토지	10,000	대) 재평가잉여금	10,000
제2차연도	차) 현금	10,000	대) 토지	10,000

※ K-IFRS에는 이에 대한 명확한 지침이 없다. 아마도 이런 상황이 일어나지 않을 것으로 전제하는 것으로 보인다. 그러나 향후 기업에서 일어날 수 있는 다양한 상황을 전제한다면 명확한 지침이 확립되어야 할 것이다.

※ 명확한 지침이 없는 K-IFRS와는 달리 세법에서는 명확하게 무상으로 취득한 자산은 공정가치로 계상하면서 자산수증익을 계상하도록 규정하고 있다. 그러나 사실상 무상과 다름없이 약간의 대가만을 지급한 경우에는 어떻게 해야 하는지에 대한 규정은 없다.

※ 결산상 분개에 근거하여 세법에 따른 재무상태표상 회계-세무 차이는 다음과 같다.

	제1차연도			제2차연도		
	장부	세법	차이	장부	세법	차이
토지	–	10,000	10,000	–	–	–

※ 회계-세무 차이에 대한 세무조정은 아래와 같다.

제1차연도 익금산입 토지 10,000원(유보)
제2차연도 손금산입 토지 10,000원(△유보)

※ 만일 특수관계자와의 거래라면 부당행위계산에 해당되는지가 궁금할 수 있지만 이 경우는 부당하게 이익을 제공한 것이 아니라 이익을 제공받은 것이므로 부당행위계산부인 규정은 적용되지 않는다.

2.4 복구충당부채

미래 내용연수가 종료된 후 자산을 해체하거나 부지를 복구하는 데 소요될 것으로 추정되는 복구비용의 현재가치는 회계상 취득원가에 포함시킨다. 법인세법 관점에서 보면 확정되지 않은 추정된 금액을 부채로 계상하면서 동시에 현재가치를 부채로 설정한다는 두 가지 사안 모두 인정되지 않는다.

1) 기업회계기준

K-IFRS 제1016호(유형자산) 문단 16
유형자산의 원가는 …(중략)… 자산을 해체, 제거하거나 부지를 복구하는 데 소요될 것으로 최초에 추정되는 원가로 구성된다.

자산의 취득과 관련된 비용은 대부분 취득 이전에 발생할 것이지만 때로는 취득 이후에 발생할 것이 예상되는 비용도 있다. 취득 이후에 발생할 것으로 예상되는 비용은 자산을 해체하거나 부지를 복구해야 할 의무로 인하여 부담하게 되는 비용을 들 수 있다. 이를 미래 복구비용이라고 하는데 복구비용이 발생하는 이유는 계약상 혹은 법률상 의무 때문이다. 예를 들어 취득한 기계장치가 사용 이후 환경에 유해한 물질을 배출하게 되고 이를 해결하기 위해서 별도의 추가비용이 예상될 수 있다. 또한 산림지역에 기계장치를 설치하여 이용한 후 다시 그 지역에 산림을 복구해주어야 할 법적 의무가 있을 수도 있다. 이런 의무로 인하여 미래 예상되는 복구비용은 자산을 사용하기 위해서 필수적인 지출이므로 해당 자산의 취득원가로 본다.

자산의 취득원가로 보는 복구비용은 미래 예상되는 지출의 현재가치이다. 또한 복구비용은 아직 확정된 금액이 아니고 합리적으로 예상되는 추정부채이다. 따라서 복구비용은 미래 예상되는 지출의 현재가치를 취득원가로 인식하게 되고 그에 상응하는 충당부채가 계상되어야 한다(복구충당부채 인식). 복구충당부채를 현재가치로 인식함에 따라 유효이자율법을 적용하여 매년 이자비용을 계상하고 그만큼 복구충당부채에 전입한다(이자비용 계상).

자산의 내용연수가 종료된 후 실제 발생한 복구비용과 복구충당부채를 상계한다. 만일 실제 비용이 복구충당부채보다 적게 발생하였다면 나머지 복구충당부채 잔액은 환입되겠지만 반대로 실제 비용이 복구충당부채보다 많이 발생하였다면 추가로 비용을 인식하여야 한다(복구충당부채의 상계). 이에 따라 복구비용에 대한 분개는 다음과 같다.

취득시점: 취득원가 계상

차) 유형자산	×××	대) 현금	×××
		복구충당부채	×××

취득 이후: 복구충당부채에 대한 이자비용 계상

차) 이자비용	×××	대) 복구충당부채	×××

복구비용 지출: 복구충당부채와 상계

차) 복구충당부채	×××	대) 현금	×××
(복구비용)	×××	(복구충당부채환입)	×××

2) 법인세법과 세무조정

법인세법에서는 경영자의 재량적 판단을 부인하기 때문에 복구충당부채에 해당하는 자산의 취득원가를 부인하며 동시에 충당부채도 부인해야 한다. 이에 따라 자산의 취득원가에 대해 손금산입 △유보조정을 하며 복구충당부채에 대해서는 익금산입 유보로 조정한다. 취득원가부인에 따라 손금에 산입된 금액은 차후 감가상각비율에 따라서 익금에 산입되어 반대로 조정될 것이며 복구충당부채는 실제 발생한 복구비용과 상계될 때 손금에 산입되어 반대로 조정될 것이다.

예제 5-4

㈜서울은 제1차연도 1월 1일에 해양구조물을 10,000원에 취득하였다. 해양구조물의 내용연수는 2년이며 잔존가치는 0이다. 감가상각방법은 정액법이다. 2년 후 해양구조물을 해체하여 원상복구를 해야 하는데 복구비용은 2,000원으로 추정된다. 현재가치계산에 적용할 할인율은 25%이다(즉 1원의 현재가치는 1년 후 0.8원이고 2년 후 0.64원이다). 실제 복구비용으로는 2,300원이 지출되었다. K-IFRS에 따라 제1차연도와 제2차연도의 분개를 하시오. 그리고 취득 시 세무조정을 하시오.

| 풀이 |

※ K-IFRS에 의하면 원상회복을 위한 복구추정원가는 자산을 사용하기 위하여 필요한 필수적인 지출이므로 자산의 취득원가에 포함시킨다. 그리고 복구추정원가의 현재가치를 충당부채로 계상하며 복구충당부채는 유효이자율법에 따라서 장부가액을 조정한다. 회계처리는 다음과 같다.

제1차연도	차) 구축물	11,280	대) 현금	10,000
			복구충당부채	1,280
	차) 이자비용	320	대) 복구충당부채	320
	차) 감가상각비	5,640	대) 감가상각누계	5,640

제2차연도	차) 이자비용	400	대) 복구충당부채	400
	차) 감가상각비	5,640	대) 감가상각누계	5,640
	차) 복구비용	300	대) 현금	2,300
	복구충당부채	2,000		

※ 세법에서는 경영자의 재량적인 추정을 인정하지 않으므로 복구충당부채도 인정하지 않는다. 이에 따라 취득시점에서 세무조정은 다음과 같다.

손금산입 구축물 1,280원(△유보)
익금산입 복구충당부채 1,280원(유보)

※ 위와 같은 세무조정에 따라 손금산입된 1,280원은 감가상각비 비율대로 익금에 산입되어 소멸하며 복구충당부채는 실제 복구비용 지급시점에서 손금에 산입되어 소멸한다. 자세한 내용은 제10장을 참조하라.

2.5 매입가액에 포함된 금융요소

1) 기업회계기준

K-IFRS 제1016호(유형자산) 문단 23
유형자산의 원가는 인식시점의 현금가격상당액이다. 대금지급이 일반적인 신용기간을 초과하여 이연되는 경우, 현금가격상당액과 실제 총지급액과의 차액은 자본화하지 않는 한 신용기간에 걸쳐 이자로 인식한다.

취득원가를 구성하는 직접 비용에 대한 현금지출이 현재가 아닌 미래에 있다면 현재 현금으로 지출하는 금액과 차이가 있을 것이다. 이를 유의적인 금융요소라고 언급한 바 있다. 예를 들어 현금으로 구입하면 1억원인 기계장치를 취득하고 그 대금으로 2년 후 1억2천만원을 지급하기로 하였다면 명목상 가치인 1억2천만원과 현재가치인 1억원의 차이는 금융요소가 될 것이다. 유의적인 금융요소가 있는 경우에는 이를 취득원가에서 구분하고 미래 이자비용으로 인식해야 한다. 다만 이런 금융요소가 뒤에서 설명할 자본화될 차입원가로 분류될 수 있다면 자본화되는 금액만큼은 취득원가에 포함된다.

2) 법인세법

법인세법 시행령 제72조(자산의 취득가액)
취득가액에는 다음의 금액을 포함하지 않는 것으로 한다.
1. 자산을 장기할부조건 등으로 취득하는 경우 발생한 채무를 기업회계기준이 정하는 바에 따라 현재가치로 평가하여 현재가치할인차금으로 계상한 경우의 당해 현재가치할인차금
2. 연지급수입에 있어서 취득가액과 구분하여 지급이자로 계상한 금액

법인세법 시행령에서는 장기할부조건으로 취득함으로써 발생한 채무에서 기업회계기준에 따라 평가한 현재가치할인차금을 제외한다고 규정하고 있다. 이는 예외적으로 장기할부조건으로 취득한 자산의 취득원가와 이에 대한 채무는 현재가치로 평가한다는 것이다. 그리고 이렇게 현재가치로 평가하기 위해서는 기업회계기준에 따라 회계처리한 경우로 한정한다고 규정하고 있다. 이는 결산조정사항임을 분명히 하는 것이다.

위 조항을 보면 장기할부가 아닌 다른 취득의 경우에는 현재가치가 아닌 명목가치로 계상해야 한다는 것을 알 수 있다. 예를 들어 2년 후 2억원을 지급하기로 하고 토지를 매입하였다면 할부조건이 아니므로 이 토지의 취득가액은 명목가치인 2억원이 되어야 하며 만일 대금을 2번에 분할하여 매년 1억원씩 지급하기로 하였다면 장기할부조건으로 매입한 것이므로 현재가치로 계상할 수 있다.

장기할부조건과 마찬가지로 연지급수입(延支給輸入, usance import)에 대한 지급이자도 취득원가에서 제외한다. 연지급수입이란 수입업자가 수입대금을 은행을 통해서 지급하고 은행에 이자와 함께 상환하는 방식의 수입을 말한다. 따라서 이런 경우 지급이자는 당연히 취득원가에서 제외되어야 하지만 회사가 이자를 분리해서 회계처리하지 않으면 지급이자와 취득원가가 구분되지 않으므로 지급이자를 별도로 제외할 수가 없다. 따라서 취득원가와 지급이자를 분리해서 회계처리하는 것이 전제되어야 한다.

3) 차이와 세무조정

기업회계기준에서는 유형자산의 취득으로 인한 미래 지출에 대한 현재가치로 취득원가를 측정한다. 그러나 세법에서는 장기할부조건으로 매입한 경우를 제외하고는 대체로 현재가치를 부인하고 명목가치로 유형자산의 취득원가를 측정한다. 따라서 장기

할부조건이 아닌 일시지급조건 등으로 유형자산을 매입한 경우에는 기업회계기준과 세법 간 차이가 생긴다. 예를 들어 현금 구입가격이 10,000원인 유형자산을 1년 후 11,000원을 지급하는 조건으로 매입하였다고 하자. 기업회계기준에 의해 다음과 같이 분개한다.

차) 유형자산	10,000	대) 장기미지급금	10,000

그러나 위 거래는 대금을 최소한 2회 이상 분할하여 지급하는 할부조건이 아니므로 세법에서는 명목가치로 11,000원을 유형자산의 취득원가로 계상해야 하고 장기미지급금도 11,000원 계상해야 한다. 따라서 위 거래에 대한 세무조정은 다음과 같다.

익금산입 유형자산 1,000원(유보)
손금산입 장기미지급금 1,000원(△유보)

유형자산의 취득원가를 1,000원 증가시키기 위해 익금산입 유보처분하고 동시에 장기미지급금도 1,000원 증가시켜야 하므로 손금산입 △유보처분한다. 동일한 금액이 유보와 △유보로 처분되므로 혹시 이런 세무조정은 생략해도 되지 않을까 생각할 수 있겠지만 계정과목이 다르고 반대조정이 생기는 시기가 다르기 때문에 비록 당기 사업연도소득에 미치는 순효과는 없다고 하더라도 세무조정은 생략할 수 없다.

위와 같은 세무조정이 앞으로 어떤 식으로 반대조정이 일어나는지를 살펴보자. 먼저 유형자산으로 익금산입된 1,000원은 향후 감가상각과정에서 손금산입될 수 있다. 나중에서 보겠지만 즉시상각으로 의제되어 감가상각 시부인과정에서 감가상각비로 손금산입될 것이다. 장기미지급금으로 손금산입된 1,000원은 유효이자율법으로 결산상 계상되는 이자비용과 상계되어 익금산입될 것이다.

2.6 다른 자산과 교환으로 취득하는 경우

이번 절에서는 자산의 교환에 대해서 알아본다. 현금이 개입되는 거래와는 달리 자산 간의 교환은 가치가 불명확하다는 문제가 있다. K-IFRS에서는 교환거래에 상업적 실질이 있다면 공정가치로 측정하되 상업적 실질이 없다면 제공한 자산의 장부가액으로 측정하도록 한다. 또한 취득한 자산과 제공한 자산의 공정가치가 일치하지 않는 경우에는 보다 명백한 것으로 정하되 그렇지 않다면 제공한 자산의 공정가치를 가지고 취득한 자산의 공정가치를 정하도록 한다. 이에 비해서 세법은 구체적인 언급은 없지만 막연하게 기타의 방법으로 취득한 자산의 경우에는 시가로 정한다고 규정한다. 이로 미루어 세법에서는 교환거래로 취득한 자산은 취득한 자산의 시가로 정하는 것으로 이해할 수 있다.

1) 기업회계기준

K-IFRS 제1016호(유형자산)

하나 이상의 비화폐성자산 또는 화폐성자산과 비화폐성자산이 결합된 대가와 교환하여 하나 이상의 유형자산을 취득하는 경우가 있다. 그러한 유형자산의 원가는 교환거래에 상업적 실질이 결여된 경우 아니면 취득한 자산과 제공한 자산 모두의 공정가치를 신뢰성 있게 측정할 수 없는 경우를 제외하고는 공정가치로 측정한다. 취득한 자산을 공정가치로 측정하지 않는 경우에 제공한 자산의 장부금액으로 원가를 측정한다(문단 24). 취득한 자산이나 제공한 자산의 공정가치를 신뢰성 있게 측정할 수 있다면, 취득한 자산의 공정가치가 더 명백한 경우를 제외하고는 취득한 자산의 원가를 제공한 자산의 공정가치로 측정한다(문단 26).

K-IFRS에서는 우선 교환거래에 상업적 실질이 있는지를 판단한다. 상업적 실질이 있으려면 거래를 통해서 이익을 보고자 하는 의도가 있어야 한다. 상업적 실질이 없다면 교환거래로 인하여 손익을 인식할 수 없다. 그리고 손익을 인식하지 않기 위해서는 교환거래를 장부가액을 근거로 기록한다. 즉 장부가액 1억원인 토지를 또 다른 토지와 교환했는데 상업적 실질이 없는 것으로 판단된다면 새로 취득한 토지의 취득가액은 1억원이 된다. 그렇게 되면 원래 보유했던 토지의 처분에 따른 손익도 계상할 수 없다.

만일 상업적 실질이 있는 교환거래인 경우에는 공정가치를 기준으로 취득원가를 정한다. 그렇다면 취득한 자산과 대가로 처분한 자산 중 어떤 자산의 공정가치로 정할 것인가? 물론 교환된 자산의 공정가치는 양 당사자 입장에서는 같아야 한다. 만일 거래당사자 중 어느 한쪽에서 공정가치가 다르다고 생각했다면 교환이 성립되지 않는다. 따라서 본질적으로 취득한 자산과 처분한 자산의 공정가치는 같다고 볼 수 있다. 그렇지만 외관상 공정가치는 다를 수 있기 때문에 어떤 기준은 필요하다.

K-IFRS에서는 취득한 자산이나 제공한 자산의 공정가치를 신뢰성 있게 측정할 수 있다면, 취득한 자신의 공정가치가 더 명백한 경우를 제외하고는 취득한 자산의 원가를 제공한 자산의 공정가치로 측정한다고 규정한다. 만일 취득한 자산과 제공한 자산의 공정가치를 모두 신뢰성 있게 측정할 수 없다면 교환거래는 제공한 자산의 장부가액을 기초로 계상한다.

2) 법인세법

법인세법 제41조(자산의 취득가액)
내국법인이 매입·제작·교환 및 증여 등에 의하여 취득한 자산의 취득가액은 …(중략)… 그 밖의 자산은 취득 당시의 시가로 한다.

위 법인세법 제41조를 보라. 교환거래에 대한 법인세법 입장은 단순하고 명확하다. 타인으로부터 매입하거나 자가제조한 자산이 아닌 그 밖의 방법으로 취득한 경우에는 취득 당시의 시가를 자산의 취득가액으로 한다고 규정한다. 교환으로 취득하였다면 그 밖의 방법으로 취득한 경우에 해당할 것이므로 취득한 자산의 취득 당시 시가를 취득가액으로 정하고 있음을 알 수 있다.

3) 차이와 세무조정

K-IFRS에서는 상업적 실질 여부에 따라 교환으로 취득한 자산의 취득가액을 달리 처리하지만, 세법에서는 취득한 자산의 시가(부대비용 포함)로 인식한다. 따라서 회계의 취득가액이 세법과 상이하면 이를 조정하는 세무조정이 필요하고 해당 유보(또는 △유보)는 감가상각 또는 자산 처분 시 반대의 세무조정으로 정리된다.

예제 5-5

㈜서울은 장부가액 300원(공정가액 270원)의 유형자산을 ㈜부산이 보유하던 장부가액 280원(공정가액 210원)의 유형자산과 교환하였다. 아래 상황별로 ㈜서울과 ㈜부산이 해야 할 K-IFRS에 따른 회계처리를 하고 필요한 세무조정을 하시오.

(상황 1) ㈜서울이 보유하던 자산의 공정가치가 더욱 명확하고 현금수수는 없다.
(상황 2) ㈜부산이 보유하던 자산의 공정가치가 더욱 명확하고 현금수수는 없다.

(상황 3) ㈜서울이 보유하던 자산의 공정가치가 더욱 명확하고 ㈜부산은 60원의 현금을 추가로 지급한다.

(상황 4) 두 회사 소유의 자산의 공정가치를 합리적으로 측정할 수 없고 현금수수는 없다.

| 풀이 |

※ K-IFRS에 따른 회계처리는 다음과 같다.

상황	㈜서울	㈜부산
상황 1	차) 유형자산 270 대) 유형자산 300 처분손실 30	차) 유형자산 270 대) 유형자산 280 처분손실 10
상황 2	차) 유형자산 210 대) 유형자산 300 처분손실 90	차) 유형자산 210 대) 유형자산 280 처분손실 70
상황 3	차) 유형자산 210 대) 유형자산 300 현금 60 처분손실 30	차) 유형자산 270 대) 유형자산 280 처분손실 70 현금 60
상황 4	차) 유형자산 300 대) 유형자산 300	차) 유형자산 280 대) 유형자산 280

※ 법인세법에서는 어느 경우든지 취득한 자산의 공정가치, 즉 시가를 취득원가로 한다. 만일 교환하는 두 자산의 공정가치가 동일하다면 결과적으로 회계기준과 차이가 없는 것이지만 그렇지 않은 경우에는 회계기준과 다르게 된다. 세법과 회계기준에서의 회계-세무 차이는 아래와 같다.

상황	㈜서울		㈜부산	
	K-IFRS	세법	K-IFRS	세법
상황 1	270원	210원	270원	270원
상황 2	210원	210원	210원	270원
상황 3	210원	210원	270원	270원
상황 4	300원	210원	280원	270원

※ 위와 같은 회계-세무 차이를 세무조정하면 아래와 같다.

상황	㈜서울	㈜부산
상황 1	손금산입 유형자산 60원(△유보)	세무조정 없음
상황 2	세무조정 없음	익금산입 유형자산 60원(유보)
상황 3	세무조정 없음	세무조정 없음
상황 4	손금산입 유형자산 90원(△유보)	손금산입 유형자산 10원(△유보)

3 자본화차입원가와 건설자금이자

이번 절에서는 유형자산 취득과 관련된 이자비용을 취득원가에 포함시킬 것인지에 대한 문제를 알아본다. 결론적으로 기업회계기준과 법인세법 모두 일정한 조건하에서 취득관련 차입금 이자비용을 취득원가에 산입한다. 기업회계기준에서는 이렇게 취득원가에 포함되는 이자비용을 자본화차입원가라고 하고 법인세법에서는 건설자금이자라고 한다.

3.1 논의

앞서 언급한 대로 유형자산의 취득원가는 자산의 취득과 인과관계가 분명한 비용으로 구성된다. 대부분의 비용은 인과관계를 판단하는 것이 어렵지 않지만 때로는 그 경계가 모호한 경우도 있다. 자산을 취득하는 것과 관련된 금융비용이 대표적이다. 회사가 자산을 취득할 자금이 부족하다면 외부로부터 차입하여 취득할 수밖에 없다는 점에서 금융비용, 즉 이자비용의 부담은 유형자산의 취득과 인과관계가 뚜렷한 직접비용이라고 할 수 있다.

그렇지만 취득자금이 부족하게 된 것이 특정 유형자산의 취득 때문인가라는 관점에서 볼 때에는 인과관계가 모호할 수 있다. 예를 들어 건물과 운영자금으로 각각 1억원씩 총 2억원이 필요한데 회사의 여유자금은 1억원밖에 없기 때문에 부족한 1억원은 외부에서 차입하기로 결정하였다고 하자. 이런 경우 외부차입으로 부담하는 이자비용이 건물 때문인지 아니면 운영자금 때문인지는 알 수 없을 것이고 이런 이자비용은 특정자산의 구입과 관련된 취득원가에 포함시키는 것이 어려운 간접비용으로 분류해야 할 것이다.

이렇게 유형자산의 구입과 관련된 이자비용을 취득원가에 포함시킬 것인지는 논란의 여지가 있지만 기업회계기준과 세법 모두에서는 이자비용을 취득원가에 산입하는 것으로 규정하고 있다(즉 자본화). 아래의 K-IFRS 규정은 자본화차입원가의 개념을 잘 보여준다.

K-IFRS 제1023호(차입원가) 문단 10
적격자산의 취득, 건설 또는 생산과 직접 관련된 차입원가는 당해 적격자산과 관련된 지출이 발생하지 아니하였다면 부담하지 않았을 차입원가이다. 특정 적격자산을 획득하기 위한 목적으로 특정하여 자금을 차입하는 경우 당해 적격자산과 직접 관련된 차입원가는 쉽게 식별할 수 있다.

위와 같은 취득관련 이자비용의 자본화는 두 가지 경우로 구분하여 진행된다.

첫째, 이자비용이 유형자산의 취득과 직접적인 관련이 있는 경우에는 직접 이자비용을 자본화한다. 유형자산을 취득하기 위해 별도로 자금을 차입하고 이에 대해 이자비용이 발생하였다면 해당 이자비용을 곧바로 자본화시키는 것이다. 예를 들어 건물의 건설비용으로 1년간 1억원이 소요되는데 소요자금 전부를 은행으로부터 연 10%의 이자율로 차입하였다면 건설기간 동안에 걸쳐 회사가 부담한 차입금 이자비용 1천만원을 건물의 취득원가로 자본화하는 것이다. 이를 특정차입금 관련 이자라고 부른다.

둘째, 차입금의 이자가 발생하였지만 유형자산의 취득과 직접적으로 관련이 없는 경우에는 간접적으로 측정하여 자본화한다. 예를 들어 건물의 건설비용으로 1년간 1억원이 소요되는데 건설명목으로 별도로 차입은 하지 않았지만 동일한 기간 동안 운영자금 부족으로 은행으로부터 연 10%로 1억원을 차입하였다고 하자. 이 경우 차입금 이자비용은 직접적으로 운영자금 부족 때문이기는 하지만 운영자금이 부족하게 된 것은 건설비용 투입 때문이라고 할 수 있다. 다시 말하면 건물을 짓지 않았더라면 운영자금은 부족하지 않았을 것이고 그에 따라 이자비용도 발생하지 않았을 것이기 때문이다. 따라서 비록 운영자금 목적으로 차입하였다고 하더라도 해당 차입금 이자비용은 건물의 취득원가로 자본화시키게 된다. 이를 일반차입금 관련 이자라고 부른다.

이와 같이 기업회계와 법인세법에서는 모두 자본화차입원가 혹은 건설자금이자로 다음과 같은 이자비용을 취득원가에 산입한다.

자본화가능차입원가(건설자금이자) = 특정차입금 관련 이자 + 일반차입금 관련 이자

3.2 특정차입금 관련 이자

1) 기업회계기준

K-IFRS 제1023호(차입원가) 문단 12
적격자산을 취득하기 위한 목적으로 특정하여 차입한 자금에 한하여, 회계기간 동안 그 차입금으로부터 실제 발생한 차입원가에서 당해 차입금의 일시적 운용에서 생긴 투자수익을 차감한 금액을 자본화가능차입원가로 결정한다.

우선 특정차입금 자본화가능차입원가에 대해서 알아본다. 위 K-IFRS 규정을 보면 이는 다음과 같이 정해진다.

특정차입금 자본화가능차입원가 = 자본화기간 적격자산 취득관련 차입원가 - 일시적 운용 투자수익

특정차입금에 대한 자본화가능차입원가를 정하는 데 따른 구체적인 주의사항은 다음과 같다.

첫째, 자본화기간 동안의 차입원가를 자본화한다. 자본화기간이란 적격자산 취득을 위한 지출이 처음으로 발생한 시점(자본화개시일)부터 적격자산을 의도된 용도로 사용(혹은 판매)가능하게 하는 데 필요한 대부분의 활동이 종료된 시점(자본화종료일)까지의 기간을 의미한다. 따라서 실제로 차입원가가 자본화되는 기간은 자본화기간과 차입기간이 중복되는 기간이다. 예를 들어 자본화기간은 3월 1일부터 9월 30일까지인데 특정차입금을 5월 1일 차입하여 12월 30일 상환하였다면 자본화해야 할 특정차입금 차입원가는 5월 1일부터 9월 30일까지가 될 것이다.

둘째, 적격자산 취득과 관련된 차입원가를 자본화한다. 따라서 자본화할 수 있는 차입원가는 적격자산 취득금액과 차입금 중 적은 금액에 해당하는 차입원가이다. 예를 들어 건설자금이 1억원이 소요되었는데 2억원을 차입하였다면 1억원에 해당하는 차입원가를 자본화해야 할 것이고 반대로 건설자금으로 2억원이 소요되었는데 1억원만을 차입하였다면 차입한 1억원 전부에 대한 차입원가를 자본화해야 할 것이다.

셋째, 특정차입금의 일시적 운용으로 인한 투자수익은 자본화차입원가에서 제외한다. 건설비용은 순차적으로 지출되지만 차입금은 한꺼번에 차입해야 한다. 예를 들어

건설비용은 매달 1천만원씩 10개월에 걸쳐 1억원 지출되는데 그에 맞추어 차입금을 매달 1천만원씩 차입하면 좋겠지만 이렇게 하는 것은 현실적으로 불가능해서 건설 개시 시점에서 1억원을 한꺼번에 차입하였다고 하자. 그러면 1억원이 전부 지출될 때까지는 차입한 자금이 부분적으로 남아돌게 된다. 이런 여유 차입금을 일시적으로 투자하여 수익을 올렸다면 해당 수익은 자본화차입원가에서 차감해야 한다.

넷째, 모든 지출과 차입금은 연평균 개념으로 적용해야 한다. 예를 들이 적격자산 건설비용으로 1억2천만원이 소요되었는데 1월 1일 한꺼번에 지출된 경우(경우 1)와 12월 초에 한꺼번에 지출된 경우(경우 2)를 비교해보자. 연말기준으로 지출누계는 1억2천만원으로 동일하지만 연평균 지출 개념에서는 상당한 차이가 난다. 경우 1은 1년 내내 1억2천만원의 누적금액을 유지한 반면, 경우 2는 12월 한 달만 1억2천만원 누적금액이 달성된 것이다. 따라서 경우 1은 연평균 개념으로 보면 1억2천만원×12개월/12개월=1억2천만원 지출이 있었던 것이고 경우 2는 1억2천만원×1개월/12개월=1천만원 지출이 있었던 것이다. 따라서 비록 연말에는 누적금액이 1억2천만원으로 동일하게 보이지만 연평균 개념으로는 경우 1이 경우 2보다 훨씬 더 많은 지출이 있었던 것으로 보아야 한다.

이렇게 연평균 개념을 적용하는 이유는 차입원가를 계산해야 하기 때문이다. 우리가 동일한 이자율로 1억원을 한 달간 차입하는 경우와 1년을 차입하는 경우를 비교하면 당연히 1년간 차입하는 경우가 한 달 차입하는 경우에 비하여 12배만큼 이자비용이 많아질 것이다. 따라서 적격자산 지출에 대한 차입원가를 계산할 때 적격자산 지출도 차입원가와 유사한 개념을 적용하여 연평균 개념으로 전환해야 하는 것이다.

적격자산 지출이나 차입금 규모를 연평균 개념으로 전환하기 위해서는 간편하게 매월말 잔액을 합한 후 12개월로 나누어주면 된다. 매일매일의 잔액을 합한 후 365일로 나누면 보다 정확한 평균을 구할 수 있겠으나 이는 번거로운 일이 될 것이다.

2) 법인세법과 세무조정

법인세법 시행령 제52조(건설자금에 충당한 차입금의 이자의 범위)
특정차입금에 대한 지급이자 등은 건설 등이 준공된 날까지 이를 자본적 지출로 하여 그 원본에 가산한다. 다만, 특정차입금의 일시예금에서 생기는 수입이자는 원본에 가산하는 자본적 지출금액에서 차감한다. 특정차입금의 일부를 운영자금에 전용한 경우에는 그 부분에 상당하는 지급이자는 이를 손금으로 한다.

우리나라 법인세법에서도 차입원가자본화는 허용한다. 법인세법에서는 자본화가능 차입원가를 건설자금이자라고 부른다. 법인세법에서도 차입금을 특정차입금과 일반차입금으로 구분하는데 특정차입금에 대한 지급이자는 자본적 지출로 하며 일시예금에서 생기는 수입이자를 차감하고 특정차입금을 운영자금으로 전용한 경우에는 그 부분에 상당하는 지급이자를 손금으로 한다고 규정한다.

위 규정의 의미를 보면 특정차입금에 대한 건설자금이자는 반드시 자본적 지출로 계상해야 한다는 것을 알 수 있다. 즉 강제신고조정이다. 따라서 특정차입금과 관련해서 결산상 계상한 자본화차입원가가 법인세법상 건설자금이자와 차이가 난다면 그 금액만큼 익금 혹은 손금산입한 후 유보 혹은 △유보로 처분한다. 그러나 다음과 같은 사항을 제외하고 법인세법은 기업회계기준과 크게 다르지 않다.

첫째, 자본화 대상이 되는 자산에 대해서 기업회계에서는 특별한 제한을 두고 있지 않다. 따라서 유형자산과 무형자산 그리고 투자부동산이나 재고자산도 해당될 수 있지만 법인세법에서는 사업용 자산이라고만 규정하고 있다. 다만 회계상 투자부동산은 법인세법상 사업용 자산으로 분류된다. 또한 회계상 재고자산은 대체로 취득기간이 단기라는 점에서 실질적으로 차입원가를 자본화하는 것이 큰 의미가 없을 것이다. 이렇게 본다면 이는 기업회계기준과 법인세법 간의 실질적 차이로 보이지 않는다.

둘째, 특정차입금 건설자금이자의 경우, 법인세법에서는 운영자금이자로 전용한 금액은 손금에 산입한다고 규정하고 있다. 그러나 기업회계기준에서는 이에 대한 별도의 규정은 없다. 실제로 특정차입금이 운영자금으로 전용되었는지를 파악하는 것은 어려울 것이다. 그렇지만 이를 구분해서 파악할 수 있다고 하더라도 운영자금으로 전용된 부분만큼 일반차입금이 줄어들었을 것이고 이에 따라서 일반차입금에서 자본화할 이자가 이미 차감되었다고 보면 법인세법 규정은 다소 불필요한 규제로 보인다.

예제 5-6

㈜서울은 제1차연도 4월 1일부터 공장을 신축하기 시작하여 제2차연도 10월 1일에 완공하였다. 건설관련 지출은 다음과 같다.

구분	금액	지출일
1차	3,000,000원	제1차연도 4월 1일
2차	2,000,000원	제2차연도 4월 1일

건설에 필요한 자금을 조달하기 위하여 은행으로부터 다음과 같은 조건으로 차입하였다.

구분	차입금액	차입기간	이자율	이자비용	
				제1차연도	제2차연도
특정차입금	2,000,000원	1차연도 1.1.~2차연도 6.30.	8%	160,000원	80,000원

차입금을 일시적으로 운용하여 생긴 투자수익은 없다.

| 물음 1| 제1차연도와 제2차연도에 K-IFRS에 따라서 자본화해야 할 차입원가는 얼마인가?

| 물음 2| 만일 ㈜서울이 차입원가를 전부 이자비용으로 계상하였다면 필요한 세무조정을 하시오. 감가상각은 고려하지 않는다.

| 풀이 |

(물음 1)

※ 회계기준에 따라서 자본화해야 할 차입원가는 다음과 같다.

	제1차연도	제2차연도
조달금액	2,000,000	2,000,000
기간(월수)/12개월	9/12[a)]	6/12[b)]
연평균 잔액	1,500,000	1,000,000
이자율	8%	8%
자본화차입원가	120,000	80,000

a) 차입금은 자본화가 개시된 이후부터 자본화한다. 자본화개시일이 4월이므로 제1차연도는 모두 9개월을 적용한다.

b) 자본화가 종료되거나 차입금이 상환되면 자본화기간은 종료된다. 자본화 종료일 9월 30일보다 상환일인 6월 30일이 앞서므로 6개월을 적용한다.

(물음 2)

※ 위와 같이 계산된 차입원가는 다음과 같이 회계처리한다.

	차변		대변	
제1차연도	차) 건설중인자산	3,000,000	대) 현금	3,000,000
	차) 이자비용	160,000	대) 미지급이자비용	160,000
	차) 건설중인자산	120,000	대) 이자비용	120,000
제2차연도	차) 건설중인자산	2,000,000	대) 현금	2,000,000
	차) 이자비용	80,000	대) 미지급이자비용	80,000
	미지급이자비용	240,000	현금	2,240,000
	차입금	2,000,000		
	차) 유형자산	5,200,000	대) 건설중인자산	5,120,000
			이자비용	80,000

※ 세법에서는 자본화해야 할 차입원가를 건설자금이자라고 부르는데 특정차입금과 관련해서는 건설자금이자와 지본화차입원가는 동일하다.

※ 특정차입금에 대한 건설자금이자를 취득원가로 계상하는 것은 강제규정이므로 결산상 차입금이자를 전액 비용으로 계상하였다면 건설자금이자를 취득원가에 포함시키는 세무조정을 해야 한다. 이에 따라 회계-세무 차이는 다음과 같다.

	제1차연도			제2차연도		
	장부	세법	차이	장부	세법	차이
건설중인자산	3,000,000	3,120,000	120,000	-	-	-
유형자산	-	-	-	5,000,000	5,200,000	200,000

※ 위와 같은 회계-세무 차이에 대해서는 다음과 같이 세무조정한다.

제1차연도 익금산입 건설중인자산 120,000원(유보)
제2차연도 손금산입 건설중인자산 120,000원(△유보)
익금산입 유형자산 200,000원(유보)[a)]

a) 건설중인자산 200,000원을 유형자산으로 대체한다.

3.3 일반차입금 차입원가

1) 기업회계기준

K-IFRS 제1023호(차입원가) 문단 14

일반적인 목적으로 자금을 차입하고 이를 적격자산의 취득을 위해 사용하는 경우에 한하여 당해 자산 관련 지출액에 자본화이자율을 적용하는 방식으로 자본화가능차입원가를 결정한다. 자본화이자율은 회계기간에 존재하는 기업의 모든 차입금에서 발생된 차입원가를 가중평균하여 산정한다. 그러나 어떤 적격자산을 의도된 용도로 사용(또는 판매)가능하게 하는 데 필요한 대부분의 활동이 완료되기 전까지는, 그 적격자산을 취득하기 위해 특정 목적으로 차입한 자금에서 생기는 차입원가는 위에서 기술된 자본화이자율 산정에서 제외한다. 회계기간 동안 자본화한 차입원가는 당해 기간 동안 실제 발생한 차입원가를 초과할 수 없다.

일반차입금 자본화가능원가는 특정차입금 자본화가능원가를 구하는 것과 약간 다른 방식으로 구하게 된다. 이는 다음과 같다.

일반차입금 자본화가능원가 = (적격자산 지출 − 특정차입금) × 자본화이자율

위 식에서 우선 적격자산이란 차입원가를 자본화시켜야 할 대상자산을 의미한다. 예를 들어 건물을 짓는다면 건설 중인 건물과 관련된 지출이 적격자산 지출이 될 것이다. 위 식에서는 다음과 같은 점을 주의해야 한다.

첫째, 적격자산 지출에서 특정차입금 금액을 제외한 나머지 금액에 대해서 자본화차입원가를 계산한다. 이는 특정차입금으로 이미 조달된 금액을 제외하고 나머지 금액에서 자본화차입원가를 계산해야 한다는 취지이다. 예를 들어 적격자산 지출이 1억원인데 그중 6천만원은 특정차입금으로 조달되었다면 나머지 4천만원에 대해서만 일반차입금 자본화차입원가를 계산해야 하는 것이다. 극단적으로 적격자산 지출 전부에 대해서 특정차입금으로 조달이 완료되었다면 일반차입금에서 자본화해야 할 차입원가는 없다.

둘째, 자본화이자율을 구하고 이를 적격자산 지출에 일률적으로 곱하여 자본화가능원가를 구한다. 자본화이자율은 일반차입금에 대한 가중평균이자율이다. 이렇게 자본화이자율을 구하는 이유는 다양한 일반차입금에 대해서 일일이 자본화가능원가 산입 여부를 따질 수 없으므로 가중평균이자율을 계산해서 일률적으로 자본화가능원가를 계산하는 것이 효율적이기 때문이다.

셋째, 일반차입금 자본화가능원가는 실제 이자비용을 한도로 한다. 자본화이자율을 적격자산 지출에 일률적으로 곱하다 보면 때로는 자본화차입원가가 실제 이자비용을 초과하는 모순된 상황이 일어날 수도 있다. 이를 방지하기 위해서 일반차입금 자본화가능원가는 실제 이자비용을 한도로 자본화한다.

2) 법인세법과 세무조정

법인세법 제28조(지급이자의 손금불산입)

건설자금에 충당한 차입금의 이자에서 특정차입금 이자를 뺀 금액으로서 다음 중 적은 금액은 내국법인의 각 사업연도의 소득금액을 계산할 때 손금에 산입하지 아니할 수 있다.

1. 해당 사업연도 중 건설 등에 소요된 기간에 실제로 발생한 일반차입금(특정차입금을 제외한 금액을 말한다)의 지급이자 등의 합계
2. (연평균 건설지출액 − 연평균 특정차입금) × 일반차입금 평균이자율

일반차입금의 경우에도 건설에 지출된 금액에서 특정차입금을 제외한 금액에 일반차입금의 평균이자율을 곱한 금액을 손금에 산입하지 않을 수도 있다고 규정한다. 손금에 산입하지 않을 수 있다는 표현은 결산조정을 의미하는 것이다. 이런 표현에 따르면 일반차입금 건설자금이자는 회사가 결산에 의해서 자본적 지출로 계상한 경우에만 인정하는 것이므로 특정차입금과는 달리 결산조정항목임을 알 수 있다. 이에 따라 회사가 선택적으로 자본화 여부를 결정할 수 있을 것으로 보인다. 일반차입금 건설자금이자의 한도는 건설에 소요된 기간에 실제로 발생한 일반차입금의 지급이자로 규정한다.

위 규정을 보면 대체로 기업회계기준과 큰 차이는 보이지 않는다. 다만 다음과 같은 점에서는 부분적으로 차이가 있다.

첫째, 회계상으로는 차입원가 자본화는 특정차입금과 일반차입금 모두 선택적으로 적용하는 것이 아닌 반드시 해야 할 강제사항인 반면, 법인세법상으로는 특정차입금은 강제사항이지만 일반차입금 건설자금이자는 자본적 지출 여부를 선택적으로 정할 수 있다. 그렇지만 회계상 특정차입금과 일반차입금 모두를 자본화하였다면 결산조정원칙이라는 관점에서 법인세법에서도 수용할 것이므로 이 부분도 큰 차이로 보기 어렵다.

둘째, 기업회계기준에서는 일반차입금 자본화가능원가는 회계연도 동안 발생한 실제 이자비용을 한도로 한다. 법인세법에서는 일반차입금의 건설자금이자는 건설에 소요된 기간에 실제로 발생한 지급이자로 한다고 규정한다. 예를 들어 일반차입금 이자비용은 1년 동안 평균적으로 1천만원이 있었는데 자본화기간 혹은 건설기간은 1월 1일부터 6월 30일까지였다고 하자. 기업회계기준에서는 1년간 발생한 실제 이자비용을 한도로 하기 때문에 1천만원이 한도가 되지만 법인세법에서는 건설기간 동안 이자비용을 한도로 하기 때문에 5백만원이 한도가 된다. 취지만 보면 법인세법 규정이 보다 합리적으로 생각된다.

예제 5-7

㈜서울은 제1차연도 4월 1일부터 공장을 신축하기 시작하여 제2차연도 10월 1일에 완공하였다. 건설관련 지출은 다음과 같다.

구분	금액	지출일
1차	3,000,000원	제1차연도 4월 1일
2차	2,000,000원	제2차연도 4월 1일

건설과 관련한 차입금은 없는데 다만 건설과 무관하게 차입한 금액은 다음과 같다.

구분	차입금액	차입기간	이자율	이자비용	
				제1차연도	제2차연도
차입금 A	1,200,000원	1차연도 1.1.~2차연도 10.30.	10%	120,000원	100,000원
차입금 B	3,000,000원	1차연도 7.1.~3차연도 10.30.	6%	90,000원	180,000원

차입금을 일시적으로 운용하여 생긴 투자수익은 없다.

| 물음 1 | K-IFRS에 따른 제1차연도와 제2차연도별 자본화할 차입원가는 얼마인가?

| 물음 2 | 세법에 따라서 최대한 자본화할 수 있는 차입원가는 얼마인가?

| 물음 3 | ㈜서울은 연도별 이자비용을 전부 자본화하였다. 감가상각은 고려하지 않고 세무조정하시오.

| 풀이 |

(물음 1)

※ K-IFRS에 따라서 자본화해야 할 이자는 다음과 같다.

	제1차연도	제2차연도
연평균 적격자산 지출[a)]	2,250,000	3,250,000
자본화이자율[b)]	7.78%	7.00%
자본화차입원가	175,000	227,500
한도[c)]	210,000	280,000

a) 적격자산에 대한 연평균 지출

구분	지출금액	기간		연평균 지출	
		제1차연도	제2차연도	제1차연도	제2차연도
1차	3,000,000	9/12	9/12	2,250,000	2,250,000
2차	2,000,000	–	6/12	–	1,000,000
합계	5,000,000			2,250,000	3,250,000

b) 자본화이자율

(제1차연도) 210,000÷2,700,000=7.78%

	차입금 A	차입금 B	합계
이자비용	120,000	90,000	210,000
이자율	10.00%	6.00%	
연평균잔액	1,200,000	1,500,000	2,700,000

(제2차연도) 280,000÷4,000,000=7.00%

	차입금 A	차입금 B	합계
이자비용	100,000	180,000	280,000
이자율	10.00%	6.00%	
연평균잔액	1,000,000	3,000,000	4,000,000

c) 자본화 한도는 연도별 실제 이자비용이다.

(물음 2)

※ 세법상 일반차입금에 대한 건설자금이자를 계상하는 것은 선택사항이다. 최대한 계상할 수 있는 건설자금이자는 다음과 같다.

구분	제1차연도	제2차연도
대상이자[a)]	175,000	227,500
한도[b)]	180,000	225,000
자본화해야 할 건설자금이자[c)]	175,000	225,000

a) K-IFRS와 동일하다.

b) K-IFRS와 달리 한도는 실제이자비용이 아닌 자본화기간 동안의 이자비용이다. 다음과 같이 계산할 수 있다.

(제1차연도)

구분	차입금 A	차입금 B	합계
실제 이자비용	120,000	90,000	210,000
차입기간(월수)	12	6	
자본화기간에 해당하는 차입기간(월수)	9	6	
자본화기간 해당 이자(한도)	90,000	90,000	180,000

(제2차연도)

구분	차입금 A	차입금 B	합계
실제 이자비용	100,000	180,000	280,000
차입기간(월수)	10	12	
자본화기간에 해당하는 차입기간(월수)	9	9	
자본화기간 해당 이자(한도)	90,000	135,000	225,000

c) 대상이자와 한도 중 적은 금액이다.

(물음 3)

※ 회사가 모든 이자비용을 자본화하였다면 회계-세무 차이는 다음과 같다.

	제1차연도			제2차연도		
	장부	세법	차이	장부	세법	차이
건설중인자산	3,210,000	3,175,000	(35,000)	–	–	–
유형자산	–	–	–	5,490,000	5,400,000	(90,000)

※ 회계-세무 차이를 세무조정하면 다음과 같다. 주의할 것은 유형자산의 △유보처분은 취득원가를 부인한 것으로 본다. 취득원가부인에 대한 세무조정은 다음 장에서 알아본다.

제1차연도 손금산입 건설중인자산 35,000원(△유보)

제2차연도 익금산입 건설중인자산 35,000원(유보)(건설중인자산에서 유형자산으로 대체)

손금산입 유형자산 90,000원(△유보)

예제 5-8

㈜서울은 제1차연도 4월 1일부터 공장을 신축하기 시작하여 제2차연도 10월 1일에 완공하였다. 건설관련 지출은 다음과 같다.

구분	금액	지출일
1차	3,000,000원	제1차연도 4월 1일
2차	2,000,000원	제2차연도 4월 1일

건설에 필요한 자금을 조달하기 위하여 은행으로부터 다음과 같은 조건으로 차입하였다.

구분	차입금액	차입기간	이자율	이자비용	
				제1차연도	제2차연도
특정차입금	2,000,000원	1차연도 1.1.~2차연도 6.30.	8%	160,000원	80,000원
차입금 A	1,200,000원	1차연도 1.1.~2차연도 10.30.	10%	120,000원	100,000원
차입금 B	3,000,000원	1차연도 7.1.~3차연도 10.30.	6%	90,000원	180,000원

차입금을 일시적으로 운용하여 생긴 투자수익은 없다.

| 물음 1 | K-IFRS에 따라서 자본화해야 할 차입원가는 얼마인가?

| 물음 2 | 법인세법에 따라서 최대한 자본화할 수 있는 차입원가는 얼마인가?

| 물음 3 | ㈜서울이 차입원가를 자본화하지 않았다면 연도별로 필요한 세무조정을 하시오. (단, 세부담 최소화를 가정한다.)

| 풀이 |

(물음 1)

※ 앞선 〈예제 5-6〉과 〈예제 5-7〉를 참고하라.

	제1차연도	제2차연도
(연평균 지출)		
적격자산 지출 중 특정차입금 조달[a)]	1,500,000	1,000,000
적격자산 지출 중 일반차입금 조달[b)]	750,000	2,250,000
적격자산 지출 합계[c)]	2,250,000	3,250,000
(이자율)		
특정차입금 이자율	8%	8%
일반차입금 자본화이자율[d)]	7.78%	7.00%
(자본화원가)		
특정차입금 자본화차입원가	120,000	80,000
일반차입금 자본화차입원가	58,333	157,500
자본화차입원가 합계	178,333	237,500

a) 〈예제 5-6〉 참조
b) 적격자산 지출 합계에서 특정차입금으로 조달된 금액을 제외하여 구한다.
c) 〈예제 5-7〉 참조. 한도초과는 없다.
d) 〈예제 5-7〉 참조

(물음 2)

※ 특정차입금의 경우에는 세법과 K-IFRS와는 차이가 없고 일반차입금의 경우에는 한도계산에서 차이가 있는데 이 경우에는 세법과 K-IFRS 모두 한도초과가 없다. 따라서 금액상 차이는 없다.

(물음 3)

※ 세법상 특정차입금이자는 강제사항이지만 일반차입금이자는 선택사항이다. 따라서 회사가 차입원가를 자본화하지 않았다면 특정차입금이자만을 취득원가에 산입하면 된다. 따라서 세무조정은 아래와 같이 〈예제 5-6〉과 동일하다.

제1차연도 익금산입 건설중인자산 120,000원(유보)
제2차연도 손금산입 건설중인자산 120,000원(△유보)
익금산입 유형자산 200,000원(유보)

요약하면 취득에 장기간이 소요되고 거액의 자금이 들어가는 유형자산 취득의 경우에 차입금이자를 취득원가에 포함시킬 것인가는 이론적으로 논란이 된다. 그렇지만 현재 K-IFRS와 법인세법 모두에서는 차입금이자를 취득원가에 포함시킨다. 기업회계에서는 이를 자본화차입원가라고 부르고 법인세법에서는 건설자금이자라고 부른다.

우선 유형자산 취득과 객관적으로 인과관계가 있는 특정차입금이자의 경우에는 기업회계와 법인세법에서 모두 취득원가에 산입한다. 이런 경우에는 해당 자산(즉 적격자산)의 취득에 소요된 자본화기간 동안의 이자를 취득원가에 산입하며 관련된 이자수익은 취득원가에서 제외한다.

유형자산 취득과 명확한 인과관계가 없는 일반차입금이자도 기업회계기준과 법인세법 모두 취득원가에 산입한다. 다만 법인세법에서는 강제사항이 아닌 결산조정에 따른 선택사항이다. 취득원가로 들어가는 일반차입금이자는 전체 적격자산 취득원가에서 특정차입금으로 조달된 금액을 제외한 나머지 금액에 가중평균이자율을 곱해서 구한다.

4 취득 또는 완성 후의 지출

이번 절에서는 유형자산 취득 이후의 지출 중 취득원가에 포함되는 경우에 대해서 알아보고자 한다. 유형자산은 최초 취득 이후에도 추가로 취득과 관련된 지출이 생길 수 있다. 이런 지출을 자본적 지출이라고 한다. 기업회계기준과 법인세법 모두에서는 자본적 지출을 취득원가로 본다. 그러나 어떤 지출을 자본적 지출로 할 것인지에 대해서는 입장이 엇갈린다. 기업회계기준에서는 회사의 합리적 판단을 중요시하지만 법인세법에서는 가급적 경영자의 재량적 판단보다는 규정에 따라 정하고자 한다.

1) 기업회계기준

K-IFRS 제1016호(유형자산) 문단 10

유형자산과 관련된 모든 원가는 그 발생시점에 인식원칙을 적용하여 평가한다. 이러한 원가에는 유형자산을 매입하거나 건설할 때 최초로 드는 원가뿐만 아니라 후속적으로 증설, 부품 대체, 수선·유지와 관련하여 드는 원가를 포함한다. 유형자산의 원가는 유형자산의 건설, 증설, 부품 대체, 수선·유지에 사용되는 자산의 리스와 관련하여 드는 원가(예: 사용권자산의 감가상각비)를 포함할 수 있다.

유형자산 취득이 반드시 한 번만 있는 것은 아니다. 즉 동일한 자산에서도 여러 차례 취득이 일어날 수 있다. 예를 들어 2층 건물을 짓고 나서 다시 5층으로 증축한 후에 몇 년 후 다시 10층으로 증축하였다고 하자. 그러면 이 10층 건물은 세 번에 걸친 취득이 있었던 셈이다. 굳이 구분하자면 최초 취득 그리고 완성 후의 지출로 구분할 수 있다.

자본적 지출

위 K-IFRS 규정은 유형자산과 관련된 모든 원가는 발생시점에서 인식원칙을 적용하여 평가한다고 정하고 있다. K-IFRS에 천명하는 유형자산 인식조건 중 첫 번째가 자산으로부터 발생하는 미래 경제적 효익이 기업에 유입될 가능성이 높다는 것이었음을 기억할 것이다. 즉 비록 일단 유형자산이 취득된 이후 시점의 지출이라고 하더라도 해당 지출로 미래 경제적 효익이 유입될 가능성이 높기만 하다면 이는 자산의 취득원가에 가산해야 할 지출이 되는 것이다(물론 신뢰성 있는 측정이 가능해야 한다는 추가 조건도 충족한다는 전제하에). 일단 자산이 취득되거나 완성된 이후 지출인데 취득원가에 가산해야 하는 지출을 자본적 지출이라고 부른다. 자본적 지출에 대해서는 다음과 같이 분개한다.

차) 유형자산	×××	대) 현금	×××

수익적 지출

이러한 취득 이후 자본적 지출과는 달리 일상적인 수선·유지와 관련하여 발생하는 원가는 해당 유형자산의 장부금액에 포함하여 인식하지 아니한다. 이러한 원가는 발생시점에 당기손익으로 인식한다. 일상적인 수선·유지과정에서 발생하는 원가는 주로 노무비와 소모품비로 구성되며 사소한 부품원가가 포함될 수도 있다. K-IFRS에서는 이러한 지출의 목적을 보통 유형자산의 '수선과 유지'로 설명한다(문단 12). 즉 수선과 유지를 위한 지출은 미래 경제적 효익을 기대하는 것이 아니라 자산의 성능을 유지하거나 복구하는 지출이다. 이를 자본적 지출과 대비하여 수익적 지출이라고 부른다. 수익적 지출에 대해서는 다음과 같이 분개한다.

차) 수선비	×××	대) 현금	×××

유형자산의 대체

일부 유형자산의 경우 주요 부품이나 구성요소의 정기적 교체가 필요할 수 있다. 예를 들면 용광로의 경우 일정시간 사용 후에 내화벽돌의 교체가 필요할 수 있으며, 항공기의 경우에도 좌석과 취사실 등의 내부설비를 항공기 동체의 내용연수 동안 여러 번 교체할 필요가 있을 수 있다. 또한 유형자산이 취득된 후 반복적이지만 비교적 낮은 빈도로 대체(예: 건물 인테리어 벽 대체)되거나 비반복적으로 대체되는 경우도 있다. 유형자산의 일부를 대체할 때 발생하는 원가가 인식기준을 충족하는 경우에는 이를 해당 유형자산의 장부금액에 포함하여 인식한다. 대체되는 부분의 장부금액은 K-IFRS의 제거 규정에 따라 제거한다(문단 13).

주기적 검사

항공기와 같은 유형자산을 계속적으로 가동하기 위해서는 당해 유형자산의 일부가 대체되는지 여부와 관계없이 결함에 대한 정기적인 종합검사가 필요할 수 있다. 정기적인 종합검사과정에서 발생하는 원가가 인식기준을 충족하는 경우에는 유형자산의 일부가 대체되는 것으로 보아 해당 유형자산의 장부금액에 포함하여 인식한다. 이 경우 직전에 이루어진 종합검사에서의 원가와 관련되어 남아있는 장부금액(물리적 부분의 장부금액과는 구별됨)을 제거한다. 이러한 회계처리는 해당 유형자산을 매입하거나 건설할 때 종합검사와 관련된 원가를 분리하여 인식하였는지 여부와 관계가 없다. K-IFRS에서는 필요하다면 해당 유형자산의 종합검사와 관련된 기존 원가요소가 매입 또는 건설시점에 얼마였는지를 나타내는 지표로서 미래의 유사한 종합검사 추정원가를 사용할 수 있다(문단 14).

2) 법인세법

법인세법 시행령 제31조(즉시상각의 의제)

자본적 지출이란 법인이 소유하는 감가상각자산의 내용연수를 연장시키거나 해당 자산의 가치를 현실적으로 증가시키기 위하여 지출한 수선비를 말하며, 다음 각 호의 어느 하나에 해당하는 것에 대한 지출을 포함한다.

1. 본래의 용도를 변경하기 위한 개조
2. 엘리베이터 또는 냉난방장치의 설치
3. 빌딩 등에 있어서 피난시설 등의 설치
4. 재해 등으로 인하여 멸실 또는 훼손되어 본래의 용도에 이용할 가치가 없는 건축물·기계·설비 등의 복구
5. 그 밖에 개량·확장·증설 등 제1호부터 제4호까지의 지출과 유사한 성질의 것

법인세법에서는 자본적 지출을 내용연수를 연장시키거나 해당 자산의 가치를 현실적으로 증가시키기 위해서 지출한 수선비라고 정의한다. 이런 정의는 회계상 미래 경제적 효익의 유입가능성이 높은 지출이라는 정의와 크게 다르지 않다. 그리고 법인세법에서는 자본적 지출로 분류해야 할 지출의 예를 보여준다. 이는 예시규정이므로 현실적으로는 이와 유사한 지출을 자본적 지출로 구분하면 될 것이다.

자본적 지출이지만 수익적 지출로 볼 수 있는 경우

법인세법 시행령 제31조(즉시상각의 의제)

법인이 각 사업연도에 지출한 수선비가 다음의 하나에 해당하는 경우로서 그 수선비를 해당 사업연도의 손비로 계상한 경우에는 자본적 지출에 포함하지 않는다.

1. 개별 자산별로 수선비로 지출한 금액이 600만원 미만인 경우
2. 개별자산별로 수선비로 지출한 금액이 직전 사업연도 종료일 현재 재무상태표상의 자산가액(취득가액에서 감가상각누계액 상당액을 차감한 금액을 말한다)의 5%에 미달하는 경우
3. 3년 미만의 기간마다 주기적인 수선을 위하여 지출하는 경우

비록 성격은 자본적 지출이라고 하더라도 금액이 너무 적다면 이를 굳이 취득원가에 가산한 후 감가상각을 시행하는 것이 번거로울 수 있다. 이런 점에서 법인세법에서는

소액의 수선비는 굳이 성격을 따지지 않고 손금에 계상하는 것을 허용한다. 이런 지출에는 주기적으로 지출되는 금액도 포함되는데 주기적으로 지출되는 금액은 감가상각을 하는 것과 하지 않는 것 사이에 큰 차이가 없기 때문이다. 위 조항에서 주의할 것은 '손비로 계상한 경우'라는 문구이다. 이미 여러 번 보았겠지만 이는 결산조정임을 의미한다. 따라서 회사가 이를 수선비로 계상한 경우에 인정한다는 의미이지 회사가 자본적 지출로 계상했음에도 불구하고 신고조정으로 수신비로 손금에 신입할 수는 없다.

3) 차이와 세무조정

기업회계기준과 법인세법은 자본적 지출과 수익적 지출을 구분하는 기본 관점은 동일하다. 그러나 법인세법은 보다 구체적으로 자본적 지출과 수익적 지출을 구분하고 있으며 자본적 지출 중 소액이거나 특정항목에 대해서는 수익적 지출로 계상하는 것을 허용한다.

이외에도 법인세법상 자본적 지출을 수익적 지출로 계상한 경우에는 즉시상각의제하며(즉 감가상각비로 간주하며) 수익적 지출을 자본적 지출로 계상한 경우에는 이를 부인하여 손금산입 유보처분한 후 감가상각과정에서 익금산입으로 정리한다. 이에 대해서는 다음 장에서 다시 설명할 것이다.

이번 장의 요약

1. 기업회계기준에서 유형자산이란 장기간 사용할 목적으로 보유 중인 물리적 형체가 있는 자산으로 미래 경제적 효익의 유입이 예상되며 원가를 신뢰성 있게 측정할 수 있을 때 인식한다.
2. 법인세법에서는 비록 자산의 요건을 충족하지만 소액이거나 혹은 자산으로 관리하는 것이 비효율적인 자산은 곧바로 손금에 산입할 수 있다.
3. 기업회계기준에서 유형자산의 취득원가는 매입가격을 포함하여 운송비, 세금과 같은 부대비용이 포함된 취득에 소요된 원가뿐만 아니라 자산을 해체하거나 복구에 소요될 것으로 추정되는 복구비용의 현재가치도 포함되며 미래 지급되는 대금에 포함된 유의적 금융요소는 취득원가에서 차감하고 이자비용으로 별도로 인식한다.
4. 법인세법에서는 미래 복구비용을 취득원가에 포함하지 않으며 미래 대금에 포함된 유의적 금융요소는 장기할부매입을 제외하고 취득원가와 분리하지 않는다. 또한 부당행위로 인한 시가초과액은 취득원가에서 제외한다.
5. 자산 간의 교환거래에 대해서 기업회계기준에서는 상업적 실질이 있는 경우에는 제공받은 자산의 취득원가를 제공한 자산의 공정가치로 하지만 상업적 실질이 없거나 공정가치를 신뢰성 있게 구할 수 없다면 제공한 자산의 장부가액으로 한다.
6. 자산 간의 교환거래에 대해서 법인세법에서는 제공받은 자산의 공정가치를 취득원가로 한다.
7. 유형자산의 취득과 직접적인 관련이 있는 특정차입금의 이자비용은 기업회계기준과 법인세법 모두에서 자본화하도록 규정한다.
8. 기업회계기준에서는 유형자산의 취득과 직접적인 관련이 없는 일반차입금 이자비용도 자본화해야 하지만 법인세법에서는 일반차입금 이자는 자본화 여부를 선택할 수 있다.
9. 기업회계기준에서는 취득 이후 지출이 유형자산의 인식조건을 충족할 경우에는 자본화하여 자산으로 인식하며 법인세법에서도 성격상 자산의 가치를 증대시키는 지출은 자본적 지출로 본다. 다만 소액의 자본적 지출은 즉시상각으로 의제하여 손금에 산입할 수 있다.

CHAPTER

6

유형자산의 감가상각

이번 장의 차례

CHAPTER 6

유형자산의 감가상각

기업회계기준에서는 감가상각비를 취득원가를 내용연수 동안에 걸쳐 체계적으로 배분한 금액이라고 정의한다. 법인세법에서는 결산상 계상한 감가상각비 중에서 일정범위 이내의 금액을 감가상각비로 손금에 산입한다. 회계상 감가상각방법으로는 정액법과 체감잔액법 중 합리적인 상각방법을 선택하는데 법인세법에서는 정액법과 정률법 중 신고한 방법에 의하여 감가상각범위액을 계산한다.

법인세법상 회사가 결산상 계상한 감가상각비 중 얼마를 손금으로 인정할 것인지를 정하는 과정을 시부인계산이라고 한다. 결산상 감가상각비가 법인세법상 범위액을 초과했을 때 초과금액을 상각부인액이라고 하고 미달한 금액은 시인부족액이라고 한다. 상각부인액은 손금불산입하며 그 이후 시인부족액에 대해서 손금으로 추인한다. 반면 시인부족액은 소멸하며 그 이후 상각부인액에 충당할 수 없다.

기업회계기준과 법인세법상 유형자산의 취득원가에서 차이가 있다면 감가상각비도 영향을 받는다. 결산상 취득원가 중 법인세법상 취득원가를 초과하는 금액은 손금산입되는데 이는 그 이후 결산상 감가상각비율만큼 익금산입하여 정리한다. 반대로 결산상 취득원가 중 법인세법상 취득원가에 미달하는 금액은 감가상각비로 의제한다. 이는 법인세법상 취득원가에 가산해야 할 자본적 지출을 결산상 수선비로 계상한 경우에도 적용된다.

일정기간 동안 법인세를 감면받는 회사는 감면기간 동안 감가상각비를 가급적 적게 계상하였다가 감면기간 이후에 감가상각비를 계상하여 법인세를 낮추고자 하는 유인을 갖는다. 이를 방지하기 위해서 법인세 감면기간 동안에는 법인세법상 상각범위액에 해당하는 만큼은 강제신고조정으로 손금산입하도록 한다(감가상각의제).

#내용연수 #감가상각범위 #시부인계산 #상각부인액 #시인부족액 #즉시상각의제 #감가상각의제

1 감가상각이란?

1.1 의미

1) 기업회계기준

K-IFRS 제1016호(유형자산) 문단 50
유형자산의 감가상각대상금액은 내용연수에 걸쳐 체계적인 방법으로 배분한다.

토지를 제외한 모든 자산의 수명은 유한하다. 유형자산의 수명을 내용연수라고 하는데 유형자산은 내용연수 동안 법인의 수익창출에 공헌하는 것이다. 그리고 유형자산의 취득원가는 유형자산의 내용연수 동안 유형자산을 사용하여 올린 수익에 대응되어야 할 비용이다. 그런데 매년 재무제표를 작성해야 한다는 점에서 볼 때 내용연수에 걸쳐 발생하는 총비용을 매연도별로 분할해야 할 필요가 있다. 그렇다면 취득원가를 매년 분할하면 얼마가 될 것인가?

예를 들어 유형자산의 내용연수가 10년이고 취득원가는 1억원이라고 가정하자. 유형자산은 10년에 걸쳐 수익창출에 공헌하며 10년간 들어간 총비용은 1억원임을 쉽게 알 수 있다. 그러나 매년 얼마씩 비용이 들어갔는지는 어떻게 정할 것인가? 10년간 총 1억원이 들어간 것은 분명하지만 매년 얼마씩 들어갔는지 사실상 알 수 없다. 그렇다고 해서 경영자가 매년 계상하는 비용을 임의로 정하도록 할 수는 없다. 이에 따라 매년 들어간 비용을 체계적인 방법으로 정하도록 하는데 이를 감가상각이라고 한다. 따라서 감가상각을 유형자산의 취득원가를 내용연수 동안 합리적으로 그리고 체계적으로 배분하는 절차라고 정의할 수 있다.

여기에서 체계적이라는 의미는 임의로 정하는 것에 반대되는 의미이다. 즉 경영자가 매년 자기 마음 내키는 대로 정하는 것이 아니라 사전에 객관적으로 정해진 방법에 의해 정하라는 의미이다. 예를 들어 자산을 취득하면서 10년간 총 1억원을 매년 동일한 금액으로 비용계상하기로 정하고 10년간 이 원칙을 일관성 있게 지켜나간다면 체계적인 방법으로 감가상각한 것이다. 그리고 합리적이라는 의미는 적용하는 체계적 방법이 논리적으로 설득력이 있어야 한다는 의미이다. 예를 들어 감가상각비가 매년 증가하는 방법을 선택하여 감가상각한다면 비록 체계적이라고 하더라도 합리적이라고 말할 수 없다. 자산은 내용연수가 지나갈수록 경제적 효익이 감소하는 것이 일반적이기 때문이다.

취득원가를 내용연수 동안 체계적으로 배분하기 위해서는 우선 내용연수가 얼마인지를 알아야 할 것이고 얼마를 배분해야 할 것인지, 즉 잔존가액도 알고 있어야 한다. 또한 어떤 체계적인 방법을 적용할 것인지도 사전에 정해야 한다. 따라서 감가상각비는 내용연수, 잔존가액, 상각방법의 함수로 정해진다.

2) 법인세법

법인세법 제23조(감가상각비의 손금불산입)
내국법인이 각 사업연도의 결산을 확정할 때 토지를 제외한 건물, 기계 및 장치, 특허권 등 유형자산 및 무형자산에 대한 감가상각비를 손비로 계상한 경우에는 상각범위액의 범위에서 그 계상한 감가상각비를 해당 사업연도의 소득금액을 계산할 때 손금에 산입하고, 그 계상한 금액 중 상각범위액을 초과하는 금액은 손금에 산입하지 아니한다.

감가상각의 의미에 대해서 법인세법은 별다른 규정을 두고 있지 않다. 그렇지만 지금까지 여러분들이 공부해온 바에 의하면 감가상각은 법인세법에서 인정하기 쉽지 않은 손금이다. 왜냐하면 내용연수와 잔존가치 그리고 상각방법 등 회사의 재량적 판단이 개입될 수밖에 없는 비용이기 때문이다.

그러나 어쨌든 내용연수 동안에 자산의 취득원가가 소멸하고 손금이 생긴다는 점을 부인하기 어렵기 때문에 위 규정에서 볼 수 있듯이 법인세법에서도 감가상각을 손금으로 인정한다. 다만 손금으로 인정하되 회사가 결산상 계상한 감가상각비 중 세법에서 정한 일정한 범위 내에 금액만 손금으로 인정한다는 소극적인 입장을 취한다.

1.2 감가상각요소: 내용연수

1) 기업회계기준

K-IFRS 제1016호(유형자산) 문단 56
유형자산의 미래 경제적 효익은 주로 사용함으로써 소비하는 것이 일반적이다. 그러나 자산을 사용하지 않더라도 기술적 또는 상업적 진부화와 마모 또는 손상 등의 다른 요인으로 인하여 자산에서 얻을 것으로 예상하였던 경제적 효익이 감소될 수 있다. 따라서 자산의 내용연수를 결정할 때에는 이런 요소를 모두 고려한다.

내용연수는 감가상각을 해야 할 기간을 결정하는 중요한 감가상각요소이다. 기업회계에서 내용연수는 근본적으로 경영자의 합리적 추정의 영역이다. 내용연수는 물리적으로 정해질 수도 있고 경제적으로 정해질 수도 있다.

물리적인 내용연수란 자산이 제대로 작동하는 기간이라고 할 수 있다. 경제적 내용연수란 자산이 수익창출에 공헌할 수 있는, 즉 경제적 효익을 창출할 수 있는 기간이다. 감가상각의 의미로 생각하면 내용연수는 경제적 내용연수를 의미하는 것으로 보아야 한다. 경제적 내용연수는 물리적 내용연수보다 언제나 짧을 것이다. 물리적 관점에서 보면 토지의 내용연수는 무한하다고 할 수 있지만 경제적 관점에서 보면 토지의 내용연수도 유한할 수 있다.

2) 법인세법

법인세법 시행령 제28조(내용연수와 상각률)
구조 또는 자산별·업종별로 기준내용연수에 그 기준내용연수의 100분의 25를 가감한 내용연수범위 안에서 법인이 선택하여 납세지 관할세무서장에게 신고한 내용연수와 그에 따른 상각률. 다만, 신고기한 내에 신고를 하지 않은 경우에는 기준내용연수와 그에 따른 상각률로 한다.

경영자의 추정을 가급적 인정하지 않고자 하는 법인세법의 취지에 따르면 내용연수에 대한 경영자의 판단도 허용하지 않을 것이다. 그 대신 법인세법에서는 자산의 종류,

업종 등에 따라서 내용연수를 사전에 정해놓았는데 이를 기준내용연수라고 한다.

다만 법인은 기준내용연수에 25%를 가감한 범위 내에서 내용연수를 선택하여 신고할 수 있는데 이를 신고내용연수라고 한다. 예를 들어 기준내용연수가 4년인 자산이라면 법인은 3~5년 사이에서 정하여 신고할 수 있는 것이다. 만일 법정내용연수가 실제 내용연수와 현저하게 괴리가 있다면 ±50% 범위 내에서는 특별하게 승인을 받아서 적용할 수 있는데 이는 특례내용연수이다. 그 밖에 기준내용연수의 50%가 경과한 중고자산을 매입한 경우라면 기준내용연수의 50%와 기준내용연수 사이에서 내용연수를 신고할 수 있다.

주의해야 할 것은 법인세법상 내용연수는 상각률을 찾아내기 위한 요소일 뿐이지 기업회계에서처럼 감가상각기간을 정한다는 의미를 갖지 않는다는 점이다. 물론 특별한 변동이 없다면 대개의 경우 내용연수에 맞추어서 감가상각이 종료되겠지만 반드시 그렇게 된다는 보장이 있는 것은 아니다. 따라서 법인세법에 따라 감가상각을 손금으로 산입하다 보면 내용연수를 초과할 수도 있다는 점에 유의해야 한다.

1.3 감가상각요소: 잔존가액

1) 기업회계기준

K-IFRS 제1016호(유형자산) 문단 53
감가상각대상금액은 유형자산의 원가에서 잔존가치를 차감한 금액이다. 실무적으로 잔존가치는 경미한 경우가 많으므로 감가상각대상금액을 계산할 때 중요하게 다루어지지 않는다.

잔존가액은 내용연수가 종료되었을 때 남게 되는 유형자산의 가치이므로 취득 당시에는 정확하게 알 수 없으며 본질적으로는 경영자의 합리적 추정에 의존하여 정해진다. 잔존가액은 감가상각계산을 위해 필요한데 감가상각이 종료되어 폐기되거나 처분될 때까지는 장부에 잔존가액으로 남아있을 것이다. 그러나 위 K-IFRS에서도 언급한 대로 회계상 중요한 의미를 갖는 것은 아니므로 대개 잔존가치는 없다고 보는 것이 편리하다.

2) 법인세법

법인세법 시행령 제26조(상각범위액의 계산)
상각범위액을 계산함에 있어서 감가상각자산의 잔존가액은 "0"으로 한다. 다만, 정률법에 의하여 상각범위액을 계산하는 경우에는 취득가액의 100분의 5에 상당하는 금액으로 하되, 그 금액은 당해 감가상각자산에 대한 미상각잔액이 최초로 취득가액의 100분의 5 이하가 되는 사업연도의 상각범위액에 가산한다.

법인세법에서는 정액법의 경우에는 0원으로 정하고 정률법의 경우에는 취득원가의 5%로 정한다. 이는 특별한 의미가 있다기보다는 감가상각계산의 편의를 도모하기 위함이다. 또한 실제 감가상각이 종료하게 되면 취득원가의 5%와 1,000원 중 적은 금액을 남기는 것으로 한다(비망가액). 그렇지만 오히려 취득원가의 5%와 1,000원 중 적은 금액이 남을 때까지 감가상각을 한다고 표현하는 것이 맞다. 이렇게 남은 잔존가액은 자산이 폐기되거나 처분될 때까지는 장부에 남아있어야 한다. 따라서 법인세법상 잔존가액은 감가상각계산상의 편의와 잊지 않고 장부에 기록을 남기고자 하는 비망용으로서의 의미를 가질 뿐이다.

1.4 감가상각방법

1) 기업회계기준

K-IFRS 제1016호(유형자산) 문단 62
유형자산의 감가상각대상금액을 내용연수 동안 체계적으로 배부하기 위해 다양한 방법을 사용할 수 있다. 이러한 감가상각방법에는 정액법, 체감잔액법과 생산량비례법이 있다. 감가상각방법은 해당 자산에 내재되어 있는 미래 경제적 효익의 예상 소비형태를 가장 잘 반영하는 방법을 선택하고, 예상 소비형태가 달라지지 않는 한 매 회계기간에 일관성 있게 적용한다.

취득원가를 내용연수 동안 합리적으로 그리고 체계적으로 배분하는 방법에는 무엇이 있을까? 가장 쉽게 떠 올릴 수 있는 것은 매년 동일한 금액으로 배분하는 것이다. 이를 정액법이라고 하는데 가장 쉽고 계산도 편하다.

또한 유형자산이 일정한 비율로 감소하도록 정하는 방법도 비교적 이해하기도 쉽고 계산이 편한 방법이다. 이를 체감잔액법이라고 한다. 체감잔액법 중 하나는 정률법이다. 정률법은 일정한 비율을 장부가액에 곱해서 내용연수 동안의 감가상각비를 구하는 방법이다. 내용연수 동안에 자산이 일정한 비율로 줄어들어서 내용연수가 종료하면 잔존가액만 남도록 하려면 다음과 같이 비율을 정하면 된다.

취득원가$\times(1-r)^n$ = 잔존가액, $r=1-$(잔존가액/취득원가)$^{(1/n)}$

위 식에서 r을 정률이라고 부른다. 그러면 매년 감가상각비는 장부가액(취득원가에서 감가상각누계를 차감한 잔액)에 정률을 곱하여 구한다. 이렇게 감가상각비를 계산하면 매년 장부가액이 감소하게 되므로 내용연수가 지나가면서 감가상각비도 감소한다. 따라서 정률법은 체감잔액법이다. 앞서 언급한 대로 유형자산이 제공하는 경제적 효익은 시간이 흐를수록 감소하는 것이 보통이므로 효익에 대응되는 감가상각비도 줄어드는 것이 자연스럽다는 점에서 정액법보다는 정률법이 합리적이다. 정률법 외에도 연수합계법 등도 체감잔액법의 일종이다.

이상에서 살펴본 정액법과 정률법은 모두 내용연수에 따라 취득원가를 체계적으로 배분하는 방법이다. 그런데 어떤 자산은 시간의 흐름보다는 생산량 혹은 이용정도가 더욱 중요한 자산이 있다. 예를 들어 광업용 자산이라면 자산의 내용연수보다는 한정된 매장량에서 얼마나 채굴했는지가 감가상각을 정하는 더욱 중요한 요인이라고 할 수 있다. 이런 자산의 경우에는 정액법 혹은 정률법과 같은 통상적인 방법보다는 사용량을 기준으로 감가상각을 정하는 것이 더욱 적절하다. 예를 들어 황금을 채굴하는 금광이 있는데 매장량이 100kg이라고 하자. 그런데 어느 해 10kg을 채취하였다면 금을 채취하는 데 들어간 유형자산의 감가상각은 취득원가의 10%로 계산하는 것이 합리적이다. 이렇게 사용량을 기준으로 감가상각을 정하는 방법을 생산량비례법이라고 한다.

2) 법인세법

법인세법 시행령 제26조(상각범위액의 계산)

① 다음 방법 중 관할세무서장에게 신고한 방법에 의한다.

1. 건축물과 무형자산: 정액법
2. 건축물 외의 유형자산(광업용 유형자산 제외): 정률법 또는 정액법
3. 광업권: 생산량비례법 또는 정액법
4. 광업용 또는 폐기물매립시설: 생산량비례법 또는 정액법

…(중략)…

④ 법인이 상각방법의 신고를 하지 아니한 경우 해당 감가상각자산에 대한 상각범위액은 다음의 구분에 따른 상각방법에 의하여 계산한다.

1. 건축물: 정액법
2. 건축물 외 유형자산(광업용 유형자산 제외): 정률법
3. 광업용 유형고정자산: 생산량비례법

법인세법에서도 회사가 감가상각방법을 선택하여 신고할 수 있도록 규정하고 있다. 다만 건축물의 경우에는 정액법만을 사용해야 하고 생산량비례법은 광업용 유형자산의 경우에만 허용된다. 그리고 회사가 감가상각방법을 신고하지 않았다면 법인세법에서 정한 방법에 따라서 감가상각해야 한다.

1.5 감가상각비 계산

1) 기업회계기준

연간 감가상각비

다양한 감가상각방법 중 정액법과 정률법의 계산방법으로 한정하여 살펴보자. 정액법의 경우에는 취득원가에서 잔존가액을 차감한 금액, 즉 감가상각대상금액을 내용연수로 나누어서 매년 동일한 금액의 감가상각비가 계상되도록 한다. 따라서 다음과 같이 매년 감가상각비가 결정된다.

연간 정액법 감가상각비 = (취득원가 − 잔존가액)/내용연수

위 식에서 볼 수 있듯이 연간 정액법 감가상각비는 취득원가, 잔존가액 그리고 내용연수에 따라서 정해지는데 이 세 요소 모두 이미 정해진 것이므로 정액법에서는 연도와 관계없이 매년 일정한 금액이 계상된다. 이에 비해 정률법에서는 다음과 같이 매년 감가상각비가 정해진다.

연간 정률법 감가상각비 = 기초장부가액×정률

위 식에서 보면 연간 정률법 감가상각비는 유형자산의 기초장부가액(취득원가에서 감가상각누계액을 차감)에 정률을 곱한다. 정률은 이미 정해진 것이지만 유형자산 기초장부가액은 매년 감소한다. 따라서 정률법하에서의 감가상각비는 매년 감소한다.

사례 6-1

갑회사는 제1차연도 1월 1일 유형자산을 10,000원에 취득하였다. 내용연수는 5년이고 잔존가치는 정률법하에서는 취득가액의 5%이며 정액법하에서는 없다고 가정한다.

위 사례에서 보면 정액법하에서는 잔존가치가 없으므로 매년 2,000원씩의 감가상각비를 계상한다. 정률법하에서는 우선 정률을 계산해야 하는데 앞선 공식에 따르면 정률은 $1-(\text{잔존가치}/\text{취득원가})^{(1/\text{내용연수})}=1-(0.05)^{0.2}\fallingdotseq 0.451$이다. 이에 따라 제1차연도와 제2차연도의 감가상각비를 계산하면 아래와 같다.

연도	기초장부가액	감가상각비	기말장부가액
제1차연도	10,000	4,510	5,490
제2차연도	5,490	2,476	3,014

위 표에서 보듯이 제1차연도 감가상각비는 취득원가 10,000원에 45.1%의 정률을 곱한 4,510원이다. 장부가액은 취득원가에서 감가상각누계액을 차감한 값이다. 그러면 다시 다음 해의 장부가액은 5,490원이 되고 여기에 다시 45.1%의 정률을 곱하면 2,476원의 감가상각비를 구할 수 있다.

기중 취득자산의 감가상각비

앞선 공식에 따른 감가상각비는 연간 감가상각비이다. 만일 1월 1일이 아닌 4월 15일 아니면 7월 20일과 같이 기중에 취득한 자산의 감가상각비는 어떻게 계산해야 할까? K-IFRS에는 이에 대한 규정은 없다. 다만 상식에 의거해서 합리적으로 생각해볼 수 있다. 즉 기중 사용한 기간에 비례해서 감가상각비를 계산하면 될 것이다. 다음과 같은 사례를 생각해보자.

사례 6-2

갑회사는 제1차연도 7월 1일 유형자산을 10,000원에 취득하였다. 내용연수는 5년이고 잔존가치는 정률법하에서는 취득가액의 5%이며 정액법하에서는 없다고 가정한다.

정액법으로 감가상각한다면 매연도 2,000원의 감가상각비를 계상한다. 그런데 기중 취득한 것이고 제1차연도에는 취득 이후 6개월이 경과하였으므로 2,000원×(6/12)=1,000원의 감가상각비를 계상한다. 제2차연도는 사용기간이 1년 전체이므로 2,000원의 감가상각비를 계상할 것이다. 만일 내용연수만큼 정확하게 자산을 사용한다면 아마 제6차연도 6월 30일까지 자산을 사용하고 폐기할 것이다. 이 경우 마지막 해인 제6차연도에도 첫해와 마찬가지로 연간 감가상각비의 절반인 1,000원의 감가상각비를 계상한다.

정률법으로 감가상각한다면 어떻게 해야 할까? 제1차연도에는 연간 감가상각비의 절반만 계상하면 될 것임을 쉽게 생각할 수 있다. 그리고 제2차연도부터는 앞선 공식대로 기초 장부가액에 정률을 곱해서 구하면 된다. 이렇게 계산하면 제1차연도와 제2차연도의 정률법 감가상각비는 다음과 같이 계산된다.

연도	기초장부가액	감가상각비	기말장부가액
제1차연도	10,000	2,255	7,745
제2차연도	7,745	3,493	4,252

위 표에서 볼 수 있듯이 제1차연도 감가상각비는 원래 첫해 정률법 감가상각비의 절반으로 4,510원×(6/12)=2,255원이다. 제2차연도 감가상각비는 기초장부가액 7,745원에 정률 0.451을 곱한 3,493원이다.

감가상각의 표시

감가상각비는 손익계산서상 비용이며 동시에 유형자산의 장부가액이 감소한다. 유형자산의 장부가액 감소를 취득원가에서 직접 차감하는 형식으로 표시할 수도 있는데 이를 직접법이라고 부를 수 있다. 유형자산의 감가상각비를 직접법으로 분개하면 다음과 같다.

차) 감가상각비	×××	대) 유형자산	×××

위와 같은 직접법 외에도 감가상각이 진행되고 있는 유형자산의 장부가액을 감가상각누계를 통해서 간접적으로 보여줄 수도 있다. 이는 간접법이라고 부르고 다음과 같이 분개한다.

차) 감가상각비	×××	대) 감가상각누계	×××

K-IFRS에서는 직접법이나 간접법 중 어느 하나를 강제하고 있지 않다. 따라서 기업은 두 방법 중 하나를 선택하여 표시할 수 있다. 다만 실무관행상으로는 간접법을 더 많이 사용한다. 본 교재에서도 간접법을 이용해서 표시하는 것으로 한다.

2) 법인세법

상각범위액 계산방법

법인세법 시행령 제26조(상각범위액의 계산)

1. 정액법: 당해 감가상각자산의 취득가액에 당해 자산의 내용연수에 따른 상각률을 곱하여 계산한 각 사업연도의 상각범위액이 매년 균등하게 되는 상각방법
2. 정률법: 해당 감가상각자산의 취득가액에서 이미 감가상각비로 손금에 산입한 금액을 공제한 잔액에 해당 자산의 내용연수에 따른 상각률을 곱하여 계산한 각 사업연도의 상각범위액이 매년 체감되는 상각방법

위에서 규정하고 있는 바와 같이 법인세법에서도 감가상각범위액의 계산방법은 회계상 계산방법과 다르지 않다. 그러나 주의해야 할 것은 이는 상각범위액이라는 사실이다. 용어 자체에서 알 수 있듯이 상각범위액이 곧바로 손금에 산입되는 것은 아니며 회계상, 즉 결산상 계상한 감가상각비 중 범위액을 초과하지 않는 금액만이 손금에 산

입될 수 있다.

기중 취득자산의 상각범위액

법인세법 시행령 제26조(상각범위액의 계산)
사업연도 중에 취득하여 사업에 사용한 감가상각자산에 대한 상각범위액은 사업에 사용한 날부터 당해 사업연도종료일까지의 월수에 따라 계산한다. 이 경우 월수는 역에 따라 계산하되 1월 미만의 일수는 1월로 한다.

위 법인세법 규정은 기중 취득 유형자산의 상각범위액을 계산하는 방법에 대해서 규정하고 있다. 이를 보면 앞선 기업회계기준에 따른 방법과 유사하다는 것을 알 수 있다. 즉 기중에 취득하여 1년 전체로 사용하지 않은 유형자산의 경우에는 사용한 기간, 즉 월수에 비례하여 감가상각비를 계산한다는 것이다(월할상각). 예를 들어 1년간 감가상각비가 1,000원인데 제1차연도 7월 15일에 취득한 자산의 제1차연도 감가상각비는 얼마인가? 월수에 따라 비례적으로 계산한다고 하였는데 7월 15일에 취득하였으므로 당기중 사용기간은 6개월에서 조금 못 미치는 5개월 15일이다. 그런데 위 법인세법 규정에서 1월 미만은 1월로 한다고 하였으므로 5개월 15일이라고 하더라도 6개월이라고 생각하고 감가상각비를 계산하면 된다. 따라서 이와 같은 법인세법 규정은 앞선 기업회계기준과 동일하다.

표시방법

법인세법에서도 기업회계기준과 마찬가지로 유형자산 장부가액의 표시방법을 특별하게 규정하고 있지 않다. 다만 나중에 설명하겠지만 취득원가에 대한 세무조정과 감가상각누계에 대한 세무조정을 구분하는 것이 편리하다는 점에서 볼 때 간접법을 적용하여 표시한다고 가정하는 것이 좋다.

예제 6-1

㈜서울은 제1차연도초 유형자산을 10,000원에 구입하였는데 세법상 내용연수는 3년이고 정액법 상각률은 0.333이며 정률법 상각률은 0.632이다. 세법상 상각범위액만큼 감가상각비를 계상한다면 매연도별 감가상각비와 자산의 장부가액은 얼마인가? 정액법과 정률법으로 각각 계산하시오.

| 풀이 |

※ 법인세법상 정액법은 취득가액에 상각률을 곱하여 상각범위액을 구하며 정률법은 장부가액에 상각률을 곱하여 상각범위액을 구한다.

※ 법인세법상 감가상각대상자산의 잔존가액은 0이다. 그러나 정률법에서는 계산의 편의상 취득가액의 5%를 잔존가액이라고 가정하고 상각률을 구한다. 그리고 잔존가액이 취득가액의 5% 미만이 되는 연도에는 남은 금액 전부를 감가상각한다.

※ 감가상각이 종료되었다고 하더라도 자산이 폐기되기 전까지는 취득가액의 5%와 1,000원 중 적은 금액을 항상 남겨야 한다. 이는 경제적 의미가 있는 것은 아니며 장부에서 제거되지 않도록 하기 위한 일종의 비망기록용이다.

(정액법)

(상각률 0.333)	연도			
	0	1	2	3
자산(기말)	10,000	10,000	10,000	10,000
감가상각누계(기말)	–	(3,330)	(6,660)[b]	(10,000)
장부가액(기말)	10,000	6,670	3,340	–[c]
감가상각비		3,330[a]	3,330	3,340[d]

a) 유형자산 가액×정액법 내용연수 3년 상각률 0.333, 즉 10,000원×0.333=3,330원
b) 기말 감가상각누계=전기말 감가상각누계+당기 감가상각비=3,330+3,330=6,660원
c) 세법상 감가상각이 종료되었더라도 자산이 처분되지 않았다면 장부에서 제거할 수 없다. 따라서 최소한의 금액을 장부상 남기기 위하여(이를 비망기록용이라고 한다) 1,000원과 취득가액의 5% 중 적은 금액을 남겨야 한다. 그러나 본 문제에서는 계산 편의상 이를 감안하지 않는다.
d) 장부잔액을 0이 되도록 하기 위해서 역으로 구한 금액이다.

(정률법)

(상각률 0.632)	연도			
	0	1	2	3
자산(기말)	10,000	10,000	10,000	10,000
감가상각누계(기말)	–	(6,320)	(8,646)[b]	(9,500)
장부가액(기말)	10,000	3,680	1,354	500[c]
감가상각비		6,320	2,326[a]	854[d]

a) (유형자산 가액−전기말 감가상각누계)×정률법 내용연수 3년 상각률 0.632, 즉 (10,000원−6,320원)×0.632=2,326원
b) 기말 감가상각누계=전기말 감가상각누계+당기 감가상각비=6,320+2,326=8,646원

c) 정률법에서 세법상 가정하는 잔존가액은 취득원가의 5%이다. 따라서 감가상각이 종료된 후 잔존가액은 취득원가의 5%가 된다.
d) 취득원가의 5%인 500원을 남기기 위해서 역으로 구한 금액이다.

2 세무조정: 상각부인액과 시인부족액

법인세법 시행령 제32조(상각부인액 등의 처리)
① 법인이 상각범위액을 초과해 손금에 산입하지 않는 금액('상각부인액')은 그 후의 사업연도에 해당 법인이 손비로 계상한 감가상각비가 상각범위액에 미달하는 경우에 그 미달하는 금액(시인부족액)을 한도로 손금에 산입한다. 이 경우 법인이 감가상각비를 손비로 계상하지 않은 경우에도 상각범위액을 한도로 그 상각부인액을 손금에 산입한다.
② 시인부족액은 그 후 사업연도의 상각부인액에 이를 충당하지 못한다.

앞서 살펴본 대로 법인세법에서는 회계상(결산상) 계상한 감가상각비가 법인세법에서 정한 상각범위를 초과하지 않는 경우에 한하여 감가상각비를 손금으로 인정한다. 그런 경우 상각범위액을 초과한 금액을 상각부인액 그리고 미달한 금액을 시인부족액이라고 부른다. 이는 다음과 같다.

회계상 감가상각비 − 법인세법상 상각범위액 = 상각부인액(혹은 시인부족액)

상각부인액은 당연히 손금에 산입하지 아니한다. 상각부인액이 손금에 산입되지 않는 것과는 달리 시인부족액은 그대로 소멸된다. 상각부인액이 손금불산입이 되었다면 반대로 시인부족액은 손금산입되는 것이 합리적이라고 생각할지 모르지만 감가상각은 결산조정항목이므로 회사가 결산에 반영하지 않은 감가상각비는 인정받을 수 없다는 점을 생각해야 한다. 이는 상각범위라는 용어의 의미를 살펴보면 이해가 될 것이다.

상각부인액은 회계상 자산과 세무상 자산 간의 차이가 되므로 일시적 차이가 되고 유보로 처분된다. 그렇다면 상각부인액으로 유보처분된 금액은 언제 반대로 조정되는가? 위 법인세법 시행령 제32조 ①항을 보면 유보로 처분된 금액은 그 이후 시인부족액이 생기면 손금으로 추인받는 것을 알 수 있다. 만일 시인부족액이 생기지 않는다면 결국 자산을 처분할 때까지 기다렸다가 손금으로 추인받게 될 것이다. 회계와 세무상 취득원가 자체가 동일하다면 내용연수 동안 계상하는 감가상각비 총액은 같아야 할 것이고 그렇다면 한번 생긴 상각부인액은 자산을 처분하지 않는 한 언젠가는 시인부족액이 생겨서 추인받게 된다. 극단적으로 회사가 첫해 취득원가 전부를 감가상각으로 계상하게 되면 세법상 상각부인액이 생길 것이고 이는 그 이후 시인부족액으로 손금산입되므로 세법상 내용연수 동안 감가상각이 계속될 것이다.

위 법인세법 시행령 제32조 ②항을 보면 시인부족액은 그 이후 상각부인액에 충당하지 못한다고 규정하고 있다. 상각부인액은 나중에 생긴 시인부족액으로 손금산입된다고 했으므로 소멸했던 시인부족액도 나중에 상각부인액이 생기면 손금으로 인정받는 것이 공평하다고 생각할 수도 있다. 하지만 그렇지 않다는 것을 분명히 밝히고 있다. 극단적으로 회사가 유형자산을 취득하고도 감가상각을 전혀 하지 않고 놓아두다가 내용연수가 종료되는 마지막 해에 전부 감가상각비를 계상한다면 어떻게 될까? 이렇게 되면 시인부족액은 전부 소멸하고 마지막 해에 계상한 감가상각비로는 충당할 수 없으므로 자산을 마지막 해에 처음으로 취득한 것처럼 다시 세법상 감가상각이 시작되어 결국 내용연수를 초과한 감가상각이 진행된다.

위와 같이 상각부인액은 시인부족액으로 추인할 수 있도록 하면서 시인부족액은 소멸시키고 그 이후 상각부인액으로 충당할 수 없도록 하는 것이 왠지 불합리해 보이고 공평해 보이지 않을 것이다. 이는 감가상각을 결산조정항목으로 정해놓았기 때문이다. 우리나라와 달리 미국세법에서는 세무상 감가상각은 회계상 감가상각과 독립적으로 계산된다. 이렇게 되면 이는 신고조정사항이 되므로 우리나라와 같은 문제는 생기지 않는다.

법인세법에 따라서 회사가 계상한 감가상각비에 대한 세무조정을 하는 과정을 실무상 간단하게 '시부인계산'이라고 한다. 결산상 계상한 감가상각비를 시인할 것인지 아니면 부인할 것인지를 정하는 과정이라는 뜻이다. 시부인계산은 아래와 같은 〈표 6-1〉에 숫자를 번호 순서대로 맞추어 넣는다고 생각하면 편리하다.

▌표 6-1 ▌감가상각비 시부인계산

시부인 대상 감가상각비	상각범위액	상각부인 혹은 시인부족
①	②	③

①은 시부인 대상이 되는 감가상각비인데 대체로 회사가 결산상 계상한 감가상각비와 같다. 그러나 뒤에서 설명하게 될 즉시상각의제가 있거나 취득원가 부인액이 있는 경우에는 결산상 감가상각비와 달라질 수도 있음에 주의해야 한다.

②는 법인세법상 감가상각범위액이다. 감가상각범위액을 구하는 과정은 이미 설명한 바와 같다. ③은 ①과 ②를 비교하여 상각부인액 혹은 시인부족액을 정하고 상각부인액은 익금산입하여 유보처분하며 시인부족액 중 전기말 상각부인액을 추인하고 남은 잔액은 세무조정 없이 그대로 소멸시킨다.

사례 6-3

갑회사의 결산상 유형자산의 장부가액은 전기말 10,000원이었고 당기 감가상각 4,000원을 반영한 후 당기말 장부가액은 6,000원이다. 다음과 같은 상황에 따라서 세무조정하시오.
(상황 1) 전기말 감가상각부인액 1,500원 세법상 감가상각범위 5,000원
(상황 2) 전기말 시인부족액 1,000원 세법상 감가상각범위 2,500원

위 (사례 6-3)에 맞추어 〈표 6-1〉을 완성해보면 다음과 같다.

상황	시부인 대상	상각범위액	상각부인(시인부족)
상황 1	① 4,000원	② 5,000원	③ △1,000원(손금)
상황 2	① 4,000원	② 2,500원	③ 1,500원(익금)

(사례 6-3) (상황 1)에서는 결산상 감가상각비 4,000원보다 세법상 상각범위액 5,000원이 크기 때문에 시인부족액이 1,000원 생긴다. 앞선 법인세법 규정에 따르면 시인부족액은 소멸하지만 전기말 상각부인을 시인부족액 한도로 손금에 산입할 수 있다고 했으므로 전기말 상각부인액 중 1,000원만큼 손금에 산입한다. 소득처분은 당연히 △유보가 될 것이다.

(사례 6-3) (상황 2)를 보면 세법상 상각범위액이 2,500원으로서 결산상 감가상각비 4,000원 중 1,500원이 부인된다. 그렇다면 전기말 시인부족액은 어떻게 되는가? 앞선

법인세법 규정에서는 시인부족액은 소멸하며 그 이후 상각부인액에 충당하지 않는다고 하였으므로 전기말 시인부족액은 세무조정에 영향이 없다. 따라서 세무조정으로 1,500원을 익금에 산입하고 유보로 처분한다.

감가상각자산의 기말장부가액을 이용한 세무조정

앞선 감가상각 시부인계산은 유형자산의 기말장부가액에서 결산과 세법상 차이를 이용해서 할 수도 있다. 설명의 편의를 위해서 다음과 같은 표를 만들어보자.

표 6-2 장부가액 차이를 이용한 감가상각 시부인계산

구분	기말장부가액		
	감가상각 전	감가상각	감가상각 후
결산상 장부가액	×××	×××	×××
(+)감가상각부인	×××	④	②
=세무상 장부가액	×××	③	①

위 〈표 6-2〉에서 ×××로 표시한 곳은 자료에서 주어지거나 손쉽게 유추할 수 있는 금액이다. 장부가액을 기초로 어떤 세무조정을 할 것인지를 알기 위해서는 ①→②(혹은 ③)→④의 순서로 계산한다.

가장 핵심은 ①인데 이는 세무상 장부가액이다. 법인세법 규정하에서 감가상각비 세무조정이 끝난 후, 즉 시부인과정이 종료된 후 법인세법상 유형자산의 기말장부가액은 세무상 최소 기말 장부가액과 결산상 기말장부가액 중 큰 금액으로 정해진다. 즉 다음과 같다.

① 세무상 기말장부가액 = MAX(결산상 기말장부가액, 세무상 최소 기말장부가액)
※ 세무상 최소 기말장부가액 = 감가상각 시부인 직전 세무상 기말장부가액 − 세무상 상각범위액

①이 정해지면 ②와 ③은 동시에 쉽게 구할 수 있다. ②와 ③ 중 하나만 알더라도 ④는 금방 구한다. 세무조정은 마지막 ④에 기초해서 이루어진다. 세무상 장부가액을 기초로 앞선 (사례 6-3)에서의 세무조정을 해보자. (상황 1)부터 살펴보면 다음과 같다.

(상황 1)

구분	기말장부가액		
	감가상각 전	감가상각	감가상각 후
결산상 장부가액	10,000	△4,000	6,000
(+)감가상각부인	1,500	④ △1,000	② 500
=세무상 장부가액	11,500	③ △5,000	① 6,500

위 표에서 당기말 세무상 최소 기말장부가액은 감가상각 시부인계산 직전 11,500원에서 감가상각범위액 5,000원을 차감한 6,500원이다. 그리고 세무상 기말 장부가액은 세무상 최소 기말장부가액과 결산상 장부가액 중 큰 금액이라고 했으므로 6,500원(①)이 그대로 세무상 장부가액이 된다. 따라서 시부인계산 후 감가상각부인액의 잔액은 500원(②)이 될 것이며 이에 따라 감가상각부인액 중 1,000원(④)을 손금에 산입하고 △유보로 처분한다. 다음으로 (사례 6-3)에서 (상황 2)를 보면 아래와 같다.

(상황 2)

구분	기말 장부가액		
	감가상각 전	감가상각	감가상각 후
결산상 장부가액	10,000	△4,000	6,000
(+)감가상각부인	-	④ 1,500	② 1,500
=세무상 장부가액	10,000	③ △2,500	① 7,500

(상황 2)에서 당기말 세무상 최소 기말장부가액은 감가상각 시부인계산 직전 10,000원에서 감가상각 범위액 2,500원을 차감한 7,500원이다. 이 금액과 결산상 장부가액 중 큰 금액, 즉 7,500원(①)이 세무상 장부가액이다. 따라서 시부인계산을 하고 나면 감가상각부인액은 1,500원(②)이 될 것이므로 당기에 1,500원(④)을 감가상각부인액으로 익금산입하여 유보로 처분해야 한다.

이러한 과정을 통해서 감가상각 시부인계산을 장부가액을 중심으로 계산해도 결과는 동일하다는 것을 알 수 있다. 그리고 어떤 경우에는 이렇게 장부가액 중심으로 생각하는 것이 편리하고 실수를 줄일 수 있는 길이기도 하다.

예제 6-2

㈜서울은 제1차연도초 유형자산을 10,000원에 구입하였는데 세법상 내용연수는 3년이고 법인세법상 정률법으로 감가상각하는데 정률법 상각률은 0.632이다. 다음 상황에 맞추어 연도별로 필요한 세무조정을 하시오.

(상황 1) ㈜서울은 제1차연도에 감가상각비로 10,000원을 계상하고 그 이후 계상하지 않았다.

(상황 2) ㈜서울은 감가상각비를 계상하지 않고 있다가 제3차연도에 한꺼번에 10,000원을 계상하였다.

| 풀이 |

(상황 1) 제1차연도 감가상각비로 10,000원 계상

※ 일단 결산상 연도별 장부가액과 감가상각비 계상액을 구해보면 아래와 같다.

구분	연도			
	0	1	2	3
취득가액(기말)	10,000	10,000	10,000	10,000
감가상각누계(기말)	–	(10,000)	(10,000)	(10,000)
장부가액(기말)	10,000	–	–	–
감가상각비		10,000	–	–

※ 법인이 상각범위액을 초과해 손금에 산입하지 않는 금액('상각부인액')은 그 후의 사업연도에 해당 법인이 손비로 계상한 감가상각비가 상각범위액에 미달하는 경우에 그 미달하는 금액(시인부족액)을 한도로 손금에 산입한다.

※ 이 경우 법인이 감가상각비를 손비로 계상하지 않은 경우에도 상각범위액을 한도로 그 상각부인액을 손금에 산입한다.

※ 연도별 감가상각비 시부인계산은 다음과 같다.

구분	연도		
	1	2	3
전기말 결산상 장부가액	10,000	–	–
전기말 상각부인 누계	–	3,680	1,354
전기말 세무상 장부가액	10,000	3,680	1,354
(×)상각률(정률법)	0.632	0.632	0.632
당기 세법상 감가상각범위	6,320	2,326	854
당기 시부인 대상 감가상각비	10,000	–	–
당기 상각부인(시인부족)	3,680	(2,326)	(854)

(세무조정)

제1차연도 익금산입 감가상각누계(감가상각부인) 3,680원(유보)

제2차연도 손금산입 감가상각누계(전기감가상각부인) 2,326원(△유보)

제3차연도 손금산입 감가상각누계(전기감가상각부인) 854원(△유보)

※ 제1차연도 상각부인되어 유보처분된 금액 중 남은 잔액 500원은 차후 자산이 장부에서 제거될 때 손금으로 추인받을 수 있다.

※ 위와 같은 세무조정은 다음과 같이 결산상 장부가액과 세무상 장부가액의 차이로 접근해볼 수도 있다.

구분	연도			
	0	1	2	3
세무상 기말장부가액[a)]	10,000	3,680	1,354	500
결산상 기말장부가액	10,000	–	–	–
차이	–	3,680	1,354	500
당기 세무조정[b)]	–	3,680	(2,326)	(854)

a) 취득연도 이후에는 전기말 세무상 장부가액에서 상각범위액을 차감한 값(세무상 최소 기말장부가액)과 결산상 장부가액 중 큰 금액으로 정한다. 즉 다음과 같다.

구분	연도			
	0	1	2	3
(A) 세무상 최소 기말장부가액	10,000	3,680	1,354	500
(B) 결산상 기말장부가액	10,000	–	–	–
(C) 세무상 장부가액 MAX(A, B)	10,000	3,680	1,354	500

b) 당기말 차이에서 전기말 차이를 차감한다.

(상황 2) 제3차연도 감가상각비로 10,000원 계상

※ 일단 결산상 연도별 장부가액과 감가상각비 계상액을 구해보면 아래와 같다.

구분	연도			
	0	1	2	3
취득가액(기말)	10,000	10,000	10,000	10,000
감가상각누계(기말)	–	–	–	(10,000)
장부가액(기말)	10,000	10,000	10,000	–
감가상각비		–	–	10,000

※ 시인부족액은 그 후 사업연도의 상각부인액에 이를 충당하지 못한다.

※ 연도별 감가상각 시부인계산은 다음과 같다.

구분	연도		
	1	2	3
전기말 결산상 장부가액	10,000	10,000	10,000
전기말 상각부인누계	–	–	–
전기말 세무상 장부가액	10,000	10,000	10,000
(×)상각률(정률법)	0.632	0.632	0.632
당기 세법상 감가상각범위	6,320	6,320	6,320
당기 시부인 대상 감가상각비	–	–	10,000
당기 상각부인(시인부족)	(6,320)	(6,320)	3,680

(세무조정)
제3차연도 익금산입 감가상각누계(감가상각부인) 3,680원(유보)

※ 위 상황에서는 회계상 감가상각은 내용연수 3년에서 종료되었지만 세법상 감가상각은 장부가액이 잔존가액(취득원가의 5%)보다 작아질 때까지 계속된다. 따라서 세법상으로 3년을 초과하여 감가상각이 진행된다.

※ 위와 같은 세무조정은 다음과 같이 장부가액 차이로도 생각해볼 수도 있다.

구분	연도			
	0	1	2	3
세무상 기말장부가액[a)]	10,000	10,000	10,000	3,680
결산상 기말장부가액	10,000	10,000	10,000	–
차이	–	–	–	3,680
당기 세무조정[b)]	–	–	–	3,680

a) 취득연도 이후에는 전기말 세무상 장부가액에서 상각범위액을 차감한 값(세무상 최소 기말장부가액)과 결산상 장부가액 중 큰 금액으로 정한다. 즉 다음과 같다.

구분	연도			
	0	1	2	3
(A) 세무상 최소 기말장부가액	10,000	3,680	3,680	3,680
(B) 결산상 기말장부가액	10,000	10,000	10,000	–
(C) 세무상 장부가액 MAX(A, B)	10,000	10,000	10,000	3,680

b) 당기말 차이에서 전기말 차이를 차감한다.

예제 6-3

㈜서울은 제1차연도초 유형자산을 10,000원에 구입하였다. 세법상 정률법 상각률은 0.632이고 정액법은 0.333이다. 회사가 계상한 감가상각비는 제1차연도부터 6,000원, 1,000원, 3,000원이다. 정액법과 정률법으로 3차연도까지 감가상각비 세무조정을 하시오.

| 풀이 |

(정액법)

(결산상 장부가액과 감가상각비)

구분	연도			
	0	1	2	3
자산(기말)	10,000	10,000	10,000	10,000
감가상각누계(기말)	–	(6,000)	(7,000)	(10,000)
장부가액(기말)	10,000	4,000	3,000	–
감가상각비		6,000	1,000	3,000

(연도별 감가상각 시부인계산)

구분	연도		
	1	2	3
전기말 세무상 취득가액	10,000	10,000	10,000
(×)상각률(정액법)	0.333	0.333	0.334
당기 세법상 감가상각범위	3,330	3,330	3,340
당기 시부인 대상 감가상각비	6,000	1,000	3,000
당기 상각부인(시인부족)	2,670	(2,330)	(340)

(세무조정)

※ 시인부족액 범위 내에서 전기말 상각부인액을 손금으로 추인한다.

제1차연도 익금산입 감가상각누계(감가상각부인) 2,670원(유보)
제2차연도 손금산입 감가상각누계(전기감가상각부인) 2,330원(△유보)
제3차연도 손금산입 감가상각누계(전기감가상각부인) 340원(△유보)

※ 장부가액 접근에 따른 세무조정

구분	연도			
	0	1	2	3
세무상 기말장부가액[a)]	10,000	6,670	3,340	–
결산상 기말장부가액	10,000	4,000	3,000	–
차이	–	2,670	340	–
당기 세무조정[b)]	–	2,670	(2,330)	(340)

a) MAX(전기말 세무상 장부가액－세법상 상각범위액, 결산상 장부가액)
b) 당기말 차이－전기말 차이를 차감한다.

(정률법)

(연도별 감가상각 시부인계산)

구분	연도		
	1	2	3
전기말 결산상 장부가액	10,000	4,000	3,000
전기말 상각부인 누계	－	－	－
전기말 세무상 장부가액	10,000	4,000	3,000
(×)상각률(정률법)	0.632	0.632	0.632
당기 세법상 감가상각범위	6,320	2,528	1,896
당기 시부인 대상 감가상각비	6,000	1,000	3,000
당기 상각부인(시인부족)	(320)	(1,528)	1,104

(세무조정)

※ 시인부족액은 그 이후 상각부인액에 충당하지 못한다.

제3차연도 익금산입 감가상각누계(감가상각부인) 1,104원(유보)

※ 장부가액 접근에 따른 세무조정

구분	연도			
	0	1	2	3
세무상 기말장부가액[a)]	10,000	4,000	3,000	1,104
결산상 기말장부가액	10,000	4,000	3,000	－
차이	－	－	－	1,104
당기 세무조정[b)]	－	－	－	1,104

a) MAX(전기말 세무상 장부가액－세법상 상각범위액, 결산상 당기말 장부가액)
b) 당기말 차이－전기말 차이

3 세무조정: 취득원가 조정

유형자산에 대한 취득원가가 회계상 금액과 세무상 금액이 다른 경우에는 그 차이를 익금산입 혹은 손금산입으로 조정하고 유보로 처분한다는 것을 이미 알고 있을 것이다. 그렇다면 이런 조정은 그 이후 감가상각에 어떤 영향을 미치게 될까?

결산상 취득원가의 과소계상

법인세법 제23조(감가상각비의 손금불산입)
내국법인이 감가상각자산을 취득하기 위하여 지출한 금액과 감가상각자산에 대한 자본적 지출에 해당하는 금액을 손비로 계상한 경우에는 해당 사업연도의 소득금액을 계산할 때 감가상각비로 계상한 것으로 보아 상각범위액을 계산한다.

우선 결산상 계상한 취득원가가 법인세법상 취득원가보다 작은 경우를 생각해보자. 이는 세무상 취득원가로 계상해야 함에도 불구하고 결산상 이를 비용으로 계상한 경우이다. 당연히 이런 경우에는 일단 결산상 비용을 손금에 불산입해야 한다고 생각할 것이다. 그렇지만 위 법인세법 제23조에서는 이런 비용을 당장 손금에 불산입하기보다는 감가상각비로 계상한 것으로 간주한다고 규정한다. 이를 세무상 용어로는 '즉시상각의제'라고 부른다. 표현 그대로 취득원가를 곧바로 감가상각한 것으로 보겠다는 뜻이다.

즉시상각의제는 어떤 효과가 있을까? 법인세법상 취득원가로 계상해야 하는 비용을 곧바로 손금불산입하지 않고 감가상각비로 의제함으로써 한번 손금으로 인정받을 수 있는 기회를 주게 된다. 따라서 혹시 회사가 결산상 감가상각비를 상각범위액보다 적게 계상하여 시인부족액이 생겼다면 이렇게 즉시상각으로 의제된 금액이 감가상각비로 들어가게 되므로 손금으로 인정받을 수 있는 기회를 갖게 되는 것이다. 그러나 정상적인 경우라면 즉시상각으로 의제해도 상각범위액을 초과하여 결국은 감가상각부인액으로 손금에 산입되지 않을 것이다.

즉시상각의제를 적용하지 않고 그냥 손금불산입하면 어떤 문제가 있을까? 예를 들어 자산을 취득하고 나서 전액을 결산상 비용으로 계상하였다고 하자. 즉시상각의제 규정이 없다면 손금불산입하여 유보로 처분하게 된다. 그리고 회사는 결산상 감가상각비를 전혀 계상하지 않을 것이므로 그 이후 시인부족액이 계속 생길 것이고 시인부족액은 소멸될 것이므로 유보로 처분된 금액은 자산이 처분되기 전까지 손금으로 추인되지 않는다. 따라서 즉시상각의제 규정은 이렇게 유보처분된 금액이 오랜 기간 손금으로 추인받지 못하는 상황을 방지하기 위해 도입되었음을 알 수 있다.

사례 6-4

갑회사는 유형자산을 제1차연도 1월 1일에 8,000원에 취득하고 추가로 2,000원의 취득부대비용을 지급하였는데 취득부대비용을 전액 비용으로 계상하였다. 결산상 감가상각비는 1,000원이었으며 세법상으로는 정률법으로 감가상각하는데 상각률은 20%를 적용한다.

위 (사례 6-4)에 맞추어 앞선 〈표 6-1〉을 완성해보면 다음과 같다.

시부인 대상	상각범위액	상각부인(시인부족)
① 3,000원	② 2,000원	③ 1,000원(익금)

(사례 6-4)에서 보면 회사가 결산상 계상한 감가상각비는 1,000원이라고 하였다. 그러나 취득원가에 포함되지 않고 비용처리한 취득부대비용 2,000원도 감가상각한 것으로 보아야 한다. 따라서 ①에 해당하는 금액은 3,000원이다.

상각범위액은 얼마인가? 감가상각을 하기 전 세무상 장부가액은 결산상 장부가액 8,000원에 취득부대비용 2,000원을 가산하는데 여기에 상각률 20%를 곱하면 ②에 해당하는 금액은 2,000원이다.

①, ②를 정했다면 ③은 시부인에 따른 세무조정 원칙을 따르면 된다. 즉 상각부인액은 익금산입하고 시인부족액은 전기말 상각부인액을 추인하고 남은 금액은 소멸한다. (사례 6-4)에서는 상각부인액이 1,000원으로 익금산입된다.

이런 계산과정을 장부가액을 기초로 다시 생각해보고 앞선 〈표 6-2〉를 완성해보자. 다음과 같은 표에서 공란에 들어갈 금액을 ①부터 ④까지 번호 순서대로 구해보면 다음과 같다.

구분	기말장부가액		
	감가상각 전	감가상각	감가상각 후
결산상 장부가액	8,000	△1,000	7,000
(+)취득부대비용	2,000	△2,000	-
(+)감가상각부인	-	④ 1,000	② 1,000
=세무상 장부가액	10,000	③ △2,000	① 8,000

앞선 〈표 6-2〉와 달라진 것은 색 글씨로 표시된 취득원가를 과소계상하게 만든 취득부대비용에 대한 행이 하나 더 만들어진 것이다. 취득부대비용을 감가상각 전의 장부가액에 가산한 후 즉시 감가상각한 것으로 보아서 차감했기 때문에(즉 즉시상각으로 의제) 감가상각 후 기말장부가액에는 표시되지 않았다. 이렇게 즉시상각의제가 이해가 되었다면 본격적으로 세무상 장부가액인 ①에 들어갈 금액을 구해보자. (사례 6-4)에서 감가상각범위액은 2,000원이므로 감가상각 후 세무상 장부가액의 하한선인 최소 장부가액은 8,000원이고 감가상각 후 결산상 장부가액은 7,000원이므로 둘 중 큰 금액 8,000원이 ①에 들어갈 금액이다. 그러면 순차적으로 ② 1,000원, ③ △2,000원, ④ 1,000원으로 금액이 정해진다. 감가상각 관련 세무조정은 ④에 따라서 익금산입 1,000원이 되고 유보로 처분한다.

예제 6-4

㈜서울은 제1차연도초 유형자산을 10,000원에 구입하고 이를 전액 비용으로 처리하였다. 동 자산의 세법상 내용연수는 3년이고 정률법 상각률은 0.632이다. 연도별로 필요한 세무조정을 하시오. 만일 동 자산을 제2차연도초에 5,000원에 처분하고 전액 수익으로 인식하였다고 가정하고 세무조정하시오.

| 풀이 |

※ 법인세법 시행령 제31조에 따르면 취득가액이 거래단위별로 100만원 이하인 감가상각자산에 대해서는 그 사업에 사용한 날이 속하는 사업연도의 손비로 계상한 것에 한정하여 손금에 산입한다. 따라서 이 문제에서는 실제로는 즉시상각이 가능하고 세무조정이 필요 없다. 그러나 이런 규정이 적용되지 않는다고 가정한다.

※ 즉시상각으로 의제하므로 취득 즉시 비용 계상한 것은 제1차연도에 전액을 감가상각한 것과 동일하다. 따라서 이 문제는 앞선 〈예제 6-2〉의 상황 1과 동일하다. 연도별 세무조정은 다음과 같다. 풀이과정은 〈예제 6-2〉 상황 1을 참조하라.

(세무조정)

제1차연도 익금산입 감가상각누계(감가상각부인) 3,680원(유보)

제2차연도 손금산입 감가상각누계(전기감가상각부인) 2,326원(△유보)

제3차연도 손금산입 감가상각누계(전기감가상각부인) 854원(△유보)

※ 〈예제 6-2〉에서와 같이 위와 같은 세무조정은 다음과 같이 결산상 장부가액과 세무상 장부가액의 차이로 접근해볼 수도 있다.

구분	연도			
	0	1	2	3
세무상 기말장부가액	10,000	3,680	1,354	500
결산상 기말장부가액	10,000	–	–	–
차이	–	3,680	1,354	500
당기 세무조정	–	3,680	(2,326)	(854)

※ 만일 위 자산을 제2차연도초 5,000원에 처분하였다면 어떻게 될까? 만일 위 자산을 제2차연도초에 5,000원에 처분하고 전액 결산상 수익으로 계상하였다면 제1차연도말 감가상각부인액 3,680원은 손금으로 추인받는다. 이는 세법상으로는 3,680원의 자산을 5,000원에 처분한 것이기 때문에 세법상 처분이익은 1,320원이고 그래서 그 차이만큼 손금에 산입하는 것이다.

※ 즉시상각으로 의제되면 위와 같이 제1차연도 자산구입대금 10,000원의 손금부인액은 감가상각부인액으로 의제되므로 매년 시인부족액만큼 추인받을 수 있고 결과적으로 내용연수 3년 안에 감가상각은 종료된다.

결산상 취득원가의 과대계상

앞선 경우와는 반대로 법인세법상 취득원가보다 회계상 계상한 취득원가가 큰 경우, 즉 법인세법 입장에서 보았을 때 결산상 취득원가를 과대계상한 경우를 생각해보자. 이런 예로는 특수관계자로부터 시가를 초과하는 금액으로 자산을 취득하는 경우를 생각해볼 수 있다. 법인세법에서는 이런 경우에 해당하는 별도의 규정은 없다. 그렇지만 합리적으로 그리고 상식적으로 생각해보면 어떻게 해야 할 것인지를 알 수 있다.

다소 극단적이기는 하지만 쉽게 이해하기 위해서 우선 자산 전액이 법인세법상 취득원가로 인정되지 않는다고 해보자. 그렇게 되면 일단 취득원가부인된 금액만큼은 손금에 산입한 후 △유보로 처분된다. 그러면 그 이후에는 어떻게 될까? 회사는 결산상으로 자산이므로 계속해서 감가상각을 해나갈 것이다. 그렇지만 회사가 결산상 계상하는 감가상각비는 세무상으로 전혀 인정받을 수 없으므로 전액 손금불산입되고 최초 △유보로 처분된 금액을 유보로 반대방향으로 상계해 나갈 것이다. 즉 취득원가의 100%가 부인되었다면 일단 해당 금액을 손금에 산입 후 그 이후 계상되는 감가상각비의 100%를 손금불산입하면서 정리한다.

이렇게 취득원가의 100%가 부인되는 극단적인 경우 말고 취득원가의 20%가 부당행위로 취득된 것이어서 부인된다고 하자. 그러면 일단 부인당한 금액을 손금에 산입하여 △유보로 처분한 후 그 이후 회사가 결산상 계상하는 감가상각비의 20%를 손금불산입하여 유보로 처분하여 앞선 △유보와 상계처리하면 된다.

결과적으로 결산상 취득원가가 법인세법에 비추어 과대계상된 경우 취득원가부인금액을 일단 손금에 산입하여 △유보로 처분한 후 그 이후 결산상 계상하는 감가상각비 중에서 당초 부인된 금액이 회계상 취득원가에서 차지하는 비율만큼을 손금불산입하여 유보로 처분하면 되는 것이다.

이렇게 최초 취득원가부인으로 인하여 그 이후 자동적으로 상각부인되는 것을 시부인계산을 따로 거치지 않고 곧바로 부인되는 금액이라고 해서 '직부인'이라고 칭하는 교재도 있다. 의미가 정확하게 전달되기만 하면 그렇게 불러도 좋을 것이다. 그렇지만 법인세법상 공식 용어는 아니다.

사례 6-5

갑회사가 제1차연도 1월 1일에 취득한 유형자산의 결산상 취득원가 10,000원에는 관리직원의 인건비 2,000원이 포함되어 있다. 결산상 감가상각비는 4,000원이었으며 세법상으로는 정률법으로 감가상각하는데 상각률은 20%를 적용한다.

(사례 6-5)에 맞추어 앞선 〈표 6-1〉을 완성해보면 다음과 같다.

시부인 대상 감가상각비	상각범위액	상각부인(시인부족)
① 3,200원	② 1,600원	③ 1,600원(익금)

위 (사례 6-5)에서 시부인계산에 앞서 결산상 취득원가에 포함된 관리직원의 인건비를 부인하기 위해서 2,000원을 손금산입하여 △유보로 처분한다. 그리고 시부인계산에 들어간다. 시부인계산을 위해서는 ① 시부인 대상 감가상각비, ② 세법상 상각범위

액 ③ 상각부인액 혹은 시인부족액 순서로 구해야 한다.

우신 ①을 보자. 위 사례에서는 결산상 감가상각비가 4,000원이라고 하였지만 이 중 20%인 800원은 결산상 취득원가 과대계상으로 인한 것이므로 시부인 대상이 아니며 곧바로 익금에 산입해야 한다. 이렇게 직접 부인해버린 800원을 제외하면 시부인 대상 금액으로 남는 금액은 3,200원(①)이다.

다음으로 ② 세법상 상각범위액을 구한다. 결산상 취득원가에 포함된 관리직원의 인건비 2,000원은 법인세법상 취득원가에서 제외되어야 한다. 따라서 법인세법상 감가상각범위액은 8,000원×20%=1,600원(②)이다.

따라서 ①과 ②를 비교하여 ③ 상각부인액을 구하면 1,600원이다. 그런데 시부인계산에 앞서서 직접 부인해버린 금액 800원이 있기 때문에 익금산입해야 할 금액은 총 2,400원이다.

이런 계산과정을 장부가액을 기초로 다시 생각해보고 앞선 〈표 6-2〉를 완성해보자. 다음과 같은 표에서 공란에 들어갈 금액을 ①부터 ④까지 번호 순서대로 구해보면 다음과 같다.

구분	기말장부가액		
	감가상각 전	감가상각	감가상각 후
결산상 장부가액	10,000	△4,000	6,000
(−)관리직원 인건비	△2,000	800	△1,200
(+)감가상각부인	−	④ 1,600	② 1,600
=세무상 장부가액	8,000	③ △1,600	① 6,400

앞선 〈표 6-2〉와 달리 취득원가를 과대계상하게 만든 관리직원 인건비를 차감하는 행이 하나 더 만들어졌다. 우선 결산상 취득원가에 포함된 관리직원 인건비 2,000원은 세무상 인정되지 않으므로 손금산입되어 차감된다. 이렇게 손금산입된 금액은 어떤 식으로 정리되는가? 처분 시까지 기다리지 않고 감가상각비 비율대로 익금산입하여 정리한다고 하였다(즉 감가상각 직접부인). 회사는 감가상각 전 결산상 장부가액의 40%를 감가상각한 것이므로 취득원가부인으로 손금산입된 2,000원의 40%인 800원을 시부인 과정을 거치지 않고 감가상각에서 직접 부인한다. 다르게 말하면 감가상각 전 결산상 장부가액의 20%가 손금산입된 것이므로 결산상 감가상각비의 20%인 800원을 직접 부인하는 것이다.

핵심인 ① 세무상 장부가액을 구해보자. 세법상 상각범위액은 8,000원×20%=1,600원이 되고 세무상 최소 기말장부가액은 6,400원이다. 이 금액과 결산상 장부가액을 비교해야 하는데 여기에서 주의해야 할 것은 결산상 장부가액이 6,000원이 아니라 4,800원이 되어야 한다는 점이다. 따라서 감가상각 후 세무상 기말장부가액은 MAX(6,400원, 4,800원)=6,400원이다. 이와 같이 ①을 구했다면 그 다음 ②, ③, ④는 손쉽게 구할 수 있다. 세무조정은 ④에 기초해서 1,600원을 익금산입하여 유보처분한다. 다만 세무조정은 여기에 감가상각 직접부인액 800원(유보)을 추가해야 하고 취득원가부인액 2,000원을 손금산입하는 것도 잊어버리면 안 된다.

예제 6-5

㈜서울은 제1차연도초 시가 10,000원인 유형자산을 특수관계에 있는 관계회사로부터 20,000원에 매입하였다. 동 자산의 세법상 내용연수는 3년이고 법인세법상 정률법으로 감가상각하며 상각률은 0.632이다. 매년 감가상각비로 제1차연도 10,000원, 제2차연도 6,000원, 제3차연도 4,000원을 계상한다. 연도별로 필요한 세무조정을 하시오.

| 풀이 |

※ 앞선 〈예제 6-4〉에서는 법인세법상 취득가액이 결산상 취득가액에 비하여 높은 경우였지만 지금은 그 반대로 법인세법상 취득가액보다 결산상 취득가액이 높은 경우이다. 이 경우에는 취득가액을 부인하여 손금산입한 후 △유보로 처분을 내린다.

※ 자산에 △유보로 처분된 금액은 어떻게 될까? 아무 조치도 취하지 않는다면 내용연수가 종료되어 자산이 폐기되거나 중도에 처분되어야만 반대조정이 일어난다. 이런 단점을 해소하기 위해서 세법에서는 기술적으로 취득가액에 △유보처분이 내려진 금액에 대해서는 그 이후 감가상각비율만큼 익금에 산입하여 반대조정을 한다.

(결산상 장부가액과 감가상각비)

구분	연도			
	0	1	2	3
자산(기말)	20,000	20,000	20,000	20,000
감가상각누계(기말)	–	(10,000)	(16,000)	(20,000)
장부가액(기말)	20,000	10,000	4,000	–
감가상각비		10,000	6,000	4,000

(연도별 감가상각 시부인계산)

구분	연도		
	1	2	3
전기말 결산상 장부가액	20,000	10,000	4,000
취득원가부인[a)]	(10,000)	(5,000)	(2,000)
전기말 상각부인누계	–	–	–
전기말 세무상 장부가액	10,000	5,000	2,000
(×)상각률(정률법)	0.632	0.632	0.632
당기 세법상 감가상각범위	6,320	3,160	1,264
당기 시부인 대상 감가상각비[b)]	5,000	3,000	2,000
당기 상각부인(시인부족)	(1,320)	(160)	736

a) 당초 결산상 취득원가의 50%가 부인된 것이므로 그 이후에도 결산상 장부가액의 50%가 부인되는 것으로 한다. 장부가액이 감소하는 만큼 취득원가부인액도 감소하면서 익금산입되어야 하는데 익금산입되는 금액은 감가상각비를 직접 부인한 것으로 본다.

b) 결산상 감가상각비 중 취득원가부인액 감소로 인한 익금산입금액만큼은 직접 부인되는 것이므로 시부인 대상 감가상각비에서 제외한다. 이는 다음과 같다.

구분	연도		
	1	2	3
결산상 감가상각비	10,000	6,000	4,000
취득원가부인에 따른 직접 부인액	(5,000)	(3,000)	(2,000)
시부인 대상 감가상각비	5,000	3,000	2,000

(세무조정)

제1차연도 손금산입 유형자산(취득원가부인) 10,000원(△유보)
익금산입 부당행위계산부인 10,000원(기타사외유출)
익금산입 유형자산(취득원가부인) 5,000원(유보)

※ 특수관계자로부터 자산을 공정가치에 비해 고가에 매입하는 것은 부당행위계산부인 규정에 해당되므로 고가매입금액만큼은 익금에 산입하고 기타사외유출로 처분한다.

제2차연도 익금산입 유형자산(취득원가부인) 3,000원(유보)
제3차연도 익금산입 유형자산(취득원가부인) 2,000원(유보)
익금산입 유형자산(감가상각부인) 736원(유보)

※ 위와 같은 세무조정 중 유형자산과 관련된 유보금액에 대한 세무조정은 아래와 같은 장부가액 접근방법으로 구할 수도 있다.

구분	연도			
	0	1	2	3
세무상 기말장부가액	10,000	5,000	2,000	736
결산상 기말장부가액	20,000	10,000	4,000	–
차이	(10,000)	(5,000)	(2,000)	736
당기 세무조정	(10,000)	5,000	3,000	2,736

예제 6-6

앞선 〈예제 6-5〉와 동일한 상황이다. 다만 법인세법상 정액법으로 감가상각한다. 정액법 상각률은 0.333이다. 연도별로 필요한 세무조정을 하시오.

| 풀이 |

(결산상 장부가액과 감가상각비)

구분	연도			
	0	1	2	3
자산(기말)	20,000	20,000	20,000	20,000
감가상각누계(기말)	–	(10,000)	(16,000)	(20,000)
장부가액(기말)	20,000	10,000	4,000	–
감가상각비		10,000	6,000	4,000

(연도별 감가상각 시부인계산)

※ 정액법이므로 세무상 취득원가에 상각률을 곱해서 상각범위액을 구한다.

구분	연도		
	1	2	3
결산상 취득가액	20,000	20,000	20,000
취득원가부인[a)]	(10,000)	(10,000)	(10,000)
세무상 취득가액	10,000	10,000	10,000
(×)상각률(정률법)	0.333	0.333	0.333
당기 세법상 감가상각범위	3,330	3,330	3,340
당기 시부인 대상 감가상각비[b)]	5,000	3,000	2,000
당기 상각부인(시인부족)	1,670	(330)	(1,340)

a) 정액법이므로 취득 당시 부인액으로 한다.

b) 〈예제 6-5〉와 같다.

(세무조정)

제1차연도 손금산입 유형자산(취득원가부인) 10,000원(△유보)
익금산입 부당행위계산부인 10,000원(기타사외유출)
익금산입 유형자산(취득원가부인) 5,000원(유보)
익금산입 유형자산(감가상각부인) 1,670원(유보)
제2차연도 익금산입 유형자산(취득원가부인) 3,000원(유보)
손금산입 유형자산(감가상각부인) 330원(△유보)
제3차연도 익금산입 유형자산(취득원가부인) 2,000원(유보)
손금산입 유형자산(감가상각부인) 1,340원(△유보)

※ 위와 같은 세무조정 중 유형자산과 관련된 유보금액에 대한 세무조정은 아래와 같은 장부가액 접근방법으로 구할 수도 있다.

구분	연도			
	0	1	2	3
세무상 기말장부가액[a)]	10,000	6,670	3,340	–
결산상 기말장부가액	20,000	10,000	4,000	–
차이	(10,000)	(3,330)	(660)	–
당기 세무조정	(10,000)	6,670	2,670	660

a) MAX(전기말 세무상 장부가액－세법상 상각범위액, 결산상 당기말 장부가액－당기말 취득원가부인액)

4 세무조정: 자본적 지출

4.1 자본적 지출과 감가상각

자산을 일단 취득한 이후에도 자산의 인식조건에 부합하는 지출이 생기면 자산의 취득원가는 증가한다. 취득원가가 증가하면 그 이후 감가상각비계산에도 영향을 미친다. 이렇게 자산의 취득원가를 증가시키는 취득 이후의 지출을 자본적 지출이라고 부른다.

자본적 지출은 감가상각에도 영향을 미친다. 즉 자본적 지출이 생기기 전과 생긴 이후의 감가상각은 달라진다. 자본적 지출은 단순히 취득원가만을 증가시키지 않고 내용연수나 잔존가치에도 변화를 가져다줄 수 있다. 회계상으로는 이런 것들을 모두 감안하여 자본적 지출 이후의 감가상각을 다시 계산한다. 그리고 법인세법에서도 이는 마찬가지일 것이다. 그렇지만 법인세법에서는 내용연수를 사전에 신고해야 하고 잔존가치는 없는 것으로 보기 때문에 기업회계기준에서와 같이 경영자의 재량으로 내용연수와 잔존가치를 다시 설정하여 감가상각을 계산할 수는 없다.

자본적 지출로 인하여 내용연수나 잔존가치에는 영향을 주지 않고 취득원가만을 증가시켰다면 회계상으로는 남은 잔존내용연수 동안 자본적 지출을 감가상각비로 계상해야 하므로 그만큼 감가상각비가 증가한다. 예를 들어 1천만원의 자본적 지출이 있었는데 앞으로 잔존내용연수가 5년이라면 회계상으로는 매년 2백만원씩의 감가상각비가 추가로 생긴다.

그러나 법인세법에서는 자본적 지출이 있었다고 하더라도 내용연수가 변하지 않는 한 상각률은 변동 없다. 따라서 자본적 지출 전후에 상각률은 동일하다. 그렇기 때문에 자본적 지출이 생기면 감가상각기간이 처음보다 길어지게 된다. 다시 말하면 법인세법상 감가상각은 자산의 장부가액이 취득원가의 5% 이하가 될 때까지 계속하는 것이다. 예를 들어 정액법 상각률 10%를 적용하여 감가상각을 하고 있었는데 1천만원의 자본적 지출이 생겼고 잔존내용연수는 5년이라고 하자. 상각률은 변함없이 10%가 되어야 하므로 1천만원의 자본적 지출에 대해서는 10%씩 감가상각을 해야 하고 그러면 향후 10년간 감가상각은 지속되어야 하는 것이다. 즉 법인세법상 자본적 지출은 감가상각기간을 연장시키는 효과가 있다.

기초나 기말에 자본적 지출이 생기지 않고 기중에 생기면 어떻게 해야 할까? 원칙적으로 날짜를 구분하여 감가상각을 해야 할 것이다. 예를 들어 7월 1일에 자본적 지출이 있었다면 그 해에는 1월 1일부터 6월 30일까지는 자본적 지출이 없는 것으로 감가상각을 계산하고 7월 1일부터 12월 31일까지는 자본적 지출을 감안하여 감가상각비를 계산해야 한다. 이런 번거로움을 줄이고자 한다면 중요성 원칙에 따라서 과감하게 취득 이후의 자본적 지출은 기초에 생긴 것으로 간주하면 된다. 법인세법에서도 이런 번거로움을 피하기 위해서 자본적 지출은 모두 기초에 있었던 것으로 간주한다.[1] 따라서 기중에 생긴 자본적 지출에 대해서도 1년간의 감가상각을 전부 계산한다.

---

1) 감가상각이 진행 중인 고정자산으로서 사업연도 중에 자본적 지출이 발생한 경우 당해 자산에 대한 감가상각범위액은 자산의 취득가액 및 미상각잔액에 자본적 지출액을 포함하여 법인세법 시행령 제48조(법인세법 시행령 제26조)의 규정에 따라 계산하는 것으로 자본적 지출액에 대하여 지출일을 기준으로 월할상각하지 아니하는 것이다(법인46012-3342).

예제 6-7

㈜서울은 제1차연도초 유형자산을 10,000원에 취득하였다. 동 자산의 내용연수는 5년이고 잔존가치는 없다.

| 물음 1 | 결산상 정률법(상각률 0.451)으로 감가상각한다. 그리고 세법상 내용연수와 잔존가치는 결산과 동일하다고 가정하고 연도별 감가상각비와 장부가액을 계산하시오.

| 물음 2 | 3차연도초 10,000원의 자본적 지출이 있었다. 자본적 지출로 내용연수와 잔존가치의 변동은 없으며 세법상으로도 동일하다. 결산상 정률법으로 감가상각한다. 결산상 자본적 지출도 세법상 자본적 지출로 인정된다. 세무조정하시오.

| 풀이 |

(물음 1)

(결산상 장부가액과 감가상각비)

구분	연도					
	0	1	2	3	4	5
자산(기말)	10,000	10,000	10,000	10,000	10,000	10,000
감가상각누계(기말)	–	(4,510)	(6,986)	(8,345)	(9,091)	(9,501)
장부가액(기말)	10,000	5,490	3,014	1,655	909	499
감가상각비		4,510	2,476	1,359	746	410

※ 잔존가치는 없다고 했지만 정률법에서는 정률을 계산하기 위해서는 잔존가치에 대한 가정이 필요하다. 마지막 제5차연도까지 감가상각하고 남은 잔액은 일시에 감가상각으로 계상해야 한다.

(물음 2)

(결산상 장부가액과 감가상각비)

구분	연도					
	0	1	2	3	4	5
자산(기말)	10,000	10,000	10,000	20,000	20,000	20,000
감가상각누계(기말)	–	(4,510)	(6,986)	(15,614)	(18,522)	(19,502)
장부가액(기말)	10,000	5,490	3,014	4,386	1,478	498
감가상각비		4,510	2,476	8,628	2,908	980

※ 제2차연도까지는 (물음 1)과 동일하다. 제3차연도초 자본적 지출 10,000원이 있었지만 내용연수의 변동은 없다고 했으므로 제5차연도까지 감가상각을 종료하기 위해서는 정률을 다시 계산해야 한다. 제5차연도까지 감가상각하고 500원을 남기려면 정률은 0.663이 되어야 한다. 따라서 제3차연도 감가상각비는 (제2차연도말 장부가액 3,014원+자

본적 지출 10,000원)×0.663=8,628원이다. 제4차연도와 제5차연도에도 전기말 장부가액에 0.663을 곱해서 감가상각을 구한다.

(시부인계산과 세무조정)

구분	연도				
	1	2	3	4	5
전기말 결산상 장부가액	10,000	5,490	3,014	4,386	1,478
전기말 상각부인누계	–	–	–	2,759	2,445
당기 자본적 지출	–	–	10,000	–	–
당기 감가상각 직전 세무상 장부가액	10,000	5,490	13,014	7,145	3,923
(×)상각률(정률법)	0.451	0.451	0.451	0.451	0.451
당기 세법상 감가상각범위	4,510	2,476	5,869	3,222	1,769
당기 시부인 대상 감가상각비	4,510	2,476	8,628	2,908	980
당기 상각부인(시인부족)	–	–	2,759	(314)	(789)

※ 세법상으로는 자본적 지출이 있었다고 하더라도 내용연수 변경이 없다면 상각률은 동일하다. 따라서 제3차연도 상각범위액은 (전기말 장부가액 3,014원+자본적 지출 10,000원)×0.451=5,869원이 된다. 그리고 내용연수 종료기간인 제5차연도에도 유형자산은 세무상 2,154원의 잔존가액이 남게 되고 이 잔액이 500원 이하가 될 때까지 세무상 감가상각은 계속되어야 한다. 따라서 회계와는 달리 세무상으로는 당초 내용연수 5년을 초과하여 감가상각이 된다.

(세무조정: 정률법)

제3차연도 익금산입 감가상각누계(감가상각부인) 2,759원(유보)

제4차연도 손금산입 감가상각누계(감가상각부인 추인) 314원(△유보)

제5차연도 손금산입 감가상각누계(감가상각부인 추인) 789원(△유보)

※ 위와 같은 세무조정 중 유형자산과 관련된 유보금액에 대한 세무조정은 아래와 같은 장부가액 접근방법으로 구할 수도 있다.

구분	연도					
	0	1	2	3	4	5
세무상 기말장부가액[a)]	10,000	5,490	3,014	7,145	3,923	2,154
결산상 기말장부가액	10,000	5,490	3,014	4,386	1,478	498
차이	–	–	–	2,759	2,445	1,656
당기 세무조정	–	–	–	2,759	(314)	(789)

a) MAX(전기말 세무상 장부가액+당기 자본적 지출−세법상 상각범위액, 결산상 당기말 장부가액)

예제 6-8

앞선 〈예제 6-7〉에서 결산과 세무상 모두 정액법을 이용한다.

| 물음 1| 결산상 내용연수와 잔존가치는 세법과 동일하다고 가정하고 세무조정하시오.

| 물음 2| 3차연도초 10,000원의 자본적 지출이 있었다. 자본적 지출로 내용연수와 잔존가치의 변동은 없다. 그리고 세법상 내용연수와 잔존가치가 동일하며 자본적 지출도 세법상으로 인정된다고 가정하고 세무조정하시오.

| 풀이 |

(물음 1)

(결산상 장부가액과 감가상각비)

구분	연도					
	0	1	2	3	4	5
자산(기말)	10,000	10,000	10,000	10,000	10,000	10,000
감가상각누계(기말)	–	(2,000)	(4,000)	(6,000)	(8,000)	(10,000)
장부가액(기말)	10,000	8,000	6,000	4,000	2,000	0
감가상각비		2,000	2,000	2,000	2,000	2,000

(세무조정) 없음. 결산과 세법이 일치하므로 세무조정은 필요 없다.

(물음 2)

(결산상 장부가액과 감가상각비)

구분	연도					
	0	1	2	3	4	5
자산(기말)	10,000	10,000	10,000	20,000	20,000	20,000
감가상각누계(기말)	–	(2,000)	(4,000)	(9,333)	(14,666)	(20,000)
장부가액(기말)	10,000	8,000	6,000	10,667	5,334	–
감가상각비		2,000	2,000	5,333	5,333	5,334

※ 정률법과 마찬가지로 제2차연도까지는 (물음 1)과 동일하다. 제3차연도 자본적 지출 10,000원을 잔존내용연수 3년 동안 감가상각하려면 매년 3,333원을 추가로 감가상각해야 한다. 따라서 제3차연도 이후 감가상각비는 5,333원이다.

(시부인계산과 세무조정)

구분	연도				
	1	2	3	4	5
세무상 취득가액	10,000	10,000	20,000	20,000	20,000
(×)상각률(정액법)	0.2	0.2	0.2	0.2	0.2
당기 세법상 감가상각범위	2,000	2,000	4,000	4,000	4,000
당기 시부인 대상 감가상각비	2,000	2,000	5,333	5,333	5,334
당기 상각부인(시인부족)	–	–	1,333	1,333	1,334

※ 회계상으로는 자본적 지출금액에 대해서는 잔존내용연수 내로 상각을 완료해야 하지만 세법상으로 정액법 상각률 20%는 동일하므로 취득원가에 20%를 곱한 4,000원만 감가상각으로 손금에 산입된다. 따라서 제5차연도에는 세무상 자산의 잔존가액은 4,000원이 남아서 감가상각을 1년 더 해야 한다. 결국 당초 신고한 내용연수를 초과하여 감가상각이 진행된다.

(세무조정: 정액법)

제3차연도 익금산입 감가상각누계(감가상각부인) 1,333원(유보)

제4차연도 익금산입 감가상각누계(감가상각부인) 1,333원(유보)

제5차연도 익금산입 감가상각누계(감가상각부인) 1,334원(유보)

※ 위와 같은 세무조정 중 유형자산과 관련된 유보금액에 대한 세무조정은 아래와 같은 장부가액 접근방법으로 구할 수도 있다.

구분	연도					
	0	1	2	3	4	5
세무상 기말장부가액[a)]	10,000	8,000	6,000	12,000	8,000	4,000
결산상 기말장부가액	10,000	8,000	6,000	10,667	5,334	–
차이	–	–	–	1,333	2,666	4,000
당기 세무조정	–	–	–	1,333	1,333	1,334

a) MAX(전기말 세무상 장부가액+당기 자본적 지출−세법상 상각범위액, 결산상 당기말 장부가액)

4.2 자본적 지출에 대한 즉시상각의제

법인세법 제23조(감가상각비의 손금불산입)
내국법인이 감가상각자산을 취득하기 위하여 지출한 금액과 감가상각자산에 대한 자본적 지출에 해당하는 금액을 손비로 계상한 경우에는 해당 사업연도의 소득금액을 계산할 때 감가상각비로 계상한 것으로 보아 상각범위액을 계산한다.

위 규정은 이미 한번 등장한 적이 있다. 앞서 취득원가에 해당하는 금액을 회사가 결산상 비용으로 계상한 경우에는 이를 곧바로 손금불산입하지 않고 감가상각비로 본 후에 시부인계산을 거친다고 언급한 바 있으며 이를 즉시상각의제라고 부른다고 하였다. 이 규정은 회사가 법인세법상 자본적 지출임에도 불구하고 이를 비용으로 계상한 경우에도 동일하게 적용된다.

예제 6-9

앞선 〈예제 6-7〉 물음 2에서 제3차연도초 자본적 지출을 결산상으로 비용으로 계상하였다고 하고 요구사항에 다시 한번 답하시오. 단, 정률법으로 감가상각한다.

| 풀이 |

(결산상 장부가액과 감가상각비)

구분	연도					
	0	1	2	3	4	5
자산(기말)	10,000	10,000	10,000	10,000	10,000	10,000
감가상각누계(기말)	–	(4,510)	(6,986)	(8,345)	(9,091)	(9,501)
장부가액(기말)	10,000	5,490	3,014	1,655	909	499
감가상각비		4,510	2,476	1,359	746	410

※ 제3차연도 자본적 지출을 결산상 비용으로 계상하였으므로 자본적 지출이 없었던 경우와 감가상각은 동일하게 진행된다.

(시부인계산과 세무조정)

구분	연도				
	1	2	3	4	5
전기말 결산상 장부가액	10,000	5,490	3,014	4,386	1,478
전기말 상각부인누계	–	–	–	5,490	3,014
당기 자본적 지출	–	–	10,000	–	–
당기 감가상각 직전 세무상 장부가액	10,000	5,490	13,014	7,145	3,923
(×)상각률(정률법)	0.451	0.451	0.451	0.451	0.451
당기 세법상 감가상각범위	4,510	2,476	5,869	3,222	1,769
당기 시부인 대상 감가상각비	4,510	2,476	11,359[a)]	746	410
당기 상각부인(시인부족)	-	-	5,490	(2,476)	(1,359)

a) 세법상 자본적 지출 10,000원을 결산상 비용으로 계상하였으므로 즉시상각으로 의제한다. 따라서 결산상 계상한 감가상각비에 즉시상각의제 10,000원을 가산한 금액이 시부인 대상금액이다.

(세무조정)

제3차연도 익금산입 감가상각누계(감가상각부인) 5,490원(유보)

제4차연도 손금산입 감가상각누계(감가상각부인 추인) 2,476원(△유보)

제5차연도 손금산입 감가상각누계(감가상각부인 추인) 1,359원(△유보)

※ 위와 같은 세무조정 중 유형자산과 관련된 유보금액에 대한 세무조정은 아래와 같은 장부가액 접근방법으로 구할 수도 있다.

구분	연도					
	0	1	2	3	4	5
세무상 기말장부가액[a)]	10,000	5,490	3,014	7,145	3,923	2,154
결산상 기말장부가액	10,000	5,490	3,014	1,655	909	499
차이	–	–	–	5,490	3,014	1,655
당기 세무조정	–	–	–	5,490	(2,476)	(1,359)

a) MAX(전기말 세무상 장부가액+당기 자본적 지출−세법상 상각범위액, 결산상 당기말 장부가액)

5 감가상각의 의제

법인세법 시행령 제30조(감가상각의 의제)
각 사업연도의 소득에 대하여 법과 다른 법률에 따라 법인세를 면제받거나 감면받은 경우에는 개별 자산에 대한 감가상각비가 상각범위액이 되도록 감가상각비를 손금에 산입하여야 한다.

법인세법상 감가상각비 시부인계산의 특징은 상각부인액은 손금불산입하며 시인부족액은 소멸한다는 것이다. 따라서 회사는 감가상각을 더 많이 하는 것은 선택할 수 없지만 감가상각을 덜 하는 것은 임의로 선택할 수 있다.

일반적으로 법인세를 덜 내고 싶다면 당연히 감가상각을 조금이라도 더 하고자 할 것이다. 그런 점에서 상각부인과 시인부족의 세무조정을 달리 하는 것은 과세소득을 줄이고자 하는 회사의 행위를 사전에 방지하는 효과가 있다. 그렇지만 예외적으로 회사가 오히려 감가상각을 줄이고자 하는 경우에는 이런 조정방법은 효과를 거두지 못한다.

가장 대표적인 사례가 위 규정에 나와 있듯이 법인세를 감면받는 기업이다. 우리나라 조세특례제한법에서는 특정한 조건에서 법인세를 감면하는 규정을 두고 있다. 예를 들어 수도권 밖으로 본사를 이전한 기업들은 이전 후 일정기간 동안 법인세를 감면받는다. 법인세감면은 큰 특혜이므로 당연히 한시적으로 적용된다. 그럴 경우 회사는 법인세를 감면받는 기간에는 가급적 감가상각을 하지 않고 있다가 감면기간이 종료된 후에 감가상각을 한꺼번에 계상하고자 하는 유인이 생긴다.

이런 유인을 제거하기 위해서 감가상각에 적용하던 결산조정방식 대신에 상각범위만큼을 무조건 감가상각하도록 만드는 강제신고조정 규정이 도입되었다. 즉 회사가 상각범위액보다 감가상각을 덜 하더라도 상각범위액만큼은 감가상각을 한 것으로 의제하는 것인데 일종의 강제신고조정이라고 할 수 있다. 이를 감가상각의제라고 한다. 감가상각의제 규정이 적용되면 상각범위액에 미달하는 금액만큼은 손금에 산입하고 △유보로 처분한다.

감가상각의제는 법인세감면기업에만 적용되는 것은 아니다. 법인세를 추계결정하는 경우에는 어차피 결산상 감가상각비가 존재하지 않기 때문에 법인세법상 감가상각비를 계산하여 일방적으로 손금에 산입한다. 또한 업무용 승용차의 경우에도 감가상각비를 강제로 손금에 산입하도록 하는 규정을 두고 있다.

예제 6-10

㈜서울은 제1차연도초 기계장치를 100,000원에 취득하였다. 기계장치에 대하여 연간 40%의 정률법을 적용한다. 회사는 감가상각비를 계상하지 않고 있다가 제3차연도말 기계장치를 40,000원에 처분하고 60,000원의 처분손실을 계상하였다. 아래 상황에서 연도별 세무조정을 하시오.

(상황 1) 감가상각의제 규정을 적용받지 않는다.
(상황 2) 법인세를 감면받는 법인으로서 감가상각의제 규정을 적용받는다.

| 풀이 |

(상황 1)
(결산상 장부가액과 감가상각비)

구분	연도			
	0	1	2	3
자산(기말)	100,000	100,000	100,000	100,000
감가상각누계(기말)		–	–	–
장부가액(기말)	100,000	100,000	100,000	100,000
감가상각비		–	–	–

(세무조정)
회사가 감가상각비를 계상하지 않았으므로 세법상 시인부족액이 생기게 되는데 시인부족액은 소멸한다. 따라서 연도별로 세무조정은 없다.

(상황 2)
(결산상 장부가액과 감가상각비)
상황 1과 동일하다.

(시부인계산)

구분	연도		
	1	2	3
전기말 결산상 장부가액	100,000	100,000	100,000
전기말 감가상각의제누계	–	(40,000)	(64,000)
전기말 세무상 장부가액	100,000	60,000	36,000
(×)상각률(정률법)	0.4	0.4	0.4
당기 세법상 감가상각범위	40,000	24,000	14,400
당기 시부인 대상 감가상각비	–	–	–
당기 상각부인(상각의제)	(40,000)	(24,000)	(14,400)

※ 시인부족액에 대해서는 감가상각한 것으로 보아서 손금에 산입하여 △유보로 처분하고 이는 차기에 감가상각의제누계액으로 상각범위계산에 포함된다.

※ 위와 같은 세무조정 중 유형자산과 관련된 유보금액에 대한 세무조정은 아래와 같은 장부가액 접근방법으로 구할 수도 있다.

구분	연도			
	0	1	2	3
세무상 기말장부가액	100,000	60,000	36,000	21,600
결산상 기말장부가액	100,000	100,000	100,000	100,000
차이	–	(40,000)	(64,000)	(78,400)
당기 세무조정	–	(40,000)	(24,000)	(14,400)

※ 제3차연도말 기계장치를 40,000원에 처분하였으므로 세무상으로는 제3차연도말 세무상 장부가액 21,600원과 40,000원의 차이인 18,400원의 처분익이 계상되어야 하지만 결산상 60,000원의 처분손실을 계상하였으므로 78,400원을 익금산입하게 되는데 이는 제3차연도말 감가상각의제누계액을 익금산입하여 정리한 것과 같다.

(세무조정)

제1차연도 손금 기계장치 40,000원(△유보)
제2차연도 손금 기계장치 24,000원(△유보)
제3차연도 손금 기계장치 14,400원(△유보)
익금 기계장치 78,400원(유보)

6 감가상각방법의 변경

1) 기업회계기준

K-IFRS 제1016호(유형자산) 문단 61
유형자산의 감가상각방법은 적어도 매 회계연도말에 재검토한다. 자산에 내재된 미래 경제적 효익의 예상되는 소비형태가 유의적으로 달라졌다면, 달라진 소비 형태를 반영하기 위하여 감가상각방법을 변경한다. 그러한 변경은 기업회계기준서 제1008호에 따라 회계추정의 변경으로 회계처리한다.

감가상각방법을 정액법에서 정률법으로 혹은 그 반대로 변경할 수 있을까? 감가상각방법은 개념적으로 미래 경제적 효익이 예상되는 행태에 따라서 정해지는 것이므로 만일 미래 경제적 효익의 발생 행태가 달라졌다면 변경할 수 있다. 감가상각방법의 변경은 회계정책의 변경인가? 아니면 추정의 변경인가?

회계정책은 재고자산평가방법과 같이 어떤 정답이 존재하는 것이 아니라 회사가 임의로 선택하는 것이다. 재고자산 평가방법을 선입선출법으로 할 것인지 아니면 평균법으로 할 것인지에 대해서는 정답이 존재할 수 없으므로 회사가 임의로 선택하되 계속적으로 적용하면 될 것이다. 그렇다면 감가상각방법, 즉 정률법인가 아니면 정액법인가를 정하는 것도 이렇게 회계정책의 변경으로 보아야 하는가? K-IFRS가 도입되기 전에는 감가상각방법의 변경은 회계정책의 변경으로 보았다. 즉 정률법과 정액법 사이의 선택은 정답이 없고 단지 회사가 임의로 선택하는 것뿐이라는 입장이었다.

그러나 지금의 K-IFRS에서는 감가상각방법의 변경을 추정의 변경으로 보고 있다. 추정에는 불완전하지만 정답이 있다고 본다. 자산의 손상차손이 대표적인 추정이다. 또한 각종 충당부채의 계상도 추정의 영역에 속한다. 감가상각방법의 변경을 추정의 변경으로 본다는 것은 감가상각방법은 미래 자산의 경제적 효익이 발생하는 형태에 맞추어 결정되는 것이지 회사가 임의로 선택하는 것이 아니라는 의미이다. 여러분은 이런 입장에 동의하는가?

회계정책의 변경인지 아니면 추정의 변경인지 여부에 따라서 회사의 당기순이익은 달라질 수 있다. 정책의 변경이라면 마치 처음부터 그 정책을 적용했던 것처럼 생각하고 과거의 당기순이익, 즉 이익잉여금을 소급하여 수정한다. 즉 정책변경은 소급법을 적용하여 회계처리한다. 반면 추정의 변경이라면 과거는 묻지 않고 앞으로 당기순이익 계산에만 적용한다. 즉 추정변경은 전진법을 적용하여 회계처리한다. 회사의 감가상각은 상각방법뿐만 아니라 내용연수나 잔존가치에 따라서도 달라질 수 있다.

과거 회계기준에서는 상각방법의 변경은 회계정책의 변경으로 그리고 내용연수와 잔존가치 변경은 추정의 변경으로 회계처리했다. 그런데 회계정책의 변경과 추정의 변경은 회계처리효과가 다르다. 동일하게 감가상각에 영향을 줌에도 불구하고 내용연수와 잔존가치 변경은 추정의 변경인 데 비하여 상각방법의 변경은 정책의 변경으로 보았던 것이다. 이런 면에서 상각방법을 정책의 변경이 아닌 추정의 변경으로 보는 것은 개념이 바뀌었다기보다는 내용연수나 잔존가치에 대한 변경효과와 일치시키고자 하는 의도로 해석할 수 있다.

2) 법인세법

법인세법 시행령 제27조(감가상각방법의 변경)
법인은 특정 조건에 해당하는 경우에는 납세지 관할세무서장의 승인을 얻어 그 상각방법을 변경할 수 있다.

법인세법에서도 감가상각방법은 변경이 가능하다. 다만 법에서 정한 요건에 부합되어야 한다. 법에서 정한 요건에는 감가상각방법이 서로 다른 두 법인이 합병으로 인하여 하나의 회사가 되므로 양 당사자 중 한 법인이 어쩔 수 없이 감가상각방법을 변경해야 하는 경우가 포함된다. 또한 경제적 여건의 변동으로 감가상각방법을 변경해야 하는 경우도 변경 사유에 해당한다.

감가상각방법 변경은 단순한 신고사항이 아니라 승인사항이다. 물론 적법한 사유가 있다면 승인을 당연히 받을 것으로 생각되지만 승인을 요한다는 것은 사안 자체가 중대하다는 것을 의미한다.

법인세법상 감가상각방법이 달라지면 변경의 효과를 어떻게 반영할 것인가? 법인세법에서는 소급적 처리는 없다. 만일 회계에서처럼 소급처리를 허용한다는 것은 이미 신고와 납부가 끝난 법인세를 다시 신고하여 세액을 정하고 추가납부 혹은 환급이 이루어진다는 것을 의미한다. 이렇게 추가납부하거나 환급받는 것은 세무조정을 통해서

하는 것이 아니라 수정신고 혹은 경정청구와 같은 별도의 절차를 통해서 진행된다. 따라서 여러분은 법인세법에서는 모든 변경은 소급되지 않으며 전진적으로 처리된다고 생각하면 된다. K-IFRS에서도 감가상각방법의 변경은 추정의 변경으로 보고 전진적으로 처리한다고 했으므로 법인세법과 충돌은 일어나지 않는다.

예제 6-11

㈜서울은 제1차연도 1월 1일 기계장치를 12,000원에 취득하고 내용연수를 8년, 잔존가액 0원으로 추정하고 25% 정률법으로 상각한다(세무상으로도 동일하다고 가정). 그런데 제2차연도 상각방법을 정액법으로 변경하고 내용연수를 5년으로 하였다(잔존내용연수는 4년). 세무상 내용연수는 4년으로 적법하게 변경 신고하였다.

| 물음 | K-IFRS에 따라 연도별 감가상각비를 계산하고 필요한 세무조정을 하시오.

| 풀이 |

(K-IFRS에 따른 감가상각비)

※ 회계상으로 전진법을 적용하면 아래와 같다.

구분	연도					
	0	1	2	3	4	5
자산(기말)	12,000	12,000	12,000	12,000	12,000	12,000
감가상각누계(기말)	–	(3,000)	(5,250)	(7,500)	(9,750)	(12,000)
장부가액(기말)	12,000	9,000	6,750	4,500	2,250	–
감가상각비		3,000[a)]	2,250[b)]	2,250	2,250	2,250

a) 12,000원×25%

b) (12,000원−3,000원)/4년=2,250원

(세무조정) 필요 없음

※ 만일 세법상 정액법 변경신고를 적법하게 하고 내용연수를 (5년이 아닌) 4년으로 적법하게 변경하는 신고를 하였다면 위 K-IFRS에 따른 회계처리에 대한 세무조정은 필요 없다. 내용연수는 기준내용연수의 50% 범위 내에서 변경할 수 있으므로 당초 8년에서 4년으로 변경하는 것은 가능하다.

이번 장의 요약

1. 기업회계기준에 의한 감가상각은 유형자산의 취득원가를 내용연수 동안 체계적으로 배분하는 과정이지만 법인세법상 감가상각은 회계상 계상한 감가상각비를 인정할 것인지 아니면 부인할 것인지를 정하는 과정이다.
2. 기업회계기준에 의한 내용연수는 경제적 내용연수 혹은 물리적 내용연수를 고려하여 합리적으로 정하는 데 비하여 법인세법상 내용연수는 자산의 종류별로 정해진 기준내용연수에서 일정범위 내 내용연수를 선택하여 신고한다.
3. 기업회계기준에 따르면 감가상각방법은 정액법, 체감잔액법, 생산량비례법 등으로 다양하게 적용될 수 있지만 법인세법상 감가상각방법은 대부분 정액법과 정률법으로만 제한된다.
4. 법인세법상 결산상 계상한 감가상각비를 상각범위액과 비교하여 초과할 경우에는 상각부인액으로 하고 미달하는 경우에는 시인부족액으로 한다.
5. 법인세법상 상각부인액은 손금불산입하고 유보로 처분하지만 시인부족액은 소멸한다. 상각부인액은 그 이후 시인부족액의 범위 내에서 손금으로 추인되지만 시인부족액은 그 이후 상각부인액에 충당할 수 없다.
6. 법인세법상 취득원가 중 일부를 결산상 비용으로 계상한 경우에는(취득원가 과소계상) 즉시상각한 것으로 의제하며 반대로 결산상 취득원가 중 일부가 법인세법상 부인될 경우에는(취득원가 과대계상) 손금에 산입하여 △유보로 처분하고 그 이후 결산상 감가상각비 비율대로 익금에 산입한다.
7. 자본적 지출은 취득원가에 가산하여 감가상각한다. 자본적 지출이 생기면 기업회계기준에 따른 잔존내용연수 동안 감가상각비가 증가하면서 감가상각기간에는 변동이 없는 반면 법인세법상으로는 감가상각기간이 늘어난다.
8. 법인세법상 자본적 지출을 결산상 비용으로 계상하면 즉시상각으로 의제한다.
9. 법인세를 감면받는 기간 동안에는 법인세법상 상각범위액만큼의 감가상각비를 강제로 손금에 산입해야 하는데 이를 감가상각의제라고 부른다.
10. K-IFRS에서 감가상각방법을 변경하면 추정의 변경으로 본다. K-IFRS에 따른 감가상각방법의 변경에 대해 법인세법상 승인을 받을 수 있다면 양자의 차이는 없다.

CHAPTER

7

유형자산의 재평가와 손상차손

이번 장의 차례

CHAPTER 7

유형자산의 재평가와 손상차손

기업회계기준에 따르면 유형자산을 취득한 이후 재평가모형과 원가모형 중 하나를 선택하여 평가한다. 원가모형에서는 유형자산의 장부금액은 취득원가로 하지만 재평가모형에서는 유형자산의 장부금액이 공정가치로 표시된다. 기업회계기준상 재평가모형을 선택하고 최초 재평가로 장부금액이 증가하면 재평가잉여금을 계상하고 장부금액이 감소하면 재평가손실을 계상한다. 그 이후 재평가에서 재평가차익이 생기면 과거 인식했던 재평가손실만큼은 재평가이익으로 계상하고 이를 초과하면 재평가잉여금으로 계상한다. 후속적인 재평가에서 재평가차손이 생기면 재평가잉여금범위 내에서 재평가잉여금을 우선 차감한 후 재평가손실로 계상한다.

법인세법상 재평가모형은 인정되지 않는다. 감가상각자산이 아니라면 재평가잉여금과 재평가손익은 모두 곧바로 부인된다. 감가상각자산이라면 법인세법상 감가상각범위액에 미치는 영향을 고려해야 한다. 재평가차익의 경우에는 감가상각 후 재평가를 한 것으로 보기 때문에 재평가가 감가상각범위에 영향을 미치지 않으며 재평가차익만큼 우선 전기말 상각부인액을 추인하고 나머지 금액은 결산상 취득원가를 부인한다. 재평가차손이 생긴 경우에는 해당 금액만큼 감가상각으로 의제한다.

기업회계기준에 따르면 유형자산의 회수가능액이 장부가액보다 낮아지면 손상차손을 계상하여 회수가능액을 장부가액으로 한다. 회수가능액이 회복되었다면 손상 전 장부가액을 한도로 손상차손을 환입한다. 법인세법에서는 객관적 증거가 없는 한 손상차손을 인정하지 않는데 결산상 손상차손을 감가상각한 것으로 의제한다.

#재평가잉여금 #재평가손실 #손상차손

1 유형자산의 재평가

1) 기업회계기준

원가모형과 재평가모형

K-IFRS 제1016호(유형자산) 문단 29
기업은 원가모형이나 재평가모형 중 하나를 회계정책으로 선택하여 유형자산의 유형별로 동일하게 적용한다.

유형자산의 최초 취득원가는 그 자산의 공정가치와 동일하거나 거의 유사할 것이다. 그러나 시간이 흐르면서 취득원가와 공정가치는 달라진다. 감가상각을 통해서 자산의 장부가액은 시간이 흐를수록 감소하지만 그에 비하여 자산의 공정가치는 오히려 증가할 수도 있다. 또한 인플레이션이 있으면 자산의 화폐가치는 상승한다. 이런 점들로 인하여 취득 이후 상당한 기간이 경과하면 자산의 장부가액(취득원가에서 감가상각누계액을 차감한 금액)과 공정가치는 엄청난 차이가 있을 수도 있다. 따라서 유형자산을 공정가치로 표시하는 것이 기업의 재무상태를 올바르게 나타낸다고 생각할 수 있다.

그렇지만 유형자산을 공정가치로만 나타내는 것도 문제가 있다. 우선 공정가치를 과연 신뢰성 있게 측정할 수 있는지가 문제가 된다. 유형자산의 공정가치를 확인하기 어려운 것은 재고자산이나 유가증권처럼 유형자산에는 활성화된 시장이 존재하지 않는 경우가 많기 때문이다. 예를 들어 아파트를 생각해보자. 우리가 살고 있는 아파트의 공정가치는 과연 얼마일까? 아파트는 위치에 따라 가격이 다르고 층수에 따라서도 가격이 달라진다. 따라서 유사한 자산의 거래가격을 알기도 어렵다. 이런 점 때문에 유형자산을 무조건 공정가치로 평가하도록 강제하는 것도 문제는 있다.

이에 따라 K-IFRS에서는 유형자산을 공정가치가 아닌 취득원가 중심으로 나타내는 원가모형과 공정가치를 반영하여 평가하는 재평가모형을 모두 인정하고 회사가 둘 중 하나의 방법을 회계정책으로 선택하도록 하고 있다. 어떻게 보면 절묘하게 절충안을 만들어낸 것처럼 보일 수도 있지만 어떤 회사는 원가모형을 선택하고 또 다른 회사는 재평가모형을 선택하면 이 두 회사의 재무제표는 비교가능성이 낮아질 것이다. 이런 점에서 보면 이렇게 기업에게 선택권을 부여한 것이 과연 최선인가라는 의문도 생긴다.

원가모형은 이미 여러분이 공부해온 것과 같다. 따라서 이번 장에서는 재평가모형을 중심으로 공부하도록 한다.

재평가와 재평가금액

K-IFRS 제1016호(유형자산) 문단 31

최초 인식 후에 공정가치를 신뢰성 있게 측정할 수 있는 유형자산은 재평가일의 공정가치에서 이후의 감가상각누계액과 손상차손누계액을 차감한 재평가금액을 장부금액으로 한다. 재평가는 보고기간말에 자산의 장부금액이 공정가치와 중요하게 차이가 나지 않도록 주기적으로 수행한다.

재평가모형을 선택하였다면 재평가를 실시한다. 재평가는 재평가일 당시의 공정가치를 장부금액으로 하는 것이며 재평가일 이후에는 공정가치에서 감가상각과 손상차손을 반영한 재평가금액이 장부금액이 된다. 재평가는 매연도마다 실시할 필요는 없지만 주기적으로 실시해야 한다. 매연도마다 재평가를 실시하면 유형자산의 장부가액은 공정가치로 표시될 것이다. 반대로 재평가주기가 길어질수록 유형자산의 장부가액은 공정가치와 차이가 날 것이다.

재평가모형의 표시방법

K-IFRS 제1016호(유형자산) 문단 35

유형자산을 재평가할 때, 그 자산의 장부금액을 재평가금액으로 조정한다. 재평가일에 그 자산을 다음 중 하나의 방법으로 회계처리한다.

(1) 자산 장부금액의 재평가와 일치하는 방식으로 자산의 총장부금액을 조정한다. 예를 들어, 총장부금액은 관측가능한 시장 자료를 기초로 수정하거나 장부금액의 변동에 비례하여 수정할 수 있다. 재평가일의 감가상각누계액은 손상차손누계액을 고려한 후 총장부금액과 장부금액의 차이와 같아지도록 조정한다.

(2) 자산의 총장부금액에서 감가상각누계액을 제거한다.

재평가모형은 유형자산의 장부가액을 재평가하여 공정가치와 같아지도록 표시하는 방법이다. 다만 표시하는 방법에는 감가상각누계액을 감안하여 비례적으로 조정하는 방법이 있을 수 있고 감가상각누계액을 표시하지 않고 순장부가액으로만 나타내는 방법이 있다.

예를 들어 재평가 전 취득원가 10,000원이고 감가상각누계 6,000원인 자산이 있는데 이 자산의 공정가치는 6,000원이라고 하자. 그러면 재평가 후 이 자산을 재무상태표에 어떻게 표시할 것인가? 우선 공정가치/장부가액비율만큼 취득원가와 감가상각누계를 비례적으로 조정하는 방법이 있다. 이에 따르면 재평가 전 장부가액 4,000원에서 공정가치 6,000원으로 재평가되었으므로 6,000원/4,000원=1.5만큼 비례적으로 취득원가와 감가상각누계를 조정한다. 따라서 취득원가는 15,000원, 감가상각누계는 9,000원으로 조정되고 그래서 장부가액은 6,000원으로 재평가금액과 같아진다. 표로 나타내보면 아래와 같다.

구분	재평가 전	조정	재평가 후
취득원가	10,000	5,000	15,000
감가상각누계	(6,000)	(3,000)	(9,000)
장부가액	4,000	2,000	6,000

그리고 위 표에 따라서 다음과 같이 분개한다.

(장부가액 조정방법)

차) 유형자산	5,000	대) 감가상각누계	3,000
		재평가잉여금	2,000

또 다른 방법으로는 재평가 후 감가상각누계를 별도로 구분표시하지 않고 감가상각누계를 차감한 순액으로 표시할 수 있다. 이런 경우에는 감가상각누계를 전부 환입하고 난 후 취득원가를 재평가금액이 되도록 조정한다. 표로 나타내보면 다음과 같다.

구분	재평가 전	조정	재평가 후
취득원가	10,000	(4,000)	6,000
감가상각누계	(6,000)	6,000	(−)
장부가액	4,000	2,000	6,000

그리고 위 표에 따라서 다음과 같이 분개한다.

(취득원가 조정방법)

차) 감가상각누계	6,000	대) 유형자산	4,000
		재평가잉여금	2,000

최초의 재평가손익

K-IFRS 제1016호(유형자산)
자산의 장부금액이 재평가로 인하여 증가된 경우에 그 증가액은 기타포괄손익으로 인식하고 재평가잉여금의 과목으로 자본에 가산한다(문단 39). 자산의 장부금액이 재평가로 인하여 감소된 경우에 그 감소액은 당기손익으로 인식한다(문단 40).

재평가모형을 최초 적용하여 재평가를 하게 되면 그로 인하여 장부가액이 증가할 수도 감소할 수도 있다. 장부가액이 증가하는 경우에는 그 증가액은 재평가잉여금으로 처리하는데 재평가잉여금은 기타포괄손익에 해당한다. 이를 분개로 나타내면 다음과 같다.

차) 유형자산	×××	대) 재평가잉여금	×××

재평가로 인한 장부가액 증액을 당기순이익에 포함시키지 않고 기타포괄이익으로 보는 이유는 자본유지 개념에 기초한 것이다. 예를 들어 1억원에 취득한 토지가 2억원으로 재평가되었다고 하자. 이때 재평가차익 1억원을 당기순이익 증가로 본다면 이 당기순이익 증가로 인하여 배당가능이익이 증가하고 회사는 1억원을 전부 주주들에게 배당할 수 있을 것이다. 그렇지만 재평가차익 1억원은 실제로 현금수입이 없는 미실현이익일 뿐이고 재고자산처럼 단기간 내에 처분되어 실현되지도 않는다. 그럼에도 불구하고 재평가차익 1억원을 배당으로 사외유출시킨다면 회사의 실질적 자본은 오히려 감소한다. 이런 이유로 유형자산에 대한 재평가차익을 기타포괄이익으로 분류하여 배당을 할 수 없도록 조치를 취한 것으로 이해할 수 있다.

재평가로 인하여 장부가액이 감소하면 이는 당기손익으로 인식한다. 앞서 장부가액 증가의 경우에는 기타포괄이익으로 분류했지만 장부가액이 감소하면 이는 당기손익으로 보는 것은 공평하지 않아 보인다. 이는 보수주의라는 원칙으로밖에 설명되지 않는다. 즉 미실현이익은 가급적 보여주지 않고 실현될 때까지 묶어두어야 하지만 미실현 손실은 가급적 빠른 시간 내에 공지하여 주주들에게 알려야 한다는 것이다. 미실현이익과 손실에 대한 이런 비대칭적 처리를 불러온 보수주의는 논리적으로는 문제가 있어 보이나 오랜 관행 그리고 논리보다는 감정으로 이해해야 한다. 이를 분개로 나타내면 다음과 같다.

차) 재평가손실	×××	대) 유형자산	×××

후속적인 재평가손익

K-IFRS 제1016호(유형자산)
자산의 장부금액이 재평가로 인하여 증가된 경우에 …(중략)… 동일한 자산에 대하여 이전에 당기손익으로 인식한 재평가감소액이 있다면 그 금액을 한도로 재평가증가액만큼 당기손익으로 인식한다(문단 39). 자산의 장부금액이 재평가로 인하여 감소된 경우에 …(중략)… 그 자산에 대한 재평가잉여금의 잔액이 있다면 그 금액을 한도로 재평가감소액을 기타포괄손익으로 인식한다(문단 40).

유형자산 재평가는 한 번만으로 그치는 것이 아니라 주기적으로 반복해서 실시해야 한다. 따라서 일단 최초에 재평가차익 혹은 차손이 인식된 이후 다시 후속적인 재평가로 인하여 장부가액이 증가 혹은 감소할 수 있다.

앞서 재평가로 인하여 장부가액이 증가하였다면 재평가차익을 기타포괄이익으로 본다고 하였다. 그러나 후속적인 재평가에서 그 이전에 당기손익으로 인식한 재평가감소액이 있다면 그 부분만큼은 당기손익으로 인식해야 한다. 예를 들어 최초 1억원에 취득한 토지를 7천만원으로 재평가하고 3천만원의 재평가손실을 인식하였다고 하자. 다음 해 토지가 1억2천만원으로 평가되었다면 재평가차익은 5천만원인데 이 중 그 이전에 재평가손실이라는 당기손익으로 인식한 금액 3천만원은 당기순이익 증가로 인식하고 나머지 2천만원은 재평가잉여금으로 인식하는 것이다. 분개로 나타내면 다음과 같다.

최초 재평가손실	차) 재평가손실	3천만원	대) 토지	3천만원
이후 재평가이익	차) 토지	5천만원	대) 재평가이익	3천만원
			재평가잉여금	2천만원

앞서 재평가로 인하여 장부가액이 감소하였다면 재평가손실을 당기손익으로 본다고 하였다. 그러나 후속적인 재평가에서 재평가잉여금 잔액이 남아있다면 그 금액만큼은 일단 감소시킨 후 잔액을 재평가손실로 보아야 한다. 예를 들어 1억원에 취득한 토지를 1억2천만원으로 재평가하고 2천만원의 재평가잉여금을 계상하였다고 하자. 그 다음해 토지가 9천만원으로 재평가되었고 이에 따라 3천만원의 재평가차손을 계상해야 하는데 이때 재평가잉여금 잔액 2천만원을 우선 차감한 후 나머지 1천만원에 대해서 재평가손실을 계상한다. 이를 분개로 나타내면 다음과 같다.

최초 재평가이익	차) 토지	2천만원	대) 재평가잉여금	2천만원
이후 재평가손실	차) 재평가잉여금 재평가손실	2천만원 1천만원	대) 토지	3천만원

2) 법인세법

법인세법에서는 회계에서와 같이 재평가를 허용할까? 지금까지 공부해온 학생들이라면 당연히 허용되지 않을 것이라고 대답할 것이다. 누차 말하지만 법인세법은 경영자의 재량적 판단을 인정하지 않는다. 법인세법 입장에서 경영자의 재량적 판단이 개입될 수밖에 없는 공정가치로 자산을 재평가하는 것을 허용할 리가 없다. 다만 법률에 의해서 어쩔 수 없이 해야만 하는 재평가증만을 예외적으로 허용할 뿐이다.

과세소득을 감소시키는 재평가손실은 허용하지 않더라도 과세소득을 증가시켜 오히려 세수를 증가시킬 수 있는 재평가이익은 허용할 수도 있지 않을까? 그러나 이 역시 허용되지 않는다. 만일 당장 과세소득을 증가시킨다고 해서 재평가이익을 허용하게 된다면 회사는 이를 이용하여 조세회피의 기회를 만들어낼 수 있다.

예를 들어 현재는 결손이 있지만 미래에는 이익이 날 것으로 예상하고 있다고 하자. 그러면 일단 현재 보유하고 있는 자산을 재평가하여 이익을 계상한다. 결손금은 다소 줄어들겠지만 어차피 납부세액은 없으므로 차이는 없다. 그런 후에 이익이 나는 시기에 자산을 처분하게 되면 처분이익이 줄거나 처분손실이 더욱 커지게 되어서 납부할 세금을 줄일 수 있는 효과가 있다. 이런 점들로 인하여 법인세법에서는 K-IFRS에서의 재평가모형을 허용하지 않는다.

3) 차이와 세무조정

법인세법에서 재평가를 허용하지 않음으로써 결산상 장부가액과 세무상 장부가액 간에는 차이가 생긴다. 이런 차이는 차이의 방향에 따라서 익금산입 유보처분하거나 손금산입 △유보로 처분한다.

장부가액 차이에 대한 세무조정 외에도 기타포괄손익으로 계상한 재평가잉여금에 대한 세무조정도 동시에 필요하다. 법인세법에서는 기타포괄손익 증감은 사업연도소득 증감으로 편입시켜야 한다. 따라서 재평가잉여금 증가에 대해서는 익금산입 기타로 처분하고 재평가잉여금 감소에 대해서는 손금산입 기타로 처분한다.

예제 7-1

㈜서울은 제1차연도초 10,000원에 토지를 취득하고 재평가모형을 적용하여 매년 재평가를 실시하기로 하였다. 제4차연도까지 매년말 토지의 공정가치가 다음과 같을 때 K-IFRS에 따른 올바른 회계처리와 세무조정을 하시오.

제1차연도말	제2차연도말	제3차연도말	제4차연도말
12,000원	7,000원	9,200원	11,000원

| 풀이 |

※ K-IFRS와 세법 간 장부가액 차이

구분	제1차연도말	제2차연도말	제3차연도말	제4차연도말
결산	12,000원	7,000원	9,200원	11,000원
세법	10,000원	10,000원	10,000원	10,000원
차이	(2,000원)	3,000원	800원	(1,000원)

※ 세법에서는 재평가를 인정하지 않는다. 따라서 세무상 장부가액은 당초 취득원가인 10,000원으로 일정하다. 세법과 결산과의 차이는 유보로 조정한다. 그리고 유보의 증가 혹은 감소에 따라 익금 및 손금으로 세무조정한다. 구체적인 회계처리와 세무조정은 아래와 같다.

연도	회계처리	세무조정
제1차연도	차) 토지 2,000 대) 재평가잉여금 2,000	익금산입 재평가잉여금 2,000(기타) 손금산입 토지 2,000(△유보)

제2차언도	차) 재평가잉여금 2,000 재평가손실 3,000 대) 토지 5,000	손금산입 재평가잉여금 2,000(기타) 익금산입 토지 5,000(유보)
제3차연도	차) 토지 2,200 대) 재평가이익 2,200	손금산입 토지 2,200(△유보)
제4차연도	차) 토지 1,800 대) 재평가이익 800 재평가잉여금 1,000	익금산입 재평가잉여금 1,000(기타) 손금산입 토지 1,800(△유보)

2 재평가와 감가상각

유형자산의 감가상각과 재평가는 장부가액의 변동을 가져온다는 점에서 공통점이 있다. 또한 양자는 서로 영향을 주고받는다. 즉 감가상각을 얼마나 하는가에 따라서 재평가잉여금과 손실이 달라질 수 있고 반대로 얼마로 재평가하는지에 따라서 감가상각이 영향을 받는다. 이런 점에서 감가상각과 재평가 사이에 순서가 정해져 있어야 한다. K-IFRS와 법인세법에서는 감가상각을 먼저 하고 재평가를 실시하는 것으로 본다.

1) 기업회계기준

재평가와 감가상각의 순서에 대해서 K-IFRS에서는 별다른 규정이 없다. 그러나 재평가의 취지를 생각해보면 감가상각 후 재평가를 실시해야 한다는 것을 알 수 있다. 재평가의 취지는 유형자산의 장부가액을 회계기말 공정가액과 일치시키고자 하는 것이다. 그런데 재평가를 실시한 다음 감가상각을 실시하면 회계기말 유형자산의 공정가액과 장부가액은 재평가된 금액과 달라지므로 재평가의 취지가 무색해진다. 이런 점에서 보면 당연히 감가상각을 하고 난 후 재평가를 해야 한다.

사례 7-1

갑회사는 제1차연도 1월 1일에 10,000원에 유형자산을 취득하고 5년간 정액법으로 감가상각한다. 갑회사는 유형자산에 대해 재평가모형을 적용하는데 제1차연도 12월 31일 공정가치는 (상황 1) 12,000원, (상황 2) 7,200원이었다.

위 (사례 7-1)에서 (상황 1)을 보자. 재평가를 먼저 하고 감가상각을 한다면 재평가차익은 2,000원이고 감가상각비는 2,400원이 될 것이고 기말장부가액은 9,600원이 되어서 공정가치와 달라진다. 그러나 감가상각을 하고 나서 재평가를 한다면 감가상각비는 2,000원, 재평가차익은 4,000원이 되고 기말장부가액과 공정가치는 동일하다. 취득원가와 감가상각누계를 비례적으로 증가시키는 분개를 하면 다음과 같다.

감가상각	차) 감가상각비	2,000	대) 감가상각누계	2,000
재평가증(상황 1)	차) 유형자산	5,000	대) 감가상각누계	1,000
			재평가잉여금	4,000

다음으로 (사례 7-1)의 (상황 2)를 보자. 감가상각 2,000원과 기말장부가액 8,000원은 앞선 경우와 동일하다. 감가상각 후 공정가치가 7,200원이므로 취득원가와 감가상각누계를 10%씩 비례적으로 감소시킨다.

재평가감(상황 2)	차) 감가상각누계	200	대) 유형자산	1,000
	재평가손실	800		

2) 법인세법

재평가차익의 경우

법인세법 시행령 제32조(상각부인액 등의 처리)
법인이 감가상각자산에 대하여 감가상각과 평가증을 병행한 경우에는 먼저 감가상각을 한 후 평가증을 한 것으로 보아 상각범위액을 계산한다.

위 규정을 보면 법인세법에서도 감가상각을 하고 난 후 재평가를 하는 것으로 정하고 있음을 알 수 있다. 감가상각 후 재평가하는 것으로 순위를 정한 이유는 기업회계기준과 다르지 않다. 만일 재평가를 먼저 하고 나서 감가상각을 한다면 재평가의 결과가 상각범위액에 반영되어야 하므로 훨씬 번거로울 것이다.

또한 K-IFRS에 따른 재평가는 세법에서 인정하지 않는다고 하였다. 따라서 재평가차익에 해당하는 금액은 손금산입하고 △유보로 처분되어야 한다. 만일 기존에 감가상각부인액 혹은 취득원가부인으로 이미 유보 혹은 △유보로 처분한 금액이 있다면 별도로 구분할 필요 없이 서로 합치면 된다.

재평가차손의 경우

재평가차손이 생기면 어떻게 될까? 법인세법에서는 재평가차손에 대한 처리규정은 없다. 그렇지만 여러분이 조금만 지혜를 발휘하면 처리방법을 생각할 수 있다. 재평가차손에 대한 처리는 둘 중 하나이다. 곧바로 전액 손금불산입하여 유보로 처분하든지 아니면 즉시상각으로 의제하여 감가상각 시부인을 거치든지이다.

재평가차손을 재평가차익처럼 감가상각 후에 생긴 것으로 보게 되면 손금불산입된 금액만큼은 결산상 장부가액이 세무상 장부가액보다 줄어든다. 따라서 향후 감가상각비도 세무상 상각범위액보다 결산상 감가상각비가 작게 계상될 것이다. 즉 계속적으로 시인부족액이 발생할 가능성이 높아지는 것이다. 그런데 우리가 알다시피 시인부족액은 소멸된다고 하였으므로 재평가차손으로 손금불산입된 금액은 해당 자산이 처분되어 제거될 때까지는 추인받을 기회를 잃어버린다.

유형자산의 공정가치가 0인 극단적인 예를 생각해보자. 이렇게 되면 회사는 장부가액 전액을 재평가손실로 계상한 후 향후에는 감가상각비를 전혀 계상하지 않는다. 그런데 만일 법인세법상 감가상각 후 재평가를 한 것으로 본다면 회사가 매년 감가상각비를 계상하지 않은 것이 되므로 당연히 매년 시인부족액이 생겨서 세무조정 없이 소멸할 것이고 해당 자산을 처분할 때까지 재평가손실에 대한 부인으로 생긴 유보금액은 추인받지 못한다.

그렇지만 재평가차손을 감가상각 후에 생긴 것으로 보지 않고 즉시상각으로 의제한다면 이런 문제점은 해소된다. 즉시상각으로 의제한 후 시부인계산을 하면 추가 감가상각비로 손금으로 인정받거나 아니면 상각부인으로 취급된다. 그런데 상각부인액은 향후 생기는 시인부족액범위 내에서 추인받을 수 있다. 따라서 단순히 재평가차손을 감가상각 후에 생기는 것으로 보지 않고 즉시상각으로 의제함으로써 회사 입장에서 재평가손실로 손금불산입 유보처분된 금액을 처분 시까지 기다리지 않고 조기에 추인받을 기회를 갖게 된다.

그렇다면 어떻게 하는 것이 합리적인가? 법인세법에 별도 규정이 없다면 당연히 회사에게 유리하게 해석하는 것이 맞다. 따라서 재평가차손은 즉시상각으로 의제하는 것이 옳을 것이다. 이렇게 재평가차손을 즉시상각으로 의제하는 것은 뒤에서 설명하게 될 손상차손에 대한 세무처리와 일관성을 유지할 수 있다는 점에서도 합리적이다. 즉 법인세법에서는 손상차손에 대해서는 즉시상각으로 의제한다는 점을 명백하게 규정하고 있는데 이에 비추어 손상차손과 유사한 효과를 가져오는 재평가차손에 대해서도 즉시상각으로 의제하는 것이 일관성을 유지하는 것이다.

3) 차이와 세무조정

재평가차익의 경우

법인세법 시행령 제32조(상각부인액 등의 처리)
법인이 보험업법 등 법률에 따라 감가상각자산의 장부가액을 증액한 경우 해당 감가상각자산의 상각부인액은 평가증의 한도까지 익금에 산입된 것으로 보아 손금에 산입하고, 평가증의 한도를 초과하는 금액은 이를 그 후의 사업연도에 이월할 상각부인액으로 한다. 이 경우 시인부족액은 소멸하는 것으로 한다.

위 규정에서는 법률에 따라 재평가차익을 계상한 경우의 세무조정을 정한다. 법률에 따른 평가차익은 법인세법에서도 인정한다. 이에 따라 평가 후 새로운 세무상 장부가액은 평가 후 결산상 장부가액과 평가 전 세무상 장부가액 중 큰 금액으로 정해진다. 이는 다음과 같은 〈표 7-1〉로 나타낸다.

표 7-1 재평가차익에 대한 세무조정

구분	재평가 전	재평가차익	재평가 후
결산상 장부가액	ⓐ	ⓑ	ⓐ+ⓑ
(+)상각부인	ⓒ	④	②
세무상 장부가액	ⓐ+ⓒ	③	①

위 〈표 7-1〉에서 ⓐ, ⓑ, ⓒ에 들어가는 금액은 주어진 상황에서 금방 구할 수 있을

것이다. 핵심은 ①을 계산하는 것이다. 만일 결산상 재평가차익을 세법에서 인정한다면 ①=MAX(ⓐ+ⓑ, ⓐ+ⓒ)가 된다. ①을 계산하였다면 ②→③→④ 순서대로 쉽게 금액을 넣을 수 있다. 세무조정은 ④에 근거해서 한다.

사례 7-2

갑회사는 제1차연도 1월 1일에 10,000원에 유형자산을 취득하고 결산상 4,000원의 감가상각비를 계상하였는데 세법상 상각범위액은 2,000원이다. 유형자산의 공정가치로 재평가를 실시하였는데 제1차연도 12월 31일 공정가치는 (상황 1) 7,500원, (상황 2) 9,000원이었다.

일단 (사례 7-2)에서의 재평가는 법인세법상 인정되는 재평가라고 가정한다. 〈표 7-1〉에 들어갈 금액을 계산해보자. 우선 ⓐ, ⓑ, ⓒ에 들어갈 금액을 문제를 보고 차례대로 찾아서 넣은 다음 ①을 계산하는 것이 핵심이다. 그러고 나면 ②, ③, ④에 들어갈 금액은 쉽게 정해지고 ④에 기초해서 세무조정하면 된다. (상황 1)에 대해서 〈표 7-1〉을 완성해보면 아래와 같다.

(상황 1) 법인세법상 인정되는 재평가

구분	재평가 전	재평가차익	재평가 후
결산상 장부가액	ⓐ 6,000원	ⓑ 1,500원	ⓐ+ⓑ 7,500원
(+)상각부인	ⓒ 2,000원	④ △1,500원	② 500원
세무상 장부가액	ⓐ+ⓒ 8,000원	③ 0원	① 8,000원

위 표에서 재평가 후 세무상 가액인 ①에 들어갈 금액은 8,000원이다. 즉 재평가 후 결산상 장부가액은 7,500원이고 세무상 가액은 8,000원이므로 둘 중 큰 금액인 8,000원이 되는 것이다. 이에 따라 순서대로 금액을 정하면 (사례 7-2) (상황 1)에서는 손금산입 1,500원으로 세무조정한다는 것을 알 수 있다. 앞선 법인세법 시행령 규정에 따르면 상각부인액 2,000원을 평가증 1,500원 이내에서 추인해야 하므로 1,500원을 손금산입한 것이다.

(상황 2)에 대해서 〈표 7-1〉을 완성해보면 재평가 후 세무상 가액은 9,000원이 된다. 그리고 순서대로 금액을 정하다 보면 (상황 2)에서는 손금산입 2,000원으로 세무조정한다는 것을 알 수 있다. 즉 앞선 법인세법 시행령 규정에 따라서 상각부인액 2,000

원을 평가증 3,000원 이내에서 추인한 것이다.

(상황 2) 법인세법상 인정되는 재평가

구분	재평가 전	재평가차익	재평가 후
결산상 장부가액	ⓐ 6,000원	ⓑ 3,000원	ⓐ+ⓑ 9,000원
(+)상각부인	ⓒ 2,000원	④ △2,000원	② 0원
세무상 장부가액	ⓐ+ⓒ 8,000원	③ 1,000원	① 9,000원

K-IFRS 자산재평가에 대해서 법인세법은 허용하지 않는다. 그렇다면 세무조정은 어떻게 바뀔까? 재평가를 허용하지 않는다는 것은 재평가차익을 부인하고 세무상 장부가액은 재평가 전의 금액으로 한다는 의미이다. 따라서 앞선 〈표 7-1〉에서 재평가 후 세무상 장부가액은 ①=ⓐ+ⓒ가 된다. 즉 재평가 전과 후의 세무상 가액은 변함이 없다.

(상황 1)을 보면 ⓑ<ⓒ의 관계가 성립하므로 법인세법상 재평가차익의 인정 여부와 무관하게 재평가 후 세무상 장부가액은 동일하다.[1] 따라서 세무조정은 법인세법상 재평가를 인정하는 경우와 같아진다. 그러나 (상황 2)에서는 달라지는데 법인세법에서 재평가를 인정하지 않는 경우의 〈표 7-1〉을 완성해보면 아래와 같다.

(상황 2) 법인세법상 인정되지 않는 재평가

구분	재평가 전	재평가차익	재평가 후
결산상 장부가액	ⓐ 6,000원	ⓑ 3,000원	ⓐ+ⓑ 9,000원
(+)상각부인	ⓒ 2,000원	④ △3,000원	② △1,000원
세무상 장부가액	ⓐ+ⓒ 8,000원	③ 0원	① 8,000원

법인세법에서 재평가차익을 인정하지 않는다면 (상황 2)에서는 재평가차익 3,000원을 전액 손금에 산입하고 △유보로 처분해야 한다. 이러면 이미 유보되었던 상각부인액 2,000원과 상계되고 남은 1,000원의 △유보는 다음 해로 이월된다.

위와 같은 장부가액 조정 외에 K-IFRS에 따라 재평가차익을 기타포괄이익으로 계상하였다면 해당 금액을 익금산입하여 기타로 처분하는 것도 잊지 말아야 한다.

1) 즉 ⓑ<ⓒ이라면 ①은 ⓐ+ⓒ 혹은 MAX(ⓐ+ⓑ, ⓐ+ⓒ)와 동일하다.

재평가차손의 경우

앞서 언급한 바와 같이 재평가차손을 계상하였다면 즉시상각으로 의제한다. 즉시상각으로 의제한다는 것은 재평가과정을 감가상각 이후에 별도로 진행한다고 보지 않고 재평가도 감가상각의 일부로 보는 것이다. 이는 다음과 같은 〈표 7-2〉로 나타낸다.

표 7-2 재평가차손에 대한 세무조정

구분	감가상각 및 재평가 전	감가상각 및 재평가차손	감가상각 및 재평가 후
결산상 장부가액	ⓐ	ⓑ	ⓐ+ⓑ
(+)상각부인	ⓒ	④	②
세무상 장부가액	ⓐ+ⓒ	③	①

위 〈표 7-2〉와 앞선 〈표 7-1〉을 비교해보면 무엇이 달라졌는가? 〈표 7-2〉에서 〈표 7-1〉과 달라진 것은 감가상각과 재평가를 동일하게 보고 구분하지 않았다는 점이다. 즉 재평가차익의 경우에는 감가상각 시부인계산을 일단 마친 후 장부가액을 기초로 다시 재평가와 관련된 세무조정을 진행했지만 재평가차손의 경우에는 재평가도 감가상각한 것으로 의제한다고 하였으므로 감가상각과 재평가를 구분하지 않았다.

〈표 7-2〉에서도 핵심적인 것은 ①을 계산하는 것이다. 결산상 재평가차손을 감가상각으로 보는 것이므로 ①은 결산상 장부가액(ⓐ+ⓑ)과 감가상각 및 재평가 전 세무상 장부가액(ⓐ+ⓒ)에서 세법상 상각범위액을 차감한 금액, 즉 세무상 최소장부가액 사이에서 더 큰 금액으로 정해진다. ①을 계산하였다면 ②→③→④ 순서대로 쉽게 금액을 넣을 수 있다. 세무조정은 ④에 근거해서 한다.

사례 7-3

갑회사는 제1차연도 1월 1일에 10,000원 유형자산을 취득하고 결산상 2,000원의 감가상각비를 계상하였는데 세법상 상각범위액은 3,000원이다. 유형자산의 공정가치로 재평가를 실시하였는데 제1차연도 12월 31일 공정가치는 6,400원이었다.

〈표 7-2〉에 들어갈 금액을 계산해보자. 우선 ⓐ, ⓑ, ⓒ에 들어갈 금액을 문제를 보고 차례대로 찾아서 넣은 다음 ①을 계산하는 것이 핵심이다. 그러고 나면 ②, ③, ④에 들어갈 금액은 쉽게 정해지고 ④에 기초해서 세무조정하면 된다. 〈표 7-2〉를 완성해

보면 아래와 같다.

구분	감가상각 및 재평가 전	감가상각 및 재평가차손	감가상각 및 재평가 후
결산상 장부가액	ⓐ 10,000원	ⓑ △3,600원	ⓐ+ⓑ 6,400원
(+)상각부인	ⓒ 0원	④ 600원	② 600원
세무상 장부가액	ⓐ+ⓒ 10,000원	③ △3,000원	① 7,000원

위 표에서 가장 핵심적인 계산은 ①인데 감가상각 및 재평가 전의 세무상 장부가액 10,000원에서 상각범위액 3,000원을 차감한 금액과 감가상각 및 재평가 후 결산상 장부가액 간 큰 금액인 7,000원으로 정했다. 이에 따라 세무조정은 ④의 금액으로 하는데 상각부인 600원을 익금에 산입하고 유보로 처분한다.

지금까지 살펴보았던 재평가차익 및 차손에 대한 세무조정을 구분하여 요약하면 아래 〈표 7-3〉과 같다.

표 7-3 재평가 관련 세무조정

구분		세무조정
재평가차익	법률상 평가증	평가차익을 한도로 상각부인액을 손금에 산입하여 △유보로 처분함
	기타의 평가증	평가차익 전액을 손금산입하여 △유보로 처분함
재평가차손		즉시상각으로 의제하여 감가상각 시부인에 포함

예제 7-2

㈜서울은 제1차연도초에 100,000원에 유형자산을 취득하였는데 내용연수는 5년이며 정액법으로 감가상각하기로 하였다. 모든 사항은 세법상 적법하게 신고하였다. 재평가모형을 적용하고 매년 재평가를 실시하는데 제1차연도말 공정가치는 96,000원이었고 나머지 연도의 공정가치는 모두 장부가치와 일치한다. 1, 2, 3차연도 K-IFRS에 따른 회계처리를 하고 세무조정을 하시오.

| 풀이 |

(연도별 장부가액, 감가상각 및 재평가)

구분	연도		
	1	2	3
기초장부가액	100,000	96,000	72,000
감가상각비	(20,000)[a)]	(24,000)[b)]	(24,000)
재평가 전 기말장부가액	80,000	72,000	48,000
재평가차익(차손)	16,000	–	–
재평가 후 기말장부가액	96,000	72,000	48,000

a) 100,000원/5년=20,000원
b) 96,000원/4년=24,000원

(연도별 회계처리)

※ 취득원가와 감가상각누계를 비례적으로 수정하는 것으로 한다.

구분	차변	금액	대변	금액
제1차연도	차) 유형자산	100,000	대) 현금	100,000
	차) 감가상각비	20,000	대) 감가상각누계	20,000
	차) 유형자산	20,000	대) 감가상각누계	4,000
			재평가잉여금	16,000
제2차연도	차) 감가상각비	24,000	대) 감가상각누계	24,000
제3차연도	차) 감가상각비	24,000	대) 감가상각누계	24,000

(감가상각 시부인계산)

구분	연도		
	1	2	3
결산상 감가상각비	20,000	24,000	24,000
세법상 상각범위액	20,000	20,000	20,000
상각부인(시인부족)	–	4,000	4,000
재평가차익부인	(16,000)	–	–

(세무조정)

제1차연도 손금산입 유형자산 16,000원(△유보)
　　　　　익금산입 재평가잉여금 16,000원(기타)
제2차연도 익금산입 유형자산 4,000원(유보)
제3차연도 익금산입 유형자산 4,000원(유보)

※ 만일 세무조정을 제4차와 제5차연도로 확대하면 결과적으로 최초 16,000원의 취득원가부인액은 전부 익금에 산입된다.

※ 장부가액의 결산과 세무상 차이는 다음과 같다.

구분	연도			
	0	1	2	3
세무상 기말장부가액	100,000	80,000	60,000	40,000
결산상 기말장부가액	100,000	96,000	72,000	48,000
차이	–	(16,000)	(12,000)	(8,000)
당기 세무조정	–	(16,000)	4,000	4,000

예제 7-3

제2차연도말 ㈜서울의 유형자산 취득가액은 100,000원, 감가상각누계는 55,000원, 손익계산서상 당기 감가상각비는 25,000원이다. ㈜서울은 재평가모형을 적용하여 매년 재평가를 실시하는데 제1차연도에는 재평가금액과 장부금액이 동일하였고 제2차연도말 유형자산의 재평가금액이 (상황 1) 54,000원, (상황 2) 67,500원인 경우로 구분하여 물음에 답하시오.

| 물음 1 | K-IFRS에 따라 제2차연도 재평가모형 적용의 회계처리를 하시오.

| 물음 2 | 세법상 정액법으로 감가상각하는데 상각률은 20%이며 전기 감가상각부인액 10,000원이 있다. 필요한 세무조정을 하시오.

| 풀이 |

(물음 1)

※ 재평가차액을 취득원가와 감가상각누계에 비례적으로 배분한다고 가정하고 K-IFRS에 따라 다음과 같이 회계처리한다.

상황 1	차) 유형자산	20,000	대) 감가상각누계	11,000
			재평가잉여금	9,000
상황 2	차) 유형자산	50,000	대) 감가상각누계	27,500
			재평가잉여금	22,500

(물음 2)

※ 감가상각을 하고 난 후 재평가를 한다고 본다. 따라서 일단 재평가 전 감가상각 시부인계산을 하면 상각범위액은 20,000원이고 결산상 감가상각비는 25,000원이므로 세무조정은 상황 1과 상황 2 모두 다음과 같다.

익금산입 감가상각누계(감가상각부인) 5,000원(유보)

※ 재평가차액을 일단 익금에 산입하여 기타로 처분한 후 손금부인하여 △유보로 처분하는데 손금부인의 순서는 상각부인액과 취득원가 순시이다.

(상황 1)

익금산입 재평가잉여금 9,000원(기타)
손금산입 감가상각누계(감가상각부인) 9,000원(△유보)

(상황 2)

익금산입 재평가잉여금 22,500원(기타)
손금산입 감가상각누계(감가상각부인) 15,000원(△유보)
손금산입 유형자산 7,500원(△유보)

예제 7-4

앞선 〈예제 7-2〉에서 제1차연도말 공정가치가 72,000원이라는 점을 제외하고는 동일하다. 1, 2, 3차연도 K-IFRS에 따른 회계처리를 하고 세무조정을 하시오.

| 풀이 |

(연도별 장부가액, 감가상각 및 재평가)

구분	연도		
	1	2	3
기초장부가액	100,000	72,000	54,000
감가상각비	(20,000)[a)]	(18,000)[b)]	(18,000)
재평가 전 기말장부가액	80,000	54,000	36,000
재평가차익(차손)	(8,000)	–	–
재평가 후 기말장부가액	72,000	54,000	36,000

a) 100,000원/5년=20,000원
b) 72,000원/4년=18,000원

(연도별 회계처리)

연도	차변	금액	대변	금액
제1차연도	차) 유형자산	100,000	대) 현금	100,000
	차) 감가상각비	20,000	대) 감가상각누계	20,000
	차) 감가상각누계	2,000	대) 유형자산	10,000
	재평가손실	8,000		
제2차연도	차) 감가상각비	18,000	대) 감가상각누계	18,000
제3차연도	차) 감가상각비	18,000	대) 감가상각누계	18,000

(감가상각 시부인계산)

구분	연도		
	1	2	3
결산상 감가상각비	20,000	18,000	18,000
재평가손실	8,000	–	–
시부인 대상 감가상각비	28,000	18,000	18,000
세법상 상각범위액	20,000	20,000	20,000
상각부인(시인부족)	8,000	(2,000)	(2,000)

(세무조정)

※ 재평가손실은 당기손익이므로 기타로 세무조정할 필요는 없다.

제1차연도 익금산입 감가상각누계(감가상각부인) 8,000원(유보)
제2차연도 손금산입 감가상각누계(전기감가상각부인) 2,000원(△유보)
제3차연도 손금산입 감가상각누계(전기감가상각부인) 2,000원(△유보)

※ 장부가액의 결산과 세무상 차이는 다음과 같다.

구분	연도			
	0	1	2	3
세무상 기말장부가액	100,000	80,000	60,000	40,000
결산상 기말장부가액	100,000	72,000	54,000	36,000
차이	–	8,000	6,000	4,000
당기 세무조정	–	8,000	(2,000)	(2,000)

예제 7-5

제2차연도말 ㈜서울의 유형자산 취득가액은 100,000원이고 감가상각누계는 55,000원이고 손익계산서상 당기 감가상각비는 25,000원이었다. ㈜서울은 재평가모형을 적용하는데 제1차연도에는 재평가금액과 장부금액이 동일하였고 제2차연도말 유형자산의 재평가금액이 36,000원이다.

| 물음 1 | K-IFRS에 따라 제2차연도 재평가모형 적용에 따른 회계처리를 하시오.

| 물음 2 | 세법상 상각범위액은 20,000원이며 전기 감가상각부인액 10,000원이 있다. 필요한 세무조정을 하시오.

| 풀이 |

(물음 1)

※ K-IFRS에 따라서 재평가차액을 취득원가와 감가상각누계에 비례적으로 배분한다고 가정하면 재평가로 인한 장부가액 변동은 다음과 같다.

	재평가 전	재평가 후	변동
취득원가	100,000	80,000	(20,000)
감가상각누계	(55,000)	(44,000)	11,000
장부가액	45,000	36,000	(9,000)

※ 위와 같은 변동을 분개로 나타내면 다음과 같다.

차) 감가상각누계	11,000	대) 유형자산	20,000
재평가손실	9,000		

(물음 2)

※ 재평가손실은 즉시상각으로 의제한다. 즉 9,000원의 재평가차액은 추가로 감가상각한 것으로 보아서 시부인계산을 한다.

(결산상 감가상각비 25,000원+재평가손실 9,000원)−세법상 상각범위 20,000원=상각부인 14,000원

익금산입 감가상각누계(감가상각부인) 14,000원(유보)

후속적인 재평가

회계상 재평가는 주기적으로 실시되므로 한 번으로 끝나지 않는다. 재평가잉여금 계상 후 또 다시 재평가차익이 생기면 처음부터 최초 재평가 시 재평가잉여금이 생긴 것과 달라질 것이 없다. 즉 상각범위액을 계산하여 감가상각 시부인계산을 마친 후 다시 재평가가 이루어진 것으로 보아서 재평가차익 전체를 부인하여 손금에 산입한 후 상각부인액과 합산하여 잔액이 남는다면 계속 △유보로 이월시킨다.

재평가잉여금 계상 후 재평가차손이 생기면 결산상으로는 재평가잉여금을 환입한 후 초과하는 금액은 재평가손실로 계상한다. 세무상으로는 재평가차손 전체를 즉시 상각으로 의제하여 감가상각비를 추가로 계상한 것으로 의제하고 감가상각 시부인계산을 한다. 계산한 결과에 의하여 상각부인액에 대한 세무조정을 하면 된다.

연속적으로 재평가손실이 생긴다면 처음부터 재평가손실이 있었던 경우와 마찬가지

로 재평가손실을 감가상각으로 의제하여 감가상각 시부인계산을 한다. 한편 재평가손실이 먼저 계상된 후에 재평가차익이 생기는 경우에는 결산상으로 재평가손실만큼은 재평가이익으로 계상한 후 나머지를 재평가잉여금으로 계상한다. 그러나 세무조정은 달라지지 않는다. 즉 감가상각 시부인계산 후 재평가차익 전체를 부인하여 손금에 산입한 후 상각부인액과 합산하여 나머지 잔액을 △유보로 이월시킨다.

예제 7-6

앞선 〈예제 7-3〉의 (상황 2)와 이어진다. 즉 2차연도말 재평가금액은 67,500원이다. 제3차연도 ㈜서울은 감가상각비로 22,500원을 계상하였다. 제3차연도말 재평가금액은 36,000원이다. 전기말 상각부인액은 없고 취득원가에 △유보된 금액은 7,500원이다.

| 물음 1 | K-IFRS에 따른 제3차연도 회계처리를 하시오.

| 물음 2 | 세법상 감가상각범위액이 20,000원일 때 세무조정을 하시오.

| 풀이 |

(물음 1)

※ K-IFRS에 따라서 재평가차액을 취득원가와 감가상각누계에 비례적으로 배분한다고 가정하면 재평가로 인한 장부가액 변동은 다음과 같다.

	재평가 전	재평가 후	변동
취득원가	150,000	120,000	(30,000)
감가상각누계	(105,000)	(84,000)	21,000
장부가액	45,000	36,000	(9,000)

※ 위와 같은 변동을 분개로 나타내면 다음과 같다.

차) 감가상각누계	21,000	대) 유형자산	30,000
재평가잉여금	9,000		

(물음 2)

※ 재평가잉여금 감소를 손금으로 기타처분하며 이를 즉시상각으로 의제한다. 즉 9,000원의 재평가차액은 추가로 감가상각한 것으로 보아서 시부인계산을 한다.

(결산상 감가상각비 22,500원 + 재평가손실 9,000원) − 세법상 상각범위 20,000원 = 상각부인 11,500원

손금산입 재평가잉여금 9,000원(기타)

익금산입 감가상각누계(직접부인) 3,500원(유보)

익금산입 감가상각누계(상각부인) 8,000원(유보)

예제 7-7

앞선 〈예제 7-5〉에서 이어진다. 제3차연도 ㈜서울은 12,000원의 감가상각비를 계상하였다. 제3차연도말 유형자산의 재평가금액이 28,800원이다.

| 물음 1 | K-IFRS에 따라 제3차연도 재평가모형 적용의 회계처리를 하시오.

| 물음 2 | 세법상 상각범위액은 20,000원이며 전기 감가상각부인액 24,000원이 있다. 필요한 세무조정을 하시오.

| 풀이 |

(물음 1)

※ K-IFRS에 따라서 재평가차액을 취득원가와 감가상각누계에 비례적으로 배분한다고 가정하면 재평가로 인한 장부가액 변동은 다음과 같다.

	재평가 전	재평가 후	변동
취득원가	80,000	96,000	16,000
감가상각누계	(56,000)	(67,200)	(11,200)
장부가액	24,000	28,800	4,800

※ 위와 같은 변동을 분개로 나타내면 다음과 같다.

차) 유형자산	16,000	대) 감가상각누계	11,200
		재평가이익	4,800

(물음 2)

※ 감가상각을 하고 난 후 재평가를 한다고 본다. 따라서 일단 재평가 전 감가상각 시부인계산을 하면 상각범위액은 20,000원이고 결산상 감가상각비는 12,000원이므로 시인부족액이 생기는데 이는 전기 감가상각부인액을 추인한다.

손금산입 감가상각누계(전기감가상각부인) 8,000원(△유보)

※ 재평가이익 4,800원에 대해서 익금불산입하여 전기감가상각부인액을 추인한다.

손금산입 감가상각누계(전기감가상각부인) 4,800원(△유보)

3 유형자산의 손상차손

1) 기업회계기준

손상차손

K-IFRS 第1036號(자산손상)
자산의 회수가능액이 장부금액에 못 미치는 경우에 자산의 장부금액을 회수가능액으로 감액한다. 해당 감소금액은 손상차손이다(문단 59). 손상차손은 곧바로 당기손익으로 인식한다(문단 60). 손상차손을 인식한 후에 수정된 장부금액에서 잔존가치를 뺀 금액을 자산의 남은 내용연수에 걸쳐 체계적인 방법으로 배분하기 위하여, 자산의 감가상각액이나 상각액을 미래 기간에 조정한다(문단 63).

손상차손은 자산의 회수가능액이 장부금액에 못 미치는 경우에 인식된다. 회수가능액이란 자산 또는 현금창출단위의 공정가치에서 처분부대원가를 뺀 금액(순공정가치)과 자산의 사용가치 중 더 많은 금액으로 정의한다. 예를 들어 기계장치를 이용하여 제품을 생산하여 판매하고 있었는데 제품의 수요가 줄어들어서 기계장치 가동으로 기대할 수 있는 수익이 크게 감소하였다고 하자. 그러면 자산의 사용가치가 줄어든 것이고 사용가치가 줄어든 자산의 처분으로 기대할 수 있는 가치도 감소할 것이다. 이런 경우에는 장부금액과 회수가능액 간의 차이를 손상차손으로 계상한다.

손상차손은 당기손익으로 인식되며 손상차손으로 장부금액이 줄어들면 그만큼 미래 기간의 감가상각비도 조정된다. 감가상각누계와 마찬가지로 손상차손으로 감소한 장부가액은 손상차손누계를 이용하여 간접법으로 표시할 수 있다. 예를 들어 취득원가 100,000원이고 기말감가상각누계는 30,000원인데 회수가능액이 50,000원이라고 하자. 이렇게 되면 손상차손은 20,000원이 계상되는데 이에 대한 분개는 아래와 같다.

차) 손상차손	20,000	대) 손상차손누계	20,000

손상차손환입

K-IFRS 제1036호(자산손상)

손상차손환입으로 증액된 장부금액은 과거에 손상차손을 인식하기 전 장부금액의 감가상각 또는 상각 후 남은 금액을 초과할 수 없다(문단 117). 자산의 손상차손환입은 곧바로 당기손익으로 인식한다(문단 119). 수정된 장부금액에서 잔존가치를 뺀 금액을 자산의 남은 내용연수에 걸쳐 체계적인 방법으로 배분하기 위하여, 손상차손환입을 인식한 후에는 감가상각액이나 상각액을 미래 기간에 조정한다(문단 121).

회수가능액이 다시 증가하면 손상차손환입이 일어난다. 그런데 주의할 내용이 있다. 손상차손환입으로 증액된 장부금액은 과거에 손상차손을 인식하기 전 장부금액의 감가상각 또는 상각 후 남은 금액을 초과할 수 없다는 문구이다. 즉 손상차손환입으로 오히려 장부금액이 증가되어서는 안 된다는 것이다. 당연한 말처럼 들리기는 하지만 문제는 과거에 손상차손이 없었다고 생각하고 계산된 현재의 장부가액을 초과할 수 없다는 점이다. 앞서 알아본 대로 손상차손이 인식되면 이에 따라 감가상각비가 바뀌는데 손상차손이 환입되면 얼마나 환입해야 할 것인지를 알기 위해서는 바뀌기 전 감가상각비를 감안해서 장부가액을 다시 계산해봐야 하는 것이다. 물론 컴퓨터 프로그램만 잘 해놓으면 실무적으로 어려울 것은 없겠지만 손으로 일일이 계산해야 하는 학생들에게는 한숨이 저절로 나오는 번거로운 규정이다.

손상차손과 재평가의 차이

손상차손과 재평가의 차이점은 무엇일까? 가장 큰 차이점은 손상차손은 선택의 여지없는 강제 규정인 데 비하여 재평가는 회사가 선택할 수 있다는 점이다. 따라서 재평가모형을 선택했다고 하더라도 손상차손은 계상되어야 한다. 두 번째 차이점은 손상차손은 회수가능액을 기준으로 계상되지만 재평가는 공정가치를 기준으로 계상된다는 점이다. 앞선 회수가능액의 정의를 다시 한번 생각해보면 회수가능액이란 사용가치와 순공정가치 중 큰 금액이다. 세 번째 차이점은 손상차손은 회수가능액이 장부가액보다 낮을 때만 계상되는 것이고(즉 일종의 저가법) 재평가는 공정가치에 따라서 장부가액보다 증액이 될 수도 있다는 점이다. 네 번째 차이점은 손상차손과 손상차손환입은 당기손익으로 분류하지만 재평가차익의 경우는 평가증은 재평가잉여금, 평가손은 당기손익으로 분류된다는 점이다.

2) 법인세법

법정 감액

법인세법 제42조(자산 · 부채의 평가)
유형자산으로서 천재 · 지변 · 화재 등 사유로 파손되거나 멸실된 것은 자산의 장부가액을 해당 감액사유가 발생한 사업연도(파손 또는 멸실이 확정된 사업연도를 포함한다)에 사업연도 종료일 현재 시가로 평가한 가액으로 감액하고, 그 감액한 금액을 해당 사업연도의 손비로 계상하는 방법으로 그 장부가액을 감액할 수 있다.

기업회계기준에서의 손상차손을 법인세법에서 인정할 수 있을까? 객관적으로 입증 가능한 명확한 사유로 자산을 감액하는 것은 법인세법에서도 인정된다. 위 법인세법 규정을 보면 천재지변이나 화재 등의 사유라고 명시되어 있다. 따라서 아주 제한적인 사유이기는 하지만 감액이 불가능한 것은 아니다. 다만 결산조정이라는 사실을 명심해야 한다. 즉 결산에 반영하지 않은 채 신고시점에서 손금에 산입하는 것은 허용되지 않는다.

손상차손

법인세법 시행령 제31조(즉시상각의 의제)
감가상각자산이 진부화, 물리적 손상 등에 따라 시장가치가 급격히 하락하여 법인이 기업회계기준에 따라 손상차손을 계상한 경우에는 해당 금액을 감가상각비로서 손비로 계상한 것으로 본다.

앞서 살펴본 법인세법 제42조가 적용될 수 없는 상황에서 기업회계기준에 따라서 계상한 손상차손은 법인세법상 인정되지 않는다. 그리고 손상차손은 감가상각을 한 것으로 의제한다. 이는 앞선 재평가손실과 유사한 처리이다. 그렇다면 손상차손환입을 어떻게 해야 할까? 앞선 재평가이익과 유사하게 처리하면 된다. 즉 감가상각 시부인계산 후 환입이 일어난 것으로 보고 환입금액 전부를 부인하여 손금에 산입한 후 감가상각부인과 상계하여 나머지는 △유보로 이월시킨다.

예제 7-8

㈜서울은 제1차연도초 100,000원에 유형자산을 취득하고 원가모형을 적용하기로 하였다. 내용연수는 5년이며 정액법을 이용한다. 세법에 따라서 적법하게 신고하였다. 제1차연도말 회수가능액이 64,000원이며 제3차연도에는 42,000원이다. 회수가능액은 세법상 파손이나 멸실사유에 해당하지 않는다. 5차연도까지 K-IFRS에 따른 회계처리를 하고 세무조정을 하시오.

| 풀이 |

(연도별 장부가액 및 감가상각)

(손상차손이 없는 경우)

구분	연도					
	0	1	2	3	4	5
자산(기말)	100,000	100,000	100,000	100,000	100,000	100,000
감가상각누계(기말)	–	(20,000)	(40,000)	(60,000)	(80,000)	(100,000)
장부가액(기말)	100,000	80,000	60,000	40,000	20,000	–
감가상각비		20,000	20,000	20,000	20,000	20,000

(손상차손을 감안한 장부가액, 손상차손 및 감가상각비)

구분	연도				
	1	2	3	4	5
기초장부가액	100,000	64,000	48,000	40,000	20,000
감가상각비	(20,000)	(16,000)[a)]	(16,000)	(20,000)	(20,000)
손상차손 인식 전 기말장부가액	80,000	48,000	32,000	20,000	–
손상차손환입(손상차손)	(16,000)	–	8,000[b)]	–	–
손상차손 인식 후 기말장부가액	64,000	48,000	40,000	20,000	–

a) 64,000원/4년=16,000원

b) 손상차손 인식 후 기말장부가액은 손상차손이 없는 경우의 장부가액을 한도로 한다.

(연도별 회계처리)

연도	차변	금액	대변	금액
제1차연도	차) 유형자산	100,000	대) 현금	100,000
	차) 감가상각비	20,000	대) 감가상각누계	20,000
	차) 손상차손	16,000	대) 손상차손누계	16,000
제2차연도	차) 감가상각비	16,000	대) 감가상각누계	16,000
제3차연도	차) 감가상각비	16,000	대) 감가상각누계	16,000
	차) 손상차손누계	8,000	대) 손상차손환입	8,000
제4차연도	차) 감가상각비	20,000	대) 감가상각누계	20,000
제5차연도	차) 감가상각비	20,000	대) 감가상각누계	20,000

(감가상각 시부인계산)

※ 법인세법에 따라서 손상차손은 즉시상각으로 의제하며 손상차손환입은 전기말 상각부인액을 추인한다.

구분	연도				
	1	2	3	4	5
결산상 감가상각비	20,000	16,000	16,000	20,000	20,000
손상차손	16,000	–	–	–	–
시부인 대상 감가상각비	36,000	16,000	16,000	20,000	20,000
세법상 상각범위액	20,000	20,000	20,000	20,000	20,000
상각부인(시인부족)	16,000	(4,000)	(4,000)	–	–
손상차손환입부인	–	–	(8,000)	–	–

(세무조정)

제1차연도 익금산입 감가상각누계(감가상각부인) 16,000원(유보)

제2차연도 손금산입 감가상각누계(전기감가상각부인) 4,000원(△유보)

제3차연도 손금산입 감가상각누계(전기감가상각부인) 12,000원(△유보)

※ 제3차연도 세무조정은 시인부족액으로 인한 전기감가상각부인액 추인 4,000원과 손상차손환입으로 인한 전기감가상각부인액 추인 8,000원이 합쳐진 금액이다.

※ 장부가액의 결산과 세무상 차이는 다음과 같다.

구분	연도					
	0	1	2	3	4	5
세무상 기말장부가액	100,000	80,000	60,000	40,000	20,000	–
결산상 기말장부가액	100,000	64,000	48,000	40,000	20,000	–
차이	–	16,000	12,000	–	–	–
당기 세무조정	–	16,000	(4,000)	(12,000)	–	–

4 유형자산의 폐기 및 처분

1) 기업회계기준

K-IFRS 제1016호(유형자산)
유형자산의 장부금액은 처분하거나 사용이나 처분을 통해서 미래 경제적 효익이 기대되지 않을 때 제거한다(문단 67). 유형자산의 제거로 인하여 발생하는 손익은 순매각금액과 장부금액의 차이로 결정하는데(문단 71) 유형자산의 제거로 생기는 손익은 자산을 제거할 때 당기손익으로 인식한다(문단 68).

여러분은 회계원리 혹은 중급회계 시간을 통해서 유형자산 처분손익은 처분대가와 장부가액의 차이이며 처분손익은 당기손익이 된다는 사실을 이미 알고 있다. 위 기업회계기준서에서는 처분이라는 용어 대신에 제거라는 표현을 사용하고 있다. 제거는 장부에서 제거한다는 의미인데 장부에서 제거되려면 대가를 받고 제3자에게 자산의 통제를 이전하는 처분 그리고 자산을 폐기하는 경우가 해당한다.

유형자산의 처분 혹은 폐기는 형식적인 거래가 아닌 실질에 따른 거래이어야 한다. 따라서 유형자산을 처분하고 다시 임대하여 사용하게 되면 법적으로는 처분이 되었을지 몰라도 실질적인 처분이 아니므로 위에서와 같이 유형자산을 제거할 수 없다. 또한 자산을 처분하고 이를 재매입하기로 하는 약정을 맺었다면 이 역시 처분이 아닌 자산을 담보로 자금을 조달한 행위에 불과한 것이다. 반면에 자산의 소유권을 그대로 유지하지만 자산의 내용연수를 초과하는 기간 동안 자산을 임대해주기로 계약을 맺었다면 법적인 형식은 처분이 아니지만 실질적 의미에서 처분으로 보아야 한다.

K-IFRS 제1016호(유형자산) 문단 41
어떤 유형자산항목과 관련하여 자본에 계상된 재평가잉여금은 그 자산이 제거될 때 이익잉여금으로 직접 대체할 수 있다. …(중략)… 재평가잉여금을 이익잉여금으로 대체하는 경우 그 금액은 당기손익으로 인식하지 않는다.

위 K-IFRS 규정은 재평가모형을 적용한 유형자산의 처분과 관련된다. 중요한 것은 유형자산의 재평가잉여금이 해당 유형자산 처분 시에 당기손익으로 대체되는지 여부이다. 위 규정을 보면 재평가잉여금은 유형자산 처분 시에 이익잉여금으로 대체될 수는 있으나 당기손익으로 대체되지 않음을 알 수 있다.

예를 들어 1억원에 취득한 토지를 2억원으로 재평가하여 1억원의 재평가잉여금을 기타포괄손익으로 계상한 후 해당 토지를 2억원에 처분하였다고 하자. 재평가잉여금 1억원은 어떻게 될 것인가? 만일 재평가잉여금 1억원을 당기손익으로 대체한다면 처분 시 다음과 같이 분개한다.

차) 현금	2억원	대) 토지	2억원
재평가잉여금	1억원	토지처분익	1억원

이에 비하여 재평가잉여금 1억원을 이익잉여금으로 대체한다면 다음과 같이 분개한다.

차) 현금	2억원	대) 토지	2억원
재평가잉여금	1억원	이익잉여금	1억원

두 회계처리의 차이점은 처분으로 인하여 당기손익이 계상될 것인지 여부이다. 이에 대해 K-IFRS에서는 재평가잉여금은 당기손익으로 대체할 수 없다고 명백히 규정함으로써 전자의 회계처리는 할 수 없음을 밝힌 것이다.

이렇게 재평가잉여금을 당기손익으로 대체할 수 없도록 한 것은 재평가모형을 선택한 것은 회계정책을 정한 것으로서 원가모형과 다른 길을 가겠다고 선언한 것이기 때문이다. 재평가잉여금을 당기손익으로 대체할 수 있도록 한다면 재평가모형과 원가모형 사이에 당기손익이 동일해진다. 그렇게 되면 재평가모형을 선택해서 자산을 공정가치로 계상하는 이점을 취하고 당기손익도 원가모형과 동일하게 계상할 수 있게 된다. 이는 재평가모형이 원가모형에 비하여 절대적 우위에 서게 하는 것으로 재평가모형을 선택하는 것이 밑져야 본전인 셈이 되도록 만들어준다.

2) 법인세법

법인세법 시행령 제31조(즉시상각의 의제)
시설의 개체 또는 기술의 낙후로 인하여 생산설비의 일부를 폐기한 경우에는 당해 자산의 장부가액에서 1천원을 공제한 금액을 폐기일이 속하는 사업연도의 손금에 산입할 수 있다.

법인세법에서는 처분에 대한 별도규정은 없고 폐기에 대한 규정은 있다. 폐기는 처분과 달리 대가를 받지 않는 것을 의미한다. 위 규정을 보면 폐기일이 속하는 사업연도에서 장부가액에서 1천원을 공제하고 손금에 산입한다. 1천원을 공제한다는 것은 특별한 의미가 있는 것은 아니며 장부상 흔적으로 남기기 위한 조치이다. 이를 비망(備忘) 기록용이라고 한다. 즉 잊지 말자는 의미이다. 이를 제외한다면 처분에 대한 별도 규정이 없다고 해서 기업회계기준과 특별히 다른 것은 없다.

3) 차이와 세무조정

법인세법 시행령 제32조(상각부인액 등의 처리)
감가상각자산을 양도한 경우 당해 자산의 상각부인액은 양도일이 속하는 사업연도의 손금에 이를 산입한다. 감가상각자산의 일부를 양도한 경우 당해 양도자산에 대한 감가상각누계액 및 상각부인액 또는 시인부족액은 당해 감가상각자산 전체의 감가상각누계액 및 상각부인액 또는 시인부족액에 양도부분의 가액이 당해 감가상각자산의 전체 가액에서 차지하는 비율을 곱하여 계산한 금액으로 한다. 이 경우 그 가액은 취득 당시의 장부가액에 의한다.

전부 양도

자산이 처분되면 자산의 장부가액은 회계상으로나 세무상으로나 모두 0이 된다. 즉 회계와 세무상 장부가액이 일치하게 된다. 따라서 과거 회계와 세무상 순자산 장부가액에서의 일시적 차이로 익금 혹은 손금산입되어 유보 혹은 △유보로 남아있던 잔액들은 모두 제거된다. 제거되면서 반대방향으로 익금 혹은 손금산입되고 잔액은 0이 된다.

그러면 양도시점까지 감가상각비에 대한 시부인계산은 어떻게 해야 하는가? 결론부터 말하면 처분한 자산에 대한 감가상각 시부인계산은 할 필요 없다. 회계상으로 엄밀하게 하자면 처분될 때까지 기간 동안에 해당하는 감가상각비를 계상해야 한다. 왜냐하면 처분손익과 감가상각비는 비용의 유형이 다르기 때문이다. 처분손익은 계속적으로 반복되는 손익이 아니지만 감가상각비는 영업과정에서 반복적으로 일어나는 비용이다. 따라서 처분시점까지 감가상각비를 정확하게 계산하지 않는다면 처분손익이 그만큼 과대 혹은 과소계상되므로 감가상각비와 처분손익이 왜곡된다.

그러나 법인세법상 감가상각비와 처분손익을 굳이 구분할 필요는 없다. 감가상각비를 과대(과소)계상하면 처분손익은 그만큼 과소(과대)계상될 것이다. 감가상각비를 얼마나 손금으로 인정할 것인지를 열심히 계산해봐야 자산처분손익과 상쇄되어 결과는 같다. 그러므로 법인세법상으로 양도한 자산에 대한 감가상각비 시부인계산을 굳이 할 필요는 없다. 단지 남아있는 상각부인액만을 손금으로 추인해주면 된다.

예제 7-9

㈜서울은 제1차연도말 현재 취득원가 100,000원, 감가상각누계액 40,000원(상각부인 10,000원)인 자산을 보유 중이며 법인세법상 상각률 30%를 적용하여 정률법으로 감가상각한다. 제2차연도말 7월 1일에 해당 자산 전부를 90,000원에 처분하였다. 각각의 상황에 따른 세무조정을 하시오.

(상황 1) 처분 시까지 감가상각비를 계상하지 않고 30,000원의 처분익을 인식하였다. 이에 따라 다음과 같이 분개하였다.

차)	현금	90,000	대) 유형자산	100,000
	감가상각누계	40,000	유형자산처분이익	30,000

(상황 2) 처분 시까지 감가상각비로 20,000원을 계상하고 50,000원의 처분이익을 계상하였다. 이에 따라 다음과 같이 분개하였다.

차)	감가상각비	20,000	대) 감가상각누계	20,000
차)	현금	90,000	대) 유형자산	100,000
	감가상각누계	60,000	유형자산처분이익	50,000

| 풀이 |

※ 세무조정은 두 가지 경우 모두 동일하다. 감가상각비와 처분익의 합계는 동일하기 때문이다. (상황 2)에서도 감가상각비+처분이익=30,000원 익금이다. 굳이 감가상각 시부인계산을 해서 어떠한 결과가 나오더라도 최종적인 익금총액은 같다.

(세무조정)

(상황 1, 2) 손금산입 감가상각부인액 10,000원(△유보)

일부 양도

자신의 일부가 양도되는 경우에는 어떻게 될까? 자산의 일부만 양도가 될 수 있을까? 예를 들어 자동차를 바퀴나 핸들을 분리해서 일부만 처분하는 것은 불가능하겠지만 건물을 여러 구간으로 나누어 그중 일부를 처분하는 것은 가능할 것이다.

지금까지 하나의 자산으로 취득원가와 감가상각이 진행되던 자산의 일부가 양도되면 그중 얼마가 양도되는 것으로 해야 할까? 위 법인세법 시행령 제32조에서는 양도부분의 가액이 전체 자산가액에서 차지하는 비율을 곱해서 그만큼의 장부가액과 감가상각누계가 제거되는 것으로 해야 한다고 규정하고 있다. 그리고 그 가액은 취득 당시의 장부가액에 의한다고 정하고 있다.

양도자산이 전체 자산에서 차지하는 가액이 결정되었다면 처음부터 양도자산과 나머지 자산이 분리되어 있었던 것처럼 세무조정을 하면 된다. 앞서 살펴본 바와 같이 양도자산에 대해서는 별도의 감가상각 시부인계산이 필요 없고 잔존하는 자산에 대해서만 감가상각 시부인 검토를 하면 된다.

예제 7-10

㈜서울은 제1차연도말 결산상 취득원가 10,000원이며 감가상각누계 3,000원인 건물을 보유하고 있다. 제2차연도 7월 1일 건물의 일부를 3,000원에 처분하였는데 처분한 건물의 취득원가는 전체 건물 취득원가의 절반에 해당한다. 법인세법상 건물에 대해서는 정률법으로 감가상각하는데 20%의 정률을 적용한다고 가정하자. 제1차연도말 현재 건물에 대해 감가상각부인액은 1,000원이다. ㈜서울은 제2차연도 결산상 건물관련 분개를 다음과 같이 하였다. 제2차연도 건물과 관련된 세무조정을 하시오.

(1) 1월 1일부터 7월 1일까지 건물 감가상각비 계상

차) 감가상각비	1,200	대) 감가상각누계	1,200

(2) 7월 1일 건물 처분

차) 현금	3,000	대) 건물	5,000
감가상각누계	2,100	건물처분이익	100

(3) 7월 1일부터 12월 31일까지 건물 감가상각비 계상

차) 감가상각비	600	대) 감가상각누계	600

| 풀이 |

※ 양도자산이 차지하는 비중이 전체 자산의 50%이므로 양도자산에 대해 전기말 상각부인액의 50%를 손금으로 추인한다.

※ 잔존자산에 대해 다음과 같이 감가상각 시부인계산한다.

전기말 결산상 장부가액	3,500[a)]
(+)전기말 상각부인누계	500[b)]
(=)전기말 세무상 장부가액	4,000
(×)상각률(정률법)	0.2
(=)당기 세법상 감가상각범위	800
당기 시부인 대상 감가상각비	1,200[c)]
당기 상각부인(시인부족)	400

a) 전체 자산의 전기말 장부가액인 7,000원의 50%이다.
b) 전체 자산의 전기말 상각부인액 1,000원의 50%이다.
c) 1월 1일부터 7월 1일까지 감가상각비 1,200원의 50%인 600원과 7월 1일 이후 감가상각비인 600원의 합계이다.

※ 따라서 제2차연도 건물관련 세무조정은 다음과 같다.

(세무조정)
손금산입 전기말 상각부인액 추인 500원(△유보)
익금산입 감가상각부인 400원(유보)

※ 다음과 같은 장부가액의 결산과 세무상 차이를 이용해서 세무조정할 수도 있다. 아래의 표에서 보듯이 세무와 결산상 장부가액의 차이가 기초 1,000원에서 기말에는 900원으로 100원 감소하였으므로 이 금액을 손금산입 △유보처분한다.

	기초	기말
세무상 장부가액	8,000원	3,200원
결산상 장부가액	7,000원	2,300원
차이	1,000원	900원

이번 장의 요약

1. 기업회계기준에 따르면 유형자산의 취득 이후 평가와 관련해서 원가모형과 재평가모형이 있다. 원가모형은 유형자산을 취득원가로 평가하는 것이며 재평가모형은 공정가치로 평가하는 것이다.

2. 기업회계기준에 따라서 유형자산에 대해서 원가모형과 재평가모형 중 하나를 선택할 수 있다. 그러나 법인세법에서는 재평가모형을 인정하지 않고 원가모형만을 적용할 수 있다.

3. 기업회계기준에 따르면 재평가모형에서의 유형자산의 장부가액은 기말공정가치이다. 최초 재평가 시 공정가치 상승에 따른 재평가차익은 기타포괄이익으로 보고하며 공정가치 하락에 따른 재평가차손은 당기손실로 보고한다.

4. 기업회계기준에 따르면 후속적인 재평가에서 장부금액이 상승하였다면 과거 재평가손실의 회복에 상당하는 부분은 당기이익으로 보고하며 이를 초과하는 금액은 기타포괄이익으로 보고한다. 반면 장부금액이 하락하였다면 과거 인식한 기타포괄이익까지는 기타포괄이익의 감소로 보고하며 이를 초과하는 하락금액은 당기손실로 보고한다.

5. 재평가로 결산상 장부가액이 증가한 경우에는 감가상각 후 평가증이 일어난 것으로 보고 법인세법상 이를 부인하여 손금산입한다. 우선 상각부인액을 추인하며 이를 초과하는 금액은 취득원가에서 부인한다.

6. 재평가로 결산상 장부가액이 감소한 경우에는 법인세법상 즉시상각한 것으로 의제한다.

7. 기업회계기준에 따르면 모든 유형자산에 대해서는 회수가능액을 평가하고 장부금액에 비하여 낮아지는 경우에는 손상차손을 계상한다. 회수가능액이 높아지면 이미 인식했던 손상 차손을 손상 전 장부금액을 한도로 환입한다.

8. 기업회계기준에 따른 손상차손은 법인세법상 즉시상각한 것으로 의제한다.

9. 유형자산이 처분되거나 폐기되면 법인세법상 유보금액은 손금으로 추인되거나 익금으로 정리된다.

CHAPTER

8

금융자산의 취득과 평가

이번 장의 차례

CHAPTER 8

금융자산의 취득과 평가

금융자산은 대체로 기업이 보유하고 있는 채권(채무상품)과 주식(지분상품)을 의미하며 세법에서는 이를 유가증권으로 분류한다. 기업회계기준에 따르면 금융자산은 상각후원가와 공정가치를 적용하여 평가한다. 공정가치 변동에 대해서는 기타포괄손익이나 당기손익으로 인식하는 경우로 구분된다. 이런 특징은 회계상 금융자산에 대한 평가 및 그에 따른 손익의 결정을 매우 복잡하게 만든다. 이에 비하여 세법에서는 원가법을 고수하고 있어 상대적으로 매우 단순한 평가방법을 적용하는 셈이다.

만기까지 보유할 목적으로 보유하는 채무상품은 기업회계기준에 따라서 상각후원가로 평가한다. 상각후원가의 변동은 이자수익에서 가산 혹은 차감한다. 최초 취득 시 법인세법상 취득원가와 상각후원가의 차이를 세무조정하며 최초의 차이는 그 이후 보유기간 중 상각후원가 변동을 세무조정함으로써 정리한다.

기업회계기준에 따르면 단기간 내 처분할 목적으로 보유 중인 채무상품은 공정가치로 평가하고 공정가치 변동은 당기손익으로 분류한다(당기손익-공정가치). 상각후원가와 당기손익-공정가치로 측정하지 않는 채무상품은 공정가치로 평가하되 공정가치 변동을 기타포괄손익으로 본다(기타포괄손익-공정가치). 기타포괄손익으로 분류된 금액은 처분 시 당기손익으로 재분류된다. 법인세법에서는 공정가치 평가를 인정하지 않으므로 취득원가와 공정가치의 차이를 세무조정하게 되며 이 차이는 처분시점에서 해소된다.

기업회계기준에 의하면 당기손익-공정가치로 평가하지 않는 지분상품은 기타포괄손익-공정가치로 평가하는데 기타포괄손익으로 분류된 금액은 처분 시 당기손익으로 재분류하지 않는다. 기타포괄손익-공정가치 평가 지분상품에 대해서 생기는 법인세법상 취득원가와의 차이에 대한 세무조정은 처분시점에서 해소된다.

#금융자산 #상각후원가 #당기손익-공정가치 #기타포괄손익-공정가치

1 금융자산의 인식

K-IFRS 제1032호(금융상품: 표시) 문단 11
금융자산은 현금, 다른 기업의 지분상품 그리고 거래상대방에게서 현금 등 금융자산을 수취할 계약상 권리 등을 말한다.

사용가치와 교환가치

금융자산이란 무엇인가? 쉽게 말하면 사용가치가 있는 자산이 아닌 교환가치를 갖는 자산을 의미한다. 자산은 미래 현금을 창출할 수 있는 경제적 효익을 가져다준다. 그런데 미래 현금창출력은 자산을 사용함으로써 생길 수도 있지만 자산을 통해서 미래 직접 현금을 수령함으로써 생길 수도 있다. 전자를 사용가치 그리고 후자를 교환가치라고 부를 수 있다. 금융자산은 사용가치가 아닌 교환가치를 갖는 자산을 의미하는 것이다.

물론 자산이 사용가치 혹은 교환가치 하나만을 갖는 것은 아니다. 대표적인 예가 황금인데 황금은 현금과 직접 교환되기도 하지만 그 자체가 여러 용도로 사용가치가 높은 자산이다. 또한 최근 경제상황이 극도로 악화된 남미의 어떤 국가에서는 자국 화폐를 가지고 기념품을 만들어서 외국인들에게 팔기도 한다는 소식이 있다. 황당하기는 하지만 이때 이 나라의 화폐는 교환가치가 아니라 사용가치를 갖는 자산이다. 이렇게 하나의 자산이 사용가치와 교환가치 모두를 가질 수도 있지만 통상적 경우라면 자산은 둘 중 하나의 가치만을 갖는다.

지분상품

금융자산에는 일단 현금과 다른 기업의 지분상품(즉 주식)이 포함된다. 현금은 교환대상 그 자체이므로 당연히 금융자산으로 분류될 것이지만 다른 기업의 주식은 왜 금융자산인가? 주식이 교환가치를 갖는 것인지 아니면 사용가치를 갖는 것인지는 불분명하다. 상장기업의 주식이라면 주식시장을 통해서 처분가능하므로 교환가치를 갖는다고 말할 수 있지만 비상장기업의 주식은 반드시 교환가치를 갖는다고 말할 수 없다. 그러나 그렇다고 해서 주식을 사용가치만 있다고 말할 수도 없다. 이렇게 주식은 어느 쪽으로도 확실하게 구분되기 어려운 특성을 가졌지만 둘 중 하나를 선택해야 한다면 교환가치가 있는 금융자산으로 분류하는 것이 맞을 것이다.

채무상품

위 정의에 따르면 금융자산을 수취할 권리도 금융자산에 포함된다. 금융자산을 현금 그리고 미래 현금을 수취할 수 있는 권리라고 한다면 이런 금융자산을 수취할 권리 역시도 금융자산이 될 수 있다. 대표적 예는 채무상품(즉 채권)이다. 채무상품은 앞으로 현금을 수취할 권리이기 때문이다. 그렇다면 채무상품을 받기로 한 계약도 금융자산이며 미래 지분상품을 받기로 한 계약상 권리도 금융자산이다.

수취채권

K-IFRS 제1115호(고객과의 계약에서 생긴 수익) 문단 105
계약 당사자 중 어느 한편이 계약을 수행했을 때, 기업의 수행 정도와 고객의 지급과의 관계에 따라 그 계약을 계약자산이나 계약부채로 재무상태표에 표시한다. 대가를 받을 무조건적인 권리는 수취채권으로 구분하여 표시한다.

금융자산은 재화나 용역을 제공하고 그 대가로 취득할 수도 있고 또 다른 금융자산과 교환을 통해서 취득할 수도 있다. 이 중 재화나 용역을 제공한 대가로 금융자산을 수취하기로 하고 맺은 계약상 권리를 수취채권이라고 한다. 예를 들어 제품을 판매하고 대금을 1년 후에 수령하기로 하였다면 그 권리는 금융자산 중 수취채권이다. 유사하게 토지를 처분하고 대금을 3회로 나누어 수령하기로 한 계약상 권리도 수취채권이다. 이와는 달리 채권을 현금으로 매입하였다면 금융자산인 채권을 또 다른 금융자산인 현금과 교환하여 취득한 것이므로 수취채권이 아니다.

주의해야 할 것은 수취채권은 대가를 받을 무조건적인 권리라는 점이다. 단순히 계약을 맺은 것만으로는 수취채권이 아니다. 예를 들어 1개월 후 현금을 받고 토지를 처분하기로 한 계약을 맺었다고 하자. 계약에 의해서 현금을 받으려면 토지를 양도해야 하는 의무가 있는데 아직 토지를 양도하지 않았으므로 이런 계약상 권리는 대가를 받을 무조건적인 권리가 아니다. 또한 반품조건으로 상품을 판매하였다면 반품의 가능성이 남아있는 한 아직 상품판매대금에 대해서 무조건적인 권리가 만들어지지 않은 것이다. 이렇게 무조건적인 권리라는 것은 권리를 갖고 있는 측에서 수행해야 할 의무가 종료되었을 때 생기는 것이다. 계약은 성립되었지만 무조건적인 권리가 생긴 것은 아니라면 수취채권으로 분류하지 않으며 계약자산으로 표시한다.

2 금융자산의 측정

2.1 사업모형과 계약상 현금흐름 특성

K-IFRS 제1109호(금융상품) 문단 4.1.1
금융자산의 관리를 위한 사업모형과 계약상 현금흐름 특성 모두에 근거하여 금융자산이 후속적으로 상각후원가, 기타포괄손익-공정가치, 당기손익-공정가치로 측정되도록 분류한다.

위 K-IFRS에 의하면 금융자산은 사업모형과 계약상 현금흐름 특성에 따라서 측정방법이 정해진다. 현금흐름 특성은 이자와 원금으로만 현금흐름이 구성되는지 여부로 구분한다. 만일 이자와 원금만으로 현금흐름이 구성되면 이를 채무상품이라고 부른다.

사업모형이란 금융자산을 보유하는 목적을 나타낸다. 상식적으로 볼 때 금융자산을 보유하는 목적은 두 가지이다. 하나는 계약상 사전에 정해진 현금흐름(예를 들어 이자와 원금)을 수취할 목적이다. 또 다른 하나는 현금흐름 수취에 더하여 중도에 매도하여 시세차익을 올리려고 금융자산을 보유하는 경우이다. 이런 목적하에서 사업모형은 둘로 구분한다. 하나는 계약상 현금흐름을 수취할 목적으로 금융자산을 보유하는 사업모형이다. 다른 하나는 계약상 현금흐름 수취와 매도 모두를 목적으로 금융자산을 보유하는 사업모형이다.

여기에서 중요한 물음이 하나 있다. 회사는 사업모형을 임의로 선택할 수 있는가? 만일 그렇게 된다면 회사가 금융자산 측정방법을 임의로 정하게 되는 것이다. 그리고 금융자산 측정방법의 선택은 회계정책으로 간주된다. 그러나 회사가 사업모형을 임의로 선택하기는 어렵다. 예를 들어 은행은 대체로 모든 채권을 만기까지 보유하면서 원금과 이자를 수령하는 사업모형을 갖고 있다. 은행이 이 사업모형을 바꾸려면 은행업을 버리고 새로운 사업을 시작해야 한다. 회계상 측정방법을 바꾸려고 자기 사업모형을 바꾸는 회사는 없을 것이다. 결론적으로 사업모형은 회사가 합병 등을 통해서 업종이 추가되거나 중도에 업종이 변경되는 아주 예외적인 경우가 아니라면 임의로 선택하거나 변경되기 매우 어렵다. 따라서 금융자산 측정방법을 정하는 것은 회계정책의 선택과는 성격이 다르다.

2.2 상각후원가 측정 금융자산

K-IFRS 제1109호(금융상품) 문단 4.1.2

다음 두 가지 조건을 모두 충족한다면 금융자산을 상각후원가로 측정한다.

(1) 계약상 현금흐름을 수취하기 위해 보유하는 것이 목적인 사업모형하에서 금융자산을 보유한다.

(2) 금융자산의 계약조건에 따라 특정일에 원금과 원금잔액에 대한 이자 지급(이하 '원리금 지급')만으로 구성되어 있는 현금흐름이 발생한다.

기업회계기준에서 말하는 상각후원가는 이미 여러 차례 설명했지만 미래 현금흐름과 자산의 현재가치를 일치시키는 이자율(혹은 할인율)을 구한 뒤 이런 이자율에 기초하여 매년 자산의 장부가액을 결정하는 방법이다. 이렇게 상각후원가를 구하는 방법을 유효이자율법이라고 한다. 유효이자율법을 적용하면 매년말 장부가액은 미래 현금흐름의 현재가치로 표시되고 매년 기초의 장부가액에 유효이자율을 곱하여 이자수익을 계상하게 된다.

위 K-IFRS에 의하면 상각후원가를 적용하기 위해서는 (1) 사업모형이 계약상 현금흐름을 수취하는 것이어야 하며, (2) 현금흐름 특성이 원금과 이자로 구성된 금융자산이어야 한다. 눈치가 빠른 독자라면 (1)조건이 이미 (2)조건을 포함하고 있다는 것을 알 수 있을 것이다. 그리고 이런 조건을 충족하는 금융자산은 채무상품이라는 것도 알 수 있을 것이다. 즉 주식과 같은 지분상품은 성격상 상각후원가로 측정할 수 없다.

2.3 기타포괄손익-공정가치 측정 금융자산

K-IFRS 제1109호(금융상품) 문단 4.1.2A
다음 두 가지 조건을 모두 충족한다면 금융자산을 기타포괄손익-공정가치로 측정한다.
(1) 계약상 현금흐름의 수취와 금융자산의 매도 둘 다를 통해 목적을 이루는 사업모형 하에서 금융자산을 보유한다.
(2) 금융자산의 계약조건에 따라 특정일에 원리금 지급만으로 구성되어 있는 현금흐름이 발생한다.

상각후원가로 측정하지 않으면 금융자산은 공정가치로 표시한다. 다만 공정가치 변동을 당기손익으로 처리할 것인지 아니면 기타포괄손익으로 처리할 것인지에 따라서 기타포괄손익-공정가치 방법이 되기도 하고 당기손익-공정가치 방법이 될 수도 있다.

기타포괄손익으로 분류하는 것과 당기손익으로 분류하는 것의 차이는 배당가능 이익잉여금을 구성하는지 여부이다. 기타포괄손익은 배당가능 이익잉여금이 아니므로 배당을 해줄 수 없다. 그러나 당기손익으로 분류되면 이는 배당가능 이익잉여금이 되어서 주주총회 결의에 따라서 주주들에게 배당해줄 수 있다.

위 K-IFRS 제1109호에서는 기타포괄손익-공정가치로 측정하는 금융자산의 조건으로 (1) 사업모형이 현금흐름 수취와 매도 둘 다를 목적으로 할 것, (2) 현금흐름이 원금과 이자로 구성될 것을 제시한다. 앞선 경우와 마찬가지로 (1)조건은 (2)조건을 포함하고 있다. 그리고 이런 금융자산은 채무상품이라는 것도 알 수 있다.

채무상품은 중도 매도할 목적 아니면 만기까지 보유하면서 이자를 수취할 목적을 갖는다. 만일 만기까지 보유하면서 이자를 수취할 목적이라면 이런 채무상품은 상각후원가로 측정한다. 어차피 만기까지 보유한다면 중도에 공정가치 변동을 인식하는 것은 무의미하기 때문이다.

채무상품을 중도에 매도할 목적으로 보유하고 있다면 이자가 중요한 것이 아니라 채무상품의 공정가치가 중요한 것이므로 당기손익-공정가치로 측정한다. 그러나 중도에 매도하거나 이자를 수취할 목적 모두를 가지고 보유하고 있다면 기타포괄손익-공정가치로 측정한다.

2.4 당기손익-공정가치 측정 금융자산

K-IFRS 제1109호(금융상품) 문단 4.1.4
금융자산은 …에 따라 상각후원가로 측정하거나 …에 따라 기타포괄손익-공정가치로 측정하는 경우가 아니라면, 당기손익-공정가치로 측정한다.

위 K-IFRS에서 앞선 두 가지 조건에 모두 해당되지 않는다면 당기손익-공정가치로 측정한다는 것을 언급한다. 당기손익-공정가치 측정방법은 금융자산의 장부가액을 공정가치로 표시하며 장부가액 변동을 당기손익으로 분류하는 방법이다.

2.5 지분상품에 대한 기타포괄손익-공정가치 선택 금융자산

K-IFRS 제1109호(금융상품) 문단 4.1.4
당기손익-공정가치로 측정되는 '지분상품에 대한 특정 투자'에 대하여는 후속적인 공정가치 변동을 기타포괄손익으로 표시하도록 최초 인식시점에 선택할 수도 있다. 다만 한 번 선택하면 이를 취소할 수 없다

지분상품은 만기가 없으며 미래 현금흐름도 불확실하다. 따라서 채무상품을 만기까지 보유하는 경우에 적용하는 상각후원가는 지분상품에 적용할 수 없다. 상각후원가를 배제한다면 지분상품은 기타포괄손익-공정가치 혹은 당기손익-공정가치로 측정해야 하는데 K-IFRS에서는 당기손익-공정가치를 원칙으로 하되 최초 인식시점의 경우에만 기타포괄손익-공정가치 측정을 선택할 수 있도록 한다.

측정방법을 선택할 수 있다는 표현은 채무상품과는 달리 사업모형이나 현금흐름 특성에 의존하지 않고 회사가 임의로 선택할 수 있다는 것을 의미한다. 그러나 이런 선택은 한 번만 허용되는 것이며 매년 왔다갔다 좋을 대로 선택해도 된다는 의미가 아니다. 이런 식으로 회사가 유리한 대로 그때그때마다 측정방법을 임의로 선택한다면 재무제표의 신뢰성이 너무 낮아질 것이다. 따라서 측정방법을 최초 취득 시 한 번 선택한 후에는 변경할 수 없다.

이상에서 설명한 금융자산 측정방법을 요약하면 아래와 같은 질문 (1), (2), (3)에 대한 답변에 따라서 〈그림 8-1〉과 같이 나타낼 수 있다.

- 질문 (1): 계약상 현금흐름 특성이 이자와 원금으로 구성되어 있는가? 즉 채무상품인가? 아니면 지분상품인가?
- 질문 (2): 사업모형이 현금흐름을 수취할 목적을 이루는 것인가?
- 질문 (3): 사업모형이 매도 혹은 현금흐름 수취 둘 다를 통해 목적을 이루는 것인가?

〈그림 8-1〉을 보면 우선 채무상품인가 혹은 지분상품인가를 정하고 그 다음 사업모형에 따라서 상각후원가 혹은 기타포괄손익-공정가치 측정 금융자산을 정한 후에 어디에도 속하지 않는다면 당기손익-공정가치 측정 금융자산으로 한다는 것을 알 수 있다.

그림 8-1 K-IFRS 제1109호에 따른 금융자산 측정방법

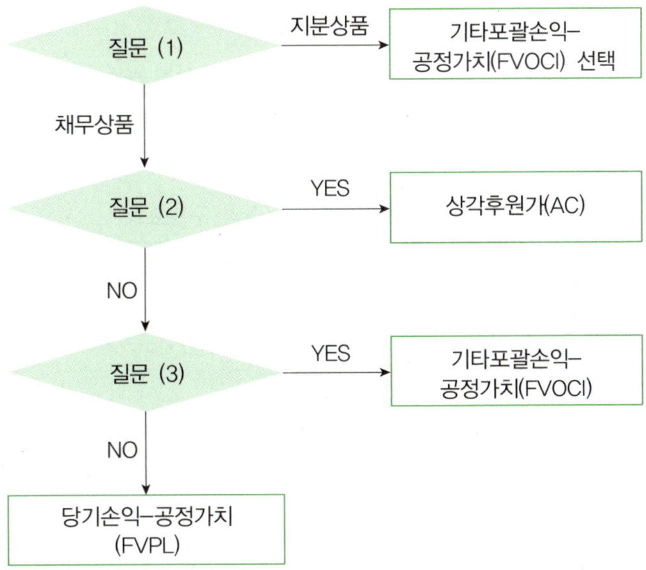

2.6 측정방법별 비교

이번 절에서는 앞서 금융자산의 측정법의 유형에 대해서 알아보았다. 측정방법은 금융자산의 재무상태표상 장부가액을 정하는 방법을 말한다. 여러분들이 잘 알다시피 재무상태표의 장부가액 변동은 손익계산서에 당기손익 혹은 기타포괄손익으로 반영된다. 따라서 이러한 측정방법의 유형에 따라 당기손익(혹은 기타포괄손익)의 유형과 금액은 달라진다. 이를 알아보기 위해서 다음과 같은 〈표 8-1〉을 생각해보자.

표 8-1 금융자산 측정방법과 당기손익 인식

구분	기초	기말	변동(기말-기초)
상각후원가(AC)	×××	×××	△AC
공정가치(FV)	×××	×××	△FV
차이	×××	×××	△FV-△AC

〈표 8-1〉에서는 기초와 기말의 상각후원가와 공정가치를 알고 있다고 가정한다. 〈표 8-1〉에서 보면 기초와 기말의 상각후원가와 공정가치 변동을 △AC, △FV로 각각 나타내고 양자의 차이를 △FV-△AC로 표시하였다. 〈그림 8-1〉에 따른 금융자산 측정방법별로 장부가액 변동을 손익계산서에 어떻게 표시하는지를 알아보면 다음의 〈표 8-2〉와 같다.

표 8-2 금융자산 측정방법별 장부가액 변동의 손익 구분표시

금융자산	측정방법	당기손익(PL)	기타포괄손익(OCI)
채무상품	상각후원가(AC)	이자수익 △AC	해당 없음
	당기손익-공정가치(FVPL)	평가손익 △FV	해당 없음
	기타포괄손익-공정가치(FVOCI)	이자수익 △AC	평가손익 △FV-△AC
지분상품	당기손익-공정가치(FVPL)	평가손익 △FV	해당 없음
	기타포괄손익-공정가치(FVOCI)	해당 없음	평가손익 △FV

〈표 8-2〉에서 볼 수 있듯이 금융자산의 장부가액은 상각후원가 혹은 공정가치로 측정되며 장부가액 변동에 따른 손익은 이자수익이나 평가손익으로 분류되면서 당기손익 혹은 기타포괄손익으로 반영된다.

3 금융자산의 최초 측정

1) 기업회계기준

K-IFRS 제1109호(금융상품) 문단 5.1.1
최초 인식시점에 금융자산이나 금융부채를 공정가치로 측정하며, 당기손익-공정가치 측정 금융자산이 아닌 경우에 해당 금융자산의 취득과 직접 관련되는 거래원가는 공정가치에 가감한다.

최초 인식시점에서 금융자산을 얼마로 측정해야 하는가? 우선 떠오르는 것은 재고자산이나 유형자산처럼 취득원가로 표시하는 것이다. 또 하나의 방법은 공정가치로 측정하는 것이다. 취득시점에서 취득원가와 공정가치는 대체로 같기 때문에 두 방법 중 어느 방법을 선택하든지 결과는 동일할 가능성이 높다.

공정가치를 신뢰성 있게 측정하기 어려운 유형자산의 경우에는 취득원가로 측정한다. 그러나 금융자산은 공정가치를 객관적으로 알 수 있는 경우가 많기 때문에 취득원가가 아닌 공정가치로 측정한다. 예를 들어 공정가치 100원인 자산을 90원에 취득했다고 하자. 만일 이 자산이 유형자산이라면 90원을 취득원가로 표시해야 하지만 이 자산이 금융자산이라면 공정가치인 100원으로 측정해야 한다. 그렇다면 차액 10원은 어떻게 해야 하는가? K-IFRS에서는 그 차이를 손익으로 인식한다고 규정한다. 이에 따라 결국 다음과 같이 분개한다.

차) 금융자산	100	대) 현금	90
		순이익	10

만일 취득에 부대비용이 들어가면 어떻게 될까? K-IFRS에서는 당기손익-공정가치 금융자산의 경우에는 비용으로 계상하며 그 외 금융자산의 경우에는 공정가치에 가산한다고 규정한다.[1)] 부대비용을 비용으로 계상하지 않고 공정가치에 가산하게 되면 처분 시까지 비용계상이 이연되는 것이다. 당기손익-공정가치 금융자산에서 부대비용을

1) K-IFRS 제1109호를 보면 '가산'이 아니라 '가감'한다고 기술되어 있다. 그러나 거래원가를 취득원가에서 감하는 경우는 생각하기 어렵다.

공정가치에 가산하지 않는 것은 단기간 내 처분이 예상되므로 공정가치에 가산하는 것과 비용으로 계상하는 것 간에 차이가 없기 때문이다. 예를 들어 공정가치 100원인 금융자산을 매입하면서 수수료 10원이 있었고 이를 포함해서 110원의 현금을 지급하였다고 하자. 이런 경우에는 해당 금융자산이 당기손익-공정가치 금융자산인지 여부에 따라 다음과 같이 분개한다.

당기손익-공정가치 금융자산	차) 금융자산	100	대) 현금	110
	비용	10		
기타의 금융자산	차) 금융자산	110	대) 현금	110

2) 법인세법

법인세법 시행령 제72조(자산의 취득가액 등)
자산의 취득가액은 ① 타인으로부터 매입한 자산은 매입가액에 취득세, 등록면허세, 그 밖의 부대비용을 가산한 금액, ② 단기금융자산 등은 매입가액으로 한다.

법인세법에서는 기본적으로 모든 자산은 취득원가로 측정하는데 취득원가는 매입가액에 부대비용을 가산한 금액으로 정한다. 여기에는 금융자산도 예외는 아니다. 이는 앞선 K-IFRS에서 금융자산은 공정가치로 측정한다는 규정과 다르다.

법인세법에서는 단기금융자산의 경우에는 매입가액을 취득가액으로 한다고 규정한다. 즉 매입가액 외에 취득세, 등록세 등과 같은 부대비용은 취득가액에 포함되지 않으며 즉시 손금에 산입된다. 이는 앞선 K-IFRS와 일치시키기 위한 규정이다.

법인세법에서는 취득가액의 예외규정으로 특수관계인인 개인으로부터 유가증권을 시가보다 낮은 가액으로 매입하는 경우 시가와 그 매입가액의 차액에 상당하는 금액은 익금에 산입한다는 규정이 있다. 이는 부당행위계산부인 규정을 보완하는 규정이다. 특수관계자 거래에서 부당하게 낮은 가격으로 자산으로 처분한 경우에는 양도자가 부당한 이익을 제공한 것으로 보아서 양도자에게 시가와 차이를 소득으로 과세한다. 저가로 양도한 자산을 취득한 특수관계인에게는 저가로 인수한 만큼은 처분시점에서 과세될 것이므로 굳이 취득시점에서 과세하지 않는다. 그런데 개인이 유가증권을 처분한 경우에는 부당행위계산부인 규정이 적용되지 않으므로 이런 경우에는 양도시점에서 양도자와 매수자 모두에게 과세하지 못하는 문제가 생긴다. 이런 문제점을 보완하기 위해서 특수관계자인 개인으로부터 시가보다 낮은 가액으로 유가증권을 매입한 경우에는 취득원가를 시가로 정한다.

예제 8-1

㈜서울의 대주주는 취득가액 1억원인 자기 소유의 자산(시가 2억)을 ㈜서울에 1억원에 처분하였다. 이러한 거래가 대주주 및 ㈜서울의 소득에 미치는 영향을 아래의 경우로 구분하여 계산하시오.

(상황 1) 대주주가 개인이며 자산이 토지인 경우
(상황 2) 대주주가 개인이며 자산이 상장주식인 경우
(상황 3) 대주주가 법인인 경우

| 풀이 |

※ 특수관계인에게 시가보다 낮은 가액으로 자산을 처분하였으므로 부당행위계산부인 규정에 해당한다. 이에 따라 이익을 제공한 대주주는 장부상으로는 처분익이 없어도 시가와 취득가액 차이만큼을 처분익으로 간주하여 과세한다. 개인이라면 양도소득으로 과세하고 법인이라면 사업연도소득으로 과세되며 결산과의 차이를 세무조정한다.

※ 자산을 시가보다 낮게 취득한 상대방은 이익을 제공받은 경우이므로 과세되지 않는다. 차후에 해당 자산을 처분하면 차액만큼은 과세될 것이다. 다만 특수관계자가 개인이고 취득한 자산이 유가증권인 경우에는 실제 취득가액과 시가와의 차이를 익금에 산입하여 유보처분한다. 상속이나 증여세를 회피할 목적으로 대주주가 법인에게 부당하게 낮은 가액을 주식으로 증여하여 지분을 변동시키는 것을 방지하기 위함이다.

※ 각 상황마다 다음과 같이 과세한다.

상황	대주주	㈜서울
상황 1	양도소득 1억원	세무조정 없음
상황 2	양도소득 1억원	익금산입 1억원(유보)
상황 3	익금산입 1억원(기타사외유출)	세무조정 없음

4 취득 후 평가: 상각후원가

1) 기업회계기준

K-IFRS 제1109호(금융상품) 문단 5.2.1
최초 인식 후에는 금융자산을 상각후원가(AC), 기타포괄손익-공정가치(FVOCI), 당기손익-공정가치(FVPL) 중 하나로 측정한다.

이미 살펴본 대로 금융자산은 상각후원가, 기타포괄손익-공정가치, 당기손익-공정가치 중 하나로 측정한다. 우선 상각후원가 측정방법을 적용하는 금융자산에 대해서 살펴본다. 상각후원가 측정 금융자산은 재무상태표의 장부가액을 상각후원가로 하며 장부가액 변동(△AC)은 이자수익에 가감하여 당기손익으로 분류한다.

사례 8-1

갑회사는 취득원가 6,096원인 금융자산이 있다. 금융자산의 기초와 기말의 상각후원가는 7,120원과 8,400원이며 공정가치는 기초와 기말 각각 7,000원과 9,000원이다. 명목이자로 매년 500원을 지급한다. 금융자산은 상각후원가(AC)로 측정하며 유효이자율은 25%이다.

(사례 8-1)을 이용해서 앞선 〈표 8-1〉을 완성해보자.

구분	기초	기말	변동(기말-기초)
상각후원가(AC)	7,120원	8,400원	1,280원(△AC)
공정가치(FV)	7,000원	9,000원	2,000원(△FV)
차이	△120원	600원	720원(△FV-△AC)

상각후원가 변동(△AC)은 1,280원이다. 〈표 8-2〉에 의하면 이 금액은 당기손익으로 분류되며 명목 이자수익 500원과 합산하여 이자수익으로 계상한다. 이에 따라 이자수익은 1,780원이다. (사례 8-1)에서 기말에 해야 할 분개는 다음과 같다.

차) 현금	500	대) 이자수익	1,780
AC금융자산	1,280		

위 분개에서의 이자수익 1,780원은 유효이자율을 이용해서 구할 수 있다. 즉 기초상각후원가 7,120원에 유효이자율 25%를 곱하면 7,120원×25%=1,780원이 된다. 결국 위와 같은 분개를 통해서 기말재무상태표 금융자산의 장부가액은 8,400원으로 표시될 것이며 포괄손익계산서의 당기손익항목으로 이자수익은 1,780원이 계상될 것이다.

2) 법인세법과 세무조정

법인세법 시행령 제75조(유가증권 등의 평가)
유가증권의 평가는 개별법, 총평균법과 이동평균법 중 법인이 납세지 관할세무서장에게 신고한 방법에 의한다. 다만 무신고 시에는 총평균법을 적용하도록 한다.

법인세법에서는 장기할부판매 채권을 제외하고 상각후원가를 인정하지 않는다. 법인세법에서 채권은 취득원가로 측정된다. 취득원가로 금융자산을 평가하게 되므로 법인세법에서 원가흐름을 가정하는 것이 중요하다. 즉 100원에 취득한 주식과 150원에 취득한 주식이 있을 때 어떤 주식을 처분한 것인지를 알아야 처분손익을 결정할 수 있는 것이다. 반면 기업회계에서는 상각후원가 혹은 공정가치로 평가하는데 공정가치와 상각후원가는 처분시점에서 보면 취득원가와 무관하기 때문에 원가흐름 가정은 필요 없다.

법인세법에서는 유가증권의 원가흐름 가정으로 개별법(채권의 경우)과 총평균법, 이동평균법 중 하나를 선택하여 신고하도록 정하고 있다. 재고자산의 경우와는 달리 선입선출법이나 후입선출법은 선택할 수 없다. 따라서 선택의 폭이 재고자산보다는 훨씬 좁다.

법인세법상 취득원가와 상각후원가와의 차이는 일시적 차이로서 손금 혹은 익금산입되고 유보 혹은 △유보로 처분된다. 이렇게 유보 혹은 △유보로 처분된 금액은 해당 금융자산이 처분되거나 만기상황이 되면 반대방향으로 세무조정되면서 정리된다. 이런 세무조정을 앞선 (사례 8-1)에 적용해보면 아래와 같은 표로 나타낼 수 있다.

구분	(1) 기초	(2) 기말	차이 (2)-(1)
A. 결산상 장부가액	7,120원	8,400원	1,280원
B. 세무상 장부가액	6,096원	6,096원	-
차이 (B-A)	△1,024원	△2,304원	△1,280원

위 표를 보면 결산상 상각후원가 증가로 처리된 1,280원은 세무상 부인되어야 하므로 1,280원을 손금에 산입하고 △유보로 처분하였다. 이러한 세무조정으로 인하여 연도말에 누적된 △유보는 상각후원가와 취득원가의 차이인 2,304원이다.

예제 8-2

㈜서울은 제1차연도 1월 1일 액면 100,000원인 채권을 90,240원에 취득하였다. 만기는 3년이며 표시이자율은 20%이고 유효이자율은 25%이다. 채권의 공정가치는 제1차연도말 60,000원이었다가 제2차연도말에는 110,000원이 되었다. 채권을 상각후원가 측정 금융자산(AC금융자산)으로 분류한다면 K-IFRS에 따른 회계처리 그리고 필요한 세무조정을 하시오.

| 풀이 |

※ AC금융자산은 장부가액을 미래 현금흐름의 현재가치로 평가하며 유효이자율법에 따라서 매년도 이자수익을 인식한다. 그런데 세법에서는 현재가치를 인정하지 않고 명목가치로만 평가한다.

(유효이자율법에 의한 장부금액조정)

구분	유효이자	표시이자	증감	장부금액
취득				90,240
제1차연도	22,560	20,000	2,560	92,800
제2차연도	23,200	20,000	3,200	96,000
제3차연도	24,000	20,000	4,000	100,000

(연도별 회계처리)

취득	차) AC금융자산	90,240	대) 현금	90,240
제1차연도	차) 현금	20,000	대) 이자수익	22,560
	AC금융자산	2,560		
제2차연도	차) 현금	20,000	대) 이자수익	23,200
	AC금융자산	3,200		
제3차연도	차) 현금	20,000	대) 이자수익	24,000
	AC금융자산	4,000		
만기상환	차) 현금	100,000	대) AC금융자산	100,000

(K-IFRS와 세법의 차이)

구분	제1차연도	제2차연도	제3차연도	상환
세법	90,240	90,240	90,240	-
K-IFRS	92,800	96,000	100,000	-
차이	(2,560)	(5,760)	(9,760)	-

(세무조정)

제1차연도 손금산입 금융자산 2,560원(△유보)

제2차연도 손금산입 금융자산 3,200원(△유보)

제3차연도 손금산입 금융자산 4,000원(△유보)

만기상환 익금산입 금융자산 9,760원(유보)

※ 제1차연도와 제2차연도 결산상 유효이자와 세법상 이자인 액면이자의 차이를 이용해서 구할 수도 있다.

연도	결산상 이자수익	세법상 이자수익	차이
제1차연도	22,560	20,000	△2,560
제2차연도	23,200	20,000	△3,200
제3차연도	24,000	29,760[a)]	5,760

a) 세법상으로는 만기에 수령하는 이자와 원금 합계 120,000원에서 장부가액 90,240원을 차감한 금액인 29,760원이 이자수익이다.

5 취득 후 평가: 당기손익-공정가치

1) 기업회계기준

당기손익-공정가치는 공정가치를 장부가액으로 한다. 공정가치 변동으로 인한 평가손익은 당기손익으로 분류한다. 당기손익-공정가치 측정은 채무상품과 지분상품에 모두 적용될 수 있다. 채무상품의 경우에는 평가손익 외에 매년 이자수익이 발생한다. 이자수익은 원칙적으로 유효이자율법에 따라서 계산되어야 한다. 그렇지만 평가손익과 이자수익은 어차피 당기손익이라는 점에서는 차이가 없다. 또한 당기손익-공정가치를 적용한 금융자산은 단기간 내로 처분될 것이다. 그렇다면 굳이 번거롭게 유효이자율법을 적용할 필요는 없다. 이런 점을 감안해서 당기손익-공정가치 금융자산에서 이자수익은 명목상 수령하는 이자수익으로도 계상할 수 있다.

사례 8-2

갑회사는 취득원가 6,096원인 금융자산이 있다. 금융자산의 기초와 기말의 상각후원가는 7,120원과 8,400원이며 공정가치는 기초와 기말 각각 7,000원과 9,000원이다. 명목이자로 매년 500원을 지급한다. 금융자산은 당기손익-공정가치(FVPL)로 측정하며 유효이자율은 25%이다.

위 (사례 8-2)에서 공정가치 변동(△FV)은 2,000원이다. 그리고 〈표 8-2〉에 따르면 당기손익-공정가치 측정 금융자산에서 △FV는 당기손익(PL)으로 분류한다. 당기손익 내에서 계정과목을 이자수익과 평가손익으로 각각 나누어 분류할 수 있다. 즉 계정과목을 분리해서 △AC는 이자수익에 가산하고 (△FV-△AC)는 평가손익으로 볼 수 있다. △AC는 1,280원이고 (△FV-△AC)는 720원이다. 이를 분개로 나타내면 다음과 같다.

차) 현금	500	대) 이자수익	1,780
FVPL금융자산	2,000	금융자산평가익(PL)	720

이자수익과 금융자산평가익 모두 당기손익이라는 점에서 차이가 없다. 따라서 굳이 이들 계정과목을 엄격하게 구분하는 실익이 없다는 점에서 이자수익을 명목이자로 표시하고 나머지는 모두 금융자산평가익으로 돌릴 수도 있다. 즉 공정가치 변동인 △FC

2,000원 전부 평가익 계정과목으로 분류한다. 그러면 다음과 같이 분개한다.

차) 현금	500	대) 이자수익	500
FVPL금융자산	2,000	금융자산평가익(PL)	2,000

K-IFRS에서는 어떻게 분개하라는 명시적 규정은 없다. 사실상 당기손익 전체로는 차이는 없다. 즉 이자수익과 금융자산평가익을 합치면 모두 2,500원으로 당기손익의 총액은 달라지지 않는다. 그렇다면 △FV를 전부 평가익으로 계상하는 것이 좀 더 편리할 것이다. 왜냐하면 △FV를 평가익과 이자수익으로 구분하면 상각후원가에 대한 정보도 갖고 있어야 하지만 △FV를 전액 평가익으로 구분하면 상각후원가를 알고 있을 필요가 없기 때문이다.

2) 법인세법과 세무조정

법인세법상 금융자산은 원가법을 적용해야 하므로 평가손익에 대한 세무조정이 필요하다. 평가손익에 대한 세무조정은 일시적 차이이므로 유보 혹은 △유보로 처분한다. 이렇게 유보로 처분된 금액은 해당 금융자산이 처분되거나 만기상환시점에서 반대로 세무조정이 일어나서 정리된다. 이런 세무조정을 앞선 (사례 8-2)에 적용해보면 아래와 같은 표로 나타낼 수 있다.

구분	(1) 기초	(2) 기말	차이 (2)-(1)
A. 결산상 장부가액	7,000원	9,000원	2,000원
B. 세무상 장부가액	6,096원	6,096원	-
차이 (B-A)	△904원	△2,904원	△2,000원

위 표를 보면 결산상 공정가치 증가로 처리된 2,000원은 세무상으로 부인되어야 하므로 2,000원을 손금에 산입하고 △유보로 처분하였다. 이러한 세무조정으로 인하여 연도말에 누적된 △유보는 공정가치와 취득원가의 차이인 2,904원이다.

예제 8-3

㈜서울은 제1차연도 1월 1일 액면 100,000원인 채권을 90,240원에 취득하였다. 만기는 3년이며 표시이자율은 20%이고 유효이자율은 25%이다. 채권의 공정가치는 제1차연도말 60,000원이었다가 제2차연도말에는 110,000원이 되었다. 채권을 당기손익-공정가치로 측정하는 금융자산(FVPL금융자산)으로 분류한다면 K-IFRS에 따른 회계처리 그리고 필요한 세무조정을 하시오.

| 풀이 |

※ FVPL금융자산은 유효이자율법으로 이자수익을 계상하는 경우와 표시이자를 이자수익으로 계상하는 경우가 당기손익에 미치는 영향이 동일하다. 따라서 편의상 표시이자를 이자수익으로 계상한다.

(회계처리)

취득	차)	FVPL금융자산	90,240	대)	현금	90,240
제1차연도	차)	현금	20,000	대)	이자수익	20,000
	차)	금융자산평가손실(PL)	30,240	대)	FVPL금융자산	30,240
제2차연도	차)	현금	20,000	대)	이자수익	20,000
	차)	FVPL금융자산	50,000	대)	금융자산평가이익(PL)	50,000
제3차연도	차)	현금	20,000	대)	이자수익	20,000
		금융자산평가손실(PL)	10,000		FVPL금융자산	10,000
만기상환	차)	현금	100,000	대)	FVPL금융자산	100,000

(K-IFRS와 세법의 차이)

구분	제1차연도	제2차연도	제3차연도	상환
세법	90,240	90,240	90,240	–
K-IFRS	60,000	110,000	100,000	–
차이	30,240	(19,760)	(9,760)	–

(세무조정)

제1차연도 익금산입 금융자산 30,240원(유보)

제2차연도 손금산입 금융자산 50,000원(△유보)

제3차연도 익금산입 금융자산 10,000원(유보)

만기상환 익금산입 금융자산 9,760원(유보)

6 취득 후 평가: 기타포괄손익-공정가치(채무상품)

1) 기업회계기준

K-IFRS 제1109호(금융상품) 문단 5.7.11
금융자산을 기타포괄손익-공정가치(FVOCI)로 측정하는 경우에 당기손익으로 인식하는 금액은 해당 금융자산을 상각후원가로 측정하였더라면 당기손익으로 인식하였을 금액과 같다.

기타포괄손익-공정가치 금융자산은 당기손익-공정가치와 마찬가지로 공정가치를 장부가액으로 한다. 그런데 위 K-IFRS 제1109호에서는 기타포괄손익-공정가치로 측정하는 금융자산과 상각후원가로 측정하는 금융자산의 당기손익은 동일해야 한다고 규정한다. 상각후원가는 채무상품에만 적용되기 때문에 이 규정 또한 채무상품에 대한 것이다. 이는 기타포괄손익-공정가치가 적용될 것인지 아니면 상각후원가가 적용될 것인지에 따라서 당기손익이 달라지면 안 된다는 의미이다.

우리가 앞서 살펴본 바에 의하면 채무상품의 경우 기타포괄손익-공정가치를 적용할 것인지 아니면 상각후원가를 적용할 것인지는 사업모형에 의해서 정해진다. 즉 만기까지 보유하면서 현금흐름 수취가 목적이라면 상각후원가를 적용하는 것이고 매도와 만기보유 두 가지 목적을 모두 가지고 있다면 기타포괄손익-공정가치를 적용하는 것이다.

그런데 사업모형에 따라서 금융자산 보유기간 전체의 당기손익이 달라지는 것이 합리적인가? 예를 들어 동일한 조건을 갖는 채무상품이 회사의 사업모형에 따라서 전체적인 당기손익이 달라져야 하는가? 동일한 채무상품이라면 회사의 사업모형이 무엇인가에 관계없이 보유기간 전체의 당기손익이 달라져서는 안 될 것이다. 이런 점에서 K-IFRS에서는 상각후원가 혹은 기타포괄손익-공정가치 적용에 따라서 당기손익이 달라지면 안 된다는 점을 분명하게 언급하고 있다.

그런데 상각후원가와 기타포괄손익-공정가치 측정방법에 따라서 재무상태표에 표시하는 장부가액이 다름에도 불구하고 양 방법하에서 당기손익이 같아질 수가 있는가? 이렇게 하기 위해서는 상각후원가 변동으로 인한 금액은 당기손익으로 처리한 후 나머지는 당기손익이 아닌 기타포괄손익으로 처리해야 한다. 따라서 공정가치 총변동(△FV)을 상각후원가 변동(△AC)과 그 차이(△FV−△AC)로 구분한 후 △AC는 당기손익, 즉 이자수익에 가산하고 (△FV−△AC)는 기타포괄손익으로 처리한다.

사례 8-3

갑회사는 취득원가 6,096원인 금융자산이 있다. 금융자산의 기초와 기말의 상각후원가는 7,120원과 8,400원이며 공정가치는 기초와 기말 각각 7,000원과 9,000원이다. 명목이자로 매년 500원을 지급한다. 금융자산은 기타포괄손익-공정가치(FVOCI)로 측정하며 유효이자율은 25%이다.

(사례 8−3)은 앞선 (사례 8−2)와 동일하다. 다만 금융자산을 당기손익−공정가치로 측정하지 않고 기타포괄손익−공정가치로 측정한다는 점에서 다를 뿐이다. (사례 8−3)에서 △FV는 2,000원, △AC는 1,280원 그리고 (△FV−△AC)는 720원이다. 〈표 8−2〉에 따라서 △FV 2,000원 중 △AC 1,280원은 이자수익으로, (△FV−△AC) 720원은 기타포괄손익(OCI)으로 분류한다. 이를 분개로 나타내보자.

차)	현금	500	대) 이자수익	1,780
	FVOCI금융자산	2,000	기타포괄손익	720

위 분개를 현금수입과 장부가액 변동으로 다시 세분화해보면 다음과 같다.

차)	현금	500	대) 이자수익	500
차)	FVOCI금융자산	2,000	대) 이자수익	1,280
			기타포괄손익	720

위 분개는 결국 공정가치 증가 2,000원을 전부 이자수익에 귀속시키거나 평가손익으로 귀속시키지 않고 그중 1,280원만 이자수익으로 귀속시키고 나머지는 기타포괄손익 720원으로 구분한 것이다.

2) 법인세법과 세무조정

기타포괄손익−공정가치 금융자산의 경우에는 평가손익이 당기손익이 아닌 기타포괄손익으로 계상되기 때문에 당장 회계상 당기순이익과 사업연도소득 간에는 차이가 생기지 않는다. 그러나 이는 회계상 순자산과 법인세법상 순자산의 차이를 가져오는 동시에 기타포괄손익이라는 잉여금항목에서의 차이를 가져오는 것이다. 순자산의 차이는 일시적 차이인 데 비하여 잉여금차이는 영구적 차이이다. 따라서 당장 사업연도소득에 영향이 없다고 해서 세무조정을 하지 않는다면 일시적 차이의 해소시점에서 세무조정을 할 수 없게 되므로 사업연도소득을 왜곡시키게 된다. 따라서 이런 경우에는 순자산 차이에 대한 세무조정을 하고 유보 혹은 △유보로 처분함과 동시에 기타포괄손익에 대해서는 세무조정 후에 기타로 처분한다. 이런 세무조정을 앞선 (사례 8-3)에 적용해보면 아래와 같은 표로 나타낼 수 있다.

구분		(1) 기초	(2) 기말	차이 (2)-(1)
결산	A. 장부가액	7,000원	9,000원	2,000원
	B. 기타포괄손익	120원	△600원	△720원
세무	C. 장부가액	6,096원	6,096원	-
	D. 기타포괄손익	-	-	-
차이	C-A(유보)	△904원	△2,904원	△2,000원
	D-B(기타)	△120원	600원	720원

위 표에서와 같이 장부가액 증가 2,000원을 부인하기 위해서 손금산입하고 △유보로 처분하고 기타포괄이익으로 인식한 720원을 익금산입하고 기타로 처분한다.

예제 8-4

㈜서울은 제1차연도 1월 1일 액면 100,000원인 채권을 90,240원에 취득하였다. 만기는 3년이며 표시이자율은 20%이고 유효이자율은 25%이다. 채권의 공정가치는 제1차연도말 60,000원이었다가 제2차연도말에는 110,000원이 되었다. 채권을 기타포괄손익-공정가치측정 금융자산(FVOCI금융자산)으로 분류한다면 K-IFRS에 따른 회계처리 그리고 필요한 세무조정을 하시오.

| 풀이 |

(유효이자율법에 의한 장부금액조정)

구분	유효이자[a]	표시이자	증감	장부금액		평가손익
				평가 전[b]	평가 후[c]	
취득				90,240		
제1차연도	22,560	20,000	2,560	92,800	60,000	(32,800)
제2차연도	23,200	20,000	3,200	63,200	110,000	46,800
제3차연도	24,000	20,000	4,000	114,000	100,000	(14,000)

a) AC금융자산의 유효이자와 동일하다.
b) 직전연도 공정가치에 유효이자와 표시이자의 차이를 가감한 금액
c) 당기말 공정가치

(회계처리)

취득	차) FVOCI금융자산	90,240	대) 현금	90,240
제1차연도	차) 현금	20,000	대) 이자수익	22,560
	FVOCI금융자산	2,560		
	차) 금융자산평가손실(OCI)	32,800	대) FVOCI금융자산	32,800
제2차연도	차) 현금	20,000	대) 이자수익	23,200
	FVOCI금융자산	3,200		
	차) FVOCI금융자산	46,800	대) 금융자산평가손실(OCI)	32,800
			금융자산평가이익(OCI)	14,000
제3차연도	차) 현금	20,000	대) 이자수익	24,000
	FVOCI금융자산	4,000		
	차) 금융자산평가이익(OCI)	14,000	대) FVOCI금융자산	14,000
만기상환	차) 현금	100,000	대) FVOCI금융자산	100,000

※ 채무상품인 FVOCI금융자산의 기타포괄손익누계는 만기상환 혹은 처분 시 당기순이익으로 재분류된다.

(K-IFRS와 세법의 차이)

구분		제1차연도	제2차연도	제3차연도	상환
세법	금융자산	90,240	90,240	90,240	-
	기타포괄손익	-	-	-	-
K-IFRS	금융자산	60,000	110,000	100,000	-
	기타포괄손익	32,800	(14,000)	-	-
차이	금융자산	30,240	(19,760)	(9,760)	-
	기타포괄손익	(32,800)	14,000	-	-

(세무조정)

제1차연도	익금산입	금융자산	30,240원(유보)
	손금산입	금융자산평가손실	32,800원(기타)
제2차연도	손금산입	금융자산	50,000원(△유보)
	익금산입	금융자산평가손익	46,800원(기타)
제3차연도	익금산입	금융자산	10,000원(유보)
	손금산입	금융자산평가손익	14,000원(기타)
상환	익금산입	금융자산평가손익	9,760원(유보)

7 취득 후 평가: 기타포괄손익-공정가치(지분상품)

1) 기업회계기준

K-IFRS 제1109호(금융상품) 문단 B5.7의 1

단기매매가 아닌 지분상품에 대한 투자의 공정가치 변동을 기타포괄손익으로 표시하는 취소 불가능한 선택을 할 수 있다(FVOCI 선택). 이러한 선택은 상품별(주식별)로 하게 된다.

지분상품의 경우에는 당기손익-공정가치가 원칙이지만 기타포괄손익-공정가치를 예외적으로 선택할 수 있다. 채무상품의 경우와 다른 것은 당기손익-공정가치 혹은 기타포괄손익-공정가치의 선택은 완전하게 경영자 재량에 맡겨져 있다는 것이다. 즉 채무상품의 경우에는 경영자의 재량이 아닌 사업모형에 따라서 측정방법이 구분되지만 지분상품은 전적으로 경영자 재량에 따라 선택된다.

이렇게 경영자가 전적으로 당기손익-공정가치 아니면 기타포괄손익-공정가치를 선택하도록 허용함으로써 경영자가 수시로 측정방법을 변경하면서 당기손익과 기타포괄손익을 재량적으로 선택할 수 있다는 문제가 생긴다. 따라서 이에 대한 보완사항으로 어떤 방법이든지 일단 선택한 후에는 취소할 수 없도록 한다. 드문 경우겠지만 사업모형이 바뀐다면 채무상품은 제한적으로 측정방법 간의 전환이 가능한 데 비하여 지분상품은 이런 전환은 본질적으로 허용되지 않는다.

2) 법인세법과 세무조정

법인세법에서는 금융자산을 취득원가로 평가하기 때문에 지분상품의 평가손익을 기타포괄손익으로 분류하면 순자산의 차이 그리고 잉여금 차이에 대한 세무조정을 동시에 해야 한다. 기타포괄손익으로 분류하므로 당기손익과 사업연도소득 간의 차이가 평가시점에서는 생기지 않지만 순자산의 차이는 처분시점에서 소멸되므로 반대의 세무조정이 필요한 반면 잉여금(기타포괄손익) 차이는 당기손익으로 재분류되지 않는 한 소멸하지 않는 영구적 차이이므로 세무조정을 생략할 수 없다.

예제 8-5

㈜서울은 제1차연도 ㈜부산의 주식을 11,000원에 매입하였다(거래원가 1,000원 포함). 주식의 기말공정가치는 제1차연도와 제2차연도 12,000원과 9,000원이었다. 각 연도별 K-IFRS에 따른 회계처리와 필요한 세무조정을 하시오.

| 물음 1 | ㈜부산의 주식을 당기손익-공정가치 측정 금융자산(FVPL금융자산)으로 분류하였다.

| 물음 2 | ㈜부산의 주식을 기타포괄손익-공정가치 측정 금융자산(FVOCI선택금융자산)이 되도록 선택하였다.

| 풀이 |

(물음 1)

※ FVPL금융자산은 공정가치 변동을 당기손익으로 인식하며 지급수수료와 같은 거래비용을 취득원가에 포함하지 않는다. 단기보유자산이므로 거래비용을 굳이 취득원가에 포함시킬 필요가 없다는 취지로 이해한다.

(회계처리)

취득	차) FVPL금융자산	10,000	대) 현금	11,000
	지급수수료	1,000		
제1차연도말	차) FVPL금융자산	2,000	대) 금융자산평가이익(PL)	2,000
제2차연도말	차) 금융자산평가손실(PL)	3,000	대) FVPL금융자산	3,000

(K-IFRS와 세법의 차이)

※ 세법에서는 공정가치 변동을 인식하지 않는다. 따라서 연도별 회계-세무 차이는 아래와 같다.

구분	제1차연도	제2차연도
세법[a)]	10,000	10,000
K-IFRS	12,000	9,000
차이	(2,000)	1,000

a) 세법상 단기금융자산이기 때문에 매입가액(지급수수료를 제외한)을 취득원가로 하며 공정가치를 반영하지 않는다.

(세무조정)

제1차연도 손금산입 금융자산 2,000원(△유보)

제2차연도 익금산입 금융자산 3,000원(유보)

(물음 2)

※ FVOCI선택금융자산의 경우에는 공정가치 변동을 기타포괄손익으로 인식한다. 그런데 세법에서는 공정가치 변동을 인식하지 않을 뿐 아니라 기타포괄손익도 인정하지 않는다. 따라서 공정가치 변동에 대한 차이와 함께 기타포괄손익 인식에 따른 차이도 생긴다.

(회계처리)

취득	차) FVOCI선택금융자산	11,000	대) 현금	11,000
제1차연도말	차) FVOCI선택금융자산	1,000	대) 금융자산평가이익(OCI)	1,000
제2차연도말	차) 금융자산평가이익(OCI)	1,000	대) FVOCI선택금융자산	3,000
	금융자산평가손실(OCI)	2,000		

(K-IFRS와 세법의 차이)

구분		제1차연도	제2차연도
세법[a)]	금융자산	11,000	11,000
	기타포괄손익	–	–
K-IFRS	금융자산	12,000	9,000
	기타포괄손익	(1,000)	2,000
차이	금융자산	(1,000)	2,000
	기타포괄손익	1,000	(2,000)

a) 세법상 단기금융자산이 아닌 유가증권의 취득원가는 매입가액에 부대비용(지급수수료)을 가산한 금액이다.

(세무조정)

제1차연도	손금산입	금융자산	1,000원(△유보)
	익금산입	금융자산평가손익	1,000원(기타)
제2차연도	익금산입	금융자산	3,000원(유보)
	손금산입	금융자산평가손익	3,000원(기타)

8 금융자산의 처분

1) 기업회계기준

K-IFRS 제1109호(금융상품) 문단 3.2.12

금융자산 전체를 제거하는 경우에는 (1)과 (2)의 차액을 당기손익으로 인식한다.

(1) 금융자산의 장부금액(제거일에 측정)

(2) 수취한 대가

위 K-IFRS 제1109호에 따르면 금융자산 양도 시에는 장부가액과 대가와의 차이를 당기손익(처분손익)으로 인식한다. 여기에서 장부가액은 처분시점의 장부가액인데 측정방법에 따라서 상각후원가 혹은 공정가치가 될 것이다. 금융자산의 처분과 관련된 다음과 같은 사례를 생각해보자.

사례 8-4

갑회사는 취득원가 6,096원인 채무상품이 있다. 전기말 상각후원가는 8,400원이고 공정가치는 9,000원이었는데 명목이자로 매년말 500원을 지급하며 유효이자율은 25%이다. 당기 7월 1일에 채무상품을 미수이자 포함 9,050원에 처분하였다.

상각후원가 측정 채무상품

상각후원가 측정 금융자산의 경우에는 제거일에 측정한 장부가액도 상각후원가이다.

만일 기초나 기말이 아닌 기중에 금융자산을 처분하였다면 기간경과에 따른 이자수익을 다시 계산하고 상각후원가를 재측정한 후 처분손익을 인식해야 할 것이다.

위 (사례 8-4)에서 처분된 채무상품이 상각후원가 측정 금융자산이라고 하자. 유효이자율법을 이용한 처분시점까지 기간경과에 따른 이자수익은 8,400원×25%×6/12=1,050원이다. 또한 기간경과에 따른 미수이자는 500원×6/12=250원이다. 따라서 처분시점인 7월 1일자 상각후원가는 8,400원+1,050원−250원=9,200원이다. 처분으로 수령한 현금은 9,050원이지만 여기에는 처분시점까지 받아야 할 명목이자 250원에 대한 미수이자도 포함되어 있다고 했으므로 실제 처분대가는 8,800원이고 결국 처분으로 인식해야 할 당기손익으로 400원의 처분손실을 계상한다. 이에 따라 처분으로 인한 당기손익은 이자수익 1,050원−처분손실 400원=650원이다.

상각후원가 채무상품 처분에 대한 회계처리는 (1) 금융자산 장부가액을 제거일의 상각후원가로 측정하는 분개와 (2) 처분대가와 장부가액 차이를 당기손익(즉 처분손익)으로 인식하는 분개로 나누어볼 수 있다.

(금융자산 장부가액을 제거일의 상각후원가로 측정)

차) AC금융자산	800	대) 이자수익	1,050
미수이자*	250		

* 처분시점까지 받아야 할 명목이자

(처분대가와 장부가액 차이를 당기손익으로 인식)

차) 현금	9,050	대) AC금융자산	9,200
금융자산처분손실*	400	미수이자	250

* 처분대가 (9,050원−250원)−처분시점 장부가액 9,200원

당기손익-공정가치 측정 채무상품

당기손익-공정가치 금융자산의 경우에는 제거일의 장부가액은 처분시점의 공정가치이다. 이렇게 되면 처분시점에서 공정가치로 평가하여 평가손익을 계상한 후에 처분대가와의 차이를 처분손익으로 인식하는 것이다. 그런데 처분시점의 공정가치와 처분대가가 동일하다고 보면 결국 처분손익은 계상되지 않고 처분시점의 평가손익만 계상된다. 그러나 평가손익과 처분손익은 당기손익이라는 점에서 동일하므로 큰 차이는 없다.

앞선 (사례 8-4)에서 처분된 채무상품이 당기손익-공정가치 측정 금융자산이라고 하자. K-IFRS 규정에 따르면 다음과 같이 분개해야 한다.

(제거일에 금융자산 장부가액을 공정가치로 측정)

차) 금융자산평가손실	200	대) FVPL금융자산	200
미수이자	250	이자수익	250

(처분대가와 장부가액 차이를 당기손익으로 인식)

차) 현금	9,050	대) FVPL금융자산	8,800
		미수이자	250

위 분개에서와 같이 처분일에 공정가치로 다시 평가한다면 처분시점에서 공정가치와 처분대가가 달라지지 않는 한 처분손익은 생기지 않는다.

기타포괄손익-공정가치 측정 채무상품

K-IFRS 제1109호(금융상품) 문단 5.7.10
기타포괄손익-공정가치 측정(FVOCI) 금융자산의 손익은 해당 금융자산을 제거하거나 재분류할 때까지 기타포괄손익으로 인식한다. 금융자산을 제거할 때에는 인식한 기타포괄손익누계액을 재분류조정으로 자본에서 당기손익으로 재분류한다.

기타포괄손익-공정가치를 적용할 때에도 양도차익은 양도시점의 장부가액과 대가와의 차이이다. 기타포괄손익-공정가치를 적용받는 금융자산의 양도시점의 장부가액은 양도시점의 공정가치와 동일하고 공정가치만큼의 대가를 받는다면 별도의 처분손익은 생기지 않을 것이다.

기타포괄손익-공정가치를 적용할 때 쟁점은 기타포괄손익으로 인식했던 금액을 양도시점에서 당기손익으로 재분류할 것인지 여부이다. 위 규정은 기타포괄손익-공정가치 측정 금융자산을 제거할 때에는 기타포괄손익누계를 당기손익으로 재분류한다고 명시하고 있다.

이렇게 기타포괄손익-공정가치 측정 금융자산의 처분 시 기타포괄손익누계를 당기손익으로 재분류하는 이유는 무엇일까? 이미 언급한 바와 같이 기타포괄손익-공정가치로 측정하는 경우와 상각후원가로 측정하는 금융자산은 당기손익이 동일해야 한다. 이는 처분시점에도 마찬가지이다. 따라서 기타포괄손익누계를 당기손익으로 재분류하는 이유는 상각후원가 측정 금융자산과 처분시점의 당기손익을 일치시키기 위함이다.

앞선 (사례 8-4)에서 처분된 채무상품이 기타포괄손익-공정가치 측정 금융자산이라고 하자. K-IFRS 규정에 따르면 다음과 같이 분개해야 한다.

(제거일에 금융자산 장부가액을 공정가치로 측정)

차)	기타포괄손익	1,000	대) FVOCI금융자산	200
	미수이자	250	이자수익	1,050

(금융자산 처분과 기타포괄손익의 당기손익 재분류)

차)	현금	9,050	대) FVOCI금융자산	8,800
	금융자산처분손실	400	미수이자	250
			기타포괄손익	400

위 분개에서 당기손익으로 이자수익 1,050원과 금융자산처분손실 400원을 인식하였다. 앞선 상각후원가 측정 금융자산 처분과 비교해보면 양자가 동일하다는 것을 금방 알 수 있다.

기타포괄손익-공정가치 선택 지분상품

> **K-IFRS 제1109호(금융상품)** 문단 B5.7의 1
> 단기매매가 아닌 지분상품에 대한 투자의 공정가치 변동을 기타포괄손익으로 표시하는 취소 불가능한 선택을 할 수 있다. …(중략)… 기타포괄손익으로 표시하는 금액은 후속적으로 당기손익으로 이전되지 않는다.

기타포괄손익-공정가치를 선택한 지분상품이 양도되는 경우에는 양도 시 장부가액과 대가와의 차이가 처분손익이 된다. 그러나 양도 시 장부가액은 양도시점의 공정가치와 같기 때문에 공정가치에 상당하는 대가를 받는다면 처분손익은 생기지 않는다.

여기에서 주의해야 할 것은 공정가치 변동으로 누적된 기타포괄손익이 처분시점에서 당기손익으로 재분류되지 않는다는 것이다. 기타포괄손익누계가 당기손익으로 재분류되는 앞선 채무상품의 처리와는 대조적이다. 처분시점에서 기타포괄손익의 당기손익으로의 재분류를 채무상품은 허용하면서 지분상품은 허용하지 않는 이유는 무엇일까?

채무상품과 지분상품에서 기타포괄손익의 재분류를 달리 하는 이유는 측정방법 선택의 취소가능성에 있다. 채무상품은 한 번 선택한 측정방법을 나중에 전환할 수 있도록 하지만 지분상품의 경우에는 일단 선택한 방법은 취소할 수 없다. 이렇게 취소할 수 없도록 한 이유는 지분상품의 측정방법을 경영자의 재량에 의해 결정하고 이를 수시로 변경하면서 손익을 조정하는 위험을 다소라도 줄이기 위함이라고 이미 말한 바 있다. 그런데 취소할 수 없도록 한 다음 기타포괄손익을 처분시점에서 당기손익으로 재분류하도록 허용한다면 결과적으로 당기손익-공정가치와 보유기간 동안의 손익이 같아지게 되고 배당가능한 이익잉여금의 총액도 같아진다. 다만 기타포괄손익-공정가치 모형은 지분상품 보유기간 동안의 손익을 처분시점에 한꺼번에 계상하는 효과를 갖게 될 뿐이다. 따라서 지분상품의 경우에는 기타포괄손익-공정가치 측정을 일단 선택하게 되면 그 이후 처분시점에서 기타포괄손익누계를 당기손익으로 재분류하지 못하도록 한다.

예를 들어 전기말 공정가치 8,000원인 지분상품을 당기 중 공정가치인 10,000원에 처분하였다고 하자. 만일 이 지분상품을 기타포괄손익-공정가치 측정 금융자산으로 선택한 경우와 그렇지 않은 경우로 구분하여 처분일에서의 분개를 해보면 아래와 같다.

(기타포괄손익-공정가치 측정)

차) FVOCI선택금융자산	2,000	대) 기타포괄손익	2,000
차) 현금	10,000	대) FVOCI선택금융자산	10,000

(당기손익-공정가치 측정)

차) FVPL금융자산	2,000	대) 금융자산평가이익	2,000
차) 현금	10,000	대) FVPL금융자산	10,000

2) 법인세법과 세무조정

법인세법에서는 금융자산을 취득원가로 측정한다. 따라서 어떤 측정방법을 선택하든지 결산상 장부가액과 세무상 장부가액인 취득원가와의 차이는 금융자산 처분으로 인하여 없어진다. 따라서 전기말까지 장부가액 차이로 누적된 유보 혹은 △유보금액은 일시에 반대로 조정된다. 이렇게 장부가액 차이에 해당하는 유보금액의 반대조정뿐만 아니라 기타포괄손익이 재분류되는 경우에는 기타포괄손익을 익금 혹은 손금에 산입해 주어야 한다.

예제 8-6

㈜서울은 제1차연도 1월 1일 액면 100,000원인 채권을 90,240원에 취득하였다. 만기는 3년이며 표시이자율은 20%이고 유효이자율은 25%이다. 채권의 공정가치는 제1차연도말 60,000원이었다가 제2차연도말에는 110,000원이 되었다. 만일 채권을 제3차연도초 100,000원에 처분하였다면 당기손익-공정가치 측정 금융자산(FVPL금융자산), 상각후원가 측정 금융자산(AC금융자산) 혹은 기타포괄손익-공정가치 측정 금융자산(FVOCI금융자산)인 경우로 구분하여 K-IFRS에 따른 회계처리와 세무조정을 하시오.

| 풀이 |

(회계처리)

FVPL금융자산	차) 현금	100,000	대) FVPL금융자산	110,000
	금융자산평가손실(PL)	10,000		
AC금융자산	차) 현금	100,000	대) AC금융자산	96,000
			금융자산처분이익(PL)	4,000
FVOCI금융자산	차) 현금	100,000	대) FVOCI금융자산	110,000
	금융자산평가이익(OCI)	14,000	금융자산처분이익(PL)	4,000

(세무조정)

FVPL금융자산	익금산입	금융자산	19,760원(유보)
AC금융자산	익금산입	금융자산	5,760원(유보)
FVOCI금융자산	익금산입	금융자산	19,760원(유보)
	손금산입	금융자산평가이익	14,000(기타)

예제 8-7

㈜서울은 제1차연도 ㈜부산의 주식을 11,000원에 매입하였다(거래원가 1,000원 포함). 주식의 기말공정가치는 제1차연도와 제2차연도 12,000원과 9,000원이었고 제3차연도 주식 전부를 13,000원에 처분하였다. 제3차연도 K-IFRS에 따른 회계처리와 필요한 세무조정을 하시오.

(상황 1) ㈜부산의 주식을 당기손익-공정가치 측정 금융자산(FVPL금융자산)으로 분류하였다.
(상황 2) ㈜부산의 주식을 기타포괄손익-공정가치 선택 금융자산(FVOCI선택금융자산)이 되도록 선택하였다.

| 풀이 |

(상황 1)

(회계처리)

차) FVPL금융자산	4,000	대)	금융자산평가이익(PL)	4,000
차) 현금	13,000	대)	FVPL금융자산	13,000

(세무조정)

손금산입 금융자산 1,000원(△유보)

※ 전기말 FVPL금융자산의 결산상 장부가액은 공정가치인 9,000원인데 세무상 장부가액인 취득원가는 10,000원이고 이에 따라 누적된 유보금액은 1,000원이 있는데 처분으로 인하여 차이가 해소되었으므로 손금에 산입한다.

(상황 2)`

(회계처리)

차) FVOCI선택금융자산	4,000	대)	금융자산평가손실(OCI)	2,000
			금융자산평가이익(OCI)	2,000
차) 현금	13,000	대)	FVOCI선택금융자산	13,000

(세무조정)

손금산입 금융자산 2,000원(△유보)
익금산입 금융자산평가손익 4,000원(기타)

※ 전기말 FVOCI선택금융자산의 결산상 장부가액은 공정가치인 9,000원인데 세무상 장부가액인 취득원가는 거래원가 포함해서 11,000원이고 이에 따라 누적된 유보금액은 2,000원이 있는데 처분으로 인하여 차이가 해소되었으므로 손금에 산입한다.

※ 당기 인식한 기타포괄손익누계 증가분 4,000원은 익금에 산입하여 기타로 처분한다.

이번 장의 요약

1. 금융자산이란 현금 등 금융자산을 취득할 수 있는 계약상 권리를 말한다.
2. 기업회계기준에 따르면 금융자산은 사업모형과 현금흐름 특성에 따라서 상각후원가, 기타포괄손익-공정가치, 당기손익-공정가치로 측정한다.
3. 기업회계기준에 따르면 최초 취득에서 회계상 금융자산은 공정가치로 인식하며 당기손익-공정가치 측정 금융자산을 제외하고 거래원가를 가산한다.
4. 기업회계기준에 따르면 상각후원가로 측정하는 금융자산은 취득 이후 평가에서 유효이자율법에 따라 이자수익과 장부가액을 정하며 양도 시에는 장부가액과 처분가액 간 차이를 처분손익으로 계상한다. 법인세법상 취득원가와 장부가액 간 차이를 세무조정한다.
5. 기업회계기준에 따르면 당기손익-공정가치로 측정하는 금융자산은 취득 이후 평가에서 공정가치를 장부가액으로 하며 장부가액 변동을 당기손익으로 인식한다.
6. 기업회계기준에 따른 당기손익-공정가치로 측정하는 금융자산은 처분시점에서는 장부가액과 처분대가와의 차이를 처분손익으로 계상한다. 그런데 처분시점에서 공정가액을 장부가액으로 하기 때문에 공정가액으로 처분되는 경우에 처분손익은 별도로 계상되지 않는다.
7. 기업회계기준에 따른 기타포괄손익-공정가치로 측정하는 금융자산은 취득 이후 평가에서 공정가치를 장부가액으로 하며 장부가액 변동을 기타포괄손익으로 인식한다. 다만 상각후원가로 측정하는 경우와 당기손익이 일치해야 한다.
8. 기업회계기준에 따른 기타포괄손익-공정가치로 측정하는 채무상품인 금융자산은 처분시점에서의 장부가액과 처분대가와의 차이를 처분손익으로 하는데 처분시점에서의 기타포괄손익을 당기손익으로 재분류하여 처분손익으로 본다.
9. 기업회계기준에 따르면 지분상품은 당기손익-공정가치로 측정하지만 최초 취득시점에서 기타포괄손익-공정가치로 측정할 것을 선택할 수 있다. 이 경우 그 이후에는 변경할 수 없다.
10. 기업회계기준에 따르면 기타포괄손익-공정가치로 측정할 것을 선택한 지분상품에서 인식한 기타포괄손익은 처분시점에서 당기손익으로 재분류하지 않는다.

11. 법인세법에서는 기업회계기준과 달리 금융자산을 취득원가로만 계상하며 명목상 이자수익을 익금에 산입한다. 따라서 이러한 기업회계기준과의 차이에 대한 세무조정이 필요하다.

CHAPTER

9

금융자산의 손상차손

이번 장의 차례

CHAPTER 9

금융자산의 손상차손

채권을 회수하지 못하게 되면 손실(혹은 비용)이 생긴다. K-IFRS에서는 이를 손상차손이라고 하며 법인세법에서는 대손이라고 부른다. 손상차손과 대손 모두 비용 혹은 손금으로 인식한다는 점에서 기업회계기준과 법인세법은 동일하다. 다만 법인세법은 대손의 요건을 엄격하게 제한하고 있다.

K-IFRS에 따르면 채권의 손상차손은 미래 기대신용손실인데 이는 손실충당금을 설정하여 표시한다. 따라서 채권의 손상차손은 실제 채권을 회수하지 못하게 된 시점이 아닌 회수불능을 예상한 시점에서 인식되어야 한다. 법인세법은 원칙상 이러한 비용 추정액을 인정하지 않지만 기업회계기준의 관행을 인정하는 의미에서 예외적으로 일정한 범위 내 금액만을 대손충당금으로 인정하고 있다. 따라서 법인세법은 채권의 불이행이 확정된 시점에서 대손금으로 손금에 산입하거나 혹은 예상되는 채권불이행금액 중 일정범위 내의 금액을 대손충당금으로 미리 손금에 산입할 수 있다.

기업회계기준에 따르면 금융자산의 회수를 합리적으로 예상할 수 없게 되면 장부금액을 감소시킨다. 법인세법에서는 합리적 예상시점이 아닌 대손이 사실상 확정되었을 때부터 장부금액을 감소시킬 수 있는데 채권의 회수가 법적으로 불가능해졌다면 반드시 장부금액을 감소시켜야 한다.

기업회계기준에 따른 금융자산의 신용손상은 장부금액에 반영되므로 상각후원가는 재조정되고 그 이후 이자수익 계상에도 영향을 미친다. 그러나 법인세법에서는 대손요건이 충족되지 않는 한 장부금액과 이자수익을 조정하지 않는다.

#손상차손 #대손금 #손실충당금 #대손충당금

1 손실충당금과 대손충당금

1) 기업회계기준

기대신용손실과 손실충당금

K-IFRS 제1109호(금융상품) 문단 5.5.1
상각후원가 혹은 공정가치-기타포괄손익 인식 금융자산의 기대신용손실을 손실충당금으로 인식한다.

상각후원가나 기타포괄손익-공정가치 금융자산은 원금과 이자로 구성된 현금흐름을 갖는 채무상품이다. 당기손익-공정가치 금융자산은 단기간 내로 처분되는 자산이므로 손상차손을 계상하는 것이 의미가 없다. 채무상품에는 언제나 계약에 따라 원금과 이자가 회수되지 않을 가능성이 존재한다. 이런 회수하지 못할 가능성을 반영한 것이 기대신용손실이며 위 K-IFRS 제1109호에서는 이런 기대신용손실을 손상차손으로 인식하고 손실충당금을 계상하도록 정한다.

왜 기대신용손실을 손상차손으로 계상하도록 하는가? 앞선 장에서 보면 손상차손은 자산의 회수가능액보다 장부가액이 낮아진 경우에 그 차이를 비용으로 계상하는 것이다. 그런데 회수가능액이란 사용가치와 순공정가치 중 큰 금액을 의미한다. 이미 언급한 대로 금융자산의 경우에는 사용가치보다는 교환가치를 갖는 자산이므로 회수가능액 중에서 사용가치는 의미가 없고 금융자산의 처분비용은 무시할 수 있을 정도로 작다고 볼 수 있으므로 금융자산의 회수가능액은 사실상 공정가치라고 보면 된다. 따라서 공정가치 하락을 손상차손으로 보는 것이 손상차손의 정의에 부합됨에도 불구하고 왜 기대신용손실을 손상차손으로 계상하도록 하는가?

공정가치는 미래현금흐름의 기댓값과 이자율(할인율)에 의해서 정해진다. 기대신용손실이란 미래현금흐름의 계약상 금액과 기댓값의 차이를 말하는 것이므로 손상차손은 기대신용손실과 할인율 변동에 의해 정해진다. 그런데 상각후원가로 측정하는 채무상품은 만기까지 보유하게 되므로 할인율 변동은 영향이 없고 기대신용손실만 손상차손을 결정하게 된다. 예를 들어 만기까지 보유할 계획으로 5년 만기 채권을 매입하였는데 매입 당시 유효이자율은 5%였다고 하자. 도중에 이자율이 10%로 상승하였다면 새로운 이자율을 적용하여 할인하면 상각후원가는 하락하여 손상차손이 생길 것이지만 어차피 이 채권은 중간에 처분하지 않을 것이므로 이자율 상승으로 인한 손상차손은 계상하지 않는다. 따라서 상각후원가로 측정하는 금융자산의 손상차손은 할인율 변동의 영향과는 무관하게 기대신용손실만으로 구성된다. 이것이 기대신용손실을 금융자산의 손상차손으로 보는 이유이다.

회계처리

K-IFRS 제1109호(금융상품) 문단 5.5.8
보고기간말에 손실충당금을 조정하기 위한 기대신용손실액(또는 환입액)은 손상차손(환입)으로 당기손익에 인식한다.

위 K-IFRS 제1109호에서는 기대신용손실을 손상차손으로 인식하고 이에 상응하여 손실충당금을 설정해야 한다고 정한다. 예를 들어 기대신용손실이 500원이라면 다음과 같이 분개한다.

차) 손상차손	500	대) 손실충당금	500

손실충당금은 금융자산의 장부가액에 차감되는 평가성 충당금으로 볼 수 있다. 그런데 왜 금융자산의 장부가액을 직접 차감하지 않고 충당금을 이용하여 간접적으로 차감하는 것일까? 이는 손상차손은 개별 자산별로도 계상되지만 자산집합에 대해서도 계상할 수 있기 때문이다. 예를 들면 회사가 두 종류의 채권이 있다고 했을 때 각각의 채권의 기대신용손실을 예측하여 손상차손을 계상할 수도 있지만 두 종류의 채권을 합한 후 한꺼번에 기대신용손실을 예측할 수도 있다. 이렇게 자산집합에 대해 기대신용손실을 계상하게 되면 개별 자산을 직접 차감할 수 없으므로 충당금이라는 계정을 통해 간접적으로 표시할 수밖에 없다.

기대신용손실에 따른 손실충당금은 매년말 추정한다. 기말에 추정한 손실충당금과 손실충당금 잔액을 비교하여 추가로 손상차손을 계상하거나 아니면 환입한다. 앞선 예에서 500원의 손실충당금이 있는 상황에서 기말에 기대신용손실을 추정한 결과 800원이라면 300원의 손실충당금을 추가로 설정한다. 반면 기대신용손실이 200원으로 추정되었다면 300원의 손실충당금을 환입해야 한다. 환입에 대한 분개는 다음과 같다.

차) 손실충당금	300	대) 손상차손환입	300

기타포괄손익-공정가치 측정과 손상차손

K-IFRS 제1109호(금융상품) 문단 5.5.2
기타포괄손익-공정가치 측정 금융자산 …(중략)… 해당 손실충당금은 기타포괄손익에서 인식하고 재무상태표에서 금융자산의 장부금액을 줄이지 아니한다.

기타포괄손익-공정가치로 측정하는 금융자산은 공정가치 하락을 반영하여 장부가액을 감액해야 한다. 그럼에도 불구하고 손상차손을 계상해야 하는가? 또한 기타포괄손익-공정가치 금융자산의 손상차손은 어떻게 구해야 하는가? 여러분은 앞선 장에서 상각후원가로 측정하는 경우와 기타포괄손익-공정가치로 측정하는 경우에 당기손익이 동일해야 한다는 K-IFRS 규정을 이미 알고 있다. 따라서 상각후원가로 측정하는 금융자산에서 손상차손을 기대신용손실로 계상하였으므로 기타포괄손익-공정가치 금융자산에서도 동일하게 기대신용손실을 손상차손으로 계상해야 한다.

그러나 기타포괄손익-공정가치 금융자산에서는 손상차손에 상응하여 손실충당금을 설정하지 않는다. 위 K-IFRS 제1109호에서는 기타포괄손익-공정가치 금융자산의 손실충당금은 기타포괄손익에서 인식하고 금융자산의 장부금액에는 영향이 없도록 해야 한다고 규정한다. 이런 규정을 둔 이유는 기타포괄손익-공정가치 측정에서 이미 금융자산의 장부가액을 공정가치로 감액했음에도 불구하고 손상차손을 계상하면서 또다시 장부가액이 감액되어 공정가치보다 장부가액이 줄어드는 것을 방지하기 위함이다.

예를 들어 10,000원에 매입한 채권을 기타포괄손익-공정가치로 측정한다고 하자. 기말에 8,000원으로 공정가치가 하락하였는데 기대신용손실은 500원이다. 기타포괄손익-공정가치로 측정하므로 해당 금융자산의 장부가액은 8,000원으로 감액하였다. 그런데 여기에서 기대신용손실에 대한 손상차손을 인식하면서 손실충당금을 500원 추가로 계상한다면 해당 금융자산의 장부가액은 7,500원으로 감액될 것이다. 이 경우 손상차손으로 인한 장부가액은 공정가치를 인식하면서 이미 반영된 것이므로 이는 중복 감액이 된다. 따라서 이때에는 손상차손에 상응하여 손실충당금을 설정하지 말고 기타포괄이익(혹은 손실)으로 처리해야 한다. 여기에서 손상차손에 대응하여 설정되는 기타포괄손익은 평가손익으로 계상되는 기타포괄손익과는 분리하여 별도로 표시하는 것이 바람직하다. 다음과 같이 분개한다.

차) 손상차손	500	대) 기타포괄손익 (손상차손누계)	500

위와 같은 분개의 효과는 기타포괄손익으로 계상했던 평가손실이 손상차손이라는 당기손익항목으로 전환되는 것이다. 만일 다음 해 기대신용손실이 200원으로 추정되었다면 상각후원가 금융자산처럼 300원을 손상차손환입으로 보고하고 상대과목은 기타포괄손익으로 한다. 분개는 다음과 같다. 이 역시 기타포괄이익으로 계상했던 평가이익을 손상차손환입이라는 당기손익으로 전환하는 효과가 있다.

차) 기타포괄손익 (손상차손누계)	300	대) 손상차손환입	300

2) 법인세법

법인세법 제34조(대손충당금의 손금산입)
내국법인이 각 사업연도의 결산을 확정할 때 외상매출금, 대여금 및 그 밖에 이에 준하는 채권의 대손(貸損)에 충당하기 위하여 대손충당금을 손비로 계상한 경우에는 …(중략)… 정하는 바에 따라 계산한 금액의 범위에서 그 계상한 대손충당금을 해당 사업연도의 소득금액을 계산할 때 손금에 산입한다.

법인세법에서는 채권의 대손에 충당하기 위한 대손충당금을 손금에 산입할 수 있다고 규정한다. 법인세법에서의 대손과 대손충당금은 기업회계기준에서 이용하는 손상차손과 손실충당금에 대응되는 용어이다. 대손과 대손충당금은 K-IFRS가 도입되기 이전 기업회계기준에서 관행처럼 사용되는 용어이다. 손상차손이라는 용어는 K-IFRS에서 채권만이 아닌 일반적인 자산에도 모두 적용되는 포괄적 개념인 데 비하여 법인세법에서 이용하는 대손상각이라는 용어는 채권을 회수하지 못함으로써 생기는 손실에 한정하여 사용되는 용어로 이해하면 된다.

기업회계기준에서 손실충당금을 설정하는 기대신용손실을 추정하기 위해서는 경영자의 자의적 판단이 개입될 수밖에 없다. 여러분이 공부한 바로는 법인세법에서는 경영자의 자의적 판단이 개입되는 추정을 거의 인정하지 않고 있다. 그런 점에서 볼 때

법인세법에서 대손충당금을 일부라도 손금으로 인정한다는 것은 사업상의 관행을 존중하는 예외적인 규정이라고 볼 수 있다.

설정대상

법인세법 제19조의2(대손금의 손금불산입)
다음에 대해서는 대손을 사유로 손금에 산입할 수 없다.
1. 채무보증으로 인하여 발생한 구상채권(求償債權)
2. 특수관계자에 대한 업무무관 가지급금(假支給金) 등 .

앞선 법인세법 제34조를 보면 대손충당금을 설정할 수 있는 자산은 외상매출금, 대여금 및 그 밖에 이에 준하는 채권이라고 정하고 있다. 이에 준하는 채권이라고 함은 기업회계기준에 따라 대손충당금 설정대상이 되는 채권이라고 정한다(법인세법 시행령 제61조).

우리가 알다시피 K-IFRS에서는 대손충당금이라는 용어를 사용하고 있지 않지만 법인세법에서 기업회계기준에 따라 설정대상인 채권을 포함한다고 규정하고 있으므로 K-IFRS에서 정하는 채무상품은 법인세법에서도 설정대상 채권으로 볼 수 있다. 위 시행령에서는 대손충당금을 설정할 수 없는 채권을 규정한다.

위 규정에서 채무보증에 따른 구상채권이라 함은 채무보증으로 채무자 대신 상환 후 보증을 서주었던 채무자에 대해서 행사할 수 있는 채권을 의미한다. 그런데 신용보증기관이 아닌 일반 회사에서 낯선 제3자에게 채무보증을 서지는 않을 것이고 채무보증을 서준 채무자는 분명히 회사와 특수관계자일 것이다. 이는 공정한 거래로 볼 수 없고 경영자의 재량적 판단에 의해 좌우되는 거래이다. 이런 점에서 채무보증에 대한 구상채권은 대손충당금을 설정할 수 없고 실제로 채권을 회수할 수 없게 되었다고 하더라도 대손충당금과 상계하거나 손금에 산입할 수 없다.

특수관계자에 대한 업무무관 가지급금이란 거래의 형식에 불구하고 사실상 특수관계자에게 회사의 자금이 업무와 무관하게 유출된 경우이다. 가지급금이라는 용어가 나타내듯이 현실적으로 증빙요건을 갖추지 못한 정체불명의 지출이 대부분이다. 이에 대해서 대손충당금 설정을 허용한다는 것은 이런 지출을 법인세법에서 인정한다는 것과 마찬가지이므로 당연히 허용하지 않을 것이다.

결산조정

위 법인세법 규정을 보면 "대손충당금을 손비로 계상한 경우에는…"이라는 문구가 나오는데 이는 대손충당금을 손금에 산입하기 위해서는 결산에 반영해야 하며 단순히 법인세 신고단계에서 손금에 산입하는 신고조정은 허용하지 않는다는 의미이다. 즉 대손충당금은 결산조정사항이다.

범위

위 법인세법에서는 대손충당금은 세법에서 정한 범위 내에서만 인정된다고 규정하고 있다. 앞서 언급한 대로 경영자 재량에 따른 손금산입을 가급적 허용하지 않는 법인세법의 입장에서 볼 때 대손충당금의 계상을 법적 한도 내로 억제하고자 하는 규정이라고 이해된다.

설정방법

법인세법 제34조(대손충당금의 손금산입)
대손충당금을 손금에 산입한 내국법인은 대손금이 발생한 경우 그 대손금을 대손충당금과 먼저 상계하여야 하고, 상계하고 남은 대손충당금의 금액은 다음 사업연도의 소득금액을 계산할 때 익금에 산입한다.

위 법인세법 규정은 대손충당금 설정방법에 대해 정한다. 위 규정에 따르면 대손충당금의 잔액을 익금에 산입하고 새로운 범위에 따라 대손충당금을 설정한다. 예를 들어 기말현재 대손충당금 잔액이 100원 그리고 당기에 손금산입할 수 있는 대손충당금 범위액이 200원이라면 법인세법에서는 우선 대손충당금 100원을 익금에 산입하여 환입한 후 대손충당금 200원을 새로이 설정한다. 즉 다음과 같이 분개한다.

(총액법)

환입	차) 대손충당금	100	대) 대손충당금환입	100
설정	차) 대손상각	200	대) 대손충당금	200

위와 같이 잔액을 전부 환입한 후 새롭게 설정하는 방법을 총액법이라고 부른다면 앞서 기업회계기준에서와 같이 잔액 대비 증가한 금액만 추가로 설정하는 방법은 보충법이라고 부를 수 있다. 보충법을 적용하면 다음과 같이 분개한다.

(보충법)

설정	차) 대손상각	100	대) 대손충당금	100

위와 같은 총액법과 보충법은 분개의 형식만 다를 뿐이며 실질적인 효과는 동일하다. 이에 따라 법인세법에서도 비록 총액법으로 조정할 것을 정하고 있지만 보충법에 의하여 조정했다고 하더라도 수용한다.

3) 차이와 세무조정

대손충당금에 대한 세무조정은 결산상 손실충당금 기말잔액과 세법상 허용되는 대손범위액을 매사업연도말 비교하여 손실충당금 잔액이 범위액을 초과하는 경우에 그 차이에 대해 세무조정한다. 이때 차이는 결산상 순자산과 세무상 순자산의 차이이므로 일시적 차이가 되어 유보로 처분한다. 기초의 일시적 차이는 기말에 정리하고 새롭게 다시 일시적 차이를 계상할 수도 있지만 기초와 기말의 일시적 차이의 증분만을 익금 혹은 손금으로 계상할 수도 있다.

주의해야 할 것은 기타포괄손익-공정가치 인식 금융자산에 대한 손실충당금이다. 이미 살펴본 바와 같이 이 금융자산의 손실충당금은 결산상 기타포괄손익으로 인식하도록 한다. 따라서 이런 경우에도 결산상 대손충당금을 설정한 것으로 보아서 범위 내 금액을 손금에 산입할 수 있는 것인지가 문제가 될 수 있다. 법인세법에서는 대손충당금을 결산조정사항으로 보고 있는데 K-IFRS에 따라서 기타포괄손익으로 처리한 손실충당금도 결산상 대손충당금을 설정한 것으로 볼 수 있을까?

기타포괄손익-공정가치 금융자산에서 기타포괄손익으로 인식한 손실충당금을 법인세법상 대손충당금으로 볼 수 있는지에 대해서는 법인세법상 명확한 규정은 없다. 그렇지만 비록 기타포괄손익으로 처리하였다고 하더라도 회사가 대손충당금 성격임을 인식하였고 기업회계기준을 따르기 위한 어쩔 수 없는 표시방법에 불과하다는 점에서 이를 결산상 대손충당금을 설정한 것으로 인정해주어야 한다고 생각한다.

결산상 K-IFRS에 의해서 기타포괄손익으로 처리한 손실충당금을 법인세법상 대손충당금으로 인정받기 위해서는 계정과목 명칭을 별도로 부여하여 다른 기타포괄손익과 분리되도록 회계처리해야 한다. 그렇게 하지 않으면 사업연도말 손실충당금으로 처리한 기타포괄손익이 얼마나 누적되어 있는지를 알 수 없을 것이다.

기타포괄손익-공정가치 금융자산에서 기타포괄손익으로 계상한 손실충당금을 법인세법상 대손충당금으로 인정받기 위해서는 우선 손실충당금에 해당하는 기타포괄손익을 익금에 산입하고 기타로 처분한 후, 법인세법상 인정되는 대손충당금만큼 손금에 산입해서 △유보로 처분해야 하지만 기타포괄손익으로 계상된 손실충당금은 사실상 일시적 차이로서 유보와 동일하므로 양자의 차이만큼만 익금산입하여 기타로 처분해도 무방할 것이다.

예를 들어 기타포괄손익-공정가치로 측정하는 채무상품에 대해서 10,000원의 손실충당금이 기타포괄이익으로 계상되었는데 세법상 대손충당금범위는 8,000원이라고 하자. 일단 기타포괄이익으로 계상된 손실충당금을 익금산입하여 기타로 처분한 후 대손충당금범위에 해당하는 8,000원을 손금에 산입하여 △유보로 처분해야 한다. 그렇지만 손실충당금에 대한 기타처분은 손실충당금에 유보되어 있는 사실상의 일시적 차이에 해당하므로 익금산입과 손금산입을 상계하여 순액은 2,000원만 익금산입하여 기타로 처분해도 무방하다.

예제 9-1

㈜서울은 제1차연도초 액면 10,000원이고 만기 3년, 액면이자율 10%인 채무상품을 7,072원에 매입하였다. 동 상품은 상각후원가(AC)로 측정한다. 채무상품의 유효이자율은 25%이다. 제1차연도부터 제3차연도까지 상각후원가, 공정가치 그리고 결산상 기말에 추정한 기대신용손실금액과 법인세법상 대손충당금범위액은 다음과 같다. 다른 금융자산은 없다고 가정한다. 매연도말 K-IFRS에 따른 회계처리와 세무조정을 하시오.

구분	제1차연도	제2차연도	제3차연도
상각후원가	7,840	8,800	10,000
기대신용손실	1,200	2,000	–
대손충당금범위	900	1,200	–

| 풀이 |

※ 위 채무상품에 대한 상각후원가는 다음과 같이 정해진다.

연도	이자수익[a)]	현금수령	증감	상각후원가
제1차연도초				7,072
제1차연도말	1,768	1,000	768	7,840
제2차연도말	1,960	1,000	960	8,800
제3차연도말	2,200	1,000	1,200	10,000

a) 기초장부가액×25%

(회계처리)

제1차연도	차) 금융자산 현금	768 1,000	대) 이자수익	1,768
	차) 손상차손	1,200	대) 손실충당금	1,200
제2차연도	차) 금융자산 현금	960 1,000	대) 이자수익	1,960
	차) 손상차손	800	대) 손실충당금	800
제3차연도	차) 금융자산 현금	1,200 1,000	대) 이자수익	2,200
	차) 현금	10,000	대) 금융자산	10,000
	차) 손실충당금	2,000	대) 손상차손환입	2,000

(세무조정)

구분	과목	제1차연도	제2차연도	제3차연도
결산	금융자산(상각후원가)	7,840	8,800	–
	손실충당금	(1,200)	(2,000)	–
세법	금융자산(취득원가)	7,072	7,072	–
	대손충당금(범위)	(900)	(1,200)	–
차이	금융자산	(768)	(1,728)	–
	대손충당금	300	800	–
세무조정	금융자산	(768)	(960)	1,728
	대손충당금	300	500	(800)

제1차연도

손금산입 금융자산 768원(△유보) ※ 상각후원가에 대한 세무조정

익금산입 대손충당금 300원(유보) ※ 대손충당금 한도초과에 대한 세무조정

제2차연도

손금산입 금융자산 960원(△유보)

익금산입 대손충당금 500원(유보)

제3차연도

익금산입 금융자산 1,728원(유보)

손금산입 대손충당금 800원(△유보)

※ 상각후원가 계상에 따른 세무조정과 대손충당금 한도초과에 대한 세무조정은 일시적 차이의 소멸시점이 다를 수 있으므로 별도로 세무조정을 해야 한다. 다만 본 문제와 같이 금융자산 하나만 존재한다면 일시적 차이 해소시점은 동일하므로 합쳐서 세무조정을 하더라도 사업연도소득에 미치는 영향은 같다.

예제 9-2

앞선 〈예제 9-1〉에서 채무상품을 기타포괄손익-공정가치(FVOCI)로 측정한다고 가정한다. 기말공정가치는 제1차연도말 7,000원이고 제2차연도말에는 8,500원이다. 기대신용손실은 제1차연도 1,200원이고 제2차연도 2,000원이다. 매연도말 K-IFRS에 따른 회계처리와 세무조정을 하시오.

| 풀이 |

※ 손상차손 및 평가손익(기타포괄손익)은 다음과 같다.

연도	상각후원가	평가 전 장부가액[a)]	공정가치	평가손익 (OCI)[b)]	손실충당금 (OCI)[c)]
제1차연도말	7,840	7,840	7,000	840	1,200
제2차연도말	8,800	7,960	8,500	(540)	2,000
제3차연도말	10,000	9,700	10,000	(300)	(2,000)

a) 기초장부금액+이자수익-현금수령액

b) 금융자산 평가손실(이익)누계=평가 전 장부가액-공정가치

c) 기대신용손실

(회계처리)

※ 공정가치 변동을 반영하는 금융자산평가손익과 손실충당금 대신 계상하는 기타포괄손익누계는 서로 구분하여 회계처리해야 한다. 그 이유는 법인세법에 따라 세무조정하기 위해서는 손실충당금에 상당하는 기타포괄손익누계를 파악하고 있어야 하기 때문이다.

연도	차변	금액	대변	금액
제1차연도	차) 금융자산	768	대) 이자수익	1,768
	현금	1,000		
	차) 금융자산평가손실(OCI)	840	대) 금융자산	840
	차) 손상차손	1,200	대) 손상차손누계(OCI)	1,200
제2차연도	차) 금융자산	960	대) 이자수익	1,960
	현금	1,000		
	차) 금융자산	540	대) 금융자산평가손실(OCI)	540
	차) 손상차손	800	대) 손상차손누계(OCI)	800
제3차연도	차) 금융자산	1,200	대) 이자수익	2,200
	현금	1,000		
	차) 금융자산	300	대) 금융자산평가손실(OCI)	300
	차) 현금	10,000	대) 금융자산	10,000
	차) 손상차손누계(OCI)	2,000	대) 손상차손환입	2,000

(세무조정)

구분	과목	제1차연도	제2차연도	제3차연도
결산	금융자산(상각후원가)	7,000	8,500	–
	평가손익(OCI)	840	300	–
	손상차손누계(OCI)	(1,200)	(2,000)	–
세법	금융자산(취득원가)	7,072	7,072	–
	평가손익(OCI)	–	–	–
	대손충당금(범위)	(900)	(1,200)	–
차이	금융자산	72	(1,428)	–
	평가손익(OCI)	(840)	(300)	–
	대손충당금	300	800	–
세무조정	금융자산	72	(1,500)	1,428
	평가손익(OCI)	(840)	540	300
	대손충당금	300	500	(800)

※ 대손충당금 한도초과에 대한 세무조정은 유보가 아닌 기타로 본다. 그 이유는 손실충당금을 설정하지 않고 기타포괄손익누계로 회계처리했기 때문이다.

제1차연도

익금산입 금융자산 72원(유보)

손금산입 금융자산평가손실 840원(기타)

익금산입 대손충당금 300원(기타)

제2차연도

손금산입 금융자산 1,500원(△유보)

익금산입 금융자산평가손실 540원(기타)

익금산입 대손충당금 500원(기타)

제3차연도

익금산입 금융자산 1,428원(유보)

익금산입 금융자산평가이익 300원(기타)

손금산입 대손충당금 800원(기타)

2 기대신용손실 추정과 대손상각범위

1) 기업회계기준

K-IFRS 제1109호(금융상품)

최초 인식 후에 금융상품의 신용위험이 유의적으로 증가한 경우에는 매 보고기간말에 전체 기간 기대신용손실에 해당하는 금액으로 손실충당금을 측정한다(문단 5.5.3). 최초 인식 후에 금융상품의 신용위험이 유의적으로 증가하지 아니한 경우에는 보고기간말에 12개월 기대신용손실에 해당하는 금액으로 손실충당금을 측정한다(문단 5.5.5).

위 K-IFRS 제1109호에서는 기대신용손실을 (1) 일정범위의 발생가능한 결과를 평가하여 산정한 금액으로서 편의가 없고 확률로 가중한 금액, (2) 화폐의 시간가치, (3) 보고기간말에 과거사건, 현재 상황과 미래 경제적 상황의 예측에 대한 정보로서 합리적이고 뒷받침될 수 있으며 과도한 원가나 노력 없이 이용할 수 있는 정보를 고려하여 추정할 것을 정하고 있다(문단 5.5.17).

또한 기대신용손실을 측정할 때 가능한 시나리오를 모두 고려할 필요는 없지만 신용손실의 발생가능성이 매우 낮더라도 신용손실이 발생할 가능성과 발생하지 아니할 가능성을 반영하여 신용손실이 발생할 위험이나 확률을 고려한다고 정한다(문단 5.5.18).

기대신용손실을 추정할 때 신중하게 고려해야 할 쟁점은 신용위험이 유의적으로 증가했는지 여부를 판단하는 것이다. 신용위험이 유의적으로 증가하였다면 금융자산의 전체 기간 기대신용손실에 해당하는 금액으로 손실충당금을 설정해야 하지만 그렇지 않다면 보고기간말 12개월 기대신용손실에 해당하는 금액으로 손실충당금을 측정한다.

예를 들어 회사는 보유 중인 금융자산에 대해 향후 1년 이내 회수할 금액 중 회수가 불가능하게 될 확률을 1% 정도로 예측하고 있다. 그런데 특정한 금융자산에서 연체기간이 길어지면서 신용위험이 급격하게 증가한 것으로 판단하였다. 그렇다면 해당 금융자산에 대해서는 별도로 전체 기간 동안 회수가능성을 판단하여 기대신용손실을 추가로 계상해야 한다.[1)]

1) 전체 기간 동안 기대신용손실을 추정하는 것과 1년 이내 기대신용손실을 추정하는 것은 실무상 어려움

2) 법인세법

법인세법 시행령 제61조(대손충당금의 손금산입)
대손충당금의 범위란 해당 사업연도종료일 현재의 제1항에 따른 외상매출금 · 대여금, 그 밖에 이에 준하는 채권의 장부가액의 합계액의 100분의 1에 상당하는 금액과 채권잔액에 대손실적률을 곱하여 계산한 금액 중 큰 금액을 말한다.

기업회계에서는 기대신용손실을 추정함에 있어서 경영자의 합리적 판단을 존중하지만 법인세법에서는 대손충당금 설정에서 경영자 판단의 여지를 배제하고 기계적인 계산을 요구한다. 위 법인세법 시행령에서는 대손충당금 범위액을 채권가액에 MAX(1%, 대손실적률)을 곱해서 정하도록 한다.[2)]

대손실적률이란 대손금액을 기초채권가액으로 나눈 비율을 말한다. 즉 직전연도말 보유하던 채권 중에서 올해 실제로 회수가 되지 않은 채권의 비율이다. 업종의 특성에 따라서 혹은 외부환경의 변화로 채권의 회수가능성이 급격히 낮아질 수 있고 그런 경우에 대손을 1%만 인정할 수 없기 때문에 실적률을 함께 고려한다.

3) 차이와 세무조정

기업회계기준에 따라 계상한 기말현재 손실충당금이 세법상 대손범위액을 초과한 경우에는 손금불산입하고 유보로 처분한다. 결산조정이므로 기말현재 손실충당금이 대손범위액에 미달하면 세무조정은 필요 없다.

법인세법상 대손충당금은 총액법에 의하여 전액 환입되고 전액 설정되는 것이므로 손실충당금 중 유보로 처분된 금액은 차기에는 자동으로 손금에 산입되어 정리된다. 그러나 총액법이란 형식적 표기방법일 뿐이므로 보충법에 의하여 기초충당금과 비교하여 증가된 금액만 손금에 산입하거나 초과금액을 환입하는 방법도 가능하다. 이런 점에서 보면 매년도 대손범위 초과액을 정한 후 그 차액만을 손금불산입하거나 손금에 산입하여 유보나 △유보로 처분하는 방법도 가능하다.

면에서 차이가 클 것이지만 아직 공부 중인 독자들에게 커다란 영향은 없을 것이다.

2) 금융기관의 경우에는 1%로 정해지지 않고 법에서 따로 정한 비율로 한다(법인세법 시행령 제61조). 금융기관의 경우에는 영업의 성격상 대손 설정대상 채권이 많으며 대손율이 사업연도소득에 큰 영향을 미치기 때문이다.

대손충당금에 대한 일시적 차이는 해당 채권이 회수되거나 실제로 대손이 확정되면 소멸한다. 그러나 대손충당금은 개별 채권마다 설정되지 않고 채권 전체에 대해서 설정되는 것이므로 채권 전액이 일시에 회수되거나 대손이 확정되지 않는 한 계속적으로 남아있게 된다.

예제 9-3

다음은 ㈜서울의 손실충당금 계정의 변동내역이다. 손실충당금 설정대상 수취채권은 전기와 당기말 모두 100만원이다. 손실충당금과 관련된 세무조정을 하시오.

내역	금액	비고
기초잔액	15,000	전기말 유보 2,500원
손상확정된 수취채권	(8,000)	
손실충당금 환입	(7,000)	
손실충당금 설정	20,000	
기말잔액	20,000	

| 풀이 |

※ K-IFRS에서는 상각후원가로 측정하는 금융자산의 경우에는 기대신용손실에 대한 손실충당금을 계상하도록 한다.

※ 세법에서는 손실충당금이 아닌 대손충당금이라는 용어를 이용하는데 설정가능한 수취채권 잔액에 세법에서 정한 비율을 곱한 금액을 한도로 한다. 이때 세법에서 정한 비율이란 1%와 대손실적률 중 큰 비율을 의미하는데 대손실적률은 당기 대손금을 기초채권잔액으로 나눈 비율이다.

※ 세법상 대손충당금에 대한 세무조정을 하기 위해서는 (1) 대손충당금 설정대상 채권금액을 확정하고 (2) 당기 대손 확정된 채권가액을 정하고 (3) 대손실적률과 1% 중 큰 비율을 적용하여 당기 대손충당금 설정 한도를 정해야 한다.

※ 세법에 따른 세무조정을 위해 다음과 같은 단계를 밟는다.

(A) 전기말 설정대상 채권가액	1,000,000
(B) 당기말 설정대상 채권가액	1,000,000
(C) 당기 대손금 가액	8,000
(D) 대손실적률(C/A)	0.8%
(E) 대손충당금 설정 한도(B×max(1%, D))	10,000

※ 재무상태표의 회계-세무 차이는 다음과 같다.

	전기말			당기말			차이
	결산	세법	차이	결산	세법	차이	
매출채권	1,000,000	1,000,000	–	1,000,000	1,000,000	–	–
손실충당금	(15,000)	(12,500)	2,500	(20,000)	(10,000)	10,000	7,500

※ 세무조정은 총액법에 따라서 전기말 대손충당금부인액을 추인한 후 당기 설정액과 관련된 세무조정을 하는 것으로 한다.

(세무조정)
익금산입 손실충당금(당기 한도초과) 10,000원(유보)
손금산입 손실충당금(전기말 부인액 추인) 2,500원(△유보)

※ 세무조정에 대한 분개는 다음과 같다.

차) 대손충당금	10,000	대) 익금가산	10,000
차) 손금가산	2,500	대) 대손충당금	2,500

예제 9-4

다음은 ㈜서울의 손실충당금 계정의 변동내역이다. 아래 상황별로 손실충당금과 관련된 세무조정을 하시오.

내역	금액	비고
기초잔액	15,000	전기말 유보 2,500원
손상확정된 수취채권	(8,000)	
손실충당금 환입	(7,000)	
손실충당금 설정	20,000	
기말잔액	20,000	

(상황 1) 전기말 설정대상 채권은 100만원이고 기말 설정대상 채권이 300만원인 경우
(상황 2) 전기와 당기말 장부상 수취채권이 모두 100만원이며 상계된 손실충당금이 세법상 요건을 충족하지 못한 경우
(상황 3) 전기와 당기말 장부상 수취채권이 모두 100만원이며 위 내역과는 별도로 직접 손상차손으로 손금에 산입한 채권 7,000원이 있다.

| 풀이 |

※ 세법에 따른 세무조정을 하기 위해 각 상황별로 다음과 같은 단계를 밟는다.

	상황 1	상황 2	상황 3
(A) 진기말 설정대상 채권가액	1,000,000	1,000,000	1,000,000
(B) 당기말 설정대상 채권가액	3,000,000	1,008,000	1,000,000
(C) 당기 대손금 가액	8,000	–	15,000
(D) 대손실적률(C/A)	0.8%	0%	1.5%
(E) 대손충당금 설정 한도(B×max(1%, D))	30,000	10,080	15,000

※ 재무상태표의 회계-세무 차이는 상황별로 다음과 같다.

(상황 1)

	전기말			당기말			차이
	결산	세법	차이	결산	세법	차이	
수취채권	1,000,000	1,000,000	–	1,000,000	1,000,000	–	–
손실충당금	(15,000)	(12,500)	2,500	(20,000)	(20,000)[a)]	–	△2,500

a) 대손충당금 설정 한도미달이므로 장부상 금액을 허용하며 설정과 관련된 세무조정은 필요 없다.

(상황 2)

	전기말			당기말			차이
	결산	세법	차이	결산	세법	차이	
수취채권	1,000,000	1,000,000	–	1,000,000	1,008,000[a)]	8,000	8,000
손실충당금	(15,000)	(12,500)	2,500	(20,000)	(10,080)	9,920	7,420

a) 세법상 대손요건을 충족하지 못한 채권을 상각한 것이므로 익금산입한다. 주의해야 할 것은 세법상 채권은 장부에 남아있는 것이므로 대손충당금범위액 계산에서 채권잔액에 포함되어야 한다는 점이다.

(상황 3)

	전기말			당기말			차이
	결산	세법	차이	결산	세법	차이	
수취채권	1,000,000	1,000,000	–	1,000,000	1,000,000	–	–
손실충당금	(15,000)	(12,500)	2,500	(20,000)	(15,000)	5,000	2,500

※ 세법상 대손이 확정된 채권은 대손충당금(회계상 손실충당금)과 상계시켜야 하지만 상계시키지 않고 곧바로 대손금으로 손금에 산입하였다고 하더라도 별도 세무조정은 필요 없다. 왜냐하면 대손충당금과 상계시키지 않았다고 하더라도 어차피 대손충당금 잔액은 환입되기 때문에 결과는 동일하다. 따라서 대손충당금에 대한 세무조정은 일반적인 상황과 동일하다. 다만 당기 대손금이 증가하게 되므로 대손실적률이 달라진다는

점에 주의하면 된다.

(세무조정)

(상황 1) 손금산입 손실충당금(전기손실충당금) 2,500원(△유보)

(상황 2) 손금산입 손실충당금(전기손실충당금) 2,500원(△유보)
익금산입 수취채권(부당상계) 8,000원(유보)
익금산입 손실충당금(한도초과) 9,920원(유보)

(상황 3) 손산입금 손실충당금(전기손실충당금) 2,500원(△유보)
익금산입 손실충당금(한도초과) 5,000원(유보)

3 손상차손과 대손의 확정

1) 기업회계기준

K-IFRS 제1109호(금융상품) 문단 5.4.4
금융자산 전체나 일부의 회수를 합리적으로 예상할 수 없는 경우에는 해당 금융자산의 총장부금액을 직접 줄인다.

앞서 기대신용손실을 손실충당금으로 설정한다는 것을 공부하였다. 기대신용손실이 현실화되지 않고 무사히 채권을 회수하였다면 회사로서는 아주 다행스러운 일일 것이다. 그러나 회사가 추정한 기대신용손실이 끝내 현실화되어 실제로 금융자산을 회수하지 못하게 된다면 회수하지 못하는 금액만큼 금융자산의 총장부가액을 줄인다.

손상차손의 확정시기

그렇다면 회수를 하지 못할 것이라고 판단하게 되는 시점은 언제일까? K-IFRS에서는 회수를 합리적으로 예상할 수 없는 경우라고 정하고 있다. 여러분이 K-IFRS 규정을 읽다 보면 합리적이라는 표현이 자주 등장하는 것을 알 수 있다. 합리적이라는 표현을 경영자 마음대로 하는 것이라고 과도하게 해석하면 안 된다. 합리적이라 함은 객관성과 일관성을 의미한다. 즉 회사 밖에서 볼 때에도 인정할 수 있어야 하고 회사의 과거 판단기준과도 일관성을 갖추어야 한다.

손실충당금과 상계

만일 금융자산을 회수하지 못할 것이라고 판단하였다면 이미 설정한 손실충당금과 회수하지 못하게 된 금액만큼은 서로 상계된다. 만일 손실충당금이 부족하다면 그 금액은 손상차손으로 계상한다. 예를 들어 장부가액 10,000원인 상각후원가 측정 금융자산의 회수가 불가능할 것으로 판단하였는데 해당 자산에 대한 손실충당금은 3,000원이었다고 한다면 손실충당금으로 충당할 수 없는 7,000원은 손상차손으로 계상한다. 다음과 같이 분개한다.

차) 손실충당금	3,000	대) 금융자산	10,000
손상차손	7,000		

기타포괄손익-공정가치 측정 금융자산은 어떻게 해야 하는가? 앞서 말한 대로 기타포괄손익-공정가치 측정 금융자산과 상각후원가 측정 금융자산의 당기손익은 동일해야 한다. 따라서 위 분개에서 손실충당금이 기타포괄손익(손상차손누계)으로 바뀌는 것이며 나머지는 동일하다. 즉 다음과 같이 분개한다.

차) 손상차손누계(OCI)	3,000	대) 금융자산	10,000
손상차손	7,000		

상각채권의 회수

드문 일이겠지만 회수할 수 없다고 판단하여 이미 장부상 제거한 채권, 즉 상각채권을 운 좋게 회수하였다고 하자. 엄밀하게 말하면 이는 회수할 수 없다고 판단한 처음의 결정이 잘못된 것이므로 오류수정이라고도 할 수 있다. 이를 오류수정이라고 생각한다면 당초 상각했던 분개를 취소해야 하는데 회계연도가 바뀌었다면 소급해서 이익잉여금을 수정해야 할 것이다. 그렇지만 최초 판단이 잘못된 것이 아니라 갑작스러운 상황변동에 따른 우발적 이익이라고 한다면 회수된 금액만큼은 회수이익으로 계상해야 할 것이다.

위와 같이 상각채권의 회수를 오류 수정으로 볼 것인지 아니면 우발적 이익이라고 보아야 할 것인지는 상황에 따라 달라지겠지만 회계처리에 따르는 번거로움을 감안한다면 회수된 금액만큼 손실충당금을 증가시키는 것이 효율적인 처리일 것이다. K-IFRS에서는 명확한 지침을 주고 있지는 않지만 손실충당금을 다시 증가시키면 회계연도말에 설정해야 하는 손실충당금이 줄어들거나 오히려 환입이 생길 수도 있어서 사실상 갑작스러운 이익으로 보는 것과 유사한 효과를 갖는다. 예를 들어 전기에 회수할 수 없다고 판단하여 손실충당금과 상계해버렸던 채권 10,000원을 당기에 현금으로 회수하였다면 비록 전기에 수행했던 사건이었지만 당기에 했던 분개를 취소하는 것처럼 다음과 같이 분개한다.

차) 현금	10,000	대) 손실충당금	10,000

2) 법인세법

법인세법 제19조의2(대손금의 손금불산입)
① 내국법인이 보유하고 있는 채권 중 채무자의 파산 등 특정한 사유로 회수할 수 없는 채권의 금액(대손금)은 특정한 사업연도의 소득금액을 계산할 때 손금에 산입한다.
② 대손금 손금산입 법인세법 규정은 채무보증으로 인하여 발생한 구상채권과 특수관계자에 대한 업무무관 가지급금에 해당하는 채권에는 적용하지 아니한다.
③ 손금에 산입한 대손금 중 회수한 금액은 그 회수한 날이 속하는 사업연도의 소득금액을 계산할 때 익금에 산입한다.

법인세법상 대손이 확정되면 대손충당금과 상계하거나 손금에 산입한다. 대손확정 시 세법상 대손충당금이 있는 경우에는 대손충당금과 우선 상계해야 하고 대손충당금을 초과하는 대손에 대해서는 추가로 손금에 산입할 수 있다. 하지만 대손충당금과 상계하거나 직접 손금에 산입하는 것은 결과적으로 사업연도소득에 미치는 영향이 동일하다. 대손충당금과 상계하면 대손충당금 잔액이 감소하고 그러면 기말에 그만큼 대손충당금 손금산입을 더 하게 되거나 아니면 더 적게 환입하게 될 것이다. 반대로 대손충당금이 있는데도 불구하고 직접 손금에 산입한다면 대손충당금 잔액이 감소하지 않고 유지되므로 기말에 대손충당금 손금산입을 상대적으로 덜 하게 되고 더 많이 환입하게 된다. 결국 대손확정 시 대손충당금과 상계하는 것과 대손금으로 직접 손금에 산입하는 것은 세무상 효과가 동일하다.

대손의 확정사유

위 법인세법 제19조의2 ①항에서는 법인세법상 채권에 대한 대손이 확정되기 위해서는 별도로 정하는 요건을 충족해야 한다는 점을 보여준다. 이에 대해서는 법인세법 시행령 제19조의2에서 정하고 있는 요건은 아래와 같다.

- 법률에 따라 소멸시효가 완성된 외상매출금 및 미수금
- 법률에 따라 회수불능으로 확정된 채권
- 채무자의 파산, 강제집행, 형의 집행, 사업의 폐지, 사망, 실종 또는 행방불명으로 회수할 수 없는 채권
- 부도발생일부터 6개월 이상 지난 수표 또는 어음상의 채권 및 외상매출금(중소기업의 외상매출금으로서 부도발생일 이전의 것에 한정한다). 다만, 해당 법인이 채무자의 재산에 대하여 저당권을 설정하고 있는 경우는 제외한다.
- 재판상 화해 등 확정판결과 같은 효력을 가지는 것으로서 기획재정부령으로 정하는 것에 따라 회수불능으로 확정된 채권
- 회수기일이 6개월 이상 지난 채권 중 채권가액이 30만원 이하(채무자별 채권가액의 합계액을 기준으로 한다)인 채권
- 물품의 수출 또는 외국에서의 용역제공으로 발생한 채권으로서 무역에 관한 법령에 따라 한국무역보험공사로부터 회수불능(시행규칙에서 구체적 사유 규정)이 확인된 경우

위 시행령을 보면 법인세법상 대손으로 확정되기 위해서는 법률상 회수불능으로 확정되거나 아니면 법인세법상 요건을 별도로 충족해야 한다는 것을 알 수 있다. 법률상 회수불능으로 확정되는 것은 상법이나 민법상 소멸시효가 완성되는 경우이거나 파산 등 사유로 법원에서 면책결정이 내려진 경우이다. 이런 경우에는 법률상 회수를 할 수 없는 것으로 확정된 것이다(대손의 법적 확정).

비록 법률상으로는 회수가능성이 여전히 있기는 하지만 실질적으로 회수할 수 없을 것으로 판단되는 경우에도 대손은 확정될 수 있다. 이 규정을 보면 채무자가 행방불명되는 것과 같은 사유이거나 부도발생 후 6개월이 경과한 경우이다. 이런 경우에는 비록 법적으로는 여전히 일말의 회수가능성이 있다고 볼 수 있지만 객관적으로 사실상

거의 회수할 수 없다고 판단되는 것이다(대손의 사실상 확정).

대손의 확정시기

위 법인세법 규정에서는 대손의 확정시기에 대해서도 언급한다. 법인세법에서 언급한 대손의 확정시기에 대해서는 다시 법인세법 시행령에서 구체적으로 정하고 있다. 대손의 시기를 구체적으로 정하는 이유는 회사가 조세부담을 낮추기 위해서 의도적으로 확정시기를 늦추거나 당기는 일을 방지하기 위함이다.

법인세법 시행령 제19조의2(대손금의 손금불산입)

대손금은 다음 어느 하나의 날이 속하는 사업연도에 손금에 산입한다.

- 소멸시효완성, 법에 따른 회수불능으로 확정된 채권 등은 해당 사유가 발생한 날
- 위 외의 경우에는 해당 사유가 발생하여 손비로 계상한 날

위 법인세법 시행령에서는 법적으로 확정된 대손에 대해서는 해당 사유가 발생한 날이라고 정하고 있다. 해당 사유가 발생한 날이라는 것은 회사가 선택할 수 있는 것이 아니다. 따라서 회사의 결산과는 무관하게 사유가 발생하였다면 대손으로 확정되어 손금에 산입되거나 대손충당금과 상계되어야 한다는 것이다. 즉 강제적인 신고조정이다.

반면 대손이 법적 확정이 아닌 사실상의 확정인 경우에는 사유가 발생하여 손비로 계상한 날이라고 정한다. 이는 사실상의 확정요건을 충족한 채권 중 회사가 결산에 의하여 비용으로 계상하거나 손실충당금과 상계한 날이라는 의미이다. 이런 요건은 사실상 확정된 대손은 결산조정에 의한다는 것이다.

대손처리할 수 없는 채권

앞서 법인세법 제19조의2 ②항에서는 채무보증으로 인한 구상채권이나 특수관계자에 대한 가지급금 등은 대손처리할 수 없다고 정한다. 앞서 살펴보았지만 이들 채권에 대해서는 대손충당금을 설정할 수 없도록 되어 있고 동일한 이유에서 대손이 확정되더라도 손금에 산입하거나 대손충당금과 상계할 수 없도록 한다.

상각채권의 회수

앞서 법인세법 제19조의2 ③항에서는 대손충당금과 상계되었거나 손금에 산입된 채권을 회수하게 된 경우에는 회수한 사업연도에 익금에 산입한다고 규정한다. 직접 손

금산입과 대손충당금과 상계하는 것이 세무상 효과가 동일하듯이 익금에 산입하는 것과 대손충당금을 증가시키는 것도 세무상 효과는 동일하다. 따라서 이런 규정은 상각채권 회수만큼 손실충당금을 증가시키는 기업회계기준의 회계처리와 차이가 없다.

3) 차이와 세무조정

K-IFRS에서는 금융자산의 회수가 합리적으로 예상되지 않는 경우에는 해당 금융자산의 장부가액을 감소시킨다고 규정한다. 이에 비하여 법인세법에서는 앞서 살펴보았듯이 대손처리의 요건을 구체적으로 열거하고 있다. 만일 법인세법상 요건이 충족되지 않은 금융자산에 대해서 장부가액을 감소시켰다면 법인세법상으로는 손금불산입하고 유보처분을 내려야 한다. 그리고 이런 유보처분은 나중에 법인세법상 요건을 충족했을 때 손금산입되어 정리된다.

법인세법상 요건이 충족되었음에도 불구하고 결산상 금융자산의 장부가액을 감소시키지 않았다면 세무조정은 두 가지 경우로 나누어진다. 첫째, 대손이 법적으로 확정된 경우라면 강제신고조정이 필요하므로 손금에 산입하여 △유보로 처분하며 이는 나중에 회사가 결산상으로 해당 금융자산의 장부가액을 감소시킬 때 정리한다. 둘째, 대손이 사실상 확정된 경우라면 결산조정이므로 회사가 금융자산의 장부가액을 감소시키지 않은 것에 대해서 세무조정이 필요 없다.

한 가지 주의할 것은 결산상 대손의 처리와 법인세법상 처리가 일치하지 않아서 세무조정사항이 생기게 되면 대손범위액에도 영향을 미칠 수 있다는 점이다. 이런 세무조정사항은 기말채권의 세무상 장부가액과 결산상 장부가액의 차이를 가져오며 동시에 기중 대손실적에도 영향을 미치게 된다. 이런 점에서 대손확정과 관련된 결산과 세무상 차이가 생기면 해당 자산에 대한 세무조정뿐만 아니라 대손범위계산에 미치는 영향도 고려해야 한다.

예제 9-5

다음은 ㈜서울의 손실충당금 계정의 변동내역이다. 장부상 채권 전기와 당기 모두 100만원인데 기말채권 중 당기 중 소멸시효가 완성된 채권은 10,000원이며 당기에 손상확정된 채권 중 3,000원은 당기 중 생긴 채무보증에 따른 구상채권이다.

내역	금액	비고
기초잔액	15,000	전기말 유보 2,500원
손상확정된 수취채권	(13,000)	
전기말 손상채권 중 현금회수	10,000	
손실충당금 설정	8,000	
기말잔액	20,000	

| 물음 | 손실충당금과 관련된 세무조정을 하시오.

| 풀이 |

※ 세법에 따른 세무조정을 하기 위해 각 상황별로 다음과 같은 단계를 밟는다. 주의할 것은 세법상 소멸시효가 완성된 채권 10,000원은 강제신고조정해야 하므로 손금에 산입시킨다는 점이다. 구상채권 3,000원에 대해서는 대손금을 계상할 수 없으므로 손금부인한다.

(A) 전기말 설정대상 채권가액	1,000,000
(B) 당기말 설정대상 채권가액[a)]	990,000
(C) 당기 대손금 가액[b)]	20,000
(D) 대손실적률(C/A)	2%
(E) 대손충당금 설정 한도(B×max(1%, D))	19,800

a) 장부 1,000,000원－소멸시효 완성 10,000원

b) 장부 13,000원＋소멸시효 완성 10,000원－구상채권 3,000원＝20,000원

※ 재무상태표의 회계-세무 차이는 다음과 같다.

	전기말			당기말			차이
	결산	세법	차이	결산	세법	차이	
수취채권	1,000,000	1,000,000	–	1,000,000	993,000[a)]	△7,000	△7,000
손실충당금	(15,000)	(12,500)	2,500	(20,000)	(19,800)	200	2,300

a) 결산상 수취채권 1,000,000원－소멸시효 완성 채권 10,000원＋구상채권 3,000원. 구상채권은 대손충당금 설정대상 채권이 아니지만 동시에 대손금도 계상할 수 없는 세무상 채권이다.

(세무조정)

손금산입 손실충당금(전기대손충당금부인)	2,500원(△유보)
익금산입 손실충당금(한도초과)	200원(유보)
손금산입 수취채권(소멸시효 완성)	10,000원(△유보)
익금산입 수취채권(구상채권)	3,000원(유보)

※ 소멸시효 완성으로 인한 손금산입 세무조정과 구상채권 손금불산입 세무조정은 계정과목별로 각각 별도로 해야 한다. 나중에 추인되는 시점은 각각 다를 수 있기 때문이다.

예제 9-6

전기 손실충당금 한도초과 500원이며 장부상 대상채권 전기 당기 모두 100만원이다. 전기말 대손부인채권액 100,000원인데 다음을 제외하고 기말장부가액에 남아있다.

(1) 22,000원은 당기 중 소멸시효 완성되었다.
(2) 12,000원은 당기 중 회수되었고 손실충당금 증가로 회계처리하였다.
(3) 16,000원은 전기손익수정익(이익잉여금)으로 수정분개하고 매출채권을 증가시켰다.

장부상 손실충당금 계정

차기이월	35,000	전기이월	15,000
		현금	12,000
		손상차손	8,000
	35,000		35,000

| 물음 | 손실충당금과 관련된 세무조정을 하시오.

| 풀이 |

※ 세무조정절차

(A) 전기말 설정대상 채권가액[a)]	1,100,000
(B) 당기말 설정대상 채권가액[b)]	1,050,000
(C) 당기 대손금 가액[c)]	22,000
(D) 대손실적률(C/A)	2%
(E) 대손충당금 설정 한도(B×max(1%, D))	21,000

a) 장부금액 1,000,000원+대손부인 채권금액 100,000원
b) 장부금액 1,000,000원+대손부인 채권금액 50,000원
c) 소멸시효 완성

※ 재무상태표상 회계-세무 차이는 다음과 같다.

	전기말			당기말			차이
	결산	세법	차이	결산	세법	차이	
수취채권	1,000,000	1,100,000	100,000	1,000,000	1,050,000	50,000	△50,000
손실충당금	(15,000)	(14,500)	500	(35,000)	(21,000)	14,000	13,500
이익잉여금	–	–	–	(16,000)	–	16,000	16,000

(세무조정)

익금산입 손실충당금(한도초과)	14,000원(유보)
손금산입 손실충당금(전기손실충당금부인)	500원(△유보)
손금산입 수취채권	50,000원(△유보)
익금산입 전기손익수정익	16,000원(기타)

※ 세법상 이익잉여금 증가 혹은 감소는 허용되지 않으므로 익금에 산입하고 기타로 처분한다. 제1장을 참조하라.

4 손상 이후의 이자수익

1) 기업회계기준

K-IFRS 제1109호(금융상품) 문단 5.4.1

이자수익은 금융자산의 총장부금액에 유효이자율을 적용하는 유효이자율법으로 계산한다. 다만 후속적으로 신용이 손상된 금융자산. 그러한 금융자산의 경우에는 후속 보고기간에 상각후원가에 유효이자율을 적용한다.

위 K-IFRS는 신용손상 이후의 이자수익계산에 대해서 언급하고 있다. 원칙적으로 이자수익은 총장부가액에 유효이자율을 곱해서 계산한다. 그렇지만 신용이 손상된 이후 이자수익은 상각후원가에 유효이자율을 곱해서 계산한다고 정한다. 여기에서 총장부가액은 손상되지 않은 당초 상각후원가를 의미하는 것이고 상각후원가란 손실충당금을 차감하고 난 후의 가액을 의미한다. 이 문단이 의미하는 바를 생각해보기 위해서 다음과 같은 〈표 9-1〉을 생각해보자.

표 9-1 총장부가액과 상각후원가

구분	기초	기말	변동(기말-기초)
총장부가액(AC1)	×××	×××	△AC1
(-)손실충당금(Loss)	×××	×××	△Loss
=상각후원가(AC2)	×××	×××	△AC2

〈표 9-1〉은 기초의 손상차손 징후가 기말까지 변동이 없다는 전제에서 만들어졌음을 주의해야 한다. 위 K-IFRS 문단에 따르면 만일 신용손상이 없다면 △AC1을 명목이자수익에 가감해서(즉 총부가액 AC1에 유효이자율을 곱해서) 손익계산서에 이자수익으로 표시하고 △Loss는 손상차손으로 계상한다. 반면 신용이 손상되었다면 △AC2를 명목이자수익에 가감해서(즉 상각후원가 AC2에 유효이자율을 곱해서) 손익계산서에 이자수익을 표시하는데 △Loss는 이미 이자수익에서 차감되었으므로 표시되지 않는다. 따라서 K-IFRS 규정은 이자수익을 손상차손 차감 전으로 계상할 것인지 아니면 손상차손 차감 후로 계상할 것인지를 정한 것이다.

사례 9-1

갑회사는 명목이자 없이 제3차연도말 10,000원을 수령하는 상각후원가 측정 금융자산이 있다. 유효이자율은 25%인데 제1차연도말 상각후원가는 6,400원이다. 제1차연도말 원금의 40% 정도 회수가 어려울 것으로 판단하고 있다.

여러분들의 이해를 돕기 위해서 현실에서는 있기 어려운 극단적 사례를 생각해보도록 한다. (사례 9-1)에서 원금의 40%를 회수할 수 없을 것 같다는 판단은 동일하다고 가정한다. 위 〈표 9-1〉을 다시 만들어보면 아래와 같다.

구분	제1차연도말	제2차연도말	변동(기말-기초)
총장부가액(AC1)	6,400원	8,000원	1,600원(△AC1)
(-)손실충당금(Loss)	△2,560원	△3,200원	△640원(△Loss)
=상각후원가(AC2)	3,840원	4,800원	960원(△AC2)

우선 원금의 40%를 받을 수 없다면 제1차(제2차)연도말 상각후원가는 3,840원(4,800원)이 되어야 하고 기대신용손실은 2,560원(3,200원)이 된다. 이런 판단을 신용손상이

일어난 것은 아니며 단지 신용위험이 증가한 것뿐이라고 다소 억지스러운 가정을 해보자. 신용이 손상된 것이 아니므로 △AC1 1,600원(즉 총장부가액 AC1 6,400원에 유효이자율 25%를 곱해서)을 손익계산서에 이자수익 1,600원으로 표시하고 △Loss 640원은 손상차손으로 계상한다. 분개하면 다음과 같다.

차) AC금융자산	1,600	대) 이자수익	1,600
차) 손상차손	640	대) 손실충당금	640

원금의 40%를 받을 수 없다고 판단이 된다면 이는 당연히 신용이 손상된 것이다. 이렇게 신용이 손상되었다면 △AC2 960원(즉 상각후원가 AC2 3,840원에 유효이자율 25%를 곱해서)을 손익계산서에 이자수익으로 표시하는데 손상차손 △Loss는 이미 이자수익에서 차감된 것이므로 표시되지 않는다.

차) AC금융자산	1,600	대) 이자수익	960
		손실충당금	640

위 두 분개를 비교해보면 차이는 명확하다. 재무상태표에 표시되는 총장부가액, 손실충당금, 상각후원가에 차이는 없다. 다만 손익계산서상 표시만 달라지는데 신용손상이 없을 때에는 이자수익 1,600원, 손상차손 640원에서 신용이 손상되었다면 이자수익만 960원으로 표시가 달라졌을 뿐이다. 그러나 두 분개 사이에서 당기손익 총액은 다르지 않다.

신용손상의 회복

> **K-IFRS 제1109호(금융상품)** **문단 5.4.2**
> 금융자산의 상각후원가에 유효이자율법을 적용하여 이자수익을 계산하는 경우에는 해당 금융자산의 신용위험이 개선되어 더는 신용이 손상된 것으로 볼 수 없고, 그 개선이 …(중략)… 이후에 발생한 사건과 객관적으로 관련된다면 후속 보고기간에 총장부금액에 유효이자율을 적용하여 이자수익을 계산한다.

만일 신용손상이 있는 것으로 판단하여 장부가액을 감소시킨 후 상각후원가에 유효이자율을 곱하여 이자수익을 계산하다가 신용위험이 개선되어 대금의 회수를 합리적으로 예측할 수 있다면 이제는 다시 당초 총장부가액에 유효이자율을 곱해서 이자수익을 계산한다.

2) 법인세법

법인세법에서는 열거한 요건에 해당하지 않으면 대손으로 보지 않는다. 또한 법인세법에서는 금융자산의 이자수익을 유효이자율법에 따라 계산하지 않으며 명목상 현금으로 수취하는 이자를 이자수익으로 본다. 따라서 기업회계기준에 따라서 신용손상이 생겼다고 하더라도 법인세법상 대손요건을 충족하여 장부에서 제거되지 않는 한 채권의 장부가액과 이자수익은 그대로 계산된다.

예제 9-7

㈜서울은 제1차연도 1월 1일 액면 200,000원인 채권을 65,536원에 취득하였다. 만기는 5년이며 명목이자는 없고 유효이자율은 25%이다. 채권은 상각후원가 측정 금융자산(AC금융자산)으로 분류한다. 제1차연도말부터 제4차연도말까지 신용위험을 감안하지 않은 채권의 상각후원가는 다음과 같다.

구분	제1차연도말	제2차연도말	제3차연도말
총장부가액(AC1)	81,920	102,400	128,000
총장부가액 변동(△AC1)	16,384	20,480	25,600

| 물음 1 | 신용위험이 없다고 가정하고 제1차연도말부터 제3차연도말까지 K-IFRS에 따라서 필요한 분개를 하고 세무조정을 하시오.

| 물음 2 | 제1차연도말 신용위험이 유의하게 증가하여 원금의 10%를 회수하지 못할 가능성이 있다고 판단하였다. 제2차연도와 제3차연도 K-IFRS에 따라서 필요한 분개를 하고 세무조정을 하시오. 세법상 대손충당금 설정률은 편의상 10%로 한다.

| 물음 3 | 제1차연도말 신용이 손상되어 원금의 50%를 회수하지 못할 가능성이 있다고 판단하였다. 제2차연도와 제3차연도 K-IFRS에 따라서 필요한 분개를 하고 세무조정을 하시오. 세법상 대손충당금 설정률은 편의상 10%로 한다.

| 풀이 |

(물음 1)

(연도별 분개)

※ 총부가액 변동(△AC1)을 이자수익으로 계상한다.

제1차연도	차) AC금융자산	16,384	대) 이자수익	16,384
제2차연도	차) AC금융자산	20,480	대) 이자수익	20,480
제3차연도	차) AC금융자산	25,600	대) 이자수익	25,600

(세무조정)

※ 세무상 장부가액은 취득가액이므로 결산상 장부가액 변동을 부인하여 세무조정한다.

제1차연도 익금불산입 AC금융자산 16,384원(△유보)

제2차연도 익금불산입 AC금융자산 20,480원(△유보)

제3차연도 익금불산입 AC금융자산 25,600원(△유보)

(물음 2)

※ 기대신용손실을 감안한 총장부가액과 상각후원가는 다음과 같다.

	제1차연도말	제2차연도말	제3차연도말
총장부가액(AC1)	81,920	102,400	128,000
(−)손실충당금(Loss)[a)]	(8,192)	(10,240)	(12,800)
=상각후원가(AC2)[b)]	73,728	92,160	115,200

a) 총장부가액(AC1)과 상각후원가(AC2)와의 차이

b) 원금의 10%를 회수하지 못하는 경우의 상각후원가

(연도별 분개)

※ 총장부가액 변동(△AC1)을 이자수익으로 계상하고 손실충당금 증가를 손상차손으로 계상한다.

제2차연도	차) AC금융자산	20,480	대) 이자수익	20,480
	차) 손상차손	2,048	대) 손실충당금	2,048
제3차연도	차) AC금융자산	25,600	대) 이자수익	25,600
	차) 손상차손	2,560	대) 손실충당금	2,560

(결산상 장부가액과 세무상 장부가액의 차이)

구분		제1차연도	제2차연도	제3차연도
세무	금융자산	65,536	65,536	65,536
	대손충당금[a)]	(6,554)	(6,554)	(6,554)
결산	금융자산	81,920	102,400	128,000
	손실충당금	(8,192)	(10,240)	(12,800)
차이	금융자산	(16,384)	(36,864)	(62,464)
	손실충당금	1,638	3,686	6,246

a) 취득가액의 10%

(세무조정)

제2차연도 익금불산입 AC금융자산 20,480원(△유보) 익금산입 대손충당금 2,048원(유보)

제3차연도 익금불산입 AC금융자산 25,600원(△유보) 익금산입 대손충당금 2,560원(유보)

(물음 3)

※ 기대신용손실을 감안한 총장부가액과 상각후원가는 다음과 같다.

	제1차연도말	제2차연도말	제3차연도말
총장부가액(AC1)	81,920	102,400	128,000
(−)손실충당금(Loss)[a)]	(40,960)	(51,200)	(64,000)
=상각후원가(AC2)[b)]	40,960	51,200	64,000

a) 총장부가액(AC1)과 상각후원가(AC2)와의 차이

b) 원금의 50%를 회수하지 못하는 경우의 상각후원가

(연도별 분개)

※ 상각후원가 변동(△AC2)을 이자수익으로 계상한다.

제2차연도	차) AC금융자산	20,480	대)	이자수익	10,240
				손실충당금	10,240
제3차연도	차) AC금융자산	25,600	대)	이자수익	12,800
				손실충당금	12,800

(결산상 장부가액과 세무상 장부가액의 차이)

구분		제1차연도	제2차연도	제3차연도
세무	금융자산	65,536	65,536	65,536
	대손충당금[a)]	(6,554)	(6,554)	(6,554)
결산	금융자산	81,920	102,400	128,000
	손실충당금	(40,960)	(51,200)	(64,000)
차이	금융자산	(16,384)	(36,864)	(62,464)
	손실충당금	34,406	44,646	57,446

a) 취득가액의 10%

(세무조정)

제2차연도 익금불산입 AC금융자산 20,480원(△유보) 익금산입 대손충당금 10,240원(유보)

제3차연도 익금불산입 AC금융자산 25,600원(△유보) 익금산입 대손충당금 12,800원(유보)

이번 장의 요약

1. 기업회계기준에서는 상각후원가 혹은 기타포괄손익-공정가치 측정 금융자산(즉 채무상품)의 기대신용손실을 손실충당금으로 계상하는데 매연도말 손실충당금의 증감을 손상차손 아니면 손상차손환입으로 계상한다.
2. 기업회계기준의 기타포괄손익-공정가치 측정 금융자산에서는 손실충당금을 기타포괄손익으로 계상한다.
3. 기업회계기준에서 손실충당금을 설정한 것을 법인세법에서는 대손충당금을 설정한 것으로 본다. 법인세법상 대손충당금은 결산조정에 따라 일정한 범위 이내 금액만을 인정한다.
4. 법인세법상 대손충당금범위액을 초과한 손실충당금은 손금불산입하여 유보로 처분하고 다음 해 추인한다.
5. 기업회계기준에서 손실충당금은 기대신용손실에 상당하는 금액으로 정하지만 법인세법상 대손충당금은 설정대상 채권가액에 채권가액의 1%와 대손실적률 중 큰 비율을 곱한 금액으로 한다.
6. 기업회계기준에서 손실충당금은 채권회수를 합리적으로 예측할 수 없을 때 장부금액과 상계하지만 법인세법상 대손충당금은 사실상 대손이 확정되었을 때부터 장부금액과 상계할 수 있다. 법인세법상 채권의 회수불능이 법적으로 확정된 경우에는 장부금액과 반드시 상계하여야 한다.
7. 기업회계기준에서 신용이 손상되어 장부금액이 조정되면 그에 따라 이자수익도 조정된다. 반면 법인세법에서는 대손이 확정되기 전까지는 장부금액을 조정하지 않으므로 이자수익도 조정하지 않는다.

CHAPTER

10

부채

이번 장의 차례

CHAPTER 10

부채

부채는 과거사건의 결과로 미래 경제적 자원을 이전해야 하는 현재의 의무이다. 부채와 자본은 타인자본이라는 점에서 공통점이 있다. 부채와 자본은 미래 현금유출이 예상된다는 점에서도 공통점이 있다. 다만 부채는 미래 유출될 현금흐름이 고정적인 반면에 자본은 고정되어 있지 않으며 부채는 원금상환의 의무가 있지만 자본은 존재하지 않는다는 점에서 차이가 있다. 부채에 대한 거래는 기업회계기준과 세법에서 모두 손익에 반영되지만 소유주와 자본을 매개로 한 자본거래로 인한 손익은 기업회계기준과 세법에서 모두 손익으로 인식하지 않는다.

기업회계기준에 따르면 충당부채는 미래 현금유출이 합리적으로 예상될 때 계상된다. 충당부채의 유형에는 유형자산 내용연수 종료시점의 복구비용을 예상해서 계상하는 복구충당부채, 품질보증과 관련해서 미래 현금유출 예상액을 계상하는 보증충당부채 그리고 손실부담계약 등이 있다. 법인세법에서는 미래 현금유출이 확정된 부채만을 인정하므로 충당부채는 부인한다.

기업회계기준에 따르면 금융부채는 상각후원가로 계상한다. 법인세법에서는 상각후원가를 허용하지 않는 것이 원칙이지만 장기할부매출채권과 회사채의 경우에는 기업회계기준에 따른 결산을 인정하므로 현재가치 평가를 수용한다.

기업회계기준에 따르면 전환사채는 취득시점에서 부채와 자본요소를 분리하여 각각 부채와 자본으로 계상한다. 그러나 법인세법에서는 전환사채를 전부 부채로 본다. 따라서 세무조정에서는 회계상 자본으로 계상한 금액만큼은 손금산입한 후 그 이후 이자비용과 상계하여 정리한다.

#충당부채 #상각후원가 #전환사채 #부채와자본요소

1 부채의 정의

1) 기업회계기준

K-IFRS 재무보고를 위한 개념체계
부채는 과거사건의 결과로 기업이 경제적 자원을 이전해야 하는 현재의무이다(문단 4.26). 부채가 존재하기 위해서는 (1) 기업에게 의무가 있어야 하고 (2) 그 의무는 경제적자원을 이전하는 것이어야 하며 (3) 그 의무는 과거사건의 결과로 존재하는 현재의무이어야 한다(문단 4.27).

부채는 미래에 이행되어야 할 현재의 의무로서 현금유출의 가능성이 매우 높은 경우에 인식된다. 부채에 대한 정의는 이미 제2장에서 살펴본 바가 있으므로 여기에서는 간략하게 검토한다. 기업회계기준에 따르면 부채는 확정부채와 충당부채로 구분한다. 확정부채는 미래 현금유출이 확정된 반면에 충당부채는 현재 원인으로 인하여 미래 현금이 유출될 가능성이 상당히 높은 경우이다. 충당부채를 인식하기 위해서는 금액이 합리적으로 추정가능해야 하며 발생가능성이 매우 높아야 한다. 퇴직급여충당금, 판매보증충당금 등이 대표적 충당부채이다.

2) 법인세법

세법에서는 부채를 별도로 정의하지 않고 있다. 별도 정의가 없다는 것은 명문화된 조문으로 부채를 정의하지 않고 있다는 의미이다. 명문화된 조문은 없지만 확정부채를 보는 관점에서는 법인세법과 기업회계기준이 다르지 않다.

그러나 충당부채에 대해서는 법인세법은 퇴직급여충당금과 같이 법에서 특별히 인정하는 경우를 제외하고는 인정하지 않는다. 또한 미지급법인세와 이연법인세부채는 성격상 법인세법상 부채로 보지 않는다. 법인세 납부세액을 결정하기 위한 과정에서 법인세와 관련된 부채를 인정하게 되면 계산이 순환되는 번거로움이 생기기 때문이다.[1] 따라서 결산상 법인세비용은 손금불산입하여 계정과목의 성격에 따라 소득처분

1) 결산상 세전 순이익이 100원이고 법인세율은 25%라고 하자. 만일 법인세가 손금에 산입될 수 있다면 법인세는 얼마인가? 아마도 이런 식을 세워서 풀어야 할 것이다. (100원－법인세)×25%＝법인세. 이런

한다. 즉 결산상 법인세비용 중 현금납부액은 기타사외유출로 처분하고 이연법인세자산 · 부채는 △유보 혹은 유보로 처분하며 자본의 증감으로 처리한 이연법인세는 기타로 처분한다.

2 충당부채

2.1 충당부채의 의미

1) 기업회계기준

K-IFRS 제1037호(충당부채, 우발부채 및 우발자산)
충당부채란 지출하는 시기 또는 금액이 불확실한 부채이다(문단 10). 결제에 필요한 미래 지출의 시기 또는 금액에 불확실성이 있다는 점에서 매입채무와 미지급비용과 같은 그 밖의 부채와 구별된다(문단 11). 현재의무이고 이를 이행하기 위하여 경제적 효익이 있는 자원을 유출할 가능성이 높고 해당 금액을 신뢰성 있게 추정할 수 있다는 점에서 우발채무와 구별된다(문단 13).

인식조건

앞선 제2장에서 부채는 과거사건의 결과로 기업이 경제적 자원을 이전해야 하는 현재의무라고 정의하였다. 이런 정의를 구분하면 부채는 과거사건의 결과로 (1) 미래 경제적 자원이 유출될 것인데 (2) 그 금액을 신뢰성 있게 알 수 있는 (3) 현재의무가 존재해야 한다. 이들 세 가지 조건은 비록 확실하지 않더라도 어느 정도 높은 가능성을 가지면 충족되는 것으로 보아야 한다. 이렇게 비록 확실하지는 않지만 높은 가능성을 가지고 세 가지 조건을 충족하는 부채를 충당부채라고 한다. 회계에서 '충당'이라는 용어는 '추정'이라는 의미를 갖는다. 따라서 충당부채는 추정부채를 회계용어로 달리 표현

식을 풀면 법인세는 20원임을 알 수 있다. 이렇게 법인세가 손금에 산입되면 매번 복잡한 식을 세워서 풀어야 하는 번거로움이 생긴다.

한 것이라고 이해하면 될 것이다.

확정부채와 구분

위와 같은 부채의 세 가지 조건이 모두 100% 확실하다면 이를 확정부채라고 부른다. 예를 들어 은행으로부터 1억원을 차입하였다면 (1) 경제적 자원인 현금이 미래 확실하게 유출될 것이고 (2) 그 금액은 1억원으로 명확하고 (3) 계약상 현재의무인이 분명하다. 따라서 차입금은 세 가지 조건이 확실하게 충족되는 것으로 확정부채라고 부를 수 있다.

확정부채에 비하여 충당부채는 세 가지 조건의 충족 여부가 불분명하다. 그러나 비록 불분명하지만 충족가능성은 높다. 예를 들어 회사가 제품을 판매하고 품질보증을 한 결과로 향후 보증비용이 발생한다고 하자. 계약상 현재의 보증의무가 존재하는데 비록 100% 확실하지는 않지만 경제적 자원인 현금이 미래 유출될 가능성이 높으며 오랜 경험으로 회사는 보증비 지출금액을 어느 정도 신뢰성 있게 추정할 수 있다면 이는 충당부채가 된다.

우발채무와 구분

부채로 인식하기 위해서는 비록 100%는 아니더라도 현재의무가 존재하여야 할 뿐만 아니라 해당 의무를 이행하기 위하여 경제적 효익이 있는 자원의 유출가능성이 높아야 한다. 그렇다면 과연 얼마만큼 확실해야 하는가? 개념상 K-IFRS에서는 특정 사건이 일어날 가능성이 일어나지 않을 가능성보다 높은 경우(more likely than not to occur)에 자원의 유출이나 그 밖의 사건이 일어날 가능성이 높다(probable)고 본다(문단 23). 굳이 확률로 표현한다면 50%를 초과해야 한다고 말할 수 있다.

현재의무의 존재가능성이 높지 않은 경우에는 우발부채를 공시한다. 다만 해당 의무를 이행하기 위하여 경제적 효익이 있는 자원을 유출할 가능성이 희박한 경우에는 공시하지 아니한다(문단 86 참조).

2) 법인세법

기업회계와 달리 법인세법에서는 충당부채를 엄격하게 제한한다. 현행 세법에서는 퇴직급여충당금과 같은 아주 제한적인 경우를 제외하고는 부채성 충당금, 즉 충당부채를 인정하지 않는다.[2] 만일 세법에서 인정하지 않는 충당부채를 계상한 경우에는 익금산입하여 유보처분한 후 부채를 장부에서 상각할 때마다 손금산입하여 정리한다.

2.2 충당부채의 추정

1) 기업회계기준

K-IFRS 제1037호(충당부채, 우발부채 및 우발자산) 문단 36
충당부채로 인식하는 금액은 현재의무를 보고기간말에 이행하기 위하여 필요한 지출에 대한 최선의 추정치이어야 한다.

위 K-IFRS에서는 충당부채를 보고기간말 최선의 추정치로 인식해야 한다고 규정하고 있다. 우선 최선의 추정치라는 것은 미래 일어날 수 있는 경우의 수에 따라 확률을 평가하고 이에 따라 계산된 기댓값임을 의미한다. 또한 화폐의 시간가치 영향이 중요한 경우에 충당부채는 의무를 이행하기 위하여 예상되는 지출액의 현재가치로 평가한다는 것을 뜻한다(문단 45). 이렇게 충당부채를 현재가치로 평가하여 표시하는 경우에는 장부금액을 기간 경과에 따라 증액하고 해당 증가금액은 차입원가로 인식한다(문단 60).

위 K-IFRS에서는 충당부채 인식을 위한 추정치는 보고기간말에 검토되어야 한다는 것을 시사하고 있다. 즉 보고기간말마다 충당부채의 잔액을 검토하고, 보고기간말 현재 최선의 추정치를 반영하여 조정한다. 이미 충당부채를 인식했는데 의무를 이행하기 위하여 경제적 효익이 있는 자원을 유출할 가능성이 높지 않게 된 경우에는 관련 충당부채를 환입한다(문단 59).

2) 대손충당금, 일시상각충당금, 구상채권상각충당금도 허용하지만 이런 계정과목들은 충당부채가 아니라 자산을 평가하는 계정과목이다.

2) 법인세법

법인세법에서는 충당부채를 원칙적으로 허용하지 않고 동시에 현재가치 평가도 제한된 경우가 아니면 수용하지 않는다. 따라서 기업회계기준에 따라서 인식한 충당부채는 소멸시점까지 익금산입하여 유보로 처분한다.

예제 10-1

㈜서울은 서울시 소유의 토지에 3년간 구축물을 설치하고 이를 이용하는 계약을 체결하였다. 3년의 사용기간이 종료하면 토지를 원상회복해야 할 의무를 부담한다. 제1차연도 1월 1일 구축물은 1,200,000원에 설치가 완료되었고 동일자로 추정한 원상회복을 위한 지출은 300,000원으로 추정된다. 구축물은 잔존가치가 없으며 정액법으로 감가상각한다. 시장이자율은 25%이다. 제3차연도말 실제 복구비용은 400,000원이 지출되었다고 했을 때 연도별 K-IFRS에 따른 회계처리를 하고 필요한 세무조정을 하시오. 단, 상각방법과 내용연수에 대해서는 세법상 적절하게 신고하였다고 가정한다.

| 풀이 |

(복구충당부채 장부금액 조정)

	제1차연도초	제1차연도말	제2차연도말	제3차연도말
충당부채	153,600	192,000	240,000	300,000
이자비용	–	38,400	48,000	60,000

(구축물 장부금액 조정)

	제1차연도초	제1차연도말	제2차연도말	제3차연도말
구축물	1,353,600	1,353,600	1,353,600	1,353,600
감가상각누계	–	(451,200)	(902,400)	(1,353,600)
장부가액	1,353,600	902,400	451,200	–
감가상각비		451,200	451,200	451,200

(회계처리)

제1차연도	차) 구축물	1,353,600	대) 현금	1,200,000
			복구충당부채	153,600
	차) 감가상각비	451,200	대) 감가상각누계	451,200
	차) 이자비용	38,400	대) 복구충당부채	38,400
제2차연도	차) 감가상각비	451,200	대) 감가상각누계	451,200

	차) 이자비용	48,000	대) 복구충당부채	48,000
제3차연도	차) 감가상각비	451,200	대) 감가상각누계	451,200
	차) 이자비용	60,000	대) 복구충당부채	60,000
복구비용지출	차) 복구충당부채	300,000	대) 현금	400,000
	복구공사손실	100,000		

(세무조정)

(복구충당부채 관련)

제1차연도 익금산입 복구충당부채 192,000 (유보)
제2차연도 익금산입 복구충당부채 48,000 (유보)
제3차연도 익금산입 복구충당부채 60,000 (유보)
복구비용지출 손금산입 복구충당부채 300,000 (△유보)

(구축물 관련)

제1차연도 손금산입 구축물 153,600 (△유보)
익금산입 구축물 51,200 (유보)
제2차연도 익금산입 구축물 51,200 (유보)
제3차연도 익금산입 구축물 51,200 (유보)

※ 구축물에 대한 복구충당부채 해당 금액 153,600원은 손금산입한 후 매년 감가상각비율에 따라 익금에 산입한다. 정액법이므로 매년 51,200원만큼 익금에 산입되며 해당 금액은 결산상 감가상각비로 보지 않는다. 따라서 결산상 감가상각비는 매년 400,000원이 되므로 감가상각범위와 같아서 감가상각부인액은 없다.

2.3 손실부담계약

1) 기업회계기준

K-IFRS 제1037호(충당부채, 우발부채 및 우발자산) 문단 66
손실부담계약을 체결하고 있는 경우에는 관련된 현재의무를 충당부채로 인식하고 측정한다.

위 K-IFRS에서는 손실부담계약을 계약상 의무 이행에 필요한 회피불가능원가가 그 계약에서 받을 것으로 예상되는 경제적 효익을 초과하는 계약으로 정의하고 있다. 회피불가능원가는 계약을 해지하기 위한 최소 순원가로서 (1) 계약을 이행하기 위하여 필요한 원가, (2) 계약을 이행하지 못하였을 때 지급하여야 할 보상금이나 위약금 중 적은 금액을 말한다. 예를 들어 재고자산을 단위당 100원에 매입하기로 하고 계약을 이행하지 않은 경우에는 위약금으로 개당 30원을 지불하기로 한 취소불가능계약을 맺었다. 그런데 판매단가가 하락하여 80원이라고 하자. 계약을 이행하면 100원에 매입하여 80원에 판매하게 되므로 20원의 원가가 생기며 계약을 이행하지 않은 경우에는 30원의 보상금 지출이 생긴다. 따라서 이 계약은 20원의 손실부담계약이다.

위 K-IFRS에서는 손실부담계약을 충당부채로 보도록 규정한다. 손실부담계약은 과거 계약의 결과로 미래 경제적 자원이 유출될 것이 합리적으로 예상되는 현재의 의무이다. 경제적 자원이 유출되는 현재의 의무이며 이 현재의무는 과거사건에 기초하므로 부채의 정의를 충족한다. 다만 손실의 발생이 확정된 것이 아니고 합리적으로 추정되는 계약이다. 따라서 손실부담계약은 충당부채의 조건을 충족한다.

2) 법인세법

법인세법 입장에서는 계약시점에서 예상되는 손실을 손금에 산입하지 않는다. 그 대신 법인세법에서는 실제로 손실이 확정되었을 때 손금에 산입한다. 따라서 손실부담계약에서 결산상 손실을 계상한 경우에는 이를 손금불산입하여 유보로 처분한 후 실제로 손실이 확정되었을 때 손금에 산입하여 △유보로 정리한다. 한 가지 주의해야 할 점은 특수관계자와의 손실부담계약은 법인세법상 부당행위로 간주될 가능성이 매우 높다는 것이다. 만일 손실부담계약이 부당행위부인 규정을 적용받는다면 실제로 손실이 확정되었을 때 손금산입을 부인하고 특수관계자의 유형에 따라서 소득처분한다.

예제 10-2

㈜서울은 제1차연도 12월 1일에 상품 100개를 단위당 1,000원에 매입하는 계약을 체결하였다. 계약은 제2차연도에 이행하기로 하였으며, 계약을 취소하려면 25,000원의 위약금을 부담해야 한다. 그런데 제1차연도 12월 31일 현재 상품의 단위당 판매가격은 800원으로 하락하였다. 제2차연도 동 재고자산을 계약대로 매입하였다. 이에 대한 K-IFRS에 따른 회계처리와 세무조정을 하시오.

| 풀이 |

(회계처리)

※ K-IFRS는 이를 손실부담계약으로 보고 다음과 같이 충당부채를 인식하도록 하고 있다.

제1차연도	차) 비용	20,000	대) 손실부담계약충당부채	20,000
제2차연도	차) 상품	80,000	대) 현금	100,000
	손실부담계약충당부채	20,000		

(세무조정)

제1차연도	익금산입	손실부담계약충당부채	20,000원(유보)
제2차연도	손금산입	손실부담계약충당부채	20,000원(△유보)
	익금산입	상품	20,000원(유보)

※ 세법에서 재고자산의 취득원가는 매입가액이므로 부당행위가 아니라면 상품의 매입가액은 100,000원이다. 다만 이렇게 유보된 금액은 기말재고자산 평가에서 저가법을 적용하여 다시 손금에 산입될 수 있다.

2.4 보증충당부채

1) 기업회계기준

K-IFRS 제1115호(고객과의 계약에서 생긴 수익) 문단 B30

고객에게 보증을 별도로 구매할 수 있는 선택권이 없는 경우에는, 약속한 보증(또는 그 일부)이 합의된 규격에 제품이 부합한다는 확신에 더하여 고객에게 용역을 제공하는 것이 아니라면, 이 보증을 충당부채로 회계처리한다.

기업은 제품(재화든 용역이든)의 판매와 관련하여 (계약, 법률, 기업의 사업 관행에 따라) 보증을 제공하는 것이 일반적이다. 보증의 특성은 산업과 계약에 따라 상당히 다를 수 있다. 어떤 보증은 관련 제품이 합의된 규격에 부합하므로 당사자들이 의도한 대로 작동할 것이라는 확신을 고객에게 준다. 다른 보증은 제품이 합의된 규격에 부합한다는 확신에 더하여 고객에게 용역을 제공한다(문단 B28).

핵심은 보증서비스를 별도의 서비스로 볼 것인지 아니면 원래 판매된 제품에 확신을 제공하는 것으로 볼 것인지 여부이다. 이를 구분하는 가장 중요한 특성은 보증에 대한 별도 구매선택권이 있는가이다. 우리나라에서는 제품을 구매하면 보증서가 선택과 무관하게 자동적으로 따라오는 경우가 대부분이지만 외국에서 가전제품을 구매해본 사람들은 추가적인 보증서비스가 약정된 보증서를 별도로 판매하는 경우를 종종 보았을 것이다. 즉 구매자가 제품을 믿고 보증 없이 혹은 기본적인 보증기간만 보장받고 제품을 구매할 수도 있지만 추가비용을 부담하고 보증서를 구매하여 더 긴 기간 동안 보증서비스를 받을 수도 있는 것이다.

고객이 보증을 별도로 구매할 수 있는 선택권이 있다면(예: 보증에 대하여 별도로 가격을 정하거나 협상할 수 있기 때문), 그 보증은 구별되는 용역이다. 왜냐하면 기업이 계약에서 기술한 기능성이 있는 제품에 더하여 고객에게 용역을 제공하기로 약속한 것이기 때문이다. 이 상황에서는 약속한 보증을 수행의무로 회계처리하고, 그 수행의무에 거래가격의 일부를 배분한다(문단 B29).

그러나 위 K-IFRS 제1115호에서와 같이 고객이 보증을 별도로 구매할 수 있는 선택권이 없다면 해당 보증은 충당부채가 된다. 즉 제품판매로 인하여 회사가 추가로 지출해야 하는 비용이 되는 것이다. 이런 경우라면 과거사건의 결과로(제품판매) 현재의무가 존재하고(보증의무) 이로 인하여 미래 경제적 자원의 유출가능성(보증비용 지출)이 높은 경우이므로 충당부채를 설정해야 한다.

2) 법인세법

법인세법에서 보증에 대한 구체적인 규정은 없다. 그렇지만 만일 보증채무를 충당부채로 본다면 이를 부인하여 손금불산입하고 유보로 처분한 후에 실제로 보증비용이 지출되는 시점에서 손금에 산입하여 정리한다. 그렇지 않고 보증을 별도의 용역으로 보고 회계처리하였다면 법인세법도 이를 수용할 수 있을 것으로 본다. 따라서 이 경우에는 세무조정이 필요 없다.

예제 10-3

1차연도 중에 냉장고 100대를 500원에 현금 판매하였다. 판매보증기간은 1년이고 경험상 냉장고 한 대당 20원의 보증비용이 발생한다. 판매와 관련하여 판매보증비는 1차연도에 800원이 발생하였고 2차연도에 1,000원이 발생하였다.

| 물음 1 | 판매보증활동이 계속적으로 이루어진다면 1차연도와 2차연도 K-IFRS에 따른 분개를 하고 필요한 세무조정을 하시오.

| 물음 2 | 판매보증활동이 2차연도에 시효가 종료되었다면 K-IFRS에 따라서 필요한 분개와 세무조정을 하시오.

| 물음 3 | 대당 평균 보증비용이 20원인데 판매가격 500원에는 판매보증에 대한 대가가 30원이 포함되어 있다면 K-IFRS에 따라서 필요한 분개와 세무조정을 하시오.

| 풀이 |

(물음 1) 보증활동이 계속적인 경우

(1차연도)

차) 현금	50,000	대) 매출	50,000
차) 판매보증비	2,000	대) 보증충당부채	2,000
차) 보증충당부채	800	대) 현금	800

세무조정: 익금산입 보증충당부채 1,200원(유보)

(2차연도)

차) 보증충당부채	1,000	대) 현금	1,000

세무조정: 손금산입 보증충당부채 1,000원(△유보)

(물음 2) 보증활동이 한시적인 경우

※ 1차연도는 동일하며 2차연도만 다음과 같다.

차) 보증충당부채	1,200	대) 현금	1,000
		충당부채환입	200

세무조정: 손금산입 보증충당부채 1,200원(△유보)

(물음 3) 판매보증비가 가격에 포함된 경우

(1차연도)

차) 현금	50,000	대) 매출	47,000
		계약부채	3,000

차) 판매보증비	800	대) 현금	800
차) 계약부채	1,200	대) 보증용역수익[a]	1,200

a) 3,000×800/2,000=1,200

(2차연도)

차) 판매보증비	1,000	대) 현금	1,000
차) 계약부채	1,500	대) 보증용역수익[b]	1,500

b) 3,000×1,000/2,000=1,500. 계약부채 잔액 300원은 보증기한이 만료되었을 때 수익으로 인식한다.

세무조정: 없음

※ 보증용역을 별도 판매한 경우, 이는 선수금과 유사하므로 세법상으로도 인정될 수 있다.

3 금융부채

1) 기업회계기준

K-IFRS 제1109호(금융상품) 문단 4.2.1

모든 금융부채는 …(중략)… 제외하고는 후속적으로 상각후원가로 측정되도록 분류한다.

금융부채는 거래상대방에게 현금 등 금융자산을 인도하기로 한 계약상 의무 혹은 잠재적으로 불리한 조건으로 거래상대방과 금융자산이나 금융부채를 교환하기로 한 계약상 의무를 말한다. 위 K-IFRS에서는 금융부채는 몇몇 예외를 제외하고는 기본적으로 상각후원가로 측정한다고 정한다.

이미 여러 번 설명했듯이 상각후원가는 최초 취득 시 미래 현금흐름과 금융부채의 공정가치를 일치시키는 이자율(즉 유효이자율)을 구한 뒤 해당 유효이자율을 이용하여 연도말 미래 현금흐름을 할인한 현재가치를 의미한다. 상각후원가로 측정한 이후에는 기초상각후원가에 유효이자율을 곱해서 당해연도 이자비용을 계상한다.

2) 법인세법

원칙

법인세법에서는 원칙적으로 상각후원가를 인정하지 않는다. 그 이유는 상각후원가를 측정하는 과정에서 어쩔 수 없이 경영자의 추정이 개입된다고 보기 때문이다. 이러한 맥락에서 법인세법 기본통칙에서는 현재가치 평가를 인정하지 않겠다는 원칙을 아래와 같이 굳건히 표명하고 있다.

기본통칙 42-0…1 [현재가치 평가에 의한 채권 · 채무 평가차액의 처리]

장기금전대차거래에서 발생하는 채권·채무를 현재가치로 평가하여 명목가액과 현재가치의 차액을 현재가치할인차금으로 계상하여 당기손익으로 처리한 경우 이를 각 사업연도 소득금액계산상 익금 또는 손금에 산입하지 아니하며, 추후 현재가치할인차금을 상각 또는 환입하면서 이를 이자비용 또는 이자수익으로 계상한 경우에도 각 사업연도 소득금액계산상 익금 또는 손금에 산입하지 아니한다.

기본통칙은 법이나 시행령에 별도로 규정된 것은 아니지만 법인세법을 시행하는 국가기관(기획재정부 혹은 국세청)이 법령을 집행하는 원칙을 표명한 것이다. 따라서 위 기본통칙 조문은 현재가치 평가를 수용하지 않는 하나의 원칙을 명시적으로 보여준 것이라고 해석된다.

예제 10-4

3차연도말까지 매년 10,000원씩 상환하기로 하고 19,520원을 차입하였다. 유효이자율은 25%이다. 발행 시부터 최종 상환일까지 분개를 하고 필요한 세무조정을 하시오.

| 풀이 |

(장부금액조정)

구분	이자비용	지급액	증감	장부금액
차입				19,520
제1차연도	4,880	10,000	(5,120)	14,400
제2차연도	3,600	10,000	(6,400)	8,000
제3차연도	2,000	10,000	(8,000)	0

(회계처리)

제1차연도	차) 현금	19,520	대) 차입금	19,520
	차) 이자비용	4,880	대) 현금	10,000
	차입금	5,120		
제2차연도	차) 이자비용	3,600	대) 현금	10,000
	차입금	6,400		
제3차연도	차) 이자비용	2,000	대) 현금	10,000
	차입금	8,000		

(차입금 장부가액에 대한 K-IFRS와 세법의 차이)

구분	제1차연도	제2차연도
K-IFRS	14,400	8,000
세법	9,520	–
차이	4,880	8,000

(세무조정)

제1차연도 익금산입 4,880원(유보)

제2차연도 익금산입 3,120원(유보)

제3차연도 손금산입 8,000원(△유보)

회사채

법인세법 시행령 제71조(임대료 등 기타 손익의 귀속사업연도)

법인이 사채를 발행하는 경우에 상환할 사채금액의 합계액에서 사채발행가액(사채발행수수료와 사채발행을 위하여 직접 필수적으로 지출된 비용을 차감한 후의 가액을 말한다)의 합계액을 공제한 금액(사채할인발행차금)은 기업회계기준에 의한 사채할인발행차금의 상각방법에 따라 이를 손금에 산입한다.

앞서 법인세법에서는 원칙적으로 현재가치 평가를 수용하지 않는다고 하였다. 그러나 이에 대한 예외가 있다. 위 법인세법 시행령에서는 사채를 발행하는 경우 사채할인발행차금은 기업회계기준에 의한 상각방법에 따라 손금에 산입한다고 규정한다. 기업회계기준에서 정하는 방법은 유효이자율법을 의미한다. 따라서 위 시행령은 현재가치를 수용하지 않는 법인세법의 원칙에 대한 예외이다.

위 시행령에서는 사채할인발행차금의 경우만을 언급하고 있다. 그러면 사채의 액면

이자율이 유효이자율보다 높아서 할증발행이 되는 경우에도 동일하게 적용이 가능한가? 위 법인세법 시행령은 사채할인발행차금에 대해 제한적으로 적용한다고 해석하기보다는 모든 사채에 적용되는 규정이라고 해석하는 것이 올바르다. 따라서 사채할인발행차금처럼 사채할증발행차금에 대해서도 유효이자율법을 이용한 평가와 이자비용계산을 수용한다고 보아야 한다.

또 하나 주의할 것은 위 조문의 의미는 회사에게 선택의 여지를 주는 것이 아니라 반드시 현재가치로 평가할 것을 정하고 있다는 것이다. 즉 결산조정이 아닌 강제신고조정이다. 따라서 만일 회사가 기업회계기준을 따르지 않고 임의의 방법으로 결산을 하였다면 법인세신고단계에서 기업회계기준과 같은 방법을 적용했을 때와의 차이를 세무조정하여 신고해야 한다.

예제 10-5

제3차연도말 100,000원을 상환하기로 하고 연도말에 20,000원씩 명목이자로 지급하기로 하는 회사채를 제1차연도초에 92,070원에 발행하였다. 발행비용 및 수수료로 지출한 금액이 1,830원이다. 발생 시와 매연도말 분개와 필요한 세무조정을 하시오. 사채발행비를 감안한 유효이자율은 25%이다.

| 풀이 |

(장부금액조정)

구분	이자비용	표시이자	할인차금	장부금액
발행				90,240
제1차연도	22,560	20,000	2,560	92,800
제2차연도	23,200	20,000	3,200	96,000
제3차연도	24,000	20,000	4,000	100,000

(회계처리)

제1차연도	차) 현금	90,240	대) 사채	100,000
	사채할인발행차금	9,760		
	차) 이자비용	22,560	대) 현금	20,000
			사채할인발행차금	2,560
제2차연도	차) 이자비용	23,200	대) 현금	20,000
			사채할인발행차금	3,200

제3차연도	차) 이자비용	24,000	대) 현금	20,000
			사채할인발행차금	4,000
	차) 사채	100,000	대) 현금	100,000

(세무조정) 없음

※ 회사채를 발행한 경우에는 기업회계기준의 처리방법을 세법에서 수용한다.

장기할부매입채무

법인세법 시행령 제72조(자산의 취득가액 등)

자산의 취득가액에는 장기할부조건 등으로 취득하는 경우 발생한 채무를 기업회계기준이 정하는 바에 따라 현재가치로 평가하여 현재가치할인차금으로 계상한 경우의 당해 현재가치할인차금을 제외한다.

위 시행령 규정은 장기할부조건에 따른 미지급금을 평가하면서 현재가치 평가에 따른 현재가치할인차금은 취득가액에서 제외한다고 규정한다. 현재가치할인차금은 현재가치와 명목가치와의 차이를 의미한다. 따라서 현재가치할인차금을 제외한다는 것은 취득가액을 현재가치로 계상하며 이에 상응하는 장기할부채무 역시도 현재가치로 계상한다는 것을 의미한다. 일단 부채가 현재가치로 계상되면 향후 인식하는 이자비용도 유효이자율법에 따라 계산되고 손금에 산입된다. 따라서 장기할부조건에 따른 매입채무도 현재가치 평가를 인정하지 않는 법인세법상 원칙의 예외에 해당한다.

이런 예외규정이 적용되기 위해서는 몇 가지 조건이 충족되어야 한다. 하나는 장기할부조건인데 대금을 2회 이상으로 분할하여 1년을 초과하는 기간에 걸쳐 납입하는 조건이어야 한다. 또 다른 하나는 매입채무이어야 한다는 점이다. 매입채무란 자산을 취득하고 난 후 나중에 매입대금을 상환하는 소위 후불조건 매입이다. 이와는 달리 대금을 차입한 후 원금과 이자를 분할하여 상환하는 조건인 경우(즉 금전소비대차 거래)에는 여전히 현재가치 평가가 허용되지 않음에 주의해야 한다.

그렇다면 이러한 현재가치 평가는 결산조정인가 아니면 신고조정인가? 여러분이 위 조문을 읽어보면 "기업회계기준이 정하는 바에 따라 … (중략)… 현재가치할인차금으로 계상한 경우"라는 표현이 있고 이는 곧 결산조정을 의미한다는 것을 알 수 있다. 따라서 장기할부 매입채무에 대해서 현재가치 평가를 하고자 한다면 반드시 결산에 반영해야 하며 법인세신고단계에서 신고만으로는 현재가치 평가를 적용받을 수 없다. 앞서 강제신고 조정으로 규정한 회사채의 경우와는 다르다.

예제 10-6

제3차연도말까지 매년 10,000원씩 상환하기로 하고 공정가치 19,520원인 유형자산을 매입하였는데 유효이자율은 25%이다. 발행 시부터 최종 상환일까지 K-IFRS에 따른 분개를 하고 필요한 세무조정을 하시오.

| 풀이 |

(회계처리)

제1차연도	차) 유형자산	19,520	대) 장기미지급금	19,520
	차) 이자비용	4,880	대) 현금	10,000
	장기미지급금	5,120		
제2차연도	차) 이자비용	3,600	대) 현금	10,000
	장기미지급금	6,400		
제3차연도	차) 이자비용	2,000	대) 현금	10,000
	장기미지급금	8,000		

(세무조정) 없음

※ 세법에서 장기할부매입의 경우에는 기업회계기준에 의한 현재가치 평가를 허용하고 있으므로 별도의 세무조정은 필요 없다. 앞선 〈예제 10-4〉와 비교해서 주의해야 한다.

4 전환사채

4.1 발행

1) 기업회계기준

K-IFRS 제1032호(금융상품: 표시) 문단 32
보통주로 전환될 수 있는 사채의 발행자는 자본요소를 포함하지 않은 비슷한 사채의 공정가치를 측정하여 부채요소의 장부금액을 우선 결정한다. 그 다음, 지분상품(금융상품을 보통주로 전환할 수 있는 전환권)의 장부금액은 복합금융상품 전체의 공정가치에서 금융부채의 공정가치를 차감하여 결정한다.

전환사채는 보통주 혹은 우선주로 전환할 수 있는 권리가 부여된 사채이다. 따라서 전환사채의 발행가액은 일반사채로서의 가치 그리고 전환권의 가치가 합쳐진 것이다. 이에 대한 K-IFRS의 기본 입장은 일반사채로서의 가치를 부채로 그리고 전환권의 가치를 자본으로 구분하여 표시해야 한다는 것이다.

전환사채의 발행가액을 일반사채와 전환권가액으로 어떻게 분리할 것인가? K-IFRS에서는 가장 유사한 사채의 공정가치를 측정한 후 이를 금융부채요소로 보고 전환사채의 전체 가치에서 금융부채의 가치를 차감한 잔액을 전환권의 가치로 결정한다고 정한다. 즉 자본요소보다는 부채요소의 가치를 측정하는 것이 신뢰성이 있다고 보고 부채요소를 우선 결정한 후 나머지 잔액은 자본요소라고 생각하는 것이다.

사례 10-1

갑회사는 2년 후 보통주로 전환할 수 있는 권리가 부여된 액면가액 10,000원인 전환사채를 7,840원에 발행하였다. 2년 후 보통주로 전환하지 않는다면 10,000원을 지급하며 명목상 지급하는 이자는 없다. 이런 조건과 가장 유사한 전환권 없는 일반사채의 공정가치는 6,400원이다.

위 사례를 보자. 전체 전환사채의 가치는 7,840원이다. 전환사채는 일반사채에 전환권이 결합된 복합금융상품이다. 만일 전환권의 가치를 무시하고, 즉 전환권의 가치를 0으로 생각하고 전체 가액을 부채요소로 간주하여 분개하면 아래와 같다.

분개 (1): 전환사채 전체 가치를 부채로 인식

차) 현금	7,840	대) 전환사채	10,000
사채할인발행차금	2,160		

위 분개와는 달리 전환권의 가치를 자본요소와 부채요소로 분리해본다. 전환권 가치를 알기 위해서는 전환사채 전체 가치에서 부채만의 가치를 차감한다. (사례 10-1)에서 보면 전환권이 없는 일반사채는 6,400원이라고 하였으므로 이 금액이 부채요소가 되고 전환사채 전체의 가치 7,840원에서 부채요소의 가치인 6,400원을 차감한 1,440원이 자본요소인 전환권의 가치이다. 즉 다음과 같이 구한다.

전환권의 가치(자본요소) = 전환사채 전체 가치 7,840원 − 일반사채의 가치(부채요소) 6,400원 = 1,440원

전환권가치를 파악했으므로 전환사채 발행으로 수령한 현금 7,840원 중 6,400원은 부채인 전환사채로 나머지 1,440원은 자본인 전환권대가로 구분하여 회계처리한다. 위 분개 (1)에서 자본요소를 분리하는 분개를 하면 다음과 같다.

분개 (2): 전환사채 전체 가치에서 자본요소를 분리

차) 전환권조정	1,440	대) 전환권대가	1,440

위 분개 (2)에서는 전체 가액에서 전환권가치 1,440원을 자본요소로 돌린 것이다. 따라서 자본요소인 전환권대가가 1,440원만큼 증가했고 사채의 장부가액은 동일한 금액만큼 감소하게 되는데 이를 전환권조정이라는 계정과목으로 표시했다. 전환권조정은 후속적 측정과정에서 유효이자율법에 따라 이자비용으로 대체된다. 따라서 전환권조정을 인식하게 되면서 사채발행기간 동안 인식하게 되는 총이자비용은 1,440원만큼 증가한다. 이렇게 보면 전환권조정은 사채할인발행차금과 다를 바 없다. 즉 전환권조정이라는 계정과목 대신에 사채할인발행차금이라는 계정과목을 그대로 쓴다고 해서 회계상

달라질 것은 없다. 그리고 K-IFRS에서도 이렇게 구분할 것을 명시하고 있지 않다. 하지만 회계상 의미는 없다고 하더라도 뒤에서 공부하게 될 법인세법과의 차이조정을 위해서는 전환권조정을 사채할인발행차금과 구분하는 것이 필요하다는 점을 명심하라.

위와 같은 분개 (1)과 분개 (2)를 합치면 분개 (3)과 같다.

분개 (3) = 분개 (1) + 분개 (2)

차)	현금	7,840	대)	전환사채	10,000
	사채할인발행차금	2,160		전환권대가	1,440
	전환권조정	1,440			

위 분개 (3)을 반영하여 재무상태표에 표시하면 다음과 같다. 즉 부채의 장부가액은 6,400원으로 표시되며 자본은 1,440원으로 나타난다.

부채	전환사채	10,000
	사채할인발행차금	(2,160)
	전환권조정	(1,440)
		6,400
자본	전환권대가	1,440

상환할증금

전환사채의 상환할증금은 만일 보통주로 전환하지 않은 경우에 상환금액에 추가하여 지급하기로 한 금액이다. 따라서 상환할증금은 만기에 지급되는 원금상환금액과 마찬가지로 볼 수 있다. 다만 액면금액과 분리해서 상환할증금을 별도의 계정과목으로 표시한다는 점에서만 차이가 있을 뿐이다.

사례 10-2

갑회사는 2년 후 보통주로 전환할 수 있는 권리가 부여된 액면가액 8,380원인 전환사채를 7,840원에 발행하였다. 2년 후 보통주로 전환하지 않는다면 액면가액 8,380원과 상환할증금으로 1,620원을 지급한다. 명목상 지급하는 이자는 없다. 이런 조건과 가장 유사한 전환권 없는 일반사채의 공정가치는 6,400원이다.

위 (사례 10-2)가 앞선 (사례 10-1)과 다른 점은 전환사채의 액면금액이 10,000원이 아닌 8,380원이고 그 대신 만기가 되어 보통주로 전환하지 않으면 1,620원의 상환할증금을 지급하기로 한 점이다. 상환할증금과 액면가액은 둘 다 보통주로 전환되지 않는 경우에 지급된다는 점에서 차이가 없지만 분개 시에는 액면과 상환할증금을 분리한다. 우선 전환사채 전체 가액을 부채로 인식하는 분개를 해보자. 상환할증금을 액면과 분리하여 별도로 인식한다면 분개는 다음과 같다.

분개 (4): 상환할증금이 있는 전환사채 전체 가치를 부채로 인식

차) 현금	7,840	대) 전환사채	8,380
사채할인발행차금	540		

분개 (4)에서는 사채는 상환할증금을 제외한 액면가액인 8,380원으로 표시하고 발행가액과의 차이 540원을 사채할인발행차금으로 계상하였다. 이제 전환사채 전체 가치에서 자본요소를 분리하는 분개를 해야 하는데 (사례 10-1)과 (사례 10-2)에서의 전환권가치가 같기 때문에 아래의 분개 (5)는 (사례 10-1)의 분개 (2)와 동일하다.

분개 (5): 상환할증금이 있는 전환사채 전체 가치에서 자본요소를 분리

차) 전환권조정	1,440	대) 전환권대가	1,440

이제 상환할증금을 액면과 분리해서 인식한다. 상환할증금은 사실상 사채 액면금액과 다를 바 없으므로 상환할증금을 인식하게 되면 액면이 증가되어 사채와 발행가액 간의 차이가 증가할 것이다. 이에 다음과 같이 분개한다.

분개 (6): 상환할증금을 인식

차) 전환권조정	1,620	대) 상환할증금	1,620

분개 (6)에서 상환할증금으로 생긴 전환권조정은 후속적으로 상각되면서 이자비용과 대체될 것이다.[3)] 이런 점에서 이 전환권조정은 사채할인발행차금과 동일한 것이다. 따

3) 상환할증금으로 생긴 것이므로 엄밀하게 표시하면 '상환할증금조정'이라는 표현이 적절할 것이다. 그러나 그렇게까지 세분화해서 얻는 실익이 없으므로 편의상 '전환권조정'으로 분류한다.

라서 사채할인발행차금이라는 계정과목으로 분류하더라도 회계상 차이는 없다. 그러나 앞서 말했듯이 법인세법과의 차이조정을 위해서는 별도로 분류하는 것이 좋다. 분개 (4), (5), (6)을 한꺼번에 하면 아래와 같다.

분개 (7)=분개 (4)+분개 (5)+분개 (6)

차) 현금	7,840	대) 전환사채	8,380
사채할인발행차금	540	상환할증금	1,620
전환권조정	3,060	전환권대가	1,440

위 분개 (7)을 반영하여 재무상태표에 표시하면 다음과 같다. 즉 부채의 장부가액은 6,400원으로 표시되며 자본은 1,440원으로 나타난다. 결과적으로 상환할증금이 있다고 하더라도 상환할증금이 없는 전환사채와 부채요소와 자본요소의 장부가액은 동일한데 다만 액면과 분리되어 상환할증금이 별도로 표시된다는 점만 다를 뿐이다.

부채	전환사채	8,380
	상환할증금	1,620
	사채할인발행차금	(540)
	전환권조정	(3,060)
		6,400
자본	전환권대가	1,440

2) 법인세법과 세무조정

법인세법에서는 전환사채에 대한 별도의 규정은 없다. 그렇지만 우리는 이미 법인세법에서 사채할인발행차금을 기업회계기준에 따라 상각하도록 규정하고 있음을 알고 있다. 그러면 앞선 K-IFRS에서와 같이 부채와 자본요소를 분리하는 것도 허용될 것인가? 명확한 규정은 없지만 우리가 지금까지 공부해온 것에 바탕을 두고 생각해보면 법인세법에서 기업회계에서와 같이 부채와 자본요소를 분리하는 것은 허용하지 않을 것이다. 왜냐하면 부채와 자본요소를 분리하기 위해서는 전환권이 없다고 가정한 일반사채의 공정가치를 파악하고 이를 기초로 분리해야 하는데 법인세법에서 이러한 명확하지 않은 공정가치를 받아들이지 않을 것이기 때문이다. 아래의 기본통칙을 보면 이러한 법인세법의 입장을 명확하게 알 수 있다.

기본통칙 40-71…2 [전환사채 또는 신주인수권부사채의 발행 및 상환에 따른 세무상 처리방법]

전환사채 또는 신주인수권부사채를 발행한 법인이 기업회계기준에 따라 전환권 또는 신주인수권 가치를 별도로 인식하고, 상환할증금을 전환사채 등에 부가하는 형식으로 계상한 경우 전환사채 등의 차감계정으로 계상한 전환권 등 조정금액은 손금산입 유보처분하고 기타자본잉여금으로 계상한 전환권 등 대가는 익금산입 기타처분하며, 상환할증금은 손금불산입 유보처분한다.

위의 기본통칙에서는 우선 전환권 등 조정금액은 손금산입 유보처분하고 기타자본잉여금으로 계상한 전환권대가는 익금산입 기타처분한다고 정한다. 이는 전환사채를 부채와 자본요소로 구분하지 않는다는 것이다. 앞선 (사례 10-1)을 이용하여 K-IFRS에 따라서 결산한 경우와 위 기본통칙에 따른 경우를 비교하면 아래와 같다.

		결산	세법	차이
부채	전환사채	10,000	10,000	-
	사채할인발행차금	(2,160)	(2,160)	-
	전환권조정	(1,440)	-	(1,440)
		6,400	7,840	(1,440)
자본	전환권대가	1,440	-	1,440

위 표에서 볼 수 있듯이 결국 K-IFRS에 따른 결산과 법인세법의 차이를 조정하기 위해서는 전환권조정 1,440원을 손금산입하여 유보처분하고 전환권대가 1,440원은 익금산입하여 기타로 처분해야 한다. 그리고 이것이 위 기본통칙에 따른 세무조정이다. △유보로 처분된 전환권조정은 어떻게 정리될까? 뒤에서 다시 알아보겠지만 전환권조정으로 인하여 회사의 이자비용이 과대계상된 것으로 보아서 회사의 전환권조정 상각금액만큼을 부인하여 유보처분함으로써 정리한다.

상환할증금

법인세법에서는 상환할증금을 부채로 인식할까? 법인세법 관점에서 보면 상환할증금은 일종의 조건부 지급액인데 법인세법에서는 조건부 지급의 경우 조건이 성취되었을 때 손금에 산입한다. 따라서 법인세법 입장에서 상환할증금은 부채가 아니며 실제로 현금으로 지급되었을 때 손금에 가산해야 한다.[4] 기본통칙에서도 발행 시 상환할증금을 손금불산입 유보처분한다고 정하고 있다. 이러한 생각을 가지고 앞선 (사례 10-2)를 이용하여 K-IFRS에 따라서 결산한 경우와 위 기본통칙에 따른 경우를 비교하면 아래와 같다.

		결산	세법	차이
부채	전환사채	8,380	8,380	–
	상환할증금	1,620	–	1,620
	사채할인발행차금	(540)	(540)	–
	전환권조정	(3,060)	–	(3,060)
		6,400	7,840	(1,440)
자본	전환권대가	1,440	–	1,440

위 표에서 볼 수 있듯이 기본통칙에 따르면 상환할증금 1,620원을 손금불산입하고 유보처분해야 한다. 또한 전환권조정은 손금산입하여 △유보처분을 내리고 전환권대가는 익금산입하여 기타로 처분한다. 손금불산입 유보된 상환할증금은 보통주로 전환되거나 혹은 상환될 때 손금산입 △유보로 추인한다.

4.2 전환사채의 후속측정

1) 기업회계기준

유효이자율

전환사채에 대한 후속측정은 이자비용을 인식하고 그에 따라 사채할인발행차금과 전환권조정을 상각하여 사채의 장부가액을 조정하는 과정이다. 기업회계에서는 금융부채를 유효이자율법을 적용하여 측정한다. 따라서 우선 유효이자율을 구해야 한다. 유효이자율은 사채의 공정가치와 미래현금흐름을 일치시키는 이자율이다.

앞선 (사례 10-1)에서 보면 전환사채 발행으로 실제로 7,840원을 수령하였다. 그러

4) 앞서 언급한 대로 상환할증금과 액면가액은 모두 보통주로 전환되지 않는 것을 조건으로 지급되는 것이므로 사실상 같은 것이다. 그런데 위에서와 같이 액면가액은 부채로 보면서 상환할증금은 조건부 지급액이라는 이유로 부채로 보지 않는 법인세법의 입장은 이해하기 어렵다.

나 여기에는 전환권가치가 포함되어 있으므로 7,840원 전부를 사채의 공정가치로 볼 수는 없다. 사채의 공정가치는 가장 유사한 조건을 가진 전환권 없는 일반사채의 공정가치인 6,400원으로 해야 한다. 따라서 6,400원의 공정가치와 2년 후 지급되는 10,000원을 일치시키는 할인율을 구해야 하는데 이 할인율은 25%이고 이것이 유효이자율이 된다.

이자비용과 장부금액 조정

사채의 이자비용은 부채의 기초장부금액에 유효이자율을 곱해서 계산한다. 앞선 (사례 10-1)에서 제1차연도 전환사채의 기초장부금액은 7,840원이 아닌 6,400원이다. 즉 1,440원은 전환권대가로 부채가 아닌 자본요소이므로 제외한다. 따라서 제1차연도 이자비용은 6,400원×25%=1,600원이다.

이자비용이 계산되면 실제 명목상 지급되는 이자와의 차이만큼 장부금액이 조정된다. 장부금액은 사채의 평가성 계정인 사채할인발행차금이나 전환권조정을 상각함으로써 간접적으로 조정한다. (사례 10-1)에서는 명목상 이자지급은 없다고 했으므로 이자비용 전부에 해당하는 만큼 장부금액이 증가하는데 증가하는 장부금액에서 사채할인발행차금과 전환권조정이 각각 얼마씩 차지하는지 생각해봐야 한다.

예를 들어 (사례 10-1)에서 제1차연도 이자비용이 1,600원이고 명목상 이자는 없으므로 사채의 장부금액은 1,600원이 증가할 것인데 그중 사채할인발행차금과 전환조정상각은 각각 얼마인가? 복잡하게 생각할 필요 없이 발행시점의 사채할인발행차금과 전환권조정 사이의 비율을 적용하면 된다. 즉 발행시점에서의 총할인차금 3,600원 중 사채할인발행차금은 2,160원이고 전환권조정은 1,440원이었는데 그 비율을 구해보면 각각 60%와 40%이기 때문에 이자비용 1,600원에 대한 제1차연도 장부금액 조정도 사채할인발행차금 60%와 전환권조정 40%로 구분해서 사채할인발행차금 960원과 전환권조정 640원으로 나눈다. 이러한 과정을 따라서 제1차연도와 제2차연도 이자비용과 장부금액 조정 분개를 하면 다음과 같다.

제1차연도	차) 이자비용	1,600	대) 사채할인발행차금	960
			전환권조정	640
제2차연도	차) 이자비용	2,000	대) 사채할인발행차금	1,200
			전환권조정	800

(사례 10-2)에서 상환할증금이 있는 경우를 보자. 상환할증금으로 인한 전환권조정이 추가된 것 외에는 (사례 10-1)과 동일하다. 즉 상환할증금이 있다고 하더라도 회계상 이자비용은 달라지지 않으며 다만 사채할인발행차금과 전환권조정 상각액 사이의 비율만 달라진다. (사례 10-2)에서 사채할인발행차금은 540원이며 전환권조정은 3,060원이므로 비율을 구해보면 각각 15%와 85%이다. 이에 따라 제1차연도와 제2차연도 분개를 하면 아래와 같다.

제1차연도	차) 이자비용	1,600	대) 사채할인발행차금	240
			전환권조정	1,360
제2차연도	차) 이자비용	2,000	대) 사채할인발행차금	300
			전환권조정	1,700

2) 법인세법과 세무조정

법인세법에서는 당초 전환권대가와 전환권조정을 부인하였는데 전환권대가는 익금산입 기타로 처분하였고 전환권조정은 손금산입 △유보로 처분하였다. 이때 △유보로 처분된 전환권조정은 그 이후 장부금액 조정과정에서 정리된다. 따라서 전환권조정 상각분을 익금산입하여 △유보를 정리한다.

예제 10-7

제2차연도말에 보통주로 전환할 수 있는 전환사채(액면 10,000원)를 9,024원에 발행하였다. 전환하지 않는 경우에는 제3차연도말에 10,000원을 지급하며 매년말 1,000원의 명목이자를 지급하기로 한다. 전환이 이루어지지 않음을 가정하고 제1차연도부터 상환 시까지 K-IFRS에 따른 분개와 필요한 세무조정을 하시오. 유효이자율은 25%를 적용한다.

| 풀이 |

발행가액 중 부채요소 7,072원(25%로 할인)

발행가액 중 자본요소 9,024원－7,072원＝1,952원

사채할인발행차금＝10,000원－9,024원＝976원

(전환사채 부채요소 장부금액 조정)

구분	이자비용	표시이자	증감			장부금액
			합계	사채차금[a)]	전환권조정[b)]	
발행						7,072
제1차연도	1,768	1,000	768	256	512	7,840
제2차연도	1,960	1,000	960	320	640	8,800
제3차연도	2,200	1,000	1,200	400	800	10,000

a) 다음의 비율로 배분한다. 사채할인차금/(사채할인차금＋전환권조정)
b) 다음의 비율로 배분한다. 전환권조정/(사채할인차금＋전환권조정)

(회계처리)

발행	차) 현금	9,024	대) 사채	10,000
	사채할인발행차금	976		
	차) 전환권조정	1,952	대) 전환권대가	1,952
제1차연도	차) 이자비용	1,768	대) 현금	1,000
			사채할인발행차금	256
			전환권조정	512
제2차연도	차) 이자비용	1,960	대) 현금	1,000
			사채할인발행차금	320
			전환권조정	640
제3차연도	차) 이자비용	2,200	대) 현금	1,000
			사채할인발행차금	400
			전환권조정	800

(K-IFRS상 장부금액)

	제1차연도	제2차연도	제3차연도
사채	10,000	10,000	10,000
사채할인발행차금	(720)	(400)	–
전환권조정	(1,440)	(800)	–
장부가액	7,840	8,800	10,000

(세무조정)

※ 전환권조정에 대해서 최초에는 손금산입 △유보로 조정하고 전환권대가는 익금산입 기타로 조정한다. 그 후 전환권 상각액에 대해서 익금산입 유보로 반대조정한다.

제1차연도 손금산입 전환권조정 1,952원(△유보)
익금산입 전환권대가 1,952원(기타)
익금산입 전환권조정 512원(유보)
제2차연도 익금산입 전환권조정 640원(유보)
제3차연도 익금산입 전환권조정 800원(유보)

예제 10-8

제1차연도초에 만기 3년 액면가액 20,000원인 전환사채를 16,000원에 발행하였다. 액면이자는 없으며 제2차연도말에 보통주로 전환할 수 있는데 전환하지 않는다면 제3차연도말에 5,000원을 상환할증금으로 지급한다. 전환하지 않는다는 가정하에 기업회계기준에 따라 상환 시까지 K-IFRS에 따른 분개를 하고 필요한 세무조정을 하시오. 전환권이 없는 일반사채에 적용되는 유효이자율은 25%이다.

| 풀이 |

부채요소: 12,800원(상환할증금 포함한 현금흐름을 25%로 할인)

자본요소: 16,000원－12,800원＝3,200원(전환권대가)

전환권조정＝전환권대가 3,200원＋상환할증금 5,000원＝8,200원

사채할인발행차금＝액면 20,000원－발행가액 16,000원＝4,000원

(부채요소에 대한 장부금액 조정)

구분	이자비용	표시이자	증감			장부금액
			합계	사채차금	전환권조정	
발행						12,800
제1차연도	3,200	–	3,200	1,050	2,150	16,000
제2차연도	4,000	–	4,000	1,311	2,689	20,000
제3차연도	5,000	–	5,000	1,639	3,361	25,000

(회계처리)

발행	차) 현금	16,000	대) 전환사채	20,000
	사채할인발행차금	4,000	상환할증금	5,000
	전환권조정	8,200	전환권대가	3,200
제1차연도	차) 이자비용	3,200	대) 사채할인발행차금	1,050
			전환권조정	2,150
제2차연도	차) 이자비용	4,000	대) 사채할인발행차금	1,311
			전환권조정	2,689
제3차연도	차) 이자비용	5,000	대) 사채할인발행차금	1,639
			전환권조정	3,361
상환	차) 전환사채	20,000	대) 현금	25,000
	상환할증금	5,000		

(K−IFRS 장부가액)

	발행	제1차연도	제2차연도	제3차연도
사채	20,000	20,000	20,000	20,000
상환할증금	5,000	5,000	5,000	5,000
사채할인발행차금	(4,000)	(2,950)	(1,639)	−
전환권조정	(8,200)	(6,050)	(3,361)	−
장부가액	12,800	16,000	20,000	25,000

(세법상 장부가액)

	발행	제1차연도	제2차연도	제3차연도
사채	20,000	20,000	20,000	20,000
사채할인발행차금	(4,000)	(2,950)	(1,639)	−
전환권조정	−	−	−	−
장부가액	16,000	17,050	18,361	20,000

(차이)

	발행	제1차연도	제2차연도	제3차연도
상환할증금	5,000	5,000	5,000	5,000
사채할인발행차금				−
전환권조정	(8,200)	(6,050)	(3,361)	−
장부가액	(3,200)	(1,050)	1,639	5,000

(세무조정)

제1차연도 손금산입 전환권조정 8,200원(△유보)
익금산입 전환권대가 3,200원(기타)
익금산입 상환할증금 5,000원(유보)
익금산입 전환권조정 2,150원(유보)
제2차연도 익금산입 전환권조정 2,689원(유보)
제3차연도 익금산입 전환권조정 3,361원(유보)
상환 손금산입 상환할증금 5,000원(△유보)

4.3 전환

1) 기업회계기준

K-IFRS 제1032호(금융상품: 표시) 문단 AG32
만기시점에서 전환사채가 전환되는 경우에 발행자는 부채를 제거하고 자본으로 인식한다. 최초 인식시점의 자본요소는 자본의 다른 항목으로 대체될 수 있지만 계속하여 자본으로 유지된다. 만기시점에 전환사채의 전환에 따라 인식할 손익은 없다.

전환증권이 전환되면 보통주가 발행된다. 만일 전환 당시 전환증권의 가치와 발행된 보통주의 가치가 서로 독립적이라면 전환으로 인한 손익이 기록될 것이다. 그러나 기업회계기준에서는 발행될 보통주의 가치는 전환되는 전환증권의 장부가액으로 결정되도록 함으로써 전환으로 인한 손익을 기록하지 않는다. 전환사채 장부가액과 발행되는 보통주 액면 간 차이는 주식발행초과금으로 기록된다. 또한 보통주 전환 시 당초 자본요소로 계상한 전환권대가는 사실상 주식발행초과금과 동일하므로 계정과목 명칭을 변경하여 주식발행초과금으로 대체할 수 있다.

앞선 (사례 10-1)에서 발행된 전환사채가 만기가 되어 액면 500원인 보통주 10주로 대체되었다면 다음과 같이 분개한다.

차) 사채	10,000	대) 보통주	5,000
		주식발행초과금	5,000
차) 전환권대가	1,440	대) 주식발행초과금	1,440

위 분개에서 보면 만기시점의 사채의 장부가액 10,000원과 전환으로 새로 발행된 보통주 액면 5,000원 간의 차이가 주식발행초과금이 되었다. 또한 발행시점에 자본요소인 전환권대가를 주식발행초과금으로 대체하였다.

2) 법인세법

기업회계기준에 따르면 전환사채의 보통주 전환으로 인한 손익을 인식하지 않는다. 법인세법에서는 어떻게 하는가? 명문화된 규정은 없지만 법인세법 기본통칙에서는 전환사채가 보통주 액면과 교환되고 그 차익은 익금 혹은 손금으로 본다고 정한다. 따라서 기업회계기준과는 달리 전환사채의 전환으로 인한 손익을 계상한다. 따라서 전환된 사채의 세무상 장부가액이 보통주 액면을 초과하는 금액을 익금산입하여 기타로 처분한다.

기본통칙 40-71…2 [전환사채 또는 신주인수권부사채의 발행 및 상환에 따른 세무상 처리방법]

전환권 등을 행사한 경우 손금불산입한 상환할증금 중 전환권 등을 행사한 전환사채 등에 해당하는 금액은 손금으로 추인하고, 주식발행초과금으로 대체된 금액에 대해서는 익금산입 기타처분하며, 전환권 등 조정과 대체되는 금액은 익금산입 유보처분한다.

예제 10-9

앞선 예제 〈10-7〉에서 발행된 전환사채가 제2차연도말에 보통주로 전환되었다. 전환된 보통주 액면은 5,000원이다. 기업회계기준에 따른 회계처리와 필요한 세무조정을 하시오.

| 풀이 |

(회계처리)

제2차연도말 전환사채의 장부가액 8,800원

차) 전환사채	10,000	대)	사채할인발행차금	400
			전환권조정	800
			보통주자본금	5,000
			주식발행초과금	3,800
차) 전환권대가	1,952	대)	주식발행초과금	1,952

(세무조정)

※ 앞선 법인세법 기본통칙에 따라서 전환권조정으로 대체된 금액은 익금산입 유보처분하고 주식발행초과금으로 대체된 금액은 익금산입 기타로 처분한다.

익금산입 전환권조정 800원(유보)
익금산입 주식발행초과금 3,800원(기타)

이번 장의 요약

1. 기업회계기준에 따르면 부채를 인식하기 위해서는 (1) 기업에게 의무가 있어야 하고 (2) 그 의무는 경제적 자원을 이전하는 것이어야 하며 (3) 그 의무는 과거사건의 결과로 존재하는 현재의무이어야 한다.
2. 기업회계기준에 따르면 인식해야 할 부채는 확정부채와 충당부채로 구분할 수 있는데 확정부채는 경제적 자원을 이전시켜야 할 의무가 확실하게 존재하며 유출해야 할 시점과 금액이 이미 확정된 부채를 말한다.
3. 기업회계기준에 따르면 충당부채는 경제적 자원 이전의 의무가 확실하지는 않지만 그 가능성이 높으며 경제적 자원 유출의 시점과 금액이 확정되지는 않았지만 합리적으로 신뢰성 있게 추정할 수 있는 부채를 말한다.
4. 기업회계기준에 따르면 충당부채에는 복구충당부채, 보증충당부채, 손실부담계약 등이 있다.
5. 법인세법상 충당부채는 부채로 보지 않는다. 따라서 회계상 충당부채는 손금불산입하고 유보로 처분한다.
6. 기업회계기준에 따르면 금융부채는 상각후원가로 측정하지만 법인세법에서는 원칙적으로 현재가치 평가를 수용하지 않는다.
7. 법인세법상 현재가치 평가에 대한 예외로서 장기할부매입채무는 기업회계기준에 의한 현재가치 평가를 결산조정으로 허용하며 회사채의 경우에는 기업회계기준에 따라 현재가치로 평가해야 한다.
8. 기업회계기준에 따르면 전환사채의 전환권대가는 자본이며 이에 상응하는 금액을 전환권조정으로 계상하여 상환 혹은 전환 시까지 추가로 이자비용으로 상각한다. 그러나 법인세법상 전환권대가는 익금산입하여 기타로 처분하고 전환권조정은 손금산입하여 △유보로 처분한 후 이자비용 계상 시 손금불산입하고 유보로 정리한다.
9. 기업회계기준에 따르면 전환사채의 보통주 전환 시 전환사채의 장부가액만큼 자본이 증가한 것으로 보아서 전환에 따른 손익을 인식하지 않지만 법인세법상으로는 전환사채의 장부가액과 전환된 보통주 액면금액 간 차이를 익금에 산입한다.

CHAPTER

11

이자와 배당

이번 장의 차례

CHAPTER 11

이자와 배당

기업회계기준에서 이자수익과 이자비용은 발생주의에 따라서 유효이자를 계상한다. 따라서 현금으로 받거나 지출하는 명목상의 이자가 아닌 유효이자율을 적용하여 계상한 유효이자를 계상하고 현금유출입시점과는 무관하게 기간경과에 따른 이자수익과 비용을 계상한다.

반면 법인세법에서는 유효이자를 인정하는 몇몇 예외가 있지만 대체로 실제 현금으로 받거나 지출하는 명목상 이자만을 인정한다. 또한 이자비용은 발생주의에 따라서 기간경과분을 손금에 산입하지만 이자수익은 기간경과분을 인정하지 않고 실제 현금수입시점에서 이자수익을 익금에 산입한다. 이 밖에도 법인세법에서는 조세정책 목적을 위해 채권자가 불분명한 이자비용 혹은 업무무관자산을 취득하는 데 소요되는 것으로 추정된 차입금 이자를 손금에 산입하지 않는다.

배당은 형식상 이익잉여금 처분에 따라서 현금으로 지급되는 것이 통상적이다. 법인세법에서는 이러한 통상적인 요건을 갖추지 않았어도 사실상의 배당효과를 갖는 경우에는 의제배당으로 익금에 산입한다. 여기에는 주주들의 지분변동 없이 유상감자 혹은 자기주식소각을 통해서 현금을 지급하는 경우가 있으며 잉여금이 자본전입되면서 무상주가 교부되거나 지분이 증가하는 경우가 있다.

법인세법상 배당은 이자비용과 달리 손금에 산입되지 않는다. 이 때문에 법인주주들이 받는 배당은 법인세가 중복과세된다. 이러한 중복과세로 인한 세부담을 완화시켜주기 위해서 법인세법에서는 법인주주들이 받는 배당소득에 대해서는 지분율에 따라 일정비율을 익금불산입한다.

#발생주의 #유효이자 #지급이자손금불산입 #의제배당 #수입배당금익금불산입

1 이자수익과 이자비용

1.1 귀속시기

1) 기업회계기준

K-IFRS에서는 이자수익과 비용의 인식에 대해서 별도의 기준서를 두고 언급하지는 않는다. 그렇지만 이미 여러분은 기업회계에서 이자수익과 비용을 어떻게 인식하는지를 알고 있다. 이자수익과 이자비용은 동일한 거래에서 채권자와 채무자 입장에서 생긴다. 따라서 이자수익과 이자비용은 개념적으로 동일한 시기에 동일한 금액으로 인식되어야 한다. 물론 충당부채와 같은 예외도 있다. 즉 충당부채는 상대방인 채권자가 존재하지 않는 일방적으로 설정된 부채이다.

이자수익은 금융자산에서 생긴다. 금융자산은 상각후원가, 기타포괄손익-공정가치 혹은 당기손익-공정가치로 측정하는데 어떤 경우가 되었든 유의적인 금융요소가 포함되어 있다면 현재가치로 평가해야 하며 현재가치로 평가하면 유효이자율법을 적용하여 이자수익을 인식해야 한다. 이는 거래의 상대방인 금융부채를 지고 있는 채무자 입장에서도 마찬가지이다.

이자비용을 유효이자율법에 의해 계상한다는 것은 명목상 현금으로 지급되는 이자가 아닌 사실상의 이자비용을 계상한다는 의미이다. 예를 들어 한 친구에게 현금 100만원을 빌리면서 이자를 주지 않고 1년 후 원금으로 110만원을 주기로 했고 다른 친구에게도 동일하게 100만원을 빌리면서 1년간 10% 이자를 주기로 했다고 하자. 첫 번째 친구에게 빌린 조건과 두 번째 친구에게 빌린 조건이 다른 것인가? 첫 번째 친구에게 빌린 조건을 보면 명목상으로는 분명히 이자가 없지만 실제로 이자가 없는 것인가? 당연히 아닐 것이다. 이런 측면에서 중요한 것은 형식적인 계약조건이 아니고 암묵적으로 내재된 사실상의 조건임을 알 수 있다. 기업회계의 유효이자율법은 사실상의 조건에 따라 이자수익이나 비용을 계상해야 한다는 것을 보여주는 것이다.

유효이자율법은 이자수익과 비용은 현금수수시기가 아닌 발생주의에 의해 경과한 기간에 따라 계상되어야 한다는 것도 포함한다. 회사가 자금을 차입하면서 매연도 6월말에 이자를 지급하기로 계약을 맺었다면 6월말이 도래하지 않는 한 법적으로는 이자를 지급하지 않아도 된다. 하지만 회사가 이자를 지급할 의무는 6월말이 되어서 갑자기 생긴 것이 아니라 기간이 경과하면서 서서히 축적된 것이다. 이런 점에서 이자비용은 지급하기로 한 날에 인식하는 것이 아니라 경과한 기간만큼 비례적으로 인식해야 한다.

2) 법인세법

이자비용의 귀속시기

법인세법 시행령 제70조(이자소득 등의 귀속사업연도)
ⓐ 법인이 지급하는 이자 및 할인액은 소득세법에 따른 수입시기에 해당하는 날이 속하는 사업연도에 손금에 산입한다. ⓑ 다만, 결산을 확정할 때 이미 경과한 기간에 대응하는 이자 및 할인액(ⓒ 차입일부터 이자지급일이 1년을 초과하는 특수관계인과의 거래에 따른 이자 및 할인액은 제외한다)을 해당 사업연도의 손비로 계상한 경우에는 그 계상한 사업연도의 손금으로 한다.

위 시행령은 법인세법상 이자비용의 귀속시기를 규정한다. ⓐ를 보면 우선 원칙적으로는 소득세법의 이자수입시기로 한다고 정한다. 소득세법의 이자소득의 수입시기를 이자비용의 수입시기에 준용하는 것은 상식적으로 이자비용과 이자소득의 귀속시기는 서로 일치해야 하기 때문이다. 즉 누군가의 이자소득은 그 상대방의 이자비용이기 때문에 논리적으로 양자의 시기가 다를 수 없다. 관련된 소득세법 규정을 간단하게 살펴보면 아래와 같다.

소득세법 시행령 제45조(이자소득의 수입시기)
1. 통상적인 이자와 할인액: 약정에 따른 상환일. 다만, 기일 전에 상환하는 때에는 그 상환일
2. 채권 등으로서 무기명인 것의 이자와 할인액: 그 지급을 받은 날
3. 채권 등으로서 기명인 것의 이자와 할인액: 약정에 의한 지급일

위 소득세법 규정을 보면 이자소득의 경우에는 실제로 현금을 받거나 받기로 한 날에 귀속되는 것임을 알 수 있고 이자비용의 경우에도 이런 규정을 동일하게 적용한다는 것을 알 수 있다. 위 규정에 따르면 1월 1일에 자금을 대여한 후 1년 후인 1월 1일

에 이자를 받기로 계약을 맺었다면 이 계약에 따른 이자소득은 금년이 아닌 그 다음 해에 계상되는 것이고 이는 이자를 지급하는 측에도 동일하게 적용되는 것이다.

그러나 위 법인세법 시행령에는 예외규정 ⓑ가 있다. 이를 보면 이미 경과한 기간에 대한 이자비용을 계상한 경우에는 이를 해당 사업연도의 손금으로 인정한다고 정한다. 이런 규정은 회사가 기간경과분 이자비용을 결산에 반영한 경우에 인정한다는 것이므로 결산조정에 의해서 ⓐ에 대한 예외를 둔 것이다.

그런데 ⓑ에 대한 예외로서 ⓒ가 있다. 즉 ⓐ에 대한 예외규정인 ⓑ 규정에 대한 예외로서 ⓒ가 있는 것이다. 따라서 ⓒ는 다시 ⓐ로 돌아가서 기간경과분에 대한 이자비용을 결산에 반영했다고 하더라도 인정하지 않겠다는 것이다. ⓒ는 차입일로부터 이자지급일이 1년을 초과하는 특수관계인 거래의 이자비용에 대해서만 적용된다. 기간경과분에 대한 이자를 손금으로 인정한다는 규정을 악용하기 위해서 특수관계자로부터 형식적으로 차입한 후 이자를 5년 후에 한꺼번에 지급한다고 할 수도 있다. 그렇게 되면 실제 현금지급은 하지 않으면서 계속적으로 이자비용만 손금에 산입하여 납부세액을 감소시킬 수 있다. ⓒ는 이런 악용 사례를 방지하고자 함이다.

이자수익의 귀속시기

법인세법 시행령 제70조(이자소득 등의 귀속사업연도)
ⓓ 법인이 수입하는 이자 및 할인액은 소득세법에 따른 수입시기에 해당하는 날이 속하는 사업연도. ⓔ 다만, 결산을 확정할 때 이미 경과한 기간에 대응하는 이자 및 할인액(ⓕ 원천징수되는 이자 및 할인액은 제외한다)을 해당 사업연도의 수익으로 계상한 경우에는 그 계상한 사업연도의 익금으로 한다.

위 조문은 앞선 조문에서 계속 이어진다. ⓓ는 앞선 이자비용 조문에서의 ⓐ에 대응되는 조문이다. 즉 이자수익의 익금 귀속시기는 실제로 이자를 받거나 받기로 한 날이다. ⓔ 역시도 앞선 ⓑ에 대응되는 조문이다. 예외적으로 결산조정에 의하여 기간경과 이자수익을 익금에 산입할 수 있다는 것이다. 위 시행령에서 눈여겨보아야 할 조문은 ⓕ이다. ⓕ항은 ⓔ에 대한 예외로서 원천징수되는 이자는 제외한다는 것이다.

원천징수되는 이자에 대해서 왜 예외를 두고 있을까? 우리나라 세법을 보면 우리나라의 모든 금융기관과 법인은 이자를 지급할 때 이자소득자가 앞으로 납부할 이자소득세의 일부를 원천징수해야 한다. 원천징수는 일종의 대리예납이다. 즉 이자소득자의 세금을 미리 징수해서 실제 신고를 해야 할 이자소득자를 대리하여 미리 납부하는 것이다. 이런 원천징수는 성격상 실제로 이자를 지급할 때만이 가능하다. 즉 단순히 기간이 경과했다고 해서 원천징수하는 것은 불가능하다. 이런 점에서 원천징수되는 이자소득에 대해서는 기간이 경과했다고 해서 이자소득을 익금에 산입하지는 않는다.

실제 현금수입이 없는 단순히 기간만 경과한 이자소득은 일종의 미실현소득이다. 미실현소득에 대한 과세는 조심스럽다. 미실현소득에 대해서 과세하게 되면 세금을 낼 실질적 현금수입이 없는데도 현금으로 세금을 납부해야 하는 난처한 상황이 생길 수 있기 때문이다. 이런 점 때문에 우리나라뿐만 아니라 다른 나라에서도 이자소득에 대해서는 대개 발생주의가 아닌 현금주의를 적용한다.

물론 ⓕ에 의해 원천징수하지 않는 이자소득에 대해서는 이런 예외규정이 적용되지 않는다. 그러나 이자소득은 거의 대부분 법인이나 금융기관으로부터 수령한다. 따라서 극소수의 개인 간의 사채(私債)이자(소득세법 용어로는 비영업대금이익)를 제외하고는 모든 이자소득은 원천징수 대상이라고 볼 수 있다. 이런 점에서 보면 ⓕ는 단순한 예외조항이 아니고 실제로는 모든 이자수익에 적용되는 보편적 조항이다.

이미 이자비용과 이자수익은 그 귀속시기가 서로 일치하는 것이 당연하다고 말한 바 있다. 그런데 위 법인세법 시행령상 이자비용과 수익의 귀속시기를 보면 이자비용은 기간경과분에 대한 손금산입을 허용하지만 이자수익은 대체로 기간경과분을 익금에 산입하지 않고 있다는 것을 알 수 있다. 따라서 법인세법상 이자비용과 이자수익의 익금과 손금산입시기가 서로 일치하지 않는다.

예제 11-1

2년 후 10,000원을 상환하기로 하고 제1차연도 7월 1일에 12,160원을 차입하였다. 이자 명목으로 제2차연도, 제3차연도 7월 1일에 4,000원을 지급하며 이에 대해서 원천징수의무를 이행한다. 채권자와 채무자 입장으로 각각 구분하여 제1차연도 7월 1일부터 매일자별로 분개하고 매연도별로 필요한 세무조정을 하시오. 적용할 유효이자율은 25%이다.

| 풀이 |

※ 세법상 채권자와 채무자의 손익귀속시기가 다르다는 점에 주의해야 한다.

연도	채권자	채무자
제1차연도 7월 1일	차) 대여금 12,160 대) 현금 12,160	차) 현금 12,160 대) 차입금 12,160

제1차연도 12월 31일	차) 미수이자 2,000 대) 이자수익 1,520[b] 대여금 480 (세무조정) 손금산입 미수이자 2,000(△유보) 손금불산입 대여금 480(유보)	차)이자비용 1,520 대) 미지급이자 2,000 차입금 480 (세무조정) 손금산입 차입금 480(△유보)
제2차연도 7월 1일[a]	차) 현금 4,000 대) 미수이자 2,000 이자수익 1,520 대여금 480	차) 미지급이자 2,000 대) 현금 4,000 이자비용 1,520 차입금 480
제2차연도 12월 31일[a]	차) 미수이자 2,000 대) 이자수익 1,400[c] 대여금 600 (세무조정) 손금불산입 대여금 1,080(유보)	차) 이자비용 1,400 대) 미지급이자 2,000 차입금 600 (세무조정) 손금산입 차입금 1,080(△유보)
제3차연도 7월 1일	차) 현금 14,000 대) 미수이자 2,000 이자수익 1,400 대여금 10,600 손금불산입 미수이자 2,000(유보) 손금산입 대여금 1,560(△유보)	차) 미지급이자 2,000 대) 현금 14,000 이자비용 1,400 차입금 10,600 (세무조정) 손금불산입 차입금 1,560(유보)

a) 채권자의 세무조정 중 다음을 생략하였다.
제2차연도 7월 1일에 익금산입 미수이자 2,000(유보)
12월 31일에 손금산입 미수이자 2,000(△유보)

b) 제1차연도 7월 1일부터 1년간의 유효이자는 12,160원×25%=3,040원인데 이 중 제1차연도에 귀속되는 금액은 절반인 1,520원이다. 나머지 절반인 1,520원은 제2차연도에 귀속된다.

c) 제2차연도 7월 1일부터 1년간의 유효이자는 11,200원×25%=2,800원인데 이 중 제2차연도에 귀속되는 금액은 절반인 1,400원이다. 나머지 절반인 1,400원은 제3차연도에 귀속된다.

※ 이 문제를 순자산 차이를 조정하는 방식으로 접근해볼 수 있다.

(회계)

연도	채권자		채무자	
	대여금	미수이자	차입금	미지급이자
제1차연도	11,680	2,000	11,680	2,000
제2차연도	10,600	2,000	10,600	2,000
제3차연도	–	–	–	–

(법인세법)

연도	채권자		채무자	
	대여금	미수이자	차입금	미지급이자
제1차연도	12,160	–	12,160	2,000
제2차연도	12,160	–	12,160	2,000
제3차연도	–	–	–	–

(차이)

연도	채권자		채무자	
	대여금	미수이자	차입금	미지급이자
제1차연도	480	△2,000	△480	–
제2차연도	1,560	△2,000	△1,560	–
제3차연도	–	–	–	–

(세무조정)

※ 차이의 증감에 대해서 유보로 조정한다.

연도	채권자	채무자
제1차연도	익금산입 대여금 480원(유보) 손금산입 미수이자 2,000원(△유보)	손금산입 차입금 480원(△유보)
제2차연도	익금산입 대여금 1,080원(유보)	손금산입 차입금 1,080원(△유보)
제3차연도	손금산입 대여금 1,560원(△유보) 익금산입 미수이자 2,000원(유보)	익금산입 차입금 1,560원(유보)

1.2 이자비용의 손금불산입

법인세법 제28조(지급이자의 손금불산입)

다음 각 호의 차입금의 이자는 내국법인의 각 사업연도의 소득금액을 계산할 때 손금에 산입하지 아니한다.

1. 채권자가 불분명한 이자
2. 지급받은 자가 불분명한 이자
3. 건설자금에 충당한 차입금의 이자
4. 업무무관자산이나 특수관계자에 대한 업무무관 가지급금과 관련된 이자

위 법인세법은 이자비용 중 손금에 산입하지 않는 항목들을 보여준다. 손금에 산입하지 않는 취지는 다양하다. 채권자가 확실하지 않거나 이자를 지급받는 자가 확실하지 않은 경우에 해당 지급이자는 손금에 산입하지 않는다. 채권자가 누구인지도 모르거나 이자를 지급받은 자가 불분명하다면 이는 과세소득을 감소시킬 목적을 갖고 실제로 존재하지 않는 가공의 차입금으로 가공의 이자비용을 계상한 것이라고 의심해볼 수 있다. 아니면 대주주 혹은 경영자들이 임의로 회사자금을 유용한 후 이를 숨기기 위해

이자를 지급한 것처럼 꾸몄다고도 볼 수 있다. 어떤 경우이든지 과세당국 입장에서는 불순한 의도를 갖고 있다고 볼 수밖에 없을 것이고 이런 이자비용은 손금에 산입해 줄 수 없는 것이다. 채권자가 불분명한 이자 등에 대해서는 손금불산입하고 대표자상여로 처분한다. 그 이유는 소득의 귀속자를 알 수 없기 때문이다.

건설자금에 충당한 차입금 이자(즉 건설자금이자)는 자본화해야 할 이자로서 자산의 취득원가에 포함되어야 한다. 따라서 이렇게 손금불산입된 지급이자는 순자산의 차이를 가져오는 일시적 차이이므로 유보로 처분한다. 유보로 처분된 금액은 취득원가를 구성하여 처분이나 감가상각을 통해서 손금으로 산입되어 정리된다.

지급이자 중 업무무관자산을 취득하는 데 소요된 자금에 대한 지급이자는 손금에 산입되지 않는다. 업무무관자산이란 업무와 무관한 부동산이나 그림, 골동품과 같은 자산을 의미한다. 특수관계자에게 지급한 가지급금도 업무무관자산과 유사하다. 회사의 업무와 관련 없는 자산을 취득하는 데 소요된 자금이자를 손금에 산입해주면 오히려 그런 행위를 조장하는 것과 다름없으므로 당연히 손금에 산입시킬 수 없다. 그리고 이에 대해서는 기타사외유출로 처분한다. 기타사외유출로 처분한 이유는 이자로 인한 사외유출은 그 이자를 수령한 상대방에게 이자소득으로 어차피 과세될 것이므로 별도로 추가 과세할 필요가 없기 때문이다.

문제는 업무무관자산 등을 취득하는 데 소요된 자금이 얼마인지를 어떻게 추정할 것인가이다. 회사가 업무무관자산을 취득하겠다고 공언하고 자금을 차입할 리는 없을 것이므로 도대체 어떤 자금이 얼마나 업무무관자산을 취득하는 데 들어갔는지를 알 수는 없다. 따라서 법인세법 시행령에서는 다음과 같이 추정한다고 정한다(법인세법 시행령 제53조).

$$\text{지급이자} \times \frac{\text{업무무관자산 등 적수(총차입금 한도)}}{\text{총차입금 적수}}$$

위 식은 총차입금에서 업무무관자산이 차지하는 비중만큼을 지급이자에서 손금불산입한다는 취지이다. 위 공식에서는 적수(積數)라는 용어는 사업연도 동안 매일매일의 잔액을 누적시킨 금액이라는 의미이다. 적수를 이용하는 것은 연평균 개념이 필요하기 때문이다. 적수를 365일로 나누면 연평균잔액이 나온다. 예를 들어 총차입금은 1년 내내 1억원을 유지했는데 업무무관자산은 1억원에 취득했다가 한 달 만에 처분하였다고 하자. 만일 적수 개념을 적용하지 않고 기말잔액기준으로만 보면 총차입금과 업무무관자산은 모두 1억원이다. 그러나 연평균 개념으로 보면 업무무관자산은 1개월만 보유하였기 때문에 1년 동안 보유했던 총차입금의 12분의 1에 불과한 것이다. 따라서 위 공식에는 특정시점의 잔액보다는 연평균 개념을 적용하는 것이 합리적이다.

손금불산입 한도와 순위

법인세법 시행령 제55조(지급이자의 손금불산입의 적용순위)
지급이자의 손금불산입이 동시에 적용되는 경우는 아래 순서로 적용한다.
1. 채권자가 불분명한 이자
2. 지급받은 자가 불분명한 이자
3. 건설자금에 충당한 차입금의 이자
4. 업무무관자산이나 특수관계자에 대한 업무무관 가지급금과 관련된 이자

당연한 말이지만 지급이자로 손금불산입되는 금액이 지급이자 총액을 초과해서는 안 된다. 만일 손금불산입 규정이 동시에 적용되어 그 금액이 지급이자 총액을 넘어가면 어떻게 해야 할까? 이를 위해서는 손금불산입의 우선순위를 적용하여야 한다. 그 우선순위는 위 시행령에서 정하고 있다. 예를 들어 회사가 1억원의 건설자금이자를 지급하였는데 그 전액이 채권자가 불분명하다면 위 우선순위에 따라 1억원 전부를 채권자가 불분명한 사채이자로 보아 손금불산입시키고 건설자금이자는 없는 것으로 해야 한다.

예제 11-2

업무무관 부동산 2,000원(시가 3,000원)이 있으며 기중 취득가액과 시가의 변동은 없다. 상장법인으로 제2차연도말 유일한 부채인 회사채가 있다. 관련 자료는 아래와 같다. 제2차연도 손금불산입되어야 하는 지급이자를 계산하고 세무조정하시오.

발행일: 제1차연도 1월 1일, 만기: 2년, 액면이자율: 0%, 발행금액: 10,000원, 만기상환금액: 14,400원

| 풀이 |

※ 회사채의 경우에는 법인세법에서도 기업회계기준에 따라 사채할인발행차금을 유효이자율법으로 상각한다. 유효이자율은 20%이다. 비록 액면이자는 없지만 유효이자율법에 따라서 제2차연도에는 2,400원의 이자비용을 손금에 산입한다. 그리고 회사채의 세무상 장부가액은 제1차연도말 장부가액인 12,000원으로 한다. 업무무관자산 적수는 2,000원×365일=730,000원이다.

(업무무관자산 관련 이자)

2,400원(이자비용)×730,000원/4,380,000원=400원

	금액	일수	적수	이자비용
차입금	12,000	365	4,380,000	2,400
업무무관자산	2,000	365	730,000	400

(세무조정)

익금산입 업무무관자산 관련 지급이자 400원(기타사외유출)

예제 11-3

상장법인인 ㈜서울의 업무무관 가지급금의 기말잔액은 1,000원이며 기중 변동이 없었다. 제1차연도 결산상 지급이자 내역(이자율)은 다음과 같다. 손금불산입되는 지급이자를 계산하고 세무조정하시오.

A: 300원(30%), B: 1,000원(25%), C: 800원(20%), D: 600원(15%)

위 차입금 중 A는 채권자가 불분명하며 C의 지급이자 50%는 건설자금이자이다.

| 풀이 |

※ 차입금의 잔액에 대한 자료가 제시되어 있지 않아도 차입금 적수는 (지급이자/이자율)×365일로 하여 구할 수 있다. 이는 차입금 적수×(1/365)×이자율=지급이자라는 공식을 역으로 이용한 것이다. 이와 같이 (주)서울의 차입금 적수를 역으로 구해보면 다음과 같다.

차입금	이자비용	이자율	적수
A	300	30%	365,000
B	1,000	25%	1,460,000
C	800	20%	1,460,000
D	600	15%	1,460,000
합계	2,700		4,745,000

※ 위 합계액에서 채권자불분명이자 및 건설자금이자를 제외하면 나머지 이자비용과 차입금 적수는 아래와 같다.

차입금	이자비용	적수
합계	2,700	4,745,000
(차감)		
채권자불분명이자	300	365,000
건설자금이자	400	730,000
차액	2,000	3,650,000

※ 업무무관자산의 적수는 1,000원×365=365,000원이다. 따라서 위 차액에서 업무무관자산이 차지하는 비율대로 업무무관자산과 관련된 이자를 다음과 같이 구한다.
2,000원(이자비용)×365,000원(업무무관자산 적수)/3,650,000원=200원(업무무관자산 관련 이자)

(세무조정)

익금산입 채권자불분명 사채이자(차입금 A)	300원(대표자상여)
익금산입 건설자금이자(차입금 C)	400원(유보)
익금산입 업무무관자산관련 지급이자	200원(기타사외유출)

2 잉여금 처분과 현금배당

1) 기업회계기준

배당은 주주총회의 결의를 거친 이익잉여금 처분이다. 가장 대표적인 것은 현금으로 배당금을 지급하는 것이다. 발행회사 입장에서 배당금 지급은 비용이 아니다. 비용이 아닌 이유는 이익을 창출하기 위하여 지급된 금액이 아니며 이익을 처분한 결과이기 때문이다. 그러나 주주 입장에서는 수익이 된다. 배당금 수령으로 인하여 순자산이 증가하기 때문이다.

배당이 결의되면 발행회사에서는 이익잉여금이 감소하며 주주들에게는 동일한 금액의 순자산이 증가한다. 따라서 배당을 인식하는 시점은 주주총회에서 배당을 결의한 날이다. 따라서 배당이 결의되었지만 현금이 지급되지 않은 경우 발행회사는 부채로 미지급배당금을 계상해야 하며 주주는 미수배당금이라는 자산을 계상해야 한다.

예를 들어 이익잉여금 처분으로 10,000원을 배당으로 지급할 것을 결의하였다면 발행회사와 주주들은 각각 다음과 같이 분개한다.

(발행회사)

주주총회 결의	차) 이익잉여금	10,000	대) 미지급배당금	10,000
현금지급	차) 미지급배당금	10,000	대) 현금	10,000

(주주)

주주총회 결의	차) 미수배당금	10,000	대) 배당금수익	10,000
현금지급	차) 현금	10,000	대) 미수배당금	10,000

2) 법인세법

이익잉여금 처분의 손금불산입

법인세법 제20조(자본거래 등으로 인한 손비의 손금불산입)
결산을 확정할 때 잉여금의 처분을 손비로 계상한 금액은 내국법인의 각 사업연도의 소득금액을 계산할 때 손금에 산입하지 아니한다.

위 법인세법에서는 발행회사 입장에서 이익잉여금 처분으로 인한 금액은 손금에 산입하지 않음을 규정한다. 기업회계기준에서와 마찬가지로 이익창출에 공헌하는 금액이 아닌 사후적으로 이익을 처분한 금액이기 때문이다. 그러나 주주 입장에서 배당금은 익금에 산입한다. 따라서 지급한 회사는 손금에 산입되지 않으면서 수령한 주주에게는 익금에 산입되어 과세된다.

일반적 거래에서 부당행위가 아닌 이상 한쪽 일방에게 과세되면 다른 쪽 상대방에게는 손금에 산입되어야 한다. 그런데 배당의 경우에는 발행회사와 주주 입장을 서로 합쳐보면 주주에게는 과세되면서 배당금을 지급한 발행회사는 손금에 산입되지 않는다. 이는 배당의 이중과세 논란을 불러오는 근원이다.

배당금 수입의 귀속시기

법인세법 시행령 제70조(이자소득 등의 귀속사업연도)
법인이 수입하는 배당금은 「소득세법 시행령」 제46조에 따른 수입시기에 해당하는 날이 속하는 사업연도의 익금에 산입한다.

위 법인세법 시행령은 주주 입장에서 수령하는 배당금의 귀속사업연도를 일단 소득세법에 따른 시기로 규정한다. 위 법인세법에서 언급한 소득세법 시행령 규정은 아래와 같다.

소득세법 시행령 제46조(배당소득의 수입시기)
배당소득의 수입시기는 다음 각 호에 따른 날로 한다.
1. 무기명주식의 이익이나 배당: 그 지급을 받은 날
2. 잉여금의 처분에 의한 배당: 당해 법인의 잉여금 처분결의일

위 소득세법 규정은 배당금 수령으로 인한 익금의 산입시기는 잉여금 처분결의일이라고 정한다. 이 역시 기업회계기준과 동일하다. 다만 무기명 주식의 배당은 실제로 지급을 받은 날로 정하고 있다. 무기명 주식은 배당을 지급받을 주주가 누군지 알 수 없으므로 배당을 결의한 것만 가지고 배당소득을 확정시킬 수 없기 때문이다.

현실적으로 무기명주식은 거의 없다. 그러나 만일 무기명주식이 존재한다면 무기명주식에 대한 귀속시기가 기업회계기준과 다르기 때문에 세무조정이 생길 수 있다. 즉 주주 입장에서 결산상 주주총회 결의일에 배당금 수익이 인식되지만 법인세법에서는 실제로 현금을 수입한 날에 익금에 산입하여야 한다. 따라서 배당 결의일에 결산상 계상한 배당금 수익을 익금에 불산입하여 △유보로 처분하고 실제로 현금을 수령한 날에 익금에 산입하고 유보처분을 하여 앞선 △유보와 상계한다.

이익잉여금 처분에 따른 배당은 법인세법상 익금에 산입되지만 예외적으로 자본준비금 감액배당은 익금에 산입하지 않는다(법인세법 제18조 8호). 이는 상법상 자본준비금을 감액하여 이익잉여금으로 대체하고 이를 재원으로 삼아서 지급하는 배당인데 이는 배당이라기보다는 자본의 환급으로 볼 수 있으므로 익금에 산입하지 않는 것이다.

3 자본감소와 의제배당

1) 기업회계기준

발행회사

새로운 주식을 발행하여 자본을 증가시키는 것과는 반대로 회사는 기존의 발행주식의 일부를 회수하여 자본을 감소시키기도 한다. 이렇게 자본을 감소시키는 이유는 여러 가지가 있겠지만 주로 결손보전 혹은 대주주들의 지배권 강화 등의 목적을 갖는다.

자본감소에 대해서는 K-IFRS에서 별도의 기준서를 발행하지 않았다. 다만 우리나라 일반기업회계기준에서 자본감소에 대한 처리를 규정하고 있다. 자본이 감소하면 회사의 발행주식수가 줄어들고 이에 따라 자본금이 감소한다. 자본금 감소의 대가가 주어지는 경우도 있지만(유상감자) 대가를 주지 않고 무상으로 감소시키기도 한다(무상감자). 일반기업회계기준에 따르면 자본감소절차에 의해서 줄어든 자본금과 감자의 대가와의 차이는 감자차익 혹은 감자차손으로 분류한다. 만일 줄어든 자본금보다 대가로 지급한 금액이 적다면 회사 입장에서는 이익, 즉 감자차익이 생긴 것이며 반대로 줄어든 자본금보다 대가로 지급한 금액이 크다면 감자차손이 생긴 것이다. 예를 들어 회사가 액면 5,000원인 보통주 1주를 7,000원에 감자한 경우와 3,000원에 감자한 경우로 구분해서 분개하면 다음과 같다.

7,000원 지급	차) 자본금	5,000	대) 현금	7,000
	감자차손	2,000		
3,000원 지급	차) 자본금	5,000	대) 현금	3,000
			감자차익	2,000

위 분개에서 인식한 감자차손과 감자차익은 당기손익이 아니며 감자차손은 자본조정으로 감자차익은 자본잉여금으로 구분한다. 자본조정과 자본잉여금은 자본의 구성항목이기 때문에 위 분개로 인하여 실질적으로 줄어든 자본은 자본감소로 지급한 현금과 같다는 것을 알 수 있다. 예를 들어 보통주 1주를 줄이면서 7,000원을 지급했다면 자본금은 액면금액인 5,000원만큼 줄어들었지만 감자차손이 생기면서 추가로 2,000원이 더 줄어들게 되어 실질적으로 감소한 자본은 7,000원이 된다. 반대로 위 예에서 3,000원을 감자대가로 지급하였다면 자본금은 5,000원 줄어들었지만 2,000원의 감자차익이 생겨

서 실질적으로 줄어든 자본은 3,000원이 된다.

주주

주주가 보유한 회사의 주식은 지분상품으로 금융자산이다. 자본감소가 일어나면 주주는 금융자산의 일부를 처분한 것과 동일하다. 다만 처분한 상대방이 제3자가 아닌 발행회사라는 점에서 차이가 있을 뿐이다. 금융자산을 처분하면 처분대가와 장부가액 간의 차이를 금융자산 처분손익으로 계상한다.

그런데 지분상품인 금융자산의 장부가액은 당기손익-공정가치로 측정하거나 아니면 기타포괄손익-공정가치로 측정하는 것을 선택할 수 있다. 어느 경우이든지 처분시점에서 공정가치로 장부가액을 수정한 후 처분대가와 차이를 처분손익으로 계상해야 한다. 제3자와의 독립적 거래라면 당연히 공정대가와 처분대가는 일치할 것이므로 처분손익은 계상되지 않는다.

예를 들어 지분상품으로 보통주를 5,000원에 취득하였는데 유상감자로 인하여 발행회사에 주식을 반환하고 7,000원을 수령하였다고 하자. 만일 독립적인 거래라면 처분 당시 공정가치는 7,000원일 것이므로 7,000원으로 장부가액을 수정한 후 처분손익은 인식하지 않는다. 당기손익-공정가치 측정 지분상품인지 아니면 기타포괄손익-공정가치 측정 지분상품인지에 따라서 다음과 같이 분개한다. 지분상품에서 기타포괄손익-공정가치로 측정할 것을 선택하였다면 기타포괄손익은 처분으로 인하여 당기손익으로 재분류되지 않는다는 점을 주의한다.

당기순익-공정가치	차) 금융자산	2,000	대) 금융자산평가익(PL)	2,000
	차) 현금	7,000	대) 금융자산	7,000
기타포괄손익- 공정가치	차) 금융자산	2,000	대) 금융자산평가익(OCI)	2,000
	차) 현금	7,000	대) 금융자산	7,000

2) 법인세법

발행회사

법인세법 제17조(자본거래로 인한 수익의 익금불산입)

다음 금액은 내국법인의 각 사업연도의 소득금액을 계산할 때 익금에 산입하지 아니한다.

1. 주식발행액면초과액: 액면금액 이상으로 주식을 발행한 경우 그 액면금액을 초과한 금액

…(중략)…

4. 감자차익: 자본감소의 경우로서 그 감소액이 주식의 소각, 주금의 반환에 든 금액과 결손의 보전에 충당한 금액을 초과한 경우의 그 초과금액

앞서 기업회계기준에서의 처리에 의하면 자본이 감소할 경우 생기는 감자차익이나 감자차손은 자본잉여금 혹은 자본조정으로 계상하며 당기손익과는 무관하다. 위 법인세법 규정에서도 주식발행초과금과 감자차익은 익금에 불산입한다고 정함으로써 기업회계기준과 같은 입장을 취하고 있다. 다만 감자차손의 경우에는 어떻게 할 것인지가 명확하게 규정되어 있지 않다. 그러나 감자차손의 경우에도 부당행위에 해당되지 않는다면 감자차익에 대해서 익금불산입한 것과 대칭적으로 손금에 산입하지 않아야 할 것이다.

법인세법 시행령 제88조(부당행위계산의 유형 등)

"조세의 부담을 부당하게 감소시킨 것으로 인정되는 경우"란 다음 각 호의 어느 하나에 해당하는 경우를 말한다.

…(중략)…

8. 다음 각 목의 어느 하나에 해당하는 자본거래로 인하여 주주 등(소액주주 등은 제외)인 법인이 특수관계인인 다른 주주 등에게 이익을 분여한 경우

…(중략)…

다. 법인의 감자에 있어서 주주 등의 소유주식 등의 비율에 의하지 아니하고 일부 주주 등의 주식 등을 소각하는 경우

법인세법에서 자본감소의 경우에 주의할 것은 부당행위계산부인 규정에 해당될 가능성이다. 모든 주주에 대해 균등하게 자본을 감소시키지 않고 특정한 주주들의 자본만을 시가보다 높거나 혹은 낮은 가액으로 감소시키게 되면 회사의 부가 특정주주 집

단에게 이전되거나 주주들 간에 부의 이전이 일어날 수 있다. 위 법인세법 시행령 규정에서는 이런 경우에는 부당행위계산부인 규정을 적용한다고 정한다.

만일 부당행위계산부인 규정에 해당된다면 낮은 가액으로 자본을 감소시킴으로써 자본이 유지된 주주들이 감소된 주주들에 비하여 상대적으로 보게 될 이익만큼 회사에게 익금산입하여 과세하며 반대로 높은 가액으로 자본을 감소시키게 되면 자본이 감소된 주주들이 자본이 유지된 주주들에 비하여 상대적으로 보게 되는 이익만큼을 익금산입하여 과세한다.

주주

법인세법 제16조(배당금 또는 분배금의 의제)
다음 각 호의 금액은 다른 법인의 주주인 내국법인의 각 사업연도의 소득금액을 계산할 때 그 다른 법인으로부터 이익을 배당받았거나 잉여금을 분배받은 금액으로 본다.
1. 주식의 소각, 자본의 감소로 인하여 주주 등인 내국법인이 취득하는 금전과 그 밖의 재산가액의 합계액이 해당 주식을 취득하기 위하여 사용한 금액을 초과하는 금액

…(중략)…

기업회계기준에서는 발행회사의 자본감소로 인하여 주주들은 금융자산 처분이 생기는 것이고 이에 따라 공정가치로 장부가액을 수정한 후 처분손익을 인식한다. 그런데 위 법인세법 규정에서는 감자대가와 감자된 주식의 취득가액을 비교하여 처분손익을 결정하고 처분이익의 경우에는 배당으로 본다는 것을 명시하고 있다. 위 조항은 사실상의 배당임에도 불구하고 주식의 처분익으로 과세되는 것을 제한하기 위한 것이다. 그러나 위와 같은 의제배당 규정의 효과는 주주가 법인인지 아니면 개인인지에 따라 달라질 수 있다.

만일 주주들이 개인이라면 위와 같은 의제배당 규정이 적용됨으로써 주식의 양도소득이 배당소득으로 바뀌게 된다. 소득세는 소득유형에 따라 다른 세율이 적용되므로 배당소득과 주식의 양도소득은 적용되는 세율에 있어서 차이가 크다. 주식의 양도소득은 배당소득에 비하여 상대적으로 낮은 세율을 적용받기 때문에 의제배당 규정의 적용으로 개인주주들의 세부담은 커진다. 만일 주주들이 법인이라면 위와 같은 의제배당 규정 적용은 오히려 유리한 세효과를 가져다주게 된다. 왜냐하면 법인세는 포괄적 입장에서 소득의 원천을 따지지 않으므로 배당소득인지 아니면 양도소득인지의 구분은

세부담에 영향이 없다. 그런데 배당소득에 대해서는 이중과세 방지를 위하여 도입된 규정에 따라 일정비율만큼 익금불산입을 적용받을 수 있다. 따라서 위와 같은 의제배당 규정은 법인주주들에게는 오히려 세부담을 줄여주는 효과가 있다.

3) 차이와 세무조정

발행회사

자본감소에 있어서 발행회사의 경우에는 기업회계와 법인세법의 차이는 없다. 따라서 세무조정은 생기지 않는다. 다만 자본감소가 법인세법상 부당행위계산부인 규정에 해당되는 경우에는 특수관계자에게 제공되었다고 계산되는 금액만큼은 익금에 산입되어 기타로 처분된다. 특수관계자에 제공된 이익을 어떻게 산출하는지는 본 절의 범위를 넘어가므로 생략한다.

주주

자본감소는 주주들에게는 금융자산의 처분이다. 기업회계기준에 따르면 처분 전 장부가액을 공정가치로 평가한 후에 처분대가와 차이를 처분손익으로 인식하지만 처분대가와 처분 전 공정가치가 일치한다면 처분손익은 별도로 계상되지 않는다. 법인세법에서는 자산의 평가손익을 인정하지 않으므로 취득원가와 처분대가와의 차이가 처분손익이 된다. 따라서 회계상 처분손익이 인식되지 않았다면 법인세법상 처분손익에 따라 익금 혹은 손금에 산입 후 유보로 처분한다. 이때 유보처분은 이미 결산상 인식한 평가손익에 대한 추인 혹은 정리가 된다.

만일 법인세법상 처분이익이 계상된다면 이는 의제배당이 된다. 의제배당으로 분류된다고 해서 익금 혹은 손금의 변동이 있는 것은 아니다. 다만 의제배당이 되면 수입배당금 익금불산입조항이 적용된다. 이에 대해서는 다음 절에서 보도록 한다.

예제 11-4

제1차연도초 ㈜부산은 액면 100원인 보통주 10,000주를 500원에 발행하여 설립되었다. 제2차연도말 ㈜부산은 유상감자를 실시하여 발행주식수를 20% 감소시키고 감소된 주식 1주당 700원을 지급하였다. ㈜서울은 설립일에 ㈜부산의 주식 100주를 취득하였다. 제1차연도말 ㈜부산의 보통주의 공정가치는 550원이고 제2차연도말에는 700원이다.

| 물음 1 | ㈜부산의 유상감자에 대한 기업회계기준에 따른 회계처리와 세무조정을 하시오.

| 물음 2 | ㈜서울의 유상감자에 대한 기업회계기준에 따른 회계처리와 세무조정을 하시오. ㈜부산의 주식을 당기손익-공정가치(FVPL)로 측정하는 경우와 기타포괄손익-공정가치(FVOCI)로 측정하는 경우로 구분하시오.

| 풀이 |

(물음 1)

(회계처리)

차) 자본금	200,000	대) 현금	1,400,000
감자차손	1,200,000		

(세무조정) 없음

(물음 2)

(당기손익-공정가치 측정)

(회계처리)

취득	차) 금융자산	50,000	대) 현금	50,000
제1차연도말	차) 금융자산	5,000	대) 금융자산평가익(PL)	5,000
제2차연도말	차) 금융자산	15,000	대) 금융자산평가익(PL)	15,000
처분	차) 현금	14,000	대) 금융자산	14,000

(세무조정)

제1차연도말	손금산입	금융자산평가익	5,000원(△유보)
제2차연도말	손금산입	금융자산평가익	15,000원(△유보)
	익금산입	금융자산평가익(의제배당)	4,000원[a)](유보)

a) 의제배당 20주×(700원−500원)=4,000원. 처분된 금융자산에 △유보된 금액을 정리한 것이다. 또 다르게 보면 유상감자로 발행주식의 20%를 감소시켰으므로 금융자산평가익으로 △유보된 금액 20,000원의 20%를 익금산입으로 정리한 것이다.

(기타포괄손익-공정가치 측정)

(회계처리)

취득	차) 금융자산	50,000	대) 현금	50,000
제1차연도말	차) 금융자산	5,000	대) 금융자산평가익(OCI)	5,000
제2차연도말	차) 금융자산	15,000	대) 금융자산평가익(OCI)	15,000
처분	차) 현금	14,000	대) 금융자산	14,000

(세무조정)

제1차연도말	손금산입	금융자산평가익	5,000원(△유보)
	익금산입	금융자산평가익	5,000원(기타)
제2차연도말	손금산입	금융자산평가익	15,000원(△유보)
	익금산입	금융자산평가익	15,000원(기타)
	익금산입	금융자산평가익(의제배당)	4,000원[a](유보)

a) 의제배당 20주×(700원－500원)＝4,000원. 처분된 금융자산에 △유보된 금액을 정리한 것이다.

4 잉여금 자본전입과 의제배당

4.1 무상증자와 주식배당

1) 기업회계기준

발행회사

회계상 자본을 구성하는 잉여금은 자본잉여금과 이익잉여금이 있다. 이런 잉여금이 자본에 전입되면 추가로 주식이 발행된다. 이때 발행되는 주식은 대가를 받지 않는 것이므로 무상으로 교부하는 주식이다. 자본잉여금이 자본에 전입되어 발행주식수가 증가하고 자본금이 증가하는 것을 무상증자라고 한다. 이익잉여금이 자본에 전입되더라도 동일하게 발행주식수가 증가하고 자본금이 증가하게 되는데 이익잉여금은 이익처분에 의하여 현금이 아닌 주식을 교부하는 것이므로 주식배당이라고 한다.

무상주 교부의 경우에는 자본잉여금이 감소하는 대신 동일한 금액의 자본금이 증가하며 주식배당의 경우에는 이익잉여금이 감소하며 동일한 금액의 자본금이 증가한다. 무상주와 주식배당은 모두 실질적인 자본(순자산)의 변동은 없다. 예를 들어 자본잉여금항목인 주식발행초과금 10,000원을 자본에 전입한다면 다음과 같이 분개한다.

차) 주식발행초과금	10,000	대) 자본금	10,000

위 분개에서 보면 자본항목인 주식발행초과금이 줄었고 그 대신 동일한 금액의 자본금이 늘었다. 따라서 결과적으로 자본(순자산)의 변동은 없다. 주식배당의 경우에도 위 분개에서 주식발행초과금이 이익잉여금으로 대체된다는 점말고는 차이가 없다.

주주

무상주를 받거나 주식배당을 받게 되면 주주들에게는 어떤 변동이 생길까? 어쨌든 보유하는 주식의 수가 증가하는 것이므로 기분은 좋을지 모른다. 그러나 차분하게 생각해보면 이는 단지 주식의 수량만 증가한 것일 뿐 경제적 효과는 없다는 것을 쉽게 알 수 있다. 극단적으로 내가 100% 지분을 전부 소유한 회사에서 무상주를 교부받았다고 해보자. 무상주를 받기 전과 후에 무엇이 달라졌는가? 나는 여전히 100%를 전부 소유한 주주이고 회사의 자본총액은 아무런 변화가 없다. 따라서 무상주와 주식배당은 경제적 효과를 갖는 거래가 아니므로 굳이 회계처리하지 않는다. 다만 장부가액은 동일하지만 주식수가 증가하여 한 주당 장부가액은 줄어들게 되므로 한 주당 장부가액을 수정해서 기록해야 한다.

2) 법인세법

발행회사가 자본잉여금 혹은 이익잉여금을 자본에 전입하는 거래는 법인세법에서도 과세대상 거래로 보지 않는다. 따라서 기업회계기준과 법인세법 간에는 차이가 없다. 따라서 이번 절에서는 주주의 경우에 초점을 둔다.

주주에 대한 의제배당 과세

법인세법 제16조(배당금 또는 분배금의 의제)
다음 각 호의 금액은 다른 법인의 주주인 내국법인의 각 사업연도의 소득금액을 계산할 때 그 다른 법인으로부터 이익을 배당받았거나 잉여금을 분배받은 금액으로 본다.

…(중략)…

2. 법인의 잉여금의 전부 또는 일부를 자본이나 출자에 전입함으로써 주주 등인 내국법인이 취득하는 주식 등의 가액. 다만, 다음 각 목의 어느 하나에 해당하는 금액을 자본에 전입하는 경우는 제외한다.
   가. 상법상 자본준비금으로서 시행령으로 정하는 것

…(중략)…

기업회계기준에서는 주주들이 무상증자 혹은 주식배당으로 무상주식을 교부받은 경우 경제적 변동이 없는 것으로 보아서 회계처리하지 않는다. 그러나 법인세법에서는 잉여금의 성격에 따라서 이를 배당으로 의제할 수 있다. 위 법인세법 규정을 보면 자본잉여금이든 이익잉여금이든 잉여금을 자본에 전입하여 무상으로 주식을 교부받은 것이 있다면 이는 배당으로 의제한다는 원칙을 세운다.

그러나 원칙에 대한 예외로서 상법상 자본준비금 중 시행령에서 정하는 것은 제외한다고 규정한다. 즉 자본준비금에 해당하는 것은 배당으로 의제하지 않는다는 것이다. 법인세법에서 준용하는 상법상의 자본준비금은 기업회계의 자본잉여금을 의미한다. 따라서 위 규정에 따르면 자본잉여금의 자본전입은 배당으로 의제하지 않고 이익잉여금의 자본전입은 배당으로 의제한다.

이미 앞서 기업회계기준에서는 이익잉여금의 자본전입은 경제적 효과가 없다고 하였음에도 왜 법인세법에서는 굳이 주식배당과 같은 이익잉여금 자본전입으로 인한 무상주 교부를 배당으로 의제하는 것일까? 기업회계 관점에서 보면 논리적 근거가 없는 엉뚱한 규정으로 보이지만 법인세법의 처리가 전혀 말이 안 되는 것은 아니다. 법인세법에서는 주식배당을 현금배당과 유상증자라는 별개의 거래가 동시에 일어난 것으로 보는 것이다. 즉 이익잉여금 처분으로 현금배당이 있었고(현금배당거래) 회사가 현금배당에 해당하는 금액만큼 유상증자한 것(유상증자거래)으로 보는 것이다.

자본잉여금 자본전입에 대한 의제배당 과세의 예외

법인세법 시행령 제12조(자본전입 시 과세되지 아니하는 잉여금의 범위 등)
ⓐ 주식발행초과금과 감자차익을 말한다. ⓑ 다만, 자기주식을 소각하여 생긴 이익(ⓒ 소각 당시 시가가 취득가액을 초과하지 아니하는 경우로서 소각일부터 2년이 지난 후 자본에 전입하는 금액은 제외한다)은 제외한다.

앞선 법인세법의 원칙상 상법상 자본준비금, 즉 회계상의 자본잉여금의 자본전입은 배당으로 의제하지 않는다고 하였다. 그러나 기업회계기준의 자본잉여금 전부가 여기에 해당하는 것은 아니다. 위 법인세법 시행령에서는 기업회계기준의 자본잉여금 전부를 말하지 않고 법인세법에서 지정한 자본잉여금 전입만을 의제배당 과세에서 제외한다고 규정한다. 법인세법에서 지칭하는 자본잉여금이란 ⓐ에서 규정하고 있는 주식발행초과금과 감자차익이다. 물론 법의 취지상 주식할인발행차금과 감자차손은 자본준비금에서 차감한다.

기업회계기준의 자본잉여금에는 주식발행초과금과 감자차익만 있는 것은 아니다. 자기주식처분익, 주식매수선택권, 전환권대가 등이 있는데 이들 과목은 모두 기업회계기준의 자본잉여금(혹은 자본조정)으로 분류되지만 법인세법상 자본잉여금으로 분류되지 않는다. 이들 항목들 외에도 위 법인세법 시행령에서는 특별히 또 하나의 예외를 규정하고 있는데 그것이 자기주식소각익이다.

일단 위 법인세법 시행령에서 ⓐ, ⓑ, ⓒ의 관계를 보자. ⓐ는 주식발행초과금과 감자차익은 비록 자본에 전입된다고 하더라도 배당으로 의제하지 않음을 규정한 것이다. ⓑ는 ⓐ에 대한 예외로서 자기주식소각익이 자본에 전입된다면 이는 배당으로 의제한다고 규정한다. 즉 자기주식소각익은 그 성격이 감자차익과 동일하기 때문에 배당으로 의제하면 안 되는데도 불구하고 이런 경우에는 배당으로 의제한다는 것이다.

그런데 ⓒ는 ⓑ에 대한 예외로서 자기주식소각익 중 소각 당시 시가가 취득가액보다 낮으면서 소각일로부터 2년 이후 자본에 전입하는 것은 다시 배당으로 의제하지 않는다고 규정한다. 즉 ⓐ는 의제배당 과세에 대한 예외이고 ⓑ는 ⓐ의 예외이며 ⓒ는 또 다시 ⓑ에 대한 예외이다. 읽기에 매우 혼란스러운 규정이다.

너무 혼란스러우니까 위 규정을 좀 더 단순하게 만들어보자. ⓑ와 ⓒ를 합쳐보면 결국 ⓐ에 대한 예외는 자기주식소각익의 경우 시가가 취득가액을 초과하거나 혹은 소각일로부터 2년 이내 자본에 전입되는 경우에는 배당으로 의제한다는 것을 의미한다. 이 두 가지 경우에는 왜 자기주식소각익 자본전입을 배당으로 의제하는 것일까?

2년 이내 자본전입한 자기주식소각익의 의제배당 과세

자기주식을 소각한 후 곧바로 자본전입을 통해서 무상주를 교부하면 주주들에게는 어떤 결과가 일어난 것인가? 주주들은 보유한 주식을 처분하여 대가를 받은 후에 다시 무상주를 받기 때문에 결과적으로 무상주를 받은 주식만큼 처분하지 않고 대가만을 받은 것과 같아진다. 이는 사실상 배당과 같다. 여기에서 자기주식소각익을 2년 이내 자본으로 전입했다면 이는 주식소각 후 곧바로 자본에 전입한 것으로 보아서 배당으로 의제하는 것이다.

시가가 취득가액을 초과하는 자기주식소각익의 자본전입의 의제배당 과세

소각일 현재 시가가 취득가액을 초과하였다면 이는 소각하지 않고 다시 처분할 수 있는 기회가 주어졌던 셈이다. 만일 소각하지 않고 자기주식을 처분하였다면 자기주식처분익이 생겼을 것이다. 자기주식처분익은 기업회계기준에서는 자본잉여금이지만 법인세법상으로 과세소득이므로 이익잉여금이다. 따라서 자기주식처분익이 자본에 전입되면 이는 배당으로 의제한다. 이와 같이 시가가 취득가액을 초과하는 자기주식소각익을 자본에 전입한 것은 자기주식처분익을 자본에 전입한 것과의 형평성 차원에서 기간에 상관없이 배당으로 의제한다.

무상주의 의제배당 과세가액

법인세법 시행령 제14조(재산가액의 평가 등)
의제배당으로 취득한 재산 중 주식의 가액은 자본잉여금 자본전입에 따른 경우에는 액면가액 그리고 주식배당의 경우는 발행금액으로 한다. 무액면주식의 가액은 자본금에 전입한 금액을 자본금 전입에 따라 신규로 발행한 주식수로 나누어 계산한 금액에 의한다.

무상주는 이름 그대로 취득가액이 없다. 무상주 수령을 의제배당으로 과세해야 한다면 과연 얼마를 과세해야 하는가? 물론 시가가 가장 합리적으로 보인다. 그러나 비상장법인 같은 경우에는 주식의 시가를 알 수 없다. 이런 점을 고려해서 법인세법에서는 자본잉여금의 전입에 의해 의제배당으로 과세되는 무상주는 액면가액으로 정하고 주식배당의 경우에는 발행금액으로 정한다. 주식배당의 발행가액은 주주총회 혹은 이사회 결의로 정해지는 것이다.

때로는 액면이 정해지지 않은 무액면주식도 있다. 그런데 하필 무상주로 교부받은 주식이 무액면주식이라면 어떻게 해야 할까? 법인세법에 따르면 무액면주식의 가액은 제13조 각 호의 어느 하나에 해당하는 날에 자본금에 전입한 금액을 자본금 전입에 따라 신규로 발행한 주식수로 나누어 계산한 금액에 의한다고 정한다. 자본금 전입규모와 발행주식수는 회사가 정하는 것이므로 이는 한 마디로 회사가 정한 대로 따른다는 것이다.

의제배당으로 과세되지 않은 무상주의 처분

기업회계기준에 의하면 의제배당으로 과세되는 무상주는 취득가액이 없지만 법인세법상으로는 의제배당으로 과세되는 금액이 새로운 장부가액이 된다. 그런데 의제배당으로 과세되지 않은 무상주의 장부가액은 어떻게 할까? 의제배당으로 과세되지 않은 무상주를 교부받았다면 장부가액 총액은 변동이 없으면서 주식수만 늘어나므로 1주당 장부가액이 다음과 같이 조정된다.

$$\text{새로운 1주당 장부가액} = \frac{\text{구 주식의 주당 장부가액}}{1 + \text{배정받은 무상주식비율}}$$

예를 들어 100주를 주당 900원에 취득하여 보유 중이었는데 주식발행초과금의 자본전입으로 50% 무상증자가 있어서 50주를 교부받았다고 하자. 그러면 새로운 장부가액은 얼마일까? 위 식에 따르면 원래 장부가액 900원에서 무상주비율이 50%이므로 1.5로 나누면 600원이 된다.

위와 같이 평균하여 장부가액이 줄어드는 것으로 계산하는 것이 합리적이기는 하지만 자칫 악용의 소지가 있다. 예를 들어 무상증자 후 유상감자를 계속해서 반복한다고 해보자. 즉 일단 의제배당으로 과세되지 않은 무상증자를 통해서 주식수를 늘린 후 위 장부가액만큼 유상감자를 실시한다. 이런 두 가지 거래를 합쳐보면 주주들은 주식 수는 그대로인 채 유상감자를 통해 현금만 수령하는 것이다. 이는 실질적으로는 현금배당을 받은 것과 같지만 무상증자와 유상감자 모두 과세되지 않는다. 이러한 조세회피를 방지하기 위해서 법인세법 시행령에서는 다음과 같은 규정을 두고 있다.

법인세법 시행령 제14조(재산가액의 평가 등)

주식 등의 소각 혹은 감자 전 2년 이내에 의제배당으로 보지 않는 잉여금의 자본전입에 의한 주식 등의 취득이 있는 경우에는 그 주식 등을 먼저 소각한 것으로 보며, 그 주식 등의 당초 취득가액은 “0”으로 한다.

위 시행령 규정은 유상감자가 있기 2년 이내 의제배당으로 과세되지 않은 무상주 취득이 있었다면 장부가액을 앞선 공식대로 평균화시키지 않고 무상주부터 줄어든 것으로 보고 취득가액을 ‘0’으로 보는 것이다. 이렇게 되면 마치 처음부터 의제배당으로 과세한 것과 동일한 세무상 효과를 볼 수 있어서 무상증자 후 유상감자를 이용한 조세회피를 방지할 수 있다.

예제 11-5

㈜서울은 ㈜부산의 주식을 다음과 같이 취득하였다. ㈜서울은 ㈜부산의 주식을 기타포괄손익-공정가치로 측정할 것을 선택하였다. 일자별로 K-IFRS에 따른 회계처리와 세무조정을 하시오. 수입배당금 익금불산입은 고려하지 않는다.

(1월 1일) 100주를 주당 10,000원에 취득하였다.

(4월 1일) 자본잉여금 자본전입에 의한 70주의 무상주와 주식배당으로 30주를 수령하고 기업회계기준에 따라서 회계처리하였다. 무상주의 액면가액은 5,000원이며 주식배당의 발행가액은 8,000원이다. 70주의 무상주 중 40주는 주식발행초과금, 30주는 1년 전 자기주식소각익의 자본전입에 의한 것이다.

(7월 1일) 무상주 수령 후 20주를 주당 10,000원에 처분하였다. 처분시점의 주식의 공정가치는 10,000원이다.

| 풀이 |

(일자별 회계처리)

1월 1일	차) 금융자산	1,000,000	대) 현금	1,000,000
4월 1일	분개 없음(1주당 장부가액을 5,000원으로 조정)			
7월 1일	차) 금융자산	100,000	대) 금융자산평가익(OCI)	100,000[a)]
	차) 현금	200,000	대) 금융자산	200,000

a) 처분대상 20주에 대해서 평가익을 계상하여 기타포괄손익으로 계상하였다. 20주×(10,000원−5,000원)=100,000원

(세무조정)

(4월 1일)

의제배당: 100주×(30%)×5,000원+100주×30%×8,000원=390,000원

※ 자기주식소각익 자본전입에 의한 무상주 30주에 대해서 주당 5,000원의 배당을 의제하고 주식배당 30주에 대해서는 발행가액으로 배당을 의제한다.

익금산입 금융자산(의제배당) 390,000원(유보)

(7월 1일)

※ 세무상 주당 장부가액은 1,390,000원/200주=6,950원이다. 20주를 처분하였으므로 처분된 장부가액은 20주×6,950원=139,000원이다. 따라서 세무상 처분익은 61,000원인데 익금산입되는 금융자산 평가익은 100,000원이므로 그 차이인 39,000원을 손금에 산입한다. 이는 보유주식수 200주의 10%인 20주를 처분하였고 그래서 유보된 금액 390,000원의 10%인 39,000원을 손금에 추인하는 것으로 계산하는 것과 동일하다.

※ 기타포괄이익으로 계상한 금융자산평가익 100,000원에 대해서는 익금산입한다.

※ 위 문제에서 주식발행초과금 전입으로 수령한 무상주는 의제배당으로 과세되지 않은 무상주이다. 만일 유상감자가 있었다면 이 무상주의 취득가액은 0이 되어야 한다. 그렇지만 본 문제에서는 유상감자가 아니고 처분한 것이므로 이 규정을 적용하지 않는다는 점에 주의해야 한다.

손금산입 금융자산 39,000원(△유보)
익금산입 금융자산평가익(OCI) 100,000원(기타)

예제 11-6

㈜서울은 제1차연도 ㈜부산의 발행주식의 50%인 10,000주를 주당 6,000원에 취득하여 보유 중이다. 각 경우별로 ㈜서울의 법인세 과세내용을 설명하시오. 단, 수입배당금 익금불산입 규정은 고려하지 않는다.

(상황 1) ㈜부산은 제2차연도 2천만원의 현금배당을 실시하였고 ㈜서울은 1천만원의 배당금을 수령하였다.
(상황 2) ㈜부산은 제2차연도 주식발행초과금을 자본전입하여 4,000주를 발행하고 다시 4,000주를 주당 5,000원에 유상감자하였는데 이에 따라 ㈜서울은 보유주식 중 2,000주를 수령했다가 다시 유상감자로 반환하였다.

| 풀이 |

(상황 1) 배당금수익 1,000만원
(상황 2) 의제배당 2,000주×(5,000원－0)＝1,000만원

※ 감자 전 2년 이내에 의제배당으로 보지 않는 잉여금의 자본전입에 의한 주식 등의 취득이 있는 경우에는 그 주식 등을 먼저 소각한 것으로 보며, 그 주식 등의 당초 취득가액은 '0'으로 한다.

※ 만일 위와 같은 규정이 없었다면 주식발행초과금을 자본전입하였으므로 의제배당으로 과세되지 않아서 무상주 수령 후 1주당 장부가액은 6,000원/1.2＝5,000원이 되고 이를 다시 5,000원에 유상으로 감자하였으므로 감자로 인한 의제배당은 없다.

4.2 지분증가에 따른 의제배당

법인세법 제16조(배당금 또는 분배금의 의제)

다음 각 호의 금액은 다른 법인의 주주인 내국법인의 각 사업연도의 소득금액을 계산할 때 그 다른 법인으로부터 이익을 배당받았거나 잉여금을 분배받은 금액으로 본다.

…(중략)…

3. 법인이 자기주식 또는 자기출자지분을 보유한 상태에서 의제배당으로 과세되지 않는 자본전입을 함에 따라 그 법인 외의 주주 등인 내국법인의 지분비율이 증가한 경우 증가한 지분비율에 상당하는 주식 등의 가액

…(중략)…

회사가 보유하고 있는 자기주식에 대해서는 신주를 교부할 수 없다. 따라서 자기주식을 보유 중인 회사가 유상 혹은 무상증자를 통해서 신주를 발행하게 되면 지분율에 따라서 배정하고 난 후 자기주식에 배정된 신주를 그대로 실권처리하든지 아니면 나머지 주주들에게 다시 지분율대로 추가로 배정한다. 이렇게 자기주식을 보유한 상태에서 증자를 하면 자기주식에 대한 신주 배정분을 실권시키거나 추가배정하거나 어떤 경우이든지 나머지 주주들의 지분율이 상승하게 된다.

예를 들어 총발행주식수가 10,000주인데 그중 50%가 자기주식이라고 하자. 이 회사가 100% 증자를 실시하여 10,000주를 추가로 발행하는데 그중 절반인 5,000주는 자기주식 배정분이다. 자기주식에 대해서는 신주를 교부할 수 없으므로 이를 다른 주주들에게 배정한다고 하자. 그러면 재배정 이후 자기주식은 그대로 5,000주인 데 비하여 다른 주주들의 주식수는 15,000주가 되어서 지분율이 재배정 전 50%에서 75%로 25%만큼 상승한다. 지분율 상승 25%에 해당하는 주식수는 20,000주×25%=5,000주이다. 결국 추가로 재배정받은 5,000주만큼이 지분율 상승에 해당하는 주식수이다.

혹시 재배정 없이 그대로 자기주식 배정분을 실권처리한다고 하자. 자기주식 배정분이 실권처리됨으로써 실제로 증자는 5,000주만 되었고 이제 다른 주주들의 지분율은 10,000주/15,000주로 66.67%(2/3)가 된다. 지분율 상승분은 16.67%인데 여기에 해당하는 주식수는 15,000주×16.67%=2,500주이다. 따라서 2,500주가 자기주식 배정분 실권에 따른 지분율 증가에 해당하는 주식수이다.

앞서 우리는 주식발행초과금 혹은 감자차익의 자본전입으로 인하여 교부받은 무상주에 대해서는 배당으로 의제하지 않는다고 배웠다. 그렇지만 위 법인세법 시행령에서

는 만일 발행회사가 자기주식을 보유하고 있어서 지분율 상승이 있었다면 지분율 상승에 해당하는 무상주만큼은 배당으로 의제한다고 규정한다.

예제 11-7

㈜부산의 주주는 다음과 같이 구성되어 있다.

㈜부산 40주(40%), ㈜서울 30주(30%), 홍길동 30주(30%)

제1차연도 4월 1일 100주를 무상증자하고자 한다. 무상주의 재원은 주식발행초과금 60%와 자기주식처분익 40%로 구성되었다. 무상주의 액면은 5,000원이며 시가 및 발행가액은 10,000원이다. 다음과 같은 상황으로 구분하여 ㈜서울이 무상주와 관련하여 수행하여야 할 세무조정을 하시오(㈜서울은 기업회계기준에 따라 회계처리한다고 가정함).

(상황 1) ㈜부산이 보유 중인 자기주식에 대하여 배정된 무상주를 주식소유비율에 따라 기존주주에게 추가배정하는 경우
(상황 2) 자기주식에 배정된 무상주를 추가배정하지 않고 실권처리하는 경우

| 풀이 |

(상황 1)

※ ㈜서울의 지분율은 원래 30%였지만 증자 후 40%로 증가한다.

	자본전입 재원		합계
	주식발행초과금	자기주식처분익	
(무상으로 교부받은 주식수)			
당초 지분율 해당분[a)]	18	12	30
증가된 지분율 해당분[b)]	12	8	20
합계	30	20	50
(의제배당으로 과세되는 금액)			
과세되는 주식수[c)]	12	20	32
주당 가액[d)]	5,000	5,000	5,000
의제배당으로 과세되는 금액	60,000	100,000	160,000

a) ㈜서울은 당초 지분율대로라면 100주 증가에 대한 지분율 30%로 30주를 배정받았어야 한다. 여기에 대한 재원별 배분은 주식발행초과금 60%이고 자기주식처분익 40%로서 각각 18주와 12주이다.

b) ㈜서울은 자기주식배정분에 대한 추가배정으로 20주를 더 배정받는다. 여기에 대한 재원별 배분은 주식발행초과금 60%이고 자기주식처분익 40%로서 각각 12주와 8주이다.

c) 자기주식처분익으로 교부받은 주식은 모두 과세대상이고 주식발행초과금 전입으로 교부받은 주식은 증가된 지분율 해당분만 과세대상이다.
d) 주당가액은 액면가액이다.

세무조정: 익금산입 금융자산 160,000원(유보)

(상황 2)

※ 자기주식배정분을 실권처리함에 따라 ㈜서울이 무상으로 교부받은 주식은 30주인데 실권으로 인하여 증자 후 지분율은 (30주+30주)/160주=37.5%가 되어 7.5% 증가한다. 이렇게 증가한 7.5%에 해당하는 주식은 160주×(37.5%−30%)=12주이다.

	자본전입 재원		합계
	주식발행초과금	자기주식처분익	
(무상으로 교부받은 주식수)			
당초 지분율 해당분[a)]	10.8	7.2	18
증가된 지분율 해당분[b)]	7.2	4.8	12
합계	18	12	30
(의제배당으로 과세되는 금액)			
과세되는 주식수[c)]	7.2	12	19.2
주당 가액[d)]	5,000	5,000	5,000
의제배당으로 과세되는 금액	36,000	60,000	96,000

a) ㈜서울은 당초 지분율대로라면 60주 증가에 대한 지분율 30%로 18주를 배정받았어야 한다. 여기에 대한 재원별 배분은 주식발행초과금 60%이고 자기주식처분익 40%이다.
b) ㈜서울은 자기주식배정분에 대한 실권으로 지분율이 7.5% 증가하였고 여기에 해당하는 주식수는 12주이고 재원별 배분은 주식발행초과금 60%, 자기주식처분익 40%이다.
c) 자기주식처분익으로 교부받은 주식은 모두 과세대상이고 주식발행초과금 전입으로 교부받은 주식은 증가된 지분율 해당분만 과세대상이다.
d) 주당가액은 액면가액이다.

세무조정: 익금산입 금융자산 96,000원(유보)

5 수입배당금 익금불산입

잉여금 처분에 의한 배당금 지급은 기업회계기준과 법인세법에서 모두 비용으로 보지 않는다. 그러나 배당금수익에 대해서는 세법상 과세한다. 따라서 배당금에 대해서는 조세가 중복되어 과세되는 것이며 특히 법인주주의 경우는 배당금수익을 또 다시 주주들에게 배당하게 되므로 삼중과세가 될 수 있다. 이런 관점에서 중복과세를 피하기 위하여 법인세법에서는 수입배당금에 대해서 일정비율을 익금불산입하여 중복과세의 부담을 경감하도록 한다. 물론 이는 기업회계와는 무관한 일이므로 세무조정을 요한다.

5.1 의미

1) 삼중과세(triple taxation)

법인(法人)이란 무엇인가? 철학적 질문처럼 보이지만 한 번쯤 생각해 볼 필요는 있다. 법인은 법적으로 인격을 부여하여 납세의무를 지웠지만 사실은 사람은 아니다. 법인이 벌어들인 모든 소득은 궁극적으로 개인주주들에게 귀속된다. 법인은 형식적인 것이고 사람의 허울만 쓰고 있을 뿐이라는 개념에서 보면 한 개인이 직접 사업체를 꾸려서 운용하여 벌어들인 소득과 법인을 설립하여 벌어들인 소득에 대한 과세는 궁극적으로 차이가 없어야 한다. 그리고 그렇게 되려면 법인에 대해 과세되는 법인세는 사라져야 한다.

그러나 엄연하게 법인세는 존재하고 이런 법인세가 존재하기 때문에 직접 개인사업체로 운영하는 것과 법인을 설립하여 운영하는 것 간에는 과세상 차이가 생긴다. 즉 어차피 모든 소득은 개인에게 귀속되고 소득세를 부과하는 데도 불구하고 법인을 설립하여 운영하면 법인세를 추가로 부담해야 하는 것이다. 이것을 법인세와 소득세의 이중과세라고 한다.

그런데 법인의 주식을 또 다른 법인이 소유하고 있으면 어떻게 되는가? 이는 단순히 법인세와 소득세가 이중과세되는 것이 아니라 법인세와 법인세 그리고 소득세를 부과하는 삼중과세가 일어난다. 아래의 〈그림 11-1〉에서는 법인 → 법인 → 개인주주로 이어지는 소유구조하에서 삼중과세가 일어남을 보여준다.

그림 11-1 **법인소득의 삼중과세 구조**

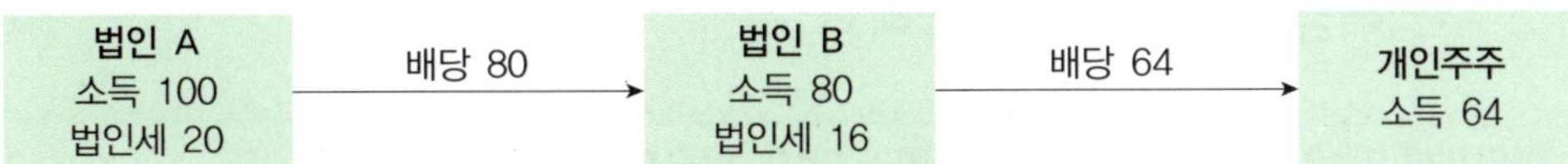

〈그림 11-1〉에서 보면 법인 A가 100원을 벌어서 법인세율 20%로 세금을 내고 나머지 전부를 배당으로 또 다른 법인 B에게 지급하고 법인 B는 다시 배당소득에 대해서 20%로 법인세를 납부한 후 64원을 개인주주에게 지급한다. 결국 개인주주는 100원을 벌었음에도 64원밖에 손에 쥘 수 없다. 자신의 소득을 계산하기도 전에 이미 36%의 세금을 사전에 부담한 것이다. 따라서 개인주주 입장에서는 법인을 설립하지 않고 개인사업을 하는 경우에 비하여 36%만큼 세금부담이 높아진다.

위와 같은 삼중과세 문제를 해결하지 않으면 법인으로 사업을 운영하는 것이 상대적으로 크게 불리해진다. 여러분들도 다 알다시피 우리나라를 비롯한 전 세계 경제를 끌고 가는 것은 개인들이 운영하는 사업체들이 아니라 많은 주주들이 모여서 설립한 법인들이다. 이런 점에서 이렇게 법인에게 불리한 과세체계를 수정하지 않는다면 경제발전의 걸림돌이 될 가능성이 있다.

2) 수입배당금 익금불산입

위와 같은 삼중과세의 불리함을 해소하는 방안에는 여러 가지가 있다. 가장 손쉽게 떠오르는 것은 배당소득에 대해 과세하지 않는 것이다. 아니면 배당금 지급을 비용으로 보고 손금에 산입해주는 것이다. 두 가지 방법 모두 위와 같은 삼중과세 구조의 문제점을 완벽하게 해결해준다. 그렇지만 이런 방법은 다소 극단적이어서 또 다른 문제를 가져온다. 즉 모든 법인이 과다하게 배당을 지급하게 만들 것이다. 또한 여러 가지 편법을 동원하여 소득을 배당으로 위장하는 거래를 수행하게 만들 것이다.

수입배당금 익금불산입제도는 삼중과세의 문제점도 일부 해소하면서 너무 극단적으로 흘러가지 않도록 하는 일종의 절충안이다. 모든 배당금수익을 100% 과세하지 않는 극단적 방법이 아니라 지분율에 따라 차등적으로 익금불산입비율을 조정하는 것이다.

이렇게 함으로써 삼중과세 문제도 일부 해소하면서 모든 법인이 무조건 배당을 하거나 다른 소득을 배당으로 위장하고자 하는 동기도 일부 억제한다.

5.2 수입배당금 익금불산입금액의 계산

법인세법 제18조의2(내국법인 수입배당금액의 익금불산입)
내국법인이 피출자 내국법인으로부터 받은 수입배당금(ⓐ) 중 ⓑ의 금액에서 ⓒ의 금액을 뺀 금액은 각 사업연도의 소득금액을 계산할 때 익금에 산입하지 아니한다.
ⓑ 피출자법인별로 수입배당금액에 익금불산입률을 곱한 금액의 합계액
ⓒ 각 사업연도에 지급한 차입금의 이자가 있는 경우에는 차입금의 이자 중 시행령으로 정하는 바에 따라 계산한 금액

1) 대상 수입배당금

법인세법 제18조의2에서 정하는 수입배당금 익금불산입조항을 적용받을 수 있는 배당금에는 주주총회 결의에 따라 잉여금 처분으로 지급되는 현금 및 현물배당금은 물론이고 앞서 살펴보았던 배당으로 의제하는 금액도 포함된다. 또한 내국법인으로부터의 배당만 적용되며 외국법인으로부터의 배당은 제외한다. 이런 익금불산입조항은 자국의 경제를 활성화하기 위한 정책적 선택이므로 외국법인까지 확대해서 적용해줄 이유는 없다. 추가적으로 다음의 배당금은 제외한다.

법인세법 제18조의2(내국법인 수입배당금액의 익금불산입)
다음 각 호의 어느 하나에 해당하는 수입배당금액에 대해서는 익금불산입조항을 적용하지 아니한다.
1. 배당기준일 전 3개월 이내에 취득한 주식 등을 보유함으로써 발생하는 수입배당금액

…(중략)…

3. 지급한 배당에 대하여 소득공제를 적용받는 법인으로부터 받은 수입배당금액
4. 법인세를 비과세·면제·감면받는 법인으로부터 받은 수입배당금액

배당기준일 전 3개월 이내 취득한 주식에 대한 배당금을 제외하는 것은 수입배당금 익금불산입효과만을 겨냥하고 주식을 취득하는 경우를 배제하기 위함이다. 나머지 조

항들은 법인세를 부담하지 않은 법인으로부터의 배당에 대해서는 삼중과세를 고려할 필요가 없기 때문에 배제한다는 취지이다.

2) 익금불산입률

위 법인세법 제18조2에서 정하는 피출자법인별로 수입배당금액에서 익금불산입률을 곱한 금액(ⓑ)을 계산하기 위해서는 익금불산입 비율이 정해져야 한다. 익금불산입 비율은 지분율에 따라서 달라지는데 다음과 같다.

지분율	익금불산입률
50% 이상	100%
30%~50%	80%
30% 미만	30%

이와 같이 지분율에 따라서 익금불산입률이 높아지는 것은 삼중과세의 부담은 지분율이 클수록 커지기 때문이다. 익금불산입 비율은 정책적 목적에 따라 정해지는 것으로 조세정책에 따라 바뀔 수 있다. 실제로 과거에는 지주회사 설립을 유도하기 위해서 지주회사가 받는 수입배당금에 대해서 익금불산입 비율을 높여주었으며 상장회사에 대해서도 높은 익금불산입 비율을 적용하였지만 지금은 폐지되어서 모든 국내기업들은 지분율에 따라서 동일한 익금불산입 비율을 적용받는다.

3) 차감하는 차입금 이자

위 법인세법 제18조의2 ⓒ에서는 차입금 이자 중 일부를 공제하지 않는다고 정한다. 만일 회사가 지분상품을 전부 외부에서 자금을 차입하여 취득하였다고 하자. 그러면 자금 차입에 대한 이자비용을 인식하고 동시에 배당금에 대해서는 익금불산입조항을 적용받는다. 법인세법에서는 이를 이중공제라고 생각하고 차입금으로 취득한 주식으로부터의 배당금에 대해서는 익금불산입조항을 적용하지 않는다.

물론 차입금 이자와 배당금 수익은 별개이므로 이 둘을 연계하는 것이 논리적으로는 맞지 않는다. 그렇지만 수입배당금 익금불산입조항이 정책적으로 주어지는 특례에 해당하는 것이므로 자칫 악용되어 회사가 자금을 차입하여 적극적으로 업무와 상관없이 타법인 주식을 취득하고자 하는 것을 경계하는 것이다. 그런데 어떤 차입금이 얼마나 다른 회사 주식을 취득하는 데 들어갔는지는 어떻게 알겠는가? 이에 대해서는 다음과 같은 공식으로 추정한다.

차감금액 = A×(B/C)×D

A: 내국법인 차입금 이자
B: 피출자법인 주식 장부가액 적수
C: 사업연도 종료일 현재 재무상태표 총자산가액 적수
D: 익금불산입비율

차입금이 어느 자산을 구입하는 데 이용되었는지를 알 수는 없다. 설혹 명시적으로 특정자산을 구입할 목적으로 차입한 자금이라고 하더라도 자금을 차입하게 된 이유가 그 자산 때문인지 알 수 없다. 따라서 다른 회사의 주식을 취득하는 데 얼마의 차입금을 사용하였는지는 어차피 추정할 수밖에 없다. 위 공식은 차입금이 재무상태표상 총자산을 취득하는 데 골고루 사용된 것으로 가정하는 것이다. 예를 들어 총자산이 100억이고 차입금이 10억이라면 모든 자산의 10%는 차입금으로 취득한 것이라고 가정하는 것이다.

위 공식에서 적수라는 의미는 이미 설명한 바와 같이 연평균 개념을 적용하기 위하여 매일매일 잔액을 합친 것이다. 예를 들어 기말현재 차입금이 10억원이라고 하더라도 1년 내내 10억원의 잔액을 유지한 경우와 12월 31일 단 하루에 빌린 10억원이 규모가 같다고 말할 수 없다. 단 하루만 차입했던 금액은 1년 내내 유지되었던 금액의 1/365에 불과한 것으로 보아야 한다. 이런 의미에서 법인세법에서는 연평균 개념으로 계산하기 위해서 적수라는 개념을 도입한 것이다.

예제 11-8

개인사업자 홍길동의 소득세율은 40%이고 법인세율은 30%이다. 법인세와 소득세의 이중과세를 완전하게 조정하기 위해서 법인의 경우에는 배당소득 전부를 익금불산입하며 개인의 경우에는 법인세를 소득에 합산한 후 세액공제한다. 아래 상황에 따라서 이중과세 조정이 없는 경우와 완전하게 조정하는 경우로 구분하여 홍길동 및 법인 A, B, C가 납부하는 세금을 계산하시오.

(상황 1) 자신의 사업에서 1천만원의 소득을 올렸다.

(상황 2) 자신이 100%를 투자한 비상장법인 A가 1천만원의 세전소득을 올렸으며 법인세 납부 후 모든 소득을 홍길동에게 배당한다.

(상황 3) 자신이 100%를 투자한 비상장법인 B는 또 다른 비상장법인 C의 100% 지분을 소유하고 있는데 비상장법인 C는 1천만원의 세전 소득을 올렸으며 법인세 납부 후 모든 소득을 비상장법인 B에게 배당하였고 B는 또한 법인세 납부 후 모든 소득을 홍길동에게 배당하였다.

| 풀이 |

상황	조정 없음	완전 조정
1	홍길동: 1,000×40%=400	홍길동: 1,000×40%=400
2	법인 A: 1,000×30%=300 홍길동: 700×40%=280	법인 A: 1,000×30%=300 홍길동: (700+300)×40%−300=100(조정률 3/7)
3	법인 C: 1,000×30%=300 법인 B: 700×30%=210 홍길동: 490×40%=196	법인 C: 1,000×30%=300 법인 B: (700−700)×30%=0 홍길동: (700+300)×40%−300=100

예제 11-9

아래의 표는 ㈜서울이 보유하고 있는 주식의 지분율과 수입배당금을 나타낸다. 추가자료를 이용하여 수입배당금과 관련된 세무조정을 하시오.

	출자금액	수입배당금	지분율
A	1,000,000	100,000	100%
B	2,000,000	200,000	40%
C	1,500,000	100,000	85%
D	500,000	100,000	20%
	5,000,000	500,000	

〈추가자료〉

(1) ㈜서울의 손금산입 가능한 차입금이자는 400,000원이며 기말총자산은 20,000,000원임.

(2) 위의 모든 주식과 자산가액은 연중 변동 없음.

(3) 차입금 이자 중 법인세법 제55조(지급이자 손금불산입)에 따라 이미 손금불산입된 금액은 없다.

| 풀이 |

	출자금액	수입배당금	지분율	익금불산입률	대상금액	배제
A	1,000,000	100,000	100%	100%	100,000	20,000
B	2,000,000	200,000	40%	80%	160,000	32,000
C	1,500,000	100,000	85%	100%	100,000	30,000
D	500,000	100,000	20%	30%	30,000	3,000
	5,000,000	500,000			390,000	85,000

세무조정: 손금산입 수입배당금 305,000원(기타)

이번 장의 요약

1. 기업회계기준에 따르면 이자수익과 비용은 금융자산과 부채의 상각후원가에 유효이자율을 곱하여 구한다. 이는 실제 현금수입과 지출시점이 아닌 발생주의에 따른 것이며 명목상 수령하거나 지급하는 현금이 아닌 유효이자를 계상하는 것이다.
2. 법인세법상 수입이자와 지급이자는 예외적인 경우가 있기는 하지만 대체로 명목상 수령하거나 지급하기로 한 이자로 한다.
3. 법인세법상 지급이자는 발생주의에 따라 손금에 산입하지만 수입이자는 발생주의에 따르지 않고 실제 현금수입시기에 익금에 산입한다.
4. 조세정책 목표를 달성하기 위해서 법인세법상 채권자가 불분명한 지급이자 혹은 업무무관자산을 취득하기 위하여 차입한 것으로 추정되는 차입금의 지급이자는 손금불산입된다.
5. 기업회계기준과 법인세법에서는 배당의 지급은 이자의 지급과는 달리 손금에 산입되지 않지만 배당금 수령은 이자와 동일하게 익금에 산입된다.
6. 배당의 형식적 요건은 이익잉여금의 처분이다. 그러나 이러한 형식적 요건을 갖추지 않고 사실상 배당을 지급할 수도 있는데 법인세법상 이를 의제배당으로 익금에 산입한다.
7. 법인세법상 자본감소에 따른 의제배당은 유상감자 혹은 자기주식소각 등으로 수령한 대가가 지분의 취득원가를 초과하는 경우이다.
8. 법인세법상 잉여금 자본전입에 따른 의제배당은 이익잉여금 자본전입에 의한 주식배당과 자본잉여금 자본전입에 따라서 무상주를 교부한 경우이다.
9. 법인세법상 잉여금 자본전입으로 무상주를 교부하면서 자기주식에 대해 무상주를 배정하지 않거나 재배정으로 주주들의 지분이 증가하였다면 의제배당으로 과세한다.
10. 법인이 배당을 수령하고 이를 원천으로 다시 주주들에게 배당을 지급하게 되면 삼중과세가 일어나게 된다. 삼중과세로 인하여 배당에 대한 세부담이 높아지는 것을 방지하기 위하여 법인세법에서는 법인이 수령하는 배당금 중 일정비율을 익금불산입하는 데 그 비율은 지분율에 따라 달라진다.

CHAPTER

12 종업원급여

이번 장의 차례

CHAPTER 12

종업원급여

인건비는 흔히 매달 현금을 지급하는 정기적인 급여와 비정기적으로 지급하는 상여가 전부인 것처럼 알기 쉽다. 그러나 실제로 회사가 지급하는 인건비의 형태는 다양하다. 복리후생비는 현금으로 지급하지는 않지만 현물로 제공하는 인건비의 형태 중 하나이다. 퇴직금은 퇴직 시 한꺼번에 지급하지만 실질적으로 종업원들이 매년 근무한 근로의 대가이다. 또한 최근에는 일시에 지급하는 퇴직금이 아닌 퇴직연금 형태로 퇴직금을 지급하는 것이 일반적이다.

정기적으로 기준에 따라 지급하는 급여는 기업회계기준과 법인세법에서 모두 비용 혹은 손금이라는 점에서 차이가 없다. 기업회계기준에 의하면 비정기적으로 업적에 따라 지급하는 상여금의 경우 합리적 추정이 가능한 현재의 의무라면 비용으로 인식한다. 법인세법에서는 임원에게 지급하는 상여금에 대해서는 엄격한 기준을 적용하여 사전에 정해진 기준에 따르지 않은 경우에는 손금에 산입하지 않는다.

퇴직금의 사외적립제도인 퇴직연금은 확정기여제도와 확정급여제도로 구분된다. 확정기여제도하에서는 기업은 정해진 기여금을 납부하는 것으로 의무가 종료되지만 확정급여제도하에서 기업은 종업원에게 퇴직금을 지급할 때까지 의무가 지속된다.

확정급여제도를 운용한다면 기업회계기준에 따라서 미래 종업원에게 지급해야 할 퇴직급여의 현재가치인 확정급여채무에서 이를 지급하기 위해 사외에 적립하고 있는 자산을 차감한 순확정급여부채(자산)를 재무상태표에 계상한다. 여기에서 손익계산서에 계상하는 비용인 퇴직급여는 종업원들의 근무원가와 현재가치 변동에 따른 이자비용(수익)이다.

법인세법상 확정급여제도에 대한 세무처리는 기업회계와 유사하다. 다만 법인세법에서는 확정급여채무를 사외적립자산을 한도로 손금에 산입한다. 이에 따라 법인세법상 순확정급여부채는 인식하지 않게 되므로 이에 대한 세무조정이 필요하다.

#상여금 #복리후생비 #확정기여제도 #확정급여제도

1 급여와 상여

1.1 단기종업원급여

1) 기업회계기준

K-IFRS 제1019호(종업원급여) 문단 11

종업원이 회계기간에 근무용역을 제공할 때, 그 대가로 지급이 예상되는 단기종업원급여를 할인하지 않은 금액으로 인식한다. 이미 지급한 금액이 있다면 이를 차감한 후 부채(미지급비용)로 인식한다. 이미 지급한 금액이 해당 급여의 할인하지 않은 금액보다 많은 경우, 그 초과액으로 미래 지급액이 감소하거나 현금이 환급된다면 그만큼을 자산(선급비용)으로 인식한다.

급여와 상여는 가장 대표적인 인건비이다. 위 K-IFRS에서는 근무용역을 제공할 때 종업원급여를 인식한다고 명시하고 있다. 당연한 말이지만 급여와 상여는 실제로 지급할 때가 아닌 종업원들이 근로용역을 제공할 때 비용으로 인식한다. 따라서 근로용역이 제공되었음에도 불구하고 아직 지급하지 않은 금액은 미지급비용으로 인식하고 급여가 지급되었지만 아직 근로용역이 제공되지 않은 경우에는 선급비용으로 인식한다.

2) 법인세법

제26조(과다경비 등의 손금불산입)

인건비와 복리후생비 중 과다하거나 부당하다고 인정하는 금액은 내국법인의 각 사업연도의 소득금액을 계산할 때 손금에 산입하지 아니한다.

근로제공의 대가인 급여와 상여는 원칙적으로 손금에 산입한다. 그러나 아무런 제한없이 급여와 상여를 손금에 산입한다면 법인세를 낮추기 위해서 부당하거나 과다한 지출이 있을 가능성이 있다. 이런 점에서 위 법인세법에서는 과다하거나 부당하다고 인정되는 인건비는 손금에 산입하지 않는다고 선언한다.

그렇다면 과다하거나 부당하다는 것을 어떻게 판단할 것인가? 법인세법에서는 종업원과 임원에게 지급되는 인건비를 구분하여 처리한다. 종업원에게 지급되는 급여와 상여는 특별한 사유가 없다면 가급적 손금에 산입한다. 그러나 임원에게 지급되는 급여와 상여는 엄격하게 제한한다. 그 이유는 임원은 회사의 정책에 영향을 줄 수 있어서 자신의 급여와 상여도 결정할 수 있기 때문이다. 예를 들어 회사가 과세소득이 증가하여 법인세부담이 큰 경우에는 임원에 대한 급여와 상여를 증가시키고 반대로 과세소득이 감소하거나 결손이 있는 경우에는 임원에 대한 급여와 상여를 줄이는 방법으로 세금을 관리할 수 있다. 이러한 일이 생기는 것을 방지하기 위해서 임원에 대한 급여와 상여에는 제한이 따른다.

임원에 대한 급여와 상여는 일차적으로 사전에 정해진 급여지급기준에 따라서 지급되어야 한다. 사후적으로 회사의 상황에 따라서 늘거나 줄이면 안 된다는 것이다. 만일 지급기준도 없이 임원에게 상여금을 지급하였다면 이는 부당한 지급이다. 지급규정에 따른 지급이라고 하더라도 임원들 간 상대적 형평성도 고려된다. 유사한 업무를 수행하는 임원들 간의 비교 등을 통해서 과다한 지급을 제한한다. 이에 대해서는 다음과 같은 시행령 규정을 참고할 필요가 있다.

법인세법 시행령 제43조(상여금 등의 손금불산입)

① 법인이 그 임원 또는 직원에게 이익처분에 의하여 지급하는 상여금은 이를 손금에 산입하지 아니한다. 이 경우 합명회사 또는 합자회사의 노무출자사원에게 지급하는 보수는 이익처분에 의한 상여로 본다.

② 법인이 임원에게 지급하는 상여금 중 정관·주주총회·사원총회 또는 이사회의 결의에 의하여 결정된 급여지급기준에 의하여 지급하는 금액을 초과하여 지급한 경우 그 초과금액은 이를 손금에 산입하지 아니한다.

③ 법인이 지배주주 등(특수관계에 있는 자를 포함한다. 이하 이 항에서 같다)인 임원 또는 직원에게 정당한 사유 없이 동일직위에 있는 지배주주 등 외의 임원 또는 직원에게 지급하는 금액을 초과하여 보수를 지급한 경우 그 초과금액은 이를 손금에 산입하지 아니한다.

④ 상근이 아닌 법인의 임원에게 지급하는 보수는 부당행위에 해당하는 경우를 제외하고 이를 손금에 산입한다.

만일 과다하거나 부당한 지급이 있다면 이는 손금불산입하고 사외유출로 처분하는

데 구체적으로는 지급대상자에 따라 처분한다. 즉 주주에 대한 과다 지급이 있었다면 배당으로 처분해야 하고 임원에 대한 부당한 지급이라면 상여처분을 내려야 하며 주주나 임원이 아닌 제3자라면 기타소득 처분을 내려야 한다.

1.2 유급휴가

1) 기업회계기준

K-IFRS 제1019호(종업원급여) 문단 13
누적 유급휴가는 종업원이 미래 유급휴가 권리를 확대하는 근무용역을 제공할 때 인식하며 비누적 유급휴가는 종업원이 휴가를 실제로 사용할 때 인식한다.

급여는 근로용역 제공의 대가이다. 그렇다면 유급휴가는? 휴가기간 동안에는 근로용역이 제공되지 않지만 유급휴가를 보내게 된 원인은 회사를 위해서 열심히 일했기 때문이다. 따라서 유급휴가 역시 근로용역 제공의 대가이다. 그렇다면 유급휴가 동안 제공되는 급여는 언제 비용으로 인식해야 하는가? 유급휴가를 받게 된 원인이 되는 근로가 제공된 시점이다.

위 K-IFRS에서는 유급휴가를 누적과 비누적으로 구분한다. 누적 유급휴가는 근로제공의 대가를 획득한 휴가권을 누적시켜 미래에 사용할 수 있다. 비누적 유급휴가는 근로제공으로 획득된 휴가권을 즉시 사용하지 않으면 소멸한다.

종업원이 당기 제공한 근로용역의 대가로 누적 유급휴가권을 획득하였는데 보고기간말까지 사용하지 않고 있다면 어떻게 해야 할까? 앞으로 사용이 예상되는 유급휴가 기간에 해당하는 급여는 근로가 제공된 당기에 인식해야 할 비용이다. 따라서 미래 사용할 것으로 예상되는 유급휴가비용을 당기 비용으로 계상한다. 현실에는 존재하지 않는 꿈의 직장을 한번 상상해보자. 연봉 1억원을 받기로 하고 취직했는데 1년간 열심히 일하면 그 다음 1년을 휴가로 제공한다고 하자. 여러분은 2년간 총 2억원을 받는데 실제로 일하는 기간은 1년이다. 그러면 회사 입장에서는 2년간 제공하는 2억원의 급여를 언제 비용으로 인식해야 하는가? 당연히 입사 첫 연도에 2억원의 급여를 인식하고 휴가를 보내는 두 번째 연도에는 비용으로 인식하면 안 된다. 왜냐하면 두 번째 해에 보내는 휴가기간 동안 회사가 지급한 연봉은 첫 해에 제공한 근로의 대가이기 때문이다.

반면 비누적 유급휴가를 생각해보자. 올해 열심히 일해서 유급휴가권을 획득했는데 올해 사용하지 않으면 소멸한다고 하자. 그렇다면 근로를 제공한 회계연도와 유급휴가를 보내는 회계연도는 일치하기 때문에 급여를 지급한 시기에 비용을 계상하더라도 문제가 안 된다. 이렇기 때문에 비누적 유급휴가는 휴가를 실제로 사용한 때 비용으로 인식한다.

2) 법인세법

법인세법에서는 유급휴가에 대한 처리를 명시적으로 규정하고 있지 않다. 그러나 앞선 급여의 경우에 따라서 생각해볼 수 있다. 일단 임원에 대한 휴가비용으로 과다하거나 부당한 경우에는 제한을 할 수 있다. 또한 경영자의 재량적 판단을 엄격하게 제한하는 법인세법 입장에서 미래 사용할 것으로 예상되는 유급휴가비용은 손금으로 인정하기 어려울 것으로 보인다. 즉 유급휴가비용은 항상 실제 휴가비를 지급할 때 손금에 산입한다.

결산상 누적 유급휴가비용을 계상하였다면 손금불산입하고 유보로 처분한다. 유보로 처분하는 이유는 실제로 유급휴가비용이 지출될 때까지 일시적으로 비용을 이연시키는 것이기 때문이다. 이렇게 유보로 처분된 금액은 실제 유급휴가비용 지출이 생길 때 손금산입으로 정리된다.

예제 12-1

㈜서울은 종업원 홍길동에게 10개월 근무 시에 2개월의 유급휴가를 제공한다. 근무에 대해서는 월 200만원의 급여를 지급하고 유급휴가에 대해서는 월 100만원의 급여가 지급된다. 미사용유급휴가는 다음 1년 동안 이월하여 사용할 수 있다. 유급휴가는 당해연도에 부여된 권리가 먼저 사용된 다음 직전연도에서 이월된 권리가 사용되는 것으로 본다. 제1차연도 홍길동은 12개월을 근무하였는데 유급휴가 2개월은 제2차연도에 전부 사용할 것으로 예상된다. 실제로 제2차연도에는 10개월을 근무하고 나머지 2개월은 유급휴가를 사용하였다. K-IFRS에 의한 제1차연도와 제2차연도 급여를 구하고 필요한 세무조정을 하시오.

| 풀이 |

※ 각 연도별 K-IFRS에 따라서 인식해야 할 종업원급여는 다음과 같다.

제1차연도 단기종업원급여 12개월×월 200만원+2개월×월 100만원=26,000,000원
제2차연도 단기종업원급여 10개월×월 200만원+2개월×월 100만원-전기이월유급휴가 2개월×월 100만원=20,000,000원

(회계처리)

	차변		대변	
제1차연도	차) 단기종업원급여	26,000,000	대) 현금	24,000,000
			미지급비용[a]	2,000,000
제2차연도	차) 단기종업원급여	20,000,000	대) 현금	22,000,000
	미지급비용	2,000,000		

a) 제1차연도 미사용유급휴가 중 제2차연도 사용이 예상되는 금액이다.

(세무조정)
제1차연도 익금산입 미지급비용 2,000,000원(유보)
제2차연도 손금산입 미지급비용 2,000,000원(△유보)

※ 세법상 별도의 규정은 없지만 유급휴가로 지급하는 급여는 유급휴가를 실제로 사용했을 때 비용으로 인식해야 한다.

1.3 이익분배금 및 상여금

1) 기업회계기준

K-IFRS 제1019호(종업원급여) 문단 19
과거 사건의 결과로 현재의 지급의무(법적의무나 의제의무)가 생기고 채무금액을 신뢰성 있게 추정할 수 있다면 이익분배금과 상여금의 예상원가를 인식한다.

이익분배금과 상여금은 대체로 종업원들이 올린 성과에 대한 보상이다. 주의해야 할 것은 이익처분에 따른 분배와 위 K-IFRS에서 언급하고 있는 이익분배금을 혼동해서는 안 된다는 것이다. 이익처분은 회사가 올린 성과를 주주들에게 분배하는 것이다. 이는 제공받은 용역에 대한 대가가 아니라 투자에 대한 이익분배 성격이다. 그러나 K-IFRS에서 언급하는 이익분배제도에 따른 분배금과 상여금은 제공받은 용역에 대한 대가이다. K-IFRS에서도 이익분배제도와 상여금제도에 따라 기업이 부담하는 의무는 종업원

이 제공하는 근무용역에서 생기는 것이지 주주와의 거래에서 생기는 것은 아님을 기술하고, 이익분배제도와 상여금제도와 관련된 원가는 이익분배가 아닌 당기 비용으로 인식한다고 규정한다(문단 23).

이렇게 이익분배금과 상여금이 이익처분이 아닌 근로제공의 대가가 되기 위해서는 사전적으로 지급기준이 정해져야 한다. 사전적으로 지급기준이 정해진다는 것은 상여금 지급의무의 근거가 되는 과거사건이 존재한다는 것이다. 예를 들어 회사대표가 종업원들에게 미리 성과에 따른 지급기준을 공표한 후에(즉 과거사건의 존재) 실제 성과가 집계되고 이에 따라 상여금이 지급된 것이라면 근로용역 제공시점에서 예상되는 상여금 지급금액을 비용으로 인식한다. 그러나 회사의 성과가 집계된 후에 예상보다 성과가 증대된 것을 보고 난 후에 상여금을 지급하였다면 이는 근로제공의 대가이기보다는 이익처분에 가깝다.

또한 이익분배금과 상여는 예상되는 금액을 신뢰성 있게 추정할 수 있을 때 비용으로 인식한다. 아직 결산이 도래하지 않았다고 하더라도 오랜 관행이나 경험에 의하여 회계기간말에 상여금 지급액을 추정할 수 있다면 해당 상여금은 당기 비용으로 인식한다. 그러나 비록 지급기준이 정해졌다고 하더라도 금액을 합리적으로 추정할 수 없다면 실제로 지출이 있을 때 비용으로 인식해야 한다.

한편 종업원이 특정기간 계속 근무하는 조건으로 이익을 분배받는 이익분배제도가 있다. 이러한 제도에서 종업원이 특정시점까지 계속 근무할 경우, 기업은 종업원이 근무용역을 제공함에 따라 지급할 금액이 증가하므로 의제의무가 생긴다. 이 의제의무를 측정할 때 일부 종업원이 이익분배금을 받지 못하고 퇴사할 가능성을 고려한다(문단 20).

또한 기업이 별도의 상여금을 지급할 법적 의무가 없음에도 관행적으로 상여금을 지급하는 경우가 있다. 이러한 경우에 기업은 상여금을 지급하는 방법 외에 다른 현실적인 대안이 없으므로 의제의무를 부담한다. 이 의제의무를 측정할 때에도 일부 종업원이 상여금을 받지 못하고 퇴사할 가능성을 고려한다(문단 21).

2) 법인세법

법인세법에서도 이익처분에 의한 상여는 손금에 산입하지 않는다고 규정하고 있다. 원래 이익처분은 성격상 손금에 산입될 수 없으므로 이 조항은 너무나 당연한 것이고 단지 선언적 의미만 있는 것으로 보인다. 그리고 법인세법 성격상 지급기준이 정해지고 금액을 신뢰성 있게 추정할 수 있다고 하더라도 그 상여금이나 이익분배금은 손금에 산입되지 않는다. 법인세법에서 경영자 추정에 따른 결산상 비용은 손금으로 인정하지 않는다는 것을 여러분은 이미 잘 알고 있을 것이다.

만일 회사가 이익처분으로 임원에게 상여금을 지급하고 이를 결산상 비용으로 계상하였다면 어떻게 될까? 실세 이익처분이 있었고 임원들이 지급받은 상여금에 대해서 소득세를 납부하였다면 추가적인 과세는 할 수 없다. 따라서 이 경우에는 손금불산입한 후에 기타로 처분한다. 즉 이익처분으로 이익잉여금이 줄었음에도 불구하고 이를 회사가 당기 비용으로 처리한 것을 부인한 것이다.

예제 12-2

㈜서울은 당기순이익이 전년 대비 20% 이상 증가하면 결산확정 후 종업원 1인당 10,000원의 상여금을 지급하는 제도를 두고 있다. 제1차연도말 현재 당기순이익이 20% 이상 증가할 것으로 예상된다. 현재 종업원은 모두 10명이지만 최종 상여금을 수령하는 종업원은 8명이 될 것으로 예상한다. 제2차연도초 결산확정 후 당기순이익이 전년 대비 30% 증가하였고 퇴사자는 생기지 않아서 총 10명의 종업원에게 10,000원씩 상여금을 지급하였다. K-IFRS에 따른 연도별 회계처리와 세무조정을 하시오.

| 풀이 |

(회계처리)

제1차연도	차) 단기종업원급여	80,000	대) 충당부채[a]	80,000
제2차연도	차) 단기종업원급여	20,000	대) 현금	100,000
	충당부채	80,000		

a) 아직 확정되지 않은 부채이므로 충당부채로 계상한다.

(세무조정)

제1차연도 익금산입 충당부채 80,000원(유보)

제2차연도 손금산입 충당부채 80,000원(△유보)

2 복리후생비

법인세법 시행령 제45조(복리후생비의 손금불산입)
법인이 그 임원 또는 직원을 위하여 지출한 복리후생비 중 직장체육비, 직장문화비, 건강 및 고용보험료, 직장어린이집 운영비, 사회통념상 타당한 경조사비 등 외의 비용은 손금에 산입하지 아니한다.

복리후생비는 종업원의 근로환경개선을 위한 지출로서 생산성을 향상시켜 더욱 높은 수익을 올리고자 하는 비용이다. 복리후생비는 급여나 상여 외에 종업원들의 근무에 필요한 지출이다. 기업회계기준에서는 복리후생비는 일반관리비 중의 하나가 되며 별도의 계정과목으로 특별하게 관리되지 않는다.

법인세법에서 복리후생비는 법인의 손금이지만 혜택을 받는 종업원에게 소득세가 과세되지 않는다. 따라서 동일한 효과가 있다는 전제하에 급여를 지급하는 것보다 복리후생서비스를 제공한다면 종업원에게 부과되는 소득세를 회피할 수 있다. 이러한 점에서 법인세법에서는 복리후생비가 자칫 종업원의 소득세를 회피하는 수단으로 악용될 가능성을 경계한다.

예를 들어 종업원들에게 식사를 제공하는 것은 중요한 복리후생적 지출이다. 종업원 입장에서는 식사비를 급여로 수령하고 이후에 본인이 직접 지출하게 되면 소득세를 부담하기 때문에 급여가 다소 줄더라도 복리후생비로 제공받는 것을 선호하게 된다. 회사 입장에서는 급여나 복리후생비나 모두 손금에 산입할 수 있으므로 무차별하다. 따라서 동일한 조건에서 복리후생비로 계상하면 회사와 종업원이 모두 이익을 볼 수 있다. 이런 점 때문에 법인세법에서는 복리후생비를 엄격하게 열거하고 있고, 열거되지 않은 지출은 복리후생비로 보지 않으며 손금에 산입하지 않는다.

3 퇴직금과 퇴직연금

3.1 의미

평균수명이 길어짐에 따라 근로자들의 은퇴 후 삶이 중요해지고 있다. 과거 우리나라는 퇴직금은 회사가 스스로 마련해서 퇴직 후 종업원들에게 지급하는 제도를 운영하여왔다. 그러나 은퇴 후 기대수명이 길어지면서 일시금으로 지급하는 퇴직금만으로 은퇴 이후 생활을 유지하는 것은 어려워졌으며 또한 이자율이 낮아지면서 개인이 일시금으로 지속적으로 안정적 수익을 올리는 것도 기대할 수 없게 되었다. 또한 전통적 방식은 기업의 재무상태가 악화되면 지급을 보장할 수 없다는 문제점도 있다. 이에 따라 2000년대 들어오면서 기업이 스스로 퇴직금을 마련해서 종업원에게 지급하는 전통적 제도가 퇴직연금제도로 대체되기 시작하였다.

전통적인 퇴직금제도는 기업이 스스로 재원을 마련하고 종업원들에게 지급한다는 점에서 내부적립제도인 반면 퇴직연금제도는 기업이 외부기관에 지속적으로 자금을 납입하고 외부기관이 종업원에게 은퇴 후 연금을 지급하는 외부적립제도이다. 이런 외부적립제도는 기업이 재정적으로 어려워지더라도 종업원들에게 퇴직금 지급이 보장될 수 있고 전문적인 기관에서 자금을 운용함에 따라 보다 높은 수익을 기대할 수 있는 장점도 있다.

3.2 퇴직금과 퇴직급여충당금

1) 기업회계기준

전통적인 퇴직금제도는 기업이 스스로 재원을 마련하여 종업원들이 퇴직할 때 퇴직금(대개는 일시금)을 지급한다. 그렇다면 종업원 퇴직 시 지급하는 퇴직금은 언제 비용으로 계상해야 하는가? 혹시 퇴직금을 지급할 때 비용으로 계상하면 된다고 생각하고 있다면 아직까지 회계 공부가 조금 덜 된 것이다.

퇴직금은 무엇에 대한 대가인가? 종업원이 퇴직해주어서 고맙다고 지급하는 금액이 아니며 이는 종업원들이 지금까지 회사에게 제공한 근로의 대가이다. 다만 급여와는 달리 매달 지급하지 않고 유보하고 근무기간 동안 누적시켜 퇴직 시 한꺼번에 준다는 것뿐이다. 따라서 퇴직금은 종업원이 근무하는 기간 동안 매년 퇴직급여라는 비용으로 계상해야 한다.

종업원이 근로용역을 제공하는 기간 동안 퇴직급여를 계상한다면 얼마를 계상해야 하는가? 엄밀하게 말하면 당해기간 동안 종업원이 근무를 한 대가로 퇴직 시 주어지는 퇴직급여가 얼마인지를 계산해야 한다. 그렇지만 이를 정확하게 파악하는 것은 어렵다. 왜냐하면 종업원이 언제 퇴직할지 모르기 때문이다. 따라서 보험수리적 가정하에서 합리적으로 추정할 수밖에 없다. 이렇게 추정된 퇴직급여에 대한 상대과목은 충당부채(퇴직급여충당금)가 된다.

퇴직급여충당금은 과거사건의 결과(종업원의 근무)로 생긴 현재의 의무(퇴직금 지급의무)이며 그 금액을 신뢰성 있게 추정할 수 있다고 보는 것이므로 충당부채의 요건에 부합한다. 예를 들어 당기 종업원들의 퇴직급여를 10,000원이라고 추정하였다면 다음과 같이 분개한다.

차) 퇴직급여	10,000	대) 퇴직급여충당금	10,000

실제로 종업원이 퇴직하게 되면 회사는 현금으로 퇴직금을 지급한다. 퇴직금 지급은 퇴직급여충당금의 감소로 회계처리해야 하는데 만일 부족하다면 추가로 퇴직급여를 설정해야 하며 잔액이 남는다면 환입해야 한다. 종업원 퇴직으로 10,000원의 퇴직금이 확정되었는데 아직 지급하지 않았다면 다음과 같이 분개한다.

차) 퇴직급여충당금	10,000	대) 미지급퇴직급여	10,000

위 분개를 보라. 아직 퇴직금을 지급하지 않았지만 무엇이 달라진 것인가? 퇴직급여충당금이라는 충당부채가 미지급퇴직급여라는 확정부채로 전환되었다.

2) 법인세법

법인세법에서도 퇴직금 지급은 손금에 산입하고 퇴직급여충당금도 일정범위 내에서 인정한다. 그러나 회사가 계상하면 무조건 손금에 산입하는 것은 아니며 엄격한 제한이 따른다. 퇴직금은 자칫 임의로 지출되는 급여 성격을 가질 수 있다. 또한 종업원 입장에서 보면 퇴직소득은 근로소득에 비하여 세부담이 매우 낮기 때문에 유리하다. 이런 점에서 회사는 급여를 퇴직금으로 대체하여 지급하고자 하는 유인이 생길 수 있다.

법인세법은 이런 부작용을 감소시키기 위해서 퇴직금을 손금으로 인정받기 위해서는 현실적 퇴직으로 지급해야 하며 지급기준에 따라 지급되어야 한다는 점을 분명히 하고 있다. 즉 퇴직하지도 않은 종업원에게 퇴직금을 주거나 지급기준을 초과하는 지급은 인정하지 않겠다는 것이다. 만일 퇴직하지도 않은 종업원에게 지급하거나 기준을 초과하여 지급한 퇴직금은 손금불산입되며 상여로 처분된다.

법인세법에서는 퇴직급여충당금을 설정하여 퇴직급여를 손금에 산입하는 방안도 부분적으로는 허용한다. 그렇지만 현재 정책적 목표는 퇴직금의 사내적립보다는 외부적립이다. 이런 점에서 퇴직급여충당금을 손금으로 인정하는 것은 정책 목표에 어울리지 않는다. 따라서 퇴직급여충당금은 2016년 이후부터 새로 적립할 수 없도록 정했다. 따라서 여러분이 세무전문가로 일하게 되는 시점까지는 퇴직급여충당금이라는 계정과목은 실무상 거의 사라질 것이다.

3.3 퇴직연금

퇴직연금제도는 퇴직금제도와는 달리 외부적립제도이다. 퇴직연금제도는 확정기여형과 확정급부형 제도로 구분한다. 확정기여형 연금제도는 종업원 책임하에 운영되는데 종업원들이 기금운용기관을 선택하여 회사에 알려주면 회사는 사전에 정해진 기금만을 종업원이 지정한 외부기관에 납입(즉 확정된 기여금)하면 된다. 확정급부형 제도는 회사의 책임하에 기금을 운영하며 회사가 외부기관을 선택하고 기금을 납입하여 운용하면서 종업원에게는 사전에 정해진 조건에 따라 은퇴 후 연금을 지급하는 방식이다.

회사 입장에서 보면 확정기여형 제도가 간편하다. 그러나 종업원 입장에서 보면 확정급부형 제도가 은퇴 후 삶을 더 안정적으로 보장해준다. 따라서 회사가 좋아하는 것은 확정기여형 제도이지만 종업원은 확정급부형 제도를 더욱 선호한다. 이렇게 종업원과 회사가 선호하는 제도가 다르기 때문에 회사가 어떤 방식의 퇴직연금제도를 운용하는가는 회사와 종업원 간의 협상 결과에 따라서 정해질 것이다.

한 가지 구별해야 할 것은 퇴직연금제도와 국민연금이나 공무원연금과 같은 공적연금제도이다. 퇴직연금은 민간기업에서 운용하는 사적 퇴직연금인 반면 국민연금과 공무원연금은 공공기관에서 운용하는 공적연금이다. 회사가 퇴직연금제도를 마련하였다고 하더라도 종업원들은 국민연금에 가입할 수 있다. 한편 회사가 퇴직연금제도에 납입하는 기금 외에 종업원들을 위해 부담하는 공적연금 납입금은 급여의 일부분이다.

1) 확정기여제도

기업회계

K-IFRS 제1019호(종업원급여) 문단 51
종업원이 일정기간 근무용역을 제공하면, 기업은 그 대가로 확정기여제도에 납부할 기여금을 인식한다. 이미 납부한 기여금이 있다면 이를 차감한 후 부채(미지급비용)로 인식한다. 이미 납부한 기여금이 보고기간말 전에 제공된 근무용역에 대해 납부할 기여금을 초과하는 경우, 그 초과 기여금 때문에 미래 지급액이 감소하거나 현금이 환급된다면 그만큼을 자산(선급비용)으로 인식한다.

확정기여제도의 회계처리는 보고기업이 각 기간에 부담하는 채무를 해당 기간의 기여금으로 결정하기 때문에 비교적 단순하다. 따라서 채무나 비용을 측정하기 위해 보험수리적 가정을 할 필요가 없고 그 결과 보험수리적 손익이 생길 가능성도 없다. 그리고 기여금 전부나 일부의 납부기일이 종업원이 관련 근무용역을 제공하는 연차 보고기간말 후 12개월이 되기 전에 모두 결제될 것으로 예상되지 않는 경우를 제외하고는 할인되지 않은 금액으로 채무를 측정한다(문단 50).

위 K-IFRS에 따르면 확정기여형 연금에 납부해야 할 기여금은 비용으로 계상한다. 하지만 납부해야 할 기여금을 현금으로 납부하지 않았다면 나머지는 미지급기여금으로 인식하며 반대로 확정된 기여금을 초과하여 납부한 금액에 대해서는 선급비용으로 인식한다. 만일 당해연도 확정기여형 연금에 납입할 금액이 10,000원인데 실제로 7,000원만 납입하였다면 다음과 같이 분개한다.

차)	퇴직급여	10,000	대) 현금	7,000
			미지급비용	3,000

법인세법

법인세법 시행령 제44조의2(퇴직보험료 등의 손금불산입)
내국법인이 임원 또는 직원의 퇴직을 퇴직급여의 지급사유로 하고 임원 또는 직원을 수급자로 하는 연금의 부담금으로서 지출하는 금액은 해당 사업연도의 소득금액계산에 있어서 이를 손금에 산입한다. 지출하는 금액 중 확정기여형 퇴직연금 등의 부담금은 전액 손금에 산입한다.

위 법인세법 시행령에서는 확정기여형 퇴직연금 부담금은 전액 손금에 산입한다고 정한다. 확정기여형 제도 자체가 회사가 임의로 만들거나 가입하는 것이 아니라 법령에 따라 만들어지고 가입하는 것이며 기여금 역시 임의로 결정되지 않으므로 법인세법에서 확정기여형 연금부담금에 대해서는 별다른 제약을 가하지 않는 것이다.

예제 12-3

㈜서울은 제1차연도 도입한 확정기여형 퇴직연금제도에 따라서 근무용역에 대한 퇴직금을 지급한다. 제1차연도에 납부해야 할 기여금은 100,000원인데 제1차연도에 이미 80,000원을 납부하였다.

| 물음 1 | 확정기여제도에 대한 기여금의 납부기일이 제2차연도 3월이라면 K-IFRS에 따라서 제1차연도말 해야 할 회계처리와 필요한 세무조정을 하시오.

| 물음 2 | 확정기여제도에 대한 기여금의 납부기일이 제3차연도말이라면 K-IFRS에 따라서 제1차연도말 해야 할 회계처리와 필요한 세무조정을 하시오. 단, 할인율은 25%를 적용한다.

| 풀이 |

(물음 1)

(회계처리)

차) 퇴직급여	20,000	대) 미지급비용	20,000

(세무조정) 없음

※ 확정기여형 제도에 대한 처리는 K-IFRS와 세법이 일치하므로 세무조정은 필요 없다.

(물음 2)

(회계처리)

차) 퇴직급여 12,800 대) 장기미지급비용[a] 12,800

a) 제3차연도말 지급예상되는 20,000원을 25% 할인율로 할인한 금액이다.

(세무조정)

손금산입 장기미지급비용 7,200원(△유보)

※ 확정기여형 제도에 대한 처리는 세법과 K-IFRS가 동일하지만 장기미지급비용에 대한 현재가치 평가를 세법에서 수용하지 않으므로 이에 대한 세무조정이 필요하다.

2) 확정급여제도

확정급여제도에 대해서는 다음 절에서 보다 상세하게 설명한다.

4 확정급여형 퇴직연금

확정급여형 퇴직연금제도는 회사가 종업원이 제공하는 근무용역에 대한 대가로(당기근무원가) 종업원 퇴직 시 퇴직급여(확정급여채무)를 지급하기 위해 외부기금에 출연하여 사외적립자산을 쌓고 종업원은 퇴직 시 외부기금으로부터 퇴직급여를 수령하는 제도이다. 아래 〈그림 12-1〉에서는 이런 확정급여형 퇴직연금제도를 보여준다.

그림 12-1 확정급여형 퇴직연금제도

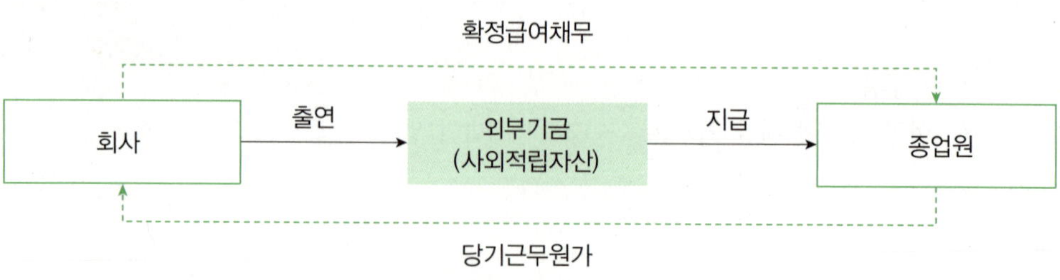

4.1 순확정급여부채(자산)

1) 기업회계기준

K-IFRS 제1019호(종업원급여) 문단 57
종업원이 당기와 과거 기간에 제공한 근무용역의 대가로 획득한 급여에 대한 기업의 궁극적인 원가를 …(중략)… 신뢰성 있게 추정하여 확정급여채무의 현재가치와 당기근무원가를 산정하기 위해 급여를 할인한다. 확정급여채무의 현재가치에서 사외적립자산의 공정가치를 차감한 후 재무상태표에 순확정급여부채(자산)를 인식한다.

위 K-IFRS에 의하면 확정급여형 퇴직연금제도는 종업원이 회사를 위해 제공한 근무용역의 대가로 퇴직 시 지급해야 할 퇴직급여를 확정급여채무로 하고 이의 현재가치에서 회사가 외부에 적립한 사외적립자산을 차감한 금액을 순확정급여부채로 한다. 만일 확정급여채무의 현재가치보다 사외적립자산이 많은 경우에는 순확정급여자산이 된다. 확정급여채무의 현재가치와 사외적립자산은 재무상태표에 별도로 표시되지 않으며 순확정급여부채 혹은 자산만이 표기된다.

사례 12-1

갑회사는 제1차연도부터 확정급여형 연금제도를 실시한다. 제1차연도 당기근무원가는 10,000원이며 사외적립자산에 8,000원을 출연하였다.

당기근무원가와 사외적립자산 출연

확정급여채무는 종업원이 과거 혹은 당기에 근무함으로써 퇴직 시 지급해야 할 채무인데 채무증가에 대한 당기귀속분을 퇴직급여로 회계처리한다. 예를 들어 위 사례에서와 같이 종업원의 당기근무원가가 10,000원이고 사외적립자산에 8,000원을 출연했다면 다음과 같이 분개한다.

당기근무원가	차) 퇴직급여	10,000	대) 확정급여채무	10,000
출연	차) 사외적립자산	8,000	대) 현금	8,000

위 분개에서 확정급여채무는 종업원이 당기와 과거기간에 근무용역을 제공하여 생긴 채무를 결제하기 위해 필요한 예상 미래 지급액을 현재가치로 나타낸 것이며 당기근무원가는 당기에 종업원이 근무용역을 제공하여 생긴 확정급여채무 현재가치의 증가분이다. 사외적립자산은 종업원급여기금에서 보유하고 있는 자산의 공정가치로 정의한다. 확정급여채무와 사외적립자산은 실제로 재무상태표에 표기되는 자산과 부채는 아니며 재무상태표에는 확정급여채무의 현재가치에서 사외적립자산을 차감한 순확정급여부채만 나타난다. 위 예에서 보면 순확정급여부채는 2,000원이 된다. 또한 퇴직급여 10,000원이 손익계산서의 비용이다.

퇴직금 지급

종업원이 실제로 퇴직하게 되면 사외적립자산에서 퇴직금을 지급한다. 외부적립제도이므로 퇴직금을 회사가 직접 지급하지는 않고 외부적립기관에서 대신 지급한다. 따라서 사외적립자산과 확정급여채무가 동시에 감소하므로 순확정급여부채는 변함없다. 앞선 예에서 종업원에게 2,000원의 퇴직금을 지급하였다면 다음과 같이 분개한다.

퇴직금 지급	차) 확정급여채무	2,000	대) 사외적립자산	2,000

2) 법인세법

집행기준 26-44의 2-1(퇴직보험료 등의 손금산입 한도액)
임원 또는 사용인의 퇴직을 퇴직급여의 지급 사유로 하고 임원 또는 사용인을 피보험자 또는 수급자로 하는 퇴직연금으로서 퇴직연금의 부담금으로 지출하는 퇴직연금 등의 손금산입 한도액은 퇴직급여추계액 기준(A)과 퇴직연금적립액 기준(B) 중 적은 금액으로 한다.
(A) ⓐ 기말퇴직급여추계액－ⓒ 이미 손금에 산입한 연금부담금 등
(B) ⓑ 기말퇴직연금적립액－ⓒ 이미 손금에 산입한 연금보험료 등

법인세법은 기업회계에서와 같이 재무상태표에 순확정급여부채를 공시하는 것에 대한 규정은 없다. 그 대신 법인세법에서는 확정급여형 퇴직연금에서 손금산입가능한 금액을 규정한다. 법인세법 시행령 제60조에서 손금산입 한도를 규정하고 있으나 규정이 모호하여 납세자에게 혼동을 초래할 가능성이 높다. 따라서 과세당국에서는 위와 같은

집행기준을 정하였다. 이를 기준으로 살펴보도록 한다.

ⓐ는 기말퇴직급여추계액이다. 위 집행기준에서는 ⓐ를 당기에 모든 종업원이 일시에 퇴직한다는 전제하에 산출한 예상 퇴직금 지급액(일시퇴직기준추계액)과 보험수리적 가정하에 산출한 미래 퇴직금 예상액(보험수리적 기준 추계액) 중 큰 금액이라고 정한다. 급여가 줄어드는 예외적 경우가 아니라면 보험수리적 가정하에 산출된 금액이 당연히 일시 퇴직 가정하에 산출된 금액보다 클 것이다. 따라서 ⓐ는 보험수리적 가정하에 산출된 예상 미래 퇴직금이며 이는 기업회계기준에 따른 확정급여채무의 현재가치와 같다.

ⓑ는 기말퇴직연금적립액인데 기말 사외적립자산 가액으로 보면 된다. ⓒ는 이미 손금에 산입한 보험료인데 주의해야 할 것은 당기 중 퇴직금 지급액을 차감한다는 것이다. 결국 위 집행기준의 식에서 (A), (B)에서 공통적으로 ⓒ가 차감되므로 사실상 위 식은 {MIN(ⓐ, ⓑ)－ⓒ}와 같다.

3) 차이와 세무조정

앞선 법인세법 집행기준의 문구를 보면 퇴직연금부담금의 손금은 강제신고조정임을 알 수 있다. 즉 회사가 어떤 식으로 결산을 했는지와 무관하게 법인세 신고단계에서 한도에 해당하는 만큼은 손금에 산입해야 한다는 것이다. 이렇게 강제신고조정을 한다는 것은 위 집행기준의 공식은 한도가 아닌 반드시 손금에 산입하는 금액을 정한 것이라는 의미이다. 집행기준의 제목처럼 손금산입 한도를 정한다는 표현은 오해의 소지가 있다.

집행기준의 공식에 따라 결정된 손금과 결산상 퇴직급여를 비교하여 그 차이를 익금 혹은 손금으로 조정한다. 그리고 이 차이는 확정급여형 연금제도에서 모든 채무가 소멸하면 궁극적으로 소멸하게 되는 일시적 차이이므로 유보로 처분한다.

퇴직연금 세무조정과정에서 유보된 금액은 결산상 어떤 계정과목과 관련을 맺게 되는가? 결산상 퇴직급여는 확정급여채무의 현재가치를 증가시키는 것이므로 퇴직급여의 세무조정은 세무상 확정급여채무의 현재가치(즉 퇴직급여추계액)와 결산상 확정급여채무의 현재가치 간의 차이이다. 따라서 유보된 금액은 확정급여채무에 유보된다. 앞선 (사례 12-1)에서 당기근무원가는 10,000원이며 사외적립자산에 8,000원을 출연하였다고 하였다. 집행기준 공식을 그대로 따르면 기말현재 확정급여채무는 10,000원이고 사외적립자산은 8,000원이므로 둘 중 적은 금액은 8,000원인데 이미 손금에 산입한 연금보험료는 없으므로 8,000원이 손금범위액이 되고 회사가 결산상 퇴직급여로 10,000원을 계상하였으므로 그 차이 2,000원을 손금불산입하고 유보로 처분한다. 사외적립자산과 확정급여채무는 궁극적으로는 일치해야 하는 것이므로 이 과정에서 유보처분된 금액은 정리될 것이다. 이를 표로 나타내보면 아래와 같다.

ⓐ 기말확정급여채무	10,000
ⓑ 기말사외적립자산	8,000
ⓐ와 ⓑ 중 적은 금액	8,000
ⓒ 이미 손금에 산입된 연금부담금	–
당기 손금범위액(MIN(ⓐ, ⓑ)–ⓒ)	8,000
결산상 퇴직급여	10,000
세무조정: 익금산입(유보)	2,000

위에서와는 약간 다른 방법으로 접근할 수도 있다. 확정급여형 퇴직연금제도를 전체기간으로 보면 법인세법에서는 확정급여채무를 사외적립자산을 한도로 손금으로 인정하는 것이다. 이는 사외적립자산을 초과하는 확정급여채무는 부인한다는 의미가 된다. 즉 법인세법에서는 순확정급여부채를 부인하고 순확정급여자산만 허용한다. (사례 12–1)에서 기말확정급여채무는 10,000원인데 사외적립자산은 8,000원이므로 사외적립자산을 초과하는 확정급여채무 2,000원을 부인하여 손금불산입하고 유보로 처분한다. 이와 같은 과정을 표로 나타내면 다음과 같다. 아래 표에서 기초에 비해 기말에 법인세법상 순확정급여부채가 2,000원 감소한 것이므로 그만큼 손금불산입되어 유보처분된다.

	결산		법인세법		차이	
	기초	기말	기초	기말	기초	기말
확정급여채무	–	10,000	–	8,000	–	2,000
사외적립자산	–	(8,000)	–	(8,000)	–	–
순확정급여부채(자산)	–	2,000	–	–	–	2,000

예제 12-4

㈜서울은 제1차연도부터 확정급여형 퇴직연금제도를 시행한다. K-IFRS에 따른 결산상 사외적립자산과 확정급여채무는 연도별로 다음과 같다.

	제1차연도	제2차연도	제3차연도
사외적립자산	10,000	20,000	33,000
확정급여채무	(12,000)	(19,000)	(35,000)
확정급여자산(부채)	(2,000)	1,000	(2,000)

주요 가정은 다음과 같다.
(1) 연도별 사외적립자산과 확정급여채무는 세법상 금액과 동일하다.
(2) 연도별 사외적립자산과 확정급여채무에 대한 이자수익과 이자비용은 없다.
(3) 연도별 사외적립자산과 확정급여채무의 공정가치와 장부가치는 동일하다.
(4) 연도별 출연금은 기말에 납입하며 퇴직금은 기말에 지급한다.
(5) 연도별 퇴직금 지급액은 없다.

| 물음 | K-IFRS에 따른 회계처리와 세무상 손금에 산입해야 할 금액을 구하고 필요한 세무조정을 하시오.

| 풀이 |

(회계처리)

(제1차연도)

출연	차) 사외적립자산	10,000	대) 현금	10,000
당기근무원가	차) 퇴직급여	12,000	대) 확정급여채무	12,000

(제2차연도)

출연	차) 사외적립자산	10,000	대) 현금	10,000
당기근무원가	차) 퇴직급여	7,000	대) 확정급여채무	7,000

(제3차연도)

출연	차) 사외적립자산	13,000	대) 현금	13,000
당기근무원가	차) 퇴직급여	16,000	대) 확정급여채무	16,000

(세무상 손금산입해야 할 금액)

	제1차연도	제2차연도	제3차연도
ⓐ 추계액 기준	12,000	19,000	35,000
ⓑ 적립금 기준	10,000	20,000	33,000
MIN(ⓐ, ⓑ)	10,000	19,000	33,000
(−)ⓒ 이미 손금산입한 보험료[a)]	−	10,000	19,000
당기 손금	10,000	9,000	14,000

a) 직전 사업연도까지 손금누계에서 당기 지급액을 차감한다. 다만 본 예제에서는 당기 지급액은 없다고 가정하였으므로 직전 사업연도까지의 손금누계와 같다.

(세무조정)

	제1차연도	제2차연도	제3차연도
결산상 퇴직급여	12,000	7,000	16,000
세법상 손금산입해야 할 금액	10,000	9,000	14,000
세무조정(유보)	2,000	△2,000	2,000

(세무조정에 대한 또 다른 접근법)

		제1차연도	제2차연도	제3차연도
세법	사외적립자산	10,000	20,000	33,000
	확정급여채무[a)]	(10,000)	(19,000)	(33,000)
	확정급여자산(부채)	−	1,000	−
K−IFRS	사외적립자산	10,000	20,000	33,000
	확정급여채무	(12,000)	(19,000)	(35,000)
	확정급여자산(부채)	(2,000)	1,000	(2,000)
차이	사외적립자산	−	−	−
	확정급여채무	2,000	−	2,000
	확정급여자산(부채)	2,000	−	2,000

a) 앞선 세무상 한도 개념을 적용하게 되면 세법상 확정급여채무는 사외적립자산을 초과할 수 없다.

※ 위 표에서 구한 차이에 대해서 매년 조정하는 다음과 같은 세무조정을 한다. 이는 앞선 세무조정과 동일하다.

(세무조정)

제1차연도 익금산입 확정급여자산(부채) 2,000원(유보)

제2차연도 손금산입 확정급여자산(부채) 2,000원(△유보)

제3차연도 익금산입 확정급여자산(부채) 2,000원(유보)

4.2 순확정급여부채의 순이자

1) 기업회계기준

K-IFRS 제1019호(종업원급여)
당기손익으로 인식되는 …(중략)… 순확정급여부채(자산)의 순이자를 정한다(문단 57). 순확정급여부채(자산)의 순이자는 순확정급여부채(자산)에 보험수리적 가정에서 정한 할인율을 곱하여 결정한다(문단 123).

앞서 정한 사외적립자산과 확정급여채무는 별다른 일이 없어도 시간이 지나면 변동한다. 그 이유는 확정급여채무 현재가치 개념상 생기는 이자와 사외적립자산의 투자수익 때문이다. 이렇게 시간이 지남에 따라 생기는 순확정급여부채(자산)의 변동을 순이자라고 한다. 순이자라는 표현을 사용한 것은 확정급여채무에서 생기는 이자비용에서 사외적립자산에서 생기는 이자수익을 차감했다는 의미를 갖기 때문이다.

위 K-IFRS에서는 순이자를 당기손익으로 인식한다고 정하였다. 만일 확정급여채무 현재가치가 사외적립자산보다 많은 순확정급여부채가 있다면 순이자는 퇴직급여에 가산된다. 반대로 사외적립자산이 확정급여채무 현재가치보다 크다면 순이자는 오히려 퇴직급여에서 차감된다.

주의할 것은 순이자는 확정급여부채(자산)에 보험수리적 가정에서 이용한 할인율을 곱해서 정한다는 것이다. 사외적립자산과 확정급여채무 현재가치에 별도의 이자율을 적용하지 않는다. 그 이유는 애당초 확정급여채무의 현재가치와 사외적립자산을 일치시키기 위해 할인율을 정한 것이고 그렇기 때문에 시간흐름에 따라 할인율만큼 이자수익이나 비용이 생기는 것이 정상적이라고 보기 때문이다. 물론 이런 가정은 현실적으로 정확하게 맞지 않을 것이다. 부채와 자산에 대한 이자율도 달라질 수 있고 실제 투자수익이 이자율과 정확하게 일치하지 않기 때문이다. 다음 4.3절에서 설명하겠지만 이자율에 대한 가정과 현실이 달라서 생기는 차이는 재측정요소로 구분하여 기말에 조정한다.

사외적립자산은 출연금과 퇴직금의 당기 지급액에 의하여 변동한다. 또한 확정급여채무도 당기 지급액이 있으면 변동한다. 순이자는 이런 변동금액을 감안하여 계산되어야 한다. 예를 들어 퇴직금의 지급액이 기중에 있었다면 지급액이 있기 전과 후를 구분하여 각각의 잔액에 이자율을 곱해서 순이자를 계산해야 한다.

사례 12-2

갑회사는 확정급여형 퇴직연금제도를 시행 중이다. 퇴직연금의 기초사외적립자산은 8,000원이고 확정급여채무 현재가치는 10,000원이다. 당기근무원가는 10,000원인데 사외적립자산에 15,000원을 출연하였다. 퇴직자에게 3,000원의 퇴직금을 사외적립자산에서 지급하였다. 할인율은 10%이다.

위 (사례 12-2)에서 우선 당기근무원가에 해당하는 확정급여채무 변동을 인식하고 출연금에 대한 사외적립자산 증가분을 인식한다. 그리고 기중 퇴직금 지급에 대한 확정급여채무와 사외적립자산 감소를 각각 분개한다.

당기근무원가	차) 퇴직급여	10,000	대) 확정급여채무	10,000
출연	차) 사외적립자산	15,000	대) 현금	15,000
퇴직금 지급	차) 확정급여채무	3,000	대) 사외적립자산	3,000

위 분개에 따르면 기말확정급여채무는 기초 10,000원+당기근무원가 10,000원−당기지급 3,000원=17,000원이고 기말사외적립자산은 기초 8,000원+출연금 15,000원−당기지급 3,000원=20,000원일 것이다. 그러나 실제로 기말확정급여채무와 사외적립자산은 이 금액과는 달라져 있을 것이다. 만일 보험수리 측정에서 가정했던 할인율 10%가 변동하지 않았다면 확정급여채무와 사외적립자산에 대해서는 10%의 이자비용과 이자수익이 생겨야 한다.

그럼 얼마의 이자비용과 이자수익을 인식해야 하는가? 확정급여채무에 대한 이자비용은 퇴직금을 언제 지급했는지에 따라서 달라진다. 예를 들어 3,000원을 기초에 지급한 것이라면 이자비용은 (10,000원−3,000원)×10%=700원이 되어야 하지만 3,000원을 기말에 지급한 것이라면 이자비용은 10,000원×10%=1,000원이 되어야 한다. 또한 사외적립자산도 마찬가지로 언제 출연했는지 그리고 기중 퇴직금은 언제 지급했는지가 이자수익계산에 영향을 미친다. 편의상 (사례 12-2)에서 출연금과 퇴직금을 모두 기말에 지급했다고 가정해보자. 그러면 이자비용과 이자수익은 모두 기초잔액에 할인율 10%를 곱해서 구한다. 이를 반영하여 분개하면 다음과 같다.

이자비용	차) 퇴직급여	1,000	대) 확정급여채무	1,000
이자수익	차) 사외적립자산	800	대) 퇴직급여	800

위에서 보면 이자비용과 이자수익은 모두 퇴직급여에서 조정한다. 그리고 이자비용과 이자수익 외에 다른 변동사항이 없다면 기말확정급여채무는 18,000원이고 기말사외적립자산은 20,800원이 되어서 기말재무상태표에는 순확정급여자산으로 2,800원이 계상될 것이다. 그리고 손익계산서상 퇴직급여는 당기근무원가 10,000원+이자비용 1,000원−이자수익 800원=10,200원이다.

2) 법인세법과 세무조정

법인세법에서 손금범위를 계산하는 것은 모두 확정급여채무와 사외적립자산의 기말가액을 중심으로 계산한다. 따라서 확정급여채무에 대한 이자비용 계상으로 확정급여채무가 증가하였다면 이만큼 손금범위는 증가하며 사외적립자산에 대한 이자수익이 계상된 만큼은 손금범위가 감소한다. 그리고 이렇게 계산된 손금범위액과 결산상 퇴직급여를 비교하여 그 차이만큼을 익금 혹은 손금에 산입하고 유보로 처분한다.

앞선 (사례 12−2)에서 손금범위액을 계산해보자. 공식에 따르면 기말확정급여채무와 사외적립자산 중 적은 금액에서 이미 손금에 산입한 부담금을 제외한다. (사례 12−2)에서 기말확정급여채무는 18,000원이고 사외적립자산은 20,800원이므로 둘 중 적은 금액은 18,000원이다. 문제는 이미 손금에 산입한 연금부담금이 얼마인가이다. 조금만 지혜를 발휘해보면 알 수 있다. 회사가 직전사업연도까지 퇴직연금부담금 중 손금에 산입한 금액은 기초사외적립자산과 기초확정급여채무 중 적은 금액인 8,000원일 것이다. 그리고 여기에서 당기에 지급한 퇴직금 3,000원을 차감하면 이미 손금에 산입한 연금부담금은 5,000원이다. 따라서 당기 손금범위액은 18,000원에서 5,000원을 차감한 13,000원이며 결산상 퇴직급여는 10,200원이므로 2,800원을 퇴직급여로 추가로 손금에 산입해야 하는데 사외적립자산에 대한 이자수익 800원은 확정급여채무를 감소시키지 않고 퇴직급여를 감소시켰기 때문에 퇴직급여에 다시 가산해주어야 하므로[1] 최종적으로 2,000원이 손금산입 △유보로 처분된다. 표로 나타내면 다음과 같다.

1) 여러분은 이를 시부인 대상 퇴직급여 개념으로 이해하면 된다. 따라서 시부인 대상 퇴직급여는 결산상 계상된 10,200원이 아니라 사외적립자산 이자수익 800원을 더한 2,000원이다.

ⓐ 기말확정급여채무	18,000
ⓑ 기말사외적립자산	20,800
ⓐ와 ⓑ 중 적은 금액	18,000
ⓒ 이미 손금에 산입된 연금부담금	5,000
ⓓ 당기 손금범위액(MIN(ⓐ, ⓑ)－ⓒ)	13,000
ⓔ 결산상 퇴직급여	10,200
ⓕ 이자수익	800
[ⓓ－(ⓔ＋ⓕ)] 세무조정: 손금산입(△유보)	△2,000

이런 세무조정을 조금 더 간편하게 생각해볼 수 있다. 법인세법상으로 사외적립자산을 초과하는 확정급여채무를 부인하는 것이므로 이에 따른 세무조정을 한다고 생각하면 된다. 아래의 표를 보면 확정급여채무에 대한 결산과 법인세법의 차이가 기초 2,000원에서 기말에는 해소되었으므로 2,000원을 손금에 산입하여 유보 추인한다.

	결산		법인세법		차이	
	기초	기말	기초	기말	기초	기말
확정급여채무	10,000	18,000	8,000	18,000	2,000	－
사외적립자산	8,000	20,800	8,000	20,800	－	－
순확정급여부채(자산)	2,000	(2,800)	－	(2,800)	2,000	－

예제 12-5

㈜서울은 제1차연도부터 확정급여형 퇴직연금제도를 시행한다. 현금출연금, 당기근무원가 및 퇴직금 지급액은 다음과 같다.

	제1차연도	제2차연도	제3차연도
현금출연금	10,000	7,000	20,400
당기근무원가	8,000	12,200	14,100
퇴직금 지급액	－	2,000	5,000

주요 가정은 다음과 같다.

(1) 연도별 사외적립자산과 확정급여채무는 세법상 금액과 동일하다.

(2) 연도별로 전기말 사외적립자산과 확정급여채무에 대해서 할인율 10%로 이자수익과 이자비용을 인식한다.

(3) 연도별 사외적립자산과 확정급여채무의 공정가치와 장부가치는 동일하다.

(4) 연도별 출연금은 기말에 납입하며 퇴직금은 기말에 지급한다.

| 물음 | K-IFRS에 따른 회계처리와 세무상 손금에 산입해야 할 금액을 구하고 필요한 세무조정을 하시오.

| 풀이 |

(회계처리)

(제1차연도)

출연	차) 사외적립자산	10,000	대) 현금	10,000
당기근무원가	차) 퇴직급여	8,000	대) 확정급여채무	8,000

(제2차연도)

출연	차) 사외적립자산	7,000	대) 현금	7,000
당기근무원가	차) 퇴직급여	12,200	대) 확정급여채무	12,200
퇴직금 지급	차) 확정급여채무	2,000	대) 사외적립자산	2,000
이자비용	차) 퇴직급여	800	대) 확정급여채무	800
이자수익	차) 사외적립자산	1,000	대) 퇴직급여	1,000

(제3차연도)

출연	차) 사외적립자산	20,400	대) 현금	20,400
당기근무원가	차) 퇴직급여	14,100	대) 확정급여채무	14,100
퇴직금 지급	차) 확정급여채무	5,000	대) 사외적립자산	5,000
이자비용	차) 퇴직급여	1,900	대) 확정급여채무	1,900
이자수익	차) 사외적립자산	1,600	대) 퇴직급여	1,600

(세무상 손금산입해야 할 금액)

	제1차연도	제2차연도	제3차연도
ⓐ 추계액 기준	8,000	19,000	30,000
ⓑ 적립금 기준	10,000	16,000	33,000
MIN(ⓐ, ⓑ)	8,000	16,000	30,000
(−)ⓒ 이미 손금산입한 보험료[a)]	−	6,000	11,000
당기손금	8,000	10,000	19,000

a) 직전 사업연도까지 손금누계에서 누적 지급액을 차감한다. 혹은 기초 추계액과 적립금 기준 중 적은 금액에서 당기 지급액을 차감한다.

(세무조정)

	제1차연도	제2차연도	제3차연도
결산상 퇴직급여	8,000	12,000	14,400
세법상 이자수익[a)]	–	1,000	1,600
세법상 손금산입해야 할 금액	8,000	10,000	19,000
세무조정(유보)	–	3,000	△3,000

a) 사외적립자산에 대한 이자수익이다. 즉 사외적립자산에 대한 이자수익은 확정급여채무를 증가시키지 않았음에도 결산상 퇴직급여에서 차감했으므로 이는 다시 결산상 퇴직급여에 가산해주는 것이다.

(세무조정에 대한 또 다른 접근법)

		제1차연도	제2차연도	제3차연도
세법	사외적립자산	10,000	16,000	33,000
	확정급여채무	(8,000)	(16,000)	(30,000)
	확정급여자산(부채)	2,000	–	3,000
K-IFRS	사외적립자산	10,000	16,000	33,000
	확정급여채무	(8,000)	(19,000)	(30,000)
	확정급여자산(부채)	2,000	(3,000)	3,000
차이	사외적립자산	–	–	–
	확정급여채무	–	(3,000)	–
	확정급여자산(부채)	–	3,000	–

제1차연도 세무조정 없음

제2차연도 익금산입 확정급여자산(부채) 3,000원(유보)

제3차연도 손금산입 확정급여자산(부채) 3,000원(△유보)

4.3 재측정요소

1) 기업회계기준

K-IFRS 제1019호(종업원급여) 문단 57

기타포괄손익으로 인식되는 순확정급여부채(자산)의 재측정요소를 결정한다. 재측정요소는 보험수리적 손익과 순확정급여부채(자산)의 순이자에 포함된 금액을 제외한 사외적립자산의 수익으로 구성된다.

확정급여채무와 사외적립자산은 매년말 재측정한다. 이렇게 재측정한 후 확정급여채무와 사외적립자산의 기초 대비 변동금액이 순확정급여부채(자산)의 순이자와 달라졌다면 이 차이를 재측정요소라고 부른다. 이렇게 재측정으로 인하여 순확정급여부채(자산)가 변동했다면 이는 확정급여채무에서 생기는 보험수리적 손익 혹은 사외적립자산에서 생기는 투자수익 때문일 것이다.

확정급여채무는 보험수리적 가정하에 매년말 예상하는 미래 퇴직금 지급액이다. 보험수리적 가정에는 종업원들의 임금상승률, 퇴사율이나 할인율 등이 포함된다. 그런데 이런 가정은 매년 달라진다. 그리고 이렇게 보험수리적 가정이 바뀌면 확정급여채무 금액도 변동하게 된다. 이를 기타포괄손익으로 처리한다.

사외적립자산에서 생기는 투자수익도 매년말 결정되는데 당초 생각했던 할인율만큼의 수익보다 더 많거나 적을 것이다. 이런 차이 역시 기타포괄손익으로 처리한다.

사례 12-3

갑회사는 확정급여형 퇴직연금제도를 시행 중이다. 퇴직연금의 기초사외적립자산은 8,000원이고 확정급여채무 현재가치는 10,000원이다. 당기근무원가는 10,000원인데 사외적립자산에 15,000원을 기말에 출연하였다. 기말에 퇴직자에게 3,000원의 퇴직금을 사외적립자산에서 지급하였다. 할인율은 10%이다. 기말에 재측정된 사외적립자산의 공정가치는 21,000원이며 확정급여채무의 현재가치는 20,000원이다.

위 사례를 보자. 앞선 (사례 12-2)와 동일한데 다만 기말사외적립자산의 공정가치는 21,000원이고 확정급여채무 현재가치가 20,000원이라는 사실이 추가되었다. 만일 특별한 일 없이 할인율 정도의 이자비용과 수익이 생겼다면 기말사외적립자산은 20,800원이 되어야 하고 기말확정급여채무의 현재가치는 18,000원이 되어야 한다. 그런데 기말사외적립자산은 21,000원으로 재측정되었다. 이는 당초 예상했던 수익률 10%를 초과하는 수익이 200원 더 생겼음을 의미한다. 마찬가지로 확정급여채무도 예상했던 18,000원이 아니라 20,000원으로 변동하였는데 이는 보험수리적 가정의 변동으로 생긴 것이다. 이에 대해 다음과 같이 분개한다.

재측정	차) 사외적립자산	200	대) 기타포괄손익	200
보험수리적 손익	차) 기타포괄손익	2,000	대) 확정급여채무	2,000

위와 같은 분개로 인하여 기말확정급여채무는 20,000원, 사외적립자산은 21,000원이 되어서 기말의 순확정급여자산이 1,000원이 계상된다.

2) 법인세법과 세무조정

확정급여채무에 대한 보험수리적 손익과 사외적립자산의 재측정으로 인한 변동은 결산상 기타포괄손익으로 분류한다. 법인세법상의 손금범위액은 기말자산 기준으로 계산되기 때문에 기타포괄손익 분류가 손금범위액에 영향을 주지 않는다. 다만 법인세법에서는 기타포괄손익을 인정하지 않으므로 이에 대해 익금 혹은 손금으로 산입하고 기타로 처분한다.

보험수리적 손익은 결산상 확정급여채무에 영향을 미치지만 당기손익으로 분류되지 않는다. 따라서 이는 퇴직급여에 가산하여 세무조정해야 한다. 마찬가지로 사외적립자산에 대한 이자수익은 확정급여채무에는 영향을 주지 않지만 퇴직급여를 감소시켰으므로 다시 퇴직급여에 가산해야 한다. 앞선 (사례 12-3)에 적용하여 세무조정하면 다음과 같다.

ⓐ 기말확정급여채무	20,000
ⓑ 기말사외적립자산	21,000
ⓐ와 ⓑ 중 적은 금액	20,000
ⓒ 이미 손금에 산입된 연금부담금	5,000
ⓓ 당기 손금범위액(MIN(ⓐ, ⓑ)−ⓒ)	15,000
ⓔ 결산상 퇴직급여	10,200
ⓕ 보험수리적 손실	2,000
ⓖ 이자수익	800
[ⓓ−(ⓔ+ⓕ+ⓖ)] 세무조정: 손금산입 (△유보)	△2,000

또 다른 방법으로 법인세법상으로는 사외적립자산을 초과하는 확정급여채무는 해당 금액을 부인하여 유보처분한다는 것을 적용할 수 있다. 아래의 표에서와 같이 세무조정한다.

	결산		법인세법		차이	
	기초	기말	기초	기말	기초	기말
확정급여채무	10,000	20,000	8,000	20,000	2,000	–
사외적립자산	8,000	21,000	8,000	21,000	–	–
순확정급여부채(자산)	2,000	(1,000)	–	(1,000)	2,000	–

위 표에서 결산상 순확정급여부채에서의 차이는 기초 2,000원에서 기말에는 없어졌다. 따라서 기초 2,000원 유보잔액을 기말에 2,000원을 손금에 산입하여 △유보로 추인한다.

예제 12-6

㈜서울은 제1차연도부터 확정급여형 퇴직연금제도를 시행한다. 현금출연금, 당기근무원가 및 퇴직금 지급액은 다음과 같다.

	제1차연도	제2차연도	제3차연도
현금출연금	10,000	6,300	22,800
당기근무원가	8,000	13,200	15,300
퇴직금 지급액	–	2,000	5,000

주요 가정은 다음과 같다.

(1) 연도별 사외적립자산과 확정급여채무는 세법상 금액과 동일하다.
(2) 연도별로 전기말 사외적립자산과 확정급여채무에 대한 이자수익과 이자비용은 없다.
(3) 연도별 사외적립자산과 확정급여채무의 공정가치는 다음과 같다.

	제1차연도	제2차연도	제3차연도
사외적립자산	10,000	16,000	33,000
확정급여채무	(8,000)	(19,000)	(30,000)
확정급여자산(부채)	2,000	(3,000)	3,000

(4) 연도별 출연금은 기말에 납입하며 퇴직금은 기말에 지급한다.

| 물음 | K-IFRS에 따른 회계처리와 세무상 손금에 산입해야 할 금액을 구하고 필요한 세무조정을 하시오.

| 풀이 |

(회계처리)

(제1차연도)

출연	차) 사외적립자산	10,000	대) 현금	10,000
당기근무원가	차) 퇴직급여	8,000	대) 확정급여채무	8,000

(제2차연도)

출연	차) 사외적립자산	6,300	대) 현금	6,300
당기근무원가	차) 퇴직급여	13,200	대) 확정급여채무	13,200
퇴직금 지급	차) 확정급여채무	2,000	대) 사외적립자산	2,000
재측정	차) 사외적립자산	1,700	대) 재측정요소	1,700
보험수리	차) 확정급여채무	200	대) 보험수리이익	200

(제3차연도)

출연	차) 사외적립자산	22,800	대) 현금	22,800
당기근무원가	차) 퇴직급여	15,300	대) 확정급여채무	15,300
퇴직금 지급	차) 확정급여채무	5,000	대) 사외적립자산	5,000
재측정	차) 재측정요소	800	대) 사외적립자산	800
보험수리	차) 보험수리손실	700	대) 확정급여채무	700

(세무상 손금산입해야 할 금액)

	제1차연도	제2차연도	제3차연도
ⓐ 추계액 기준	8,000	19,000	30,000
ⓑ 적립금 기준	10,000	16,000	33,000
MIN(ⓐ, ⓑ)	8,000	16,000	30,000
(−) ⓒ 이미 손금산입한 보험료	−	6,000	11,000
당기 손금	8,000	10,000	19,000

(세무조정)

	제1차연도	제2차연도	제3차연도
결산상 퇴직급여	8,000	13,200	15,300
보험수리손익[a)]	−	(200)	700
세법상 손금산입해야 할 금액	8,000	10,000	19,000
세무조정(유보)	−	3,000	△3,000

a) 확정급여채무에 대한 보험수리손익이다. 이는 확정급여채무를 증가 혹은 감소시키므로 결산상 퇴직급여에 포함된 것으로 간주한다.

※ 세무조정은 크게 두 부분으로 구분된다. 즉 기타포괄손익누계 변동에 대한 세무조정과 확정급여자산(부채)에 대한 세무조정이다.

연도	기타포괄손익누계 세무조정	확정급여자산(부채) 세무조정
제1차연도	없음	없음
제2차연도	익금산입 재측정요소 1,700원(기타) 익금산입 보험수리이익 200원(기타)	익금산입 확정급여부채 3,000원 (유보)
제3차연도	손금산입 재측정요소 800원(기타) 손금산입 보험수리손실 700원(기타)	손금산입 확정급여부채 3,000원 (△유보)

(세무조정에 대한 또 다른 접근법)

		제1차연도	제2차연도	제3차연도
세법	사외적립자산	10,000	16,000	33,000
	확정급여채무	(8,000)	(16,000)	(30,000)
	확정급여자산(부채)	2,000	–	3,000
K-IFRS	사외적립자산	10,000	16,000	33,000
	확정급여채무	(8,000)	(19,000)	(30,000)
	확정급여자산(부채)	2,000	(3,000)	3,000
차이	사외적립자산	–	–	–
	확정급여채무	–	(3,000)	–
	확정급여자산(부채)	–	3,000	–

※ 세무조정은 앞선 경우와 동일하다.

이번 장의 요약

1. 지급기준에 따라 정기적으로 지급하는 급여는 기업회계기준과 법인세법에서 모두 비용 혹은 손금이다.
2. 기업회계기준에 따르면 유급휴가로 인하여 지급되는 급여는 지급시점의 비용이 아니라 유급휴가 권리를 획득한 시점의 비용이 되어야 한다. 그러나 법인세법에서는 유급휴가비용도 지급시점에서 손금에 산입한다.
3. 기업회계기준에 따르면 업적에 따라 지급하는 상여금은 현재의 의무이면서 금액을 신뢰성 있게 추정할 수 있다면 비용이 된다. 그러나 법인세법에서는 실제 지급이 확정될 때까지 손금으로 인정하지 않으며 또한 임원에 대한 지급기준 없는 상여금 지급은 손금에 산입하지 않는다.
4. 법인세법상 종업원에게 지급하는 복리후생비는 손금에 산입되면서 동시에 종업원에게 과세되지 않는다. 이런 점 때문에 법인세법상 복리후생비는 법에 열거된 경우에만 한정하여 인정된다.
5. 기업회계기준에 따르면 종업원 퇴직 시 지급하는 퇴직금은 지급시점의 비용이 아니며 종업원 근무 시에 인식해야 할 비용이다. 이런 점에서 별도의 외부적립이 없다면 기업회계상 미래 지급해야 할 퇴직금을 현재의 충당부채로 계상해야 한다. 법인세법도 이런 경우에는 퇴직급여충당금을 인정한다.
6. 퇴직금에 대해서는 사내적립제도보다 외부적립제도가 일반적이다. 외부적립제도에는 회사가 종업원이 근무할 동안 일정한 금액을 납부하면 의무가 종료되는 확정기여제도가 있고 이와는 달리 회사가 종업원에게 일정한 퇴직급여를 보장하고 이를 충당하기 위하여 사외적립하는 확정급여제도가 있다.
7. 확정기여제도를 운용한다면 납부하는 기여금이 회계상 비용이고 법인세법상 손금이다.
8. 확정급여제도를 운용한다면 미래 지급해야 할 퇴직급여의 현재가치인 확정급여채무에서 사외적립자산을 차감한 순확정급여부채(자산)를 기업회계기준에 의한 재무상태표에 부채(자산)로 계상한다. 그렇지만 법인세법에서는 사외적립자산을 한도로 계상한 확정급여채무만을 인정한다.

CHAPTER

13

주식기준 보상

이번 장의 차례

CHAPTER 13

주식기준보상

주식기준보상은 용역제공의 대가로 주식 혹은 주식매수선택권을 지급하거나 주식이나 주식매수선택권의 가치에 기초하여 산출된 금액의 현금을 지급하는 보상의 형태이다. 이번 장에서는 주로 주식매수선택권을 제공하는 경우를 살펴본다.

기본적인 형태의 주식매수선택권은 미리 정해 놓은 행사가격으로 행사일에 신주를 매수할 수 있는 권리를 일정기간 동안 근로용역을 제공하는 대가로 제공하는 것이다. 이런 기본 주식매수선택권에서 기업회계기준에 따른 보상비용은 권리부여일에 측정한 공정가치에 가득될 것으로 예상되는 수량을 곱한 금액으로 가득기간에 걸쳐 인식하면서 동일한 금액을 자본의 증가로 인식한다.

법인세법상 주식매수선택권은 상법이나 세법상 요건을 충족하는 적격매수선택권과 그렇지 않은 비적격매수선택권으로 구분된다. 만일 적격매수선택권이라면 행사일에 측정한 주식의 공정가치와 행사가격 간의 차이인 행사차익을 손금에 산입한다. 따라서 기본 주식매수선택권에서 기업회계기준에 따른 보상비용은 법인세법상 손금과는 그 시기와 금액 면에서 차이가 있다.

기업회계기준에 따르면 주식매수선택권의 공정가치를 알 수 없는 주식매수선택권은 공정가치 대신에 주식매수선택권의 내재가치를 이용하여 보상비용을 결정한다. 다만 이 경우에는 내재가치를 가득기간 동안 매연도말 측정하여 보상비용을 인식하고 가득기간 종료 이후에도 내재가치 변동만큼 보상비용을 수정한다. 법인세법에서는 여전히 적격주식매수선택권의 경우에 행사차익을 손금으로 인정한다.

실제로 주식을 발행하지 않고 행사차익에 해당하는 금액을 현금으로 보상하는 형태의 현금결제형 주식매수선택권은 엄밀하게 보면 상여금 지급의 한 형태에 불과하다. 기업회계기준에 따르면 현금결제형 주식매수선택권은 주식매수선택권의 내재가치로 보상비용을 결정하고 이에 상응하는 미지급비용을 인식한다. 법인세법에서는 실제 현금보상이 이루어졌을 때 손금에 산입한다. 이 경우 기업회계기준과 법인세법 차이는 영구적 차이가 아닌 일시적 차이이므로 유보로 세무조정한다.

#주식매수선택권 #가득일 #행사차익 #내재가치

1 주식기준보상의 의미와 유형

1.1 의미

주식기준보상은 근로용역 제공의 대가로 종업원에게 지분상품 및 지분상품의 가치에 기초한 현금을 제공한다. 지분상품에는 다양한 형태가 있겠지만 가장 일반적인 것은 주식매수선택권을 제공하는 것이다.

주식매수선택권은 사전에 정해진 가격으로 주식을 매입할 수 있는 권리를 말한다. 종업원들에 대한 동기부여 차원에서 주식매수선택권을 제공하거나 경영진에 대한 보상의 일환으로 주식매수선택권을 제공하는 것이 일반적이다. 이렇게 보상차원에서 주식매수선택권을 제공하는 것은 부여→가득→행사의 순서로 진행된다. 〈그림 13-1〉은 주식매수선택권과 관련된 주요 사건을 진행순서로 보여준다.

그림 13-1 주식매수선택권의 사건일

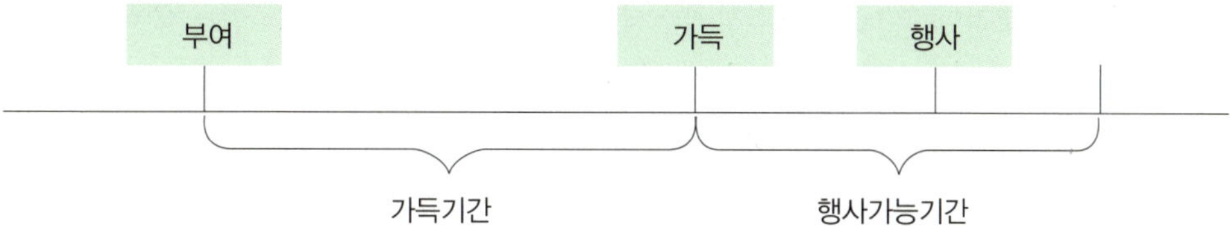

〈그림 13-1〉에서 보여주는 주요 사건은 다음과 같다.

- **주식매수선택권의 부여:** 회사는 종업원 혹은 임원들에게 주식매수선택권을 부여하고 이를 행사할 수 있는 조건과 행사가격을 사전에 정한다.
- **주식매수선택권의 가득:** 부여된 주식매수선택권은 사전에 정한 조건이 충족되면 행사될 수 있다. 행사조건이 충족되면 이를 가득되었다고 하고 이런 행사조건을 가득조건이라고 한다. 가득조건의 예로는 일정기간 동안 회사에 근무하면서 근로용역을 제공해야만 하는 조건이 대표적이다. 이때 주식매수선택권을 행사할 수 있는 최소한의 용역제공기간을 가득기간이라고 한다.
- **주식매수선택권의 행사:** 주식매수선택권이 행사되면 회사는 정해진 가격에 주식을

발행하거나 아니면 보유 중인 자기주식을 제공한다. 종업원은 가득된 주식매수선택권을 행사할 수 있다. 주식의 가치가 행사가격 이상이면 행사하겠지만 혹시 주식의 가격이 행사가격보다 낮아졌다면 행사하지 않을 것이다. 행사기간 중 주식매수선택권을 행사하지 않으면 권리는 소멸된다.

1.2 유형

주식매수선택권을 이용한 종업원 보상에 대한 회계처리 및 세무상 처리는 주식매수선택권의 유형에 따라 달라질 수 있다. 구체적으로 보면 다음과 같다.

- **행사 결제수단**: 주식매수선택권이 행사되면 회사는 주식을 제공한다. 제공되는 주식은 증자를 통해 새롭게 주식을 발행하는 경우도 있으며(유상증자) 보유 중인 자기주식을 제공하기도 한다(자기주식결제). 엄밀한 의미에서는 주식매수선택권이라고 할 수는 없지만 주식매수선택권 행사에 따라 현금을 제공하기도 한다(현금결제).
- **주식매수선택권의 공정가치**: 주식매수선택권의 공정가치를 알 수 있는지 여부에 따라서 회계처리는 달라질 수 있다. 공정가치를 알 수 없다면 공정가치에 대한 최선의 추정을 해야 하는데 이런 경우에는 최선의 추정치를 매년 검토하고 수정해야 한다. 따라서 공정가치를 알 수 있는지는 회계처리에 영향을 미친다.
- **가득조건**: 종업원에게 주식매수선택권을 행사할 수 있는 권리가 생기는 조건이다. 가득조건은 주식매수선택권을 부여하면서 함께 정한다. 가득조건으로 대표적인 것은 일정기간 동안 근무하면서 근로용역을 제공하는 것이다. 그렇지만 특정한 성과를 충족할 것을 가득조건으로 제시할 수도 있다. 이를 성과조건이라고 하는데, 예를 들면 매출액 100% 증가 혹은 주가 50% 상승 등이다. 매출액 100% 증가와 같은 성과조건을 비시장조건이라고 하고 주가 50% 상승 등과 같은 성과조건은 시장조건이라고 한다. 가득 여부가 종업원의 노력과는 무관한 외부적 요인에 의해서 정해진다면 이는 비가득조건이 된다.
- **법인세법상 적격성**: 주식매수선택권을 이용한 보상의 핵심은 시가보다 낮은 가격(행사가격)으로 회사의 주식을 종업원이나 경영진들에게 제공하는 것이다. 이런 주식매수선택권 제공이 남용되면 다른 주주들의 권리를 침해할 수 있다. 이런 점에서

상법에서는 주식매수선택권을 이용한 보상을 무차별적으로 이용할 수 없도록 일정한 제한을 둔다. 또한 법인세법 입장에서 보면 주식매수선택권은 특수관계자에게 부당한 이익을 제공하기 위한 수단으로 악용될 소지가 있다. 이런 점에서 법인세법에서 정한 요건을 충족하는 주식매수선택권 보상(즉 적격보상)만이 보상비용을 손금으로 인정받을 수 있다. 적격보상이 아닌 비적격보상은 법인세법상 부당행위로 간주된다.

2 기본적 형태의 주식매수선택권에 대한 회계처리

우선 가장 기본적 형태의 주식기준 보상거래를 살펴본다. 기본 형태는 다음을 가정한다.

- 가정 1: 근로용역 제공의 대가로 주식매수선택권을 제공하며 주식매수선택권의 공정가치를 알 수 있다.
- 가정 2: 주식매수선택권 행사의 결제수단으로 새로운 주식을 발행한다.
- 가정 3: 주식매수선택권 행사를 위한 가득조건은 일정기간 동안의 용역제공이다.

2.1 보상비용과 자본증가

K-IFRS 제1102호(주식기준보상) 문단 10

주식결제형 주식기준보상거래에서는, 제공받는 재화나 용역과 그에 상응하는 자본의 증가를 제공받는 재화나 용역의 공정가치로 직접 측정한다. 그러나 제공받는 재화나 용역의 공정가치를 신뢰성 있게 추정할 수 없다면, 제공받는 재화나 용역과 그에 상응하는 자본의 증가는 부여한 지분상품의 공정가치에 기초하여 간접 측정한다.

주식매수선택권은 미래 발행되는 자본이므로 회계상 자본을 구성한다. 주식매수선택권은 종업원이나 임원이 제공하는 근로용역에 대한 대가이므로 인식하는 보상비용과 주식매수선택권의 가치는 동일해야 한다. 이를 분개로 나타내면 다음과 같다.

차) 보상비용	×××	대) 주식매수선택권	×××

K-IFRS 제1102호(주식기준보상) 문단 11

종업원 및 유사용역제공자와의 거래에서는 제공받는 용역의 공정가치는 일반적으로 신뢰성 있게 추정할 수 없기 때문에, 부여한 지분상품의 공정가치에 기초하여 측정한다.

위 K-IFRS에 따르면 보상비용은 얼마가 되어야 하는가? 이런 거래는 용역과 지분상품 간의 교환거래이기 때문에 원칙상 제공되는 용역의 공정가치로 정해져야 한다. 그렇지만 근로용역의 공정가치를 알 수 없다면 이는 주식매수선택권의 공정가치로 결정된다.

2.2 가득기간

K-IFRS 제1102호(주식기준보상) 문단 15

만약 거래상대방이 특정 기간에 용역을 제공하여야 부여한 지분상품이 가득된다면, 기업은 그 지분상품의 대가로 거래상대방에게서 받을 용역을 미래 가득기간에 받는다고 본다. 기업은 거래상대방이 가득기간 동안 용역을 제공함에 따라 회계처리하며, 그에 상응하여 자본의 증가를 인식한다.

보상비용은 한 시점에서 인식해야 하는가? 아니면 기간에 걸쳐 인식하는가? 위 K-IFRS에 의하면 보상비용은 용역제공의 대가이므로 용역이 제공되는 시점에서 인식되어야 한다. 만일 주식매수선택권이 종업원의 근로용역제공과 동시에 제공되는 것이라면 보상비용은 한 시점에 인식되는 비용이다.

그런데 앞서 말한 바와 같이 주식매수선택권을 행사하기 위해서는 가득조건을 충족해야 한다. 다른 말로는 주식매수선택권을 제공받으려면 종업원들은 권리를 부여받았을 때부터 가득될 때까지 근로를 제공해야 한다. 따라서 주식매수선택권 제공으로 인식되는 보상비용은 특정시점의 근로제공으로 한꺼번에 인식하는 것이 아니라 가득기간에 걸쳐 인식되어야 한다.

2.3 총보상비용의 추정

주식매수선택권을 근로용역의 대가로 제공한 경우의 총보상비용은 주식매수선택권 한 단위당 공정가치에 가득수량을 곱한 금액이다. 각각의 요소에 대해 알아보면 다음과 같다.

주식매수선택권의 공정가치

K-IFRS 제1102호(주식기준보상) 문단 11
…(중략)… 부여한 지분상품의 공정가치는 부여일 기준으로 측정한다.

위 식에서 주식매수선택권의 공정가치는 계속적으로 변동한다. 예를 들어 부여일, 가득일, 행사일의 공정가치는 다를 것이다. 그렇다면 보상비용은 언제 시점의 공정가치로 측정되어야 하는가? 위 K-IFRS에서는 부여일 기준으로 측정한다고 정한다. 행사일이나 가득일도 있는데 왜 부여일의 공정가치로 측정하는 것일까?

보상비용으로 제공하는 주식매수선택권은 근로제공에 대한 사후적 대가가 아닌 근로를 제공하도록 유인하기 위한 동기부여 수단이다. 종업원은 결과적인 보상이 아니라 사전적으로 기대하는 보상에 의해서 동기를 부여받는다. 예를 들어서 비록 결과적으로 행사시점에서 주식매수선택권의 공정가치가 0이 되었다고 하더라도 부여일 당시 공정가치가 높았다면 종업원들은 동기를 부여받고 근로를 제공했을 것이다. 그런 점에서 다른 날보다는 부여일의 공정가치가 중요하다. 따라서 보상비용은 부여일의 공정가치를 기준으로 측정하며 그 이후 공정가치가 변동한다고 하더라도 수정하지 않는다.

예상 가득수량

K-IFRS 제1102호(주식기준보상) 문단 19
…(중략)… 시장조건이 아닌 가득조건은 거래금액을 측정할 때 포함하는 지분상품의 수량을 조정하는 방식으로 고려함으로써, 부여한 지분상품 대가로 제공받는 재화나 용역에 대해 인식하는 금액이 궁극적으로 가득되는 지분상품의 수량에 기초하여 결정될 수 있도록 한다. 따라서 …(중략)… 시장조건이 아닌 가득조건이 충족되지 못하여 부여한 지분상품이 가득되지 못한다면, 누적기준으로 볼 때 제공받은 재화나 용역에 대해 어떠한 금액도 인식하지 아니한다.

주식매수선택권은 전부 가득되지 않는다. 가득조건이 근로용역제공기간이라면 일부 종업원은 기간을 채우지 못하고 퇴사할 수도 있다. 또한 가득조건이 성과조건일 경우에는 성과가 기준에 미달해서 가득되지 않을 수도 있다.

위 K-IFRS에 따르면 보상비용을 결정할 때에는 부여된 지분상품 수량이 전부 가득된다고 볼 수 없고 최종적으로 가득될 것으로 예상되는 수량에 기초해야 한다고 정한다. 예를 들어 100명의 종업원에게 주식매수선택권이 부여되었지만 중도 퇴사자가 10명 발생할 것으로 예상된다면 최종 주식매수선택권을 가득할 것으로 예상되는 종업원은 90명이다. 따라서 보상비용은 100명이 아닌 90명을 기초로 계산되어야 한다.

2.4 연도별 보상비용 인식

K-IFRS 제1102호(주식기준보상) 문단 20
가득기간에 제공받는 재화나 용역의 금액을, 가득될 것으로 예상하는 지분상품 수량에 대한 최선의 추정치에 기초하여 인식한다. 만약 후속적인 정보에 비추어 볼 때, 가득될 것으로 예상하는 지분상품 수량이 앞서 추정했던 지분상품 수량과 다르면 추정치를 바꾼다. 가득일에는 궁극적으로 가득된 지분상품 수량과 같아지도록 추정했던 지분상품 수량을 바꾼다.

앞서 정해진 공정가치에 수량을 곱하면 가득기간 전체에 걸친 총보상비용이 결정된다. 이는 다음과 같다.

총보상비용 = 부여일의 주식매수선택권의 공정가치×가득수량

위 총보상비용은 가득기간 전체에 걸친 비용이다. 그렇다면 연도별로는 얼마의 보상비용을 인식해야 하는가? 위 K-IFRS에서는 이에 대한 지침을 제공한다. 이에 따르면 매연도별로 최종적인 가득수량의 최선의 추정치에 기초한다. 따라서 매연도말 최선의 추정치를 이용하여 추정치를 바꿔나가야 한다. 이런 K-IFRS를 따른다면 다음과 같은 단계를 거쳐 매연도 보상비용을 인식한다.

- 1단계: 예상 총보상비용 = 부여일의 주식매수선택권 공정가치×예상 가득수량
- 2단계: 당기말까지 누적보상비용 = 당기말까지 경과기간×(예상 총보상비용/가득기간)
- 3단계: 당기보상비용 = 누적보상비용 − 전기말 누적보상비용

사례 13-1

갑회사는 100명의 종업원에게 5년간 계속 근무하면 보통주 1주를 50원에 구입할 수 있는 주식매수선택권을 부여하였는데 부여일의 공정가치는 10원이다. 기말현재 예상 가득수량은 100명이었는데 제2차연도말 현재 가득 전 퇴사자가 10명 생길 것으로 예상된다.

제1차연도와 제2차연도 보상비용은 얼마일까? 앞선 단계에 맞추어 단계별로 계산하면 아래의 표와 같다.

연도	공정가치 (A)	기말 예상수량 (B)	예상 총 보상비용 (A×B)	경과기간/가득기간 (C)	누적 보상비용 (A×B×C)	전기말 누적 보상비용	당기 보상비용
제1차연도	10	100	1,000	1/5	200	−	200
제2차연도	10	90	900	2/5	360	200	160

위 (사례 13-1)에서 제1차연도와 제2차연도 보상비용은 200원과 160원으로 인식되었다. 이에 따라 다음과 같이 분개한다.

제1차연도	차) 보상비용	200	대) 주식매수선택권	200
제2차연도	차) 보상비용	160	대) 주식매수선택권	160

2.5 가득과 행사

K-IFRS 제1102호(주식기준보상) 문단 23

제공받는 재화나 용역과 그에 상응하는 자본의 증가를 인식한다면, 가득일이 지난 뒤에는 자본을 수정하지 아니한다. 예를 들면 가득된 지분상품이 추후 상실되거나 주식선택권이 행사되지 않더라도 종업원에게서 제공받은 근무용역에 대해 인식한 금액을 환입하지 아니한다. 그러나 자본계정 간 대체 곧, 한 자본계정에서 다른 자본계정으로 대체하는 것을 금지하지 않는다.

주식매수선택권이 가득되고 나면 행사가능기간 동안 종업원들은 주식매수선택권을 행사할 것인지를 결정할 것이다. 만일 주식의 가치가 행사가격보다 낮다면 오히려 주식매수선택권을 행사하는 것이 불리할 수도 있다. 그러나 혹시 주식의 가치가 행사가격보다 낮을 것으로 보여서 가득된 주식매수선택권을 행사하지 않았다고 하더라도 종업원들이 그동안 회사에 제공한 용역의 가치가 떨어지는 것은 아니다. 따라서 주식매수선택권의 행사 여부와 그동안 인식했던 보상비용과는 무관하다.

위 K-IFRS는 이와 같은 사항을 정하고 있다. 가득일이 지나면 이미 인식한 자본을 수정하지 않는다고 규정한다. 이는 곧 이미 인식한 보상비용과 가득 이후 행사 여부는 무관하다는 것을 기술한 것이다. 극단적으로 주식매수선택권을 행사하지 않아서 그대로 소멸한다고 하더라도 일단 증가한 자본은 수정되지 않는다.

다만 주식매수선택권이 행사되면 주식매수선택권은 자본금과 자본잉여금으로 대체된다. 혹시 주식매수선택권이 행사되지 않는다면 그대로 주식매수선택권이라는 계정과목으로 남는다. 주식매수선택권이 행사되면 행사가격에 상응하는 현금이 유입되고 주식매수선택권이 소멸하면서 자본금과 주식발행초과금이 계상된다.

앞선 (사례 13-1)에서 최종적으로 90명의 종업원이 주식매수선택권을 가득하였는데 이를 전부 행사하였고 이에 따라 액면 20원인 보통주 한 주씩 총 90주가 발행되었다면 다음과 같이 분개한다.

차) 현금	4,500	대) 자본금	1,800
주식매수선택권	900	주식발행초과금	3,600

(사례 13-1)에서 90명의 종업원이 주식매수선택권을 가득하였는데 공정가치는 10원이었으므로 가득기간인 5년간 총 900원의 보상비용을 인식하였고 이에 상응하는 자본

의 증가를 인식하였다. 주식매수선택권 행사에 따라 주식매수선택권이 자본금과 주식발행초과금으로 대체되는데, 추가로 행사로 인한 현금수입만큼 자본이 증가한다.

3 주식매수선택권에 대한 법인세법의 처리와 세무조정

3.1 법인세법의 처리

적격주식매수선택권

법인세법 시행령 제19조(손비의 범위)

손비는 …(중략)… 다음 각 호의 것을 포함한다.

…(중략)…

19의2. 상법 등에 따른 주식매수선택권 또는 금전을 부여받거나 지급받은 자에 대한 다음 금액

가. 주식매수선택권을 부여받은 경우로서 다음의 어느 하나에 해당하는 경우 해당 금액

1) 약정된 주식매수시기에 약정된 주식의 매수가액과 시가의 차액을 금전 또는 해당 법인의 주식으로 지급하는 경우의 해당 금액

2) 약정된 주식매수시기에 주식매수선택권 행사에 따라 주식을 시가보다 낮게 발행하는 경우 그 주식의 실제 매수가액과 시가의 차액

나. 주식기준 보상으로 금전을 지급하는 경우 해당 금액

주식매수선택권 제공은 통상적인 손금의 성격과 다르다. 주식매수선택권이 제공되면 실제로 현금이 지출되지 않는다. 통상적인 경우라면 법인세법에서는 궁극적인 현금유출이 없는 손금을 인정하지 않을 것이다. 그러나 상법 등과 같은 관련법령에서 인정해주는 주식매수선택권 혹은 주식기준보상의 경우에는 현금유출이 없거나 일부 이익처분 성격이 있다고 하더라도 손금으로 인정한다.

이런 적격주식매수선택권이 되려면 어떤 조건을 갖추어야 할 것인가? 가장 대표적인 것은 상법상 적격주식매수선택권인데 상법 제340조의2를 보면 정관상 정해져 있고 주주총회 결의에 의해 발행되며 행사가격이 부여일 기준 주가보다 높다는 조건을 갖추

면 된다. 따라서 적격주식매수선택권의 자격요건은 그렇게 까다롭지 않으며 대부분 쉽게 요건을 갖출 수 있음을 알 수 있다.

그렇다면 손금으로 인정하는 금액은 얼마인가? 위 시행령의 표현에 따르면 약정된 주식의 매수가액과 시가의 차액이라고 정하고 있다. 여기서 약정된 주식의 매수가액이란 주식매수선택권의 행사가격이므로 손금으로 인정되는 금액은 행사가격과 행사일 현재의 주식 시가와의 차이이다. 만일 종업원이 행사로 취득한 주식을 곧바로 처분한다면 이 금액만큼 처분이익이 될 것이다.

또한 손금으로 인정하는 시기는 언제인가? 위 시행령에 따르면 약정된 주식매수시기에 손금에 산입한다고 정한다. 이는 기업회계기준에서 주식매수선택권의 행사일과 같다. 기업회계기준에서는 보상비용을 가득기간에 걸쳐 인식하는 데 비하여 법인세법에서는 행사일에 한꺼번에 손금에 산입한다.

법인세법에서는 행사일에 행사차익을 손금에 산입하는데 주식매수선택권을 행사한 종업원은 어떻게 과세될까? 종업원은 동일한 행사차익이 근로소득으로 과세된다. 관련된 소득세법 규정을 보면 아래와 같다.

소득세법 시행령 제38조(근로소득의 범위)

근로소득에는 다음 각 호의 소득이 포함되는 것으로 한다.

…(중략)…

17. 법인의 임원 또는 종업원이 해당 법인으로부터 부여받은 주식매수선택권을 해당 법인 등에서 근무하는 기간 중 행사함으로써 얻은 이익(주식매수선택권 행사 당시의 시가와 실제 매수가액과의 차액을 말한다)

비적격주식매수선택권

법인세법 제52조(부당행위계산의 부인)

① 내국법인의 행위 또는 소득금액의 계산이 특수관계인과의 거래로 인하여 그 법인의 소득에 대한 조세의 부담을 부당하게 감소시킨 것으로 인정되는 경우에는 그 법인의 행위 또는 소득금액의 계산과 관계없이 그 법인의 각 사업연도의 소득금액을 계산한다.
② 건전한 사회 통념 및 상거래 관행과 특수관계인이 아닌 자 간의 정상적인 거래에서 적용되거나 적용될 것으로 판단되는 가격("시가")을 기준으로 한다.

앞서 적격주식매수선택권이 되기 위한 요건이 그렇게 어렵지 않다는 것을 설명한 바 있다. 따라서 현실적으로 거의 모든 주식매수선택권은 적격일 것으로 짐작된다. 그러나 비록 현실적으로 존재하지 않는다고 하더라도 공부하는 학생으로서 비적격주식매수선택권이 부여되는 경우의 세법상 처리에 대해서 알아볼 필요가 있다.

그다지 어렵지 않은 상법상 요건조차 충족하지 못하는 주식매수선택권은 어떤 성격을 갖는 것일까? 정관에 미리 정해지지도 않았고 주주총회 결의도 없이 부여일 당시 시가보다 낮은 행사가격을 갖는 주식매수선택권을 부여하였다면 이는 상속이나 증여세 회피의 목적으로 특정인에게 회사의 지분을 넘겨주기 위한 행동으로 간주될 수 있다. 따라서 이렇게 요건을 갖추지 않은 채 종업원 혹은 임원에게 주식매수선택권을 부여하는 것은 법인세법상 부당행위에 해당할 수 있다.

위 법인세법 규정을 보면 특수관계인과의 거래로 인하여 그 법인의 소득에 대한 조세의 부담을 부당하게 감소시킨 것으로 인정되는 경우에 부당행위가 될 수 있음을 알 수 있다. 종업원은 회사와 특수관계인이므로 종업원에게 낮은 가격으로 주식을 제공하는 것은 회사의 조세부담을 부당하게 낮춘 것으로 본다.

법인세법 시행령 제88조(부당행위계산의 유형 등)

"조세의 부담을 부당하게 감소시킨 것으로 인정되는 경우"란 다음 각 호의 어느 하나에 해당하는 경우를 말한다.

…(중략)…

3. 자산을 무상 또는 시가보다 낮은 가액으로 양도 또는 현물출자한 경우. 다만, 적격주식매수선택권 등의 행사 또는 지급에 따라 주식을 양도하는 경우는 제외한다.

…(중략)…

6. 금전, 그 밖의 자산 또는 용역을 무상 또는 시가보다 낮은 이율·요율이나 임대료로 대부하거나 제공한 경우. 다만, 적격주식매수선택권 등의 행사 또는 지급에 따라 금전을 제공하는 경우는 제외한다.

…(중략)…

8의2. …(중략)… 자본거래를 통해 법인의 이익을 분여하였다고 인정되는 경우. 다만, 적격주식매수선택권 등 중 주식매수선택권의 행사에 따라 주식을 발행하는 경우는 제외한다.

앞서 법인세법의 선언적 규정에 이어서 위 법인세법 시행령 제88조에서는 조세부담을 부당하게 감소시키는 것으로 인정되는 경우를 열거하고 있다. 다만 위 시행령에서는 적격주식매수선택권의 경우에는 예외가 된다는 것을 분명히 하고 있다. 이는 반대로 적격주식매수선택권이 아닌 비적격주식매수선택권은 부당행위계산부인 규정에 해당한다는 것을 의미한다.

3.2 세무조정

아래와 같은 (사례 13-2)를 살펴보자.

사례 13-2

갑회사는 제1차연도초 100명의 종업원에게 5년간 계속 근무하면 보통주 1주(액면 20원)를 50원에 구입할 수 있는 주식매수선택권을 부여하였는데 부여일의 공정가치는 10원이다. 기말현재 예상 가득수량은 100명이었는데 제2차연도말부터 가득 전 퇴사자가 10명 생길 것으로 예상되었고 예상대로 제5차연도 최종적으로 90명의 종업원들이 주식매수선택권을 가득하였고 제6차연도에 이를 전부 행사하였다. 행사시점에서의 주식의 가치는 주당 65원이다.

적격주식매수선택권

앞서 설명한 대로 기업회계기준에서는 부여일 현재의 공정가치에 해당하는 보상비용을 가득기간에 걸쳐 인식하지만 법인세법에서는 행사일 현재의 시가와 행사가격 차이를 손금에 산입한다. 따라서 기업회계기준과 법인세법 간에는 손금산입시기와 금액에 있어서 차이가 생길 수 있다. 이런 차이는 순자산의 차이가 아니므로 영구적 차이이며 차이가 외부로 유출된 것이 아니라 자본증가를 인식하는 데 있어서의 차이이므로 기타로 처분한다.

(사례 13-2)에서 연도별 회계와 세법 간 보상비용 인식에서의 차이를 표로 나타내면 아래와 같다.

구분	연도별 보상비용 및 손금						
	1	2	3	4	5	6	계
IFRS	200	160	180	180	180	–	900
세법	–	–	–	–	–	1,350	1,350
차이	200	160	180	180	180	(1,350)	(450)

위 (사례 13-2)를 보면 기업회계기준에서는 제1차연도에서 제5차연도까지 총보상비용으로 900원을 인식하게 된다. 그 반면 법인세법에서는 행사일이 속한 제6차연도에 행사차익인 1,350원((65원-50원)×90명)을 손금에 산입한다. 따라서 차이에 대한 세무조정으로는 제1차연도부터 제5차연도까지 결산상 인식한 보상비용을 손금불산입하여 기타로 처분한 후 제6차연도에 1,350원을 손금에 산입하여 기타로 처분한다. 이렇게 차이가 생긴 이유는 기업회계기준에서는 권리부여일시점에서 주식매수선택권의 공정가치를 기준으로 보상비용을 산정한 반면 법인세법에서는 행사일의 주식의 공정가치(즉 시가)로 손금을 계산하였기 때문이다.

비적격주식매수선택권

비적격주식매수선택권을 행사하게 되면 특수관계자인 종업원이나 임원에게 시가보다 낮은 가격으로 주식을 발행한 부당행위계산부인에 해당된다. 비적격주식매수선택권에 대해서는 기업회계기준에 따라 계상한 보상비용을 일단 전액 손금불산입하고 기타로 처분한다.

그 다음 주식매수선택권 행사에 따른 행사차익에 대해서는 어떻게 조정해야 하는가? 적격주식매수선택권이라면 행사차익을 손금에 산입한다. 그러나 비적격주식매수선택권에서는 해당 차익에 대해 세무조정하지 않는다. 결과적으로 기업회계기준에 따라 계상한 보상비용만을 손금에 불산입하는 것이다.

앞선 (사례 13-2)에서 보면 제1차연도에서 제5차연도까지 총보상비용으로 인식한 900원을 손금불산입하여 기타로 처분한다. 그리고 적격주식매수선택권과는 달리 행사일이 속한 제6차연도에 행사차익인 1,350원((65원-50원)×90명)에 대해서는 세무조정하지 않는다.

예제 13-1

제1차연도초 ㈜서울은 3년의 용역제공조건으로 종업원 10명에게 공정가치 150원인 주식매수선택권을 1인당 10매씩 부여하였다. 용역제공기간 내 예상 퇴사자는 제1차연도말 3명으로 추정하였고, 제2차연도말에는 2명으로 추정하였는데 최종 9명이 주식매수선택권을 가득하였다. 9명 중 6명이 제4차연도 주식매수선택권을 행사하였고 나머지 3명은 제5차연도에 행사하였다. 주식매수선택권은 보통주 1주를 행사가격 600원에 매입하는 것이고 보통주 액면은 500원이다. ㈜서울 보통주의 시가와 주식매수선택권의 공정가치는 다음과 같다. 주식매수선택권은 세법상 요건을 충족한다고 가정하고 기업회계기준에 따른 회계처리와 세무상 손금에 산입해야 할 금액을 구하고 필요한 세무조정을 하시오.

연도	공정가치	시가
제1차연도	150	750
제2차연도	100	800
제3차연도	200	900
제4차연도	240	950
제5차연도	300	900

| 풀이 |

(K-IFRS에 따른 당기보상비용 결정)

※ 권리부여시점에서 주식매수선택권의 공정가치를 알 수 있으므로 부여일의 공정가치로 보상비용이 정해지고 이는 공정가치 변동에 따라 조정하지 않는다. 가득조건이 용역제공기간이므로 예상되는 가득수량을 연도별로 조정한다.

연도	공정가치	수량	비율	누적보상비용	당기보상비용
제1차연도	150	70	1/3	3,500	3,500
제2차연도	150	80	2/3	8,000	4,500
제3차연도	150	90	3/3	13,500	5,500

(회계처리)

제1차연도	차) 보상비용	3,500	대) 주식매수선택권	3,500
제2차연도	차) 보상비용	4,500	대) 주식매수선택권	4,500
제3차연도	차) 보상비용	5,500	대) 주식매수선택권	5,500
제4차연도	차) 현금	36,000	대) 자본금	30,000
	주식매수선택권	9,000	주식발행초과금	15,000
제5차연도	차) 현금	18,000	대) 자본금	15,000
	주식매수선택권	4,500	주식발행초과금	7,500

(세무상 손금에 산입하는 금액)

※ 세무상으로 적격매수선택권이므로 다음과 같이 손금에 산입해야 한다. 회계와 다른 점은 회계에서는 권리부여일 현재 주식매수선택권의 공정가치를 보상비용으로 계상하지만 세무상으로는 행사일의 행사차익을 보상비용으로 인정한다는 점이다.

연도	행사수량	시가	행사가격	행사차익	손금
제1차연도	–	750	600	150	–
제2차연도	–	800	600	200	–
제3차연도	–	900	600	300	–
제4차연도	60	950	600	350	21,000
제5차연도	30	900	600	300	9,000

(세무조정)

제1차연도 익금산입 주식매수선택권 3,500원(기타)
제2차연도 익금산입 주식매수선택권 4,500원(기타)
제3차연도 익금산입 주식매수선택권 5,500원(기타)
제4차연도 손금산입 보상비용 21,000원(기타)
*행사일의 시가와 행사가액의 차이(950−600)×60매
제5차연도 손금산입 보상비용 9,000원(기타)
*행사일의 시가와 행사가액의 차이(900−600)×30매

※ 만일 문제의 주식매수선택권이 적격요건을 충족하지 못한다면 제4차연도와 제5차연도에 손금산입은 없다.

4 공정가치를 알 수 없는 주식매수선택권

앞선 기본적 주식보상에서는 부여일의 주식매수선택권의 공정가치를 기초로 보상비용을 계산한다고 하였다. 그런데 주식매수선택권의 공정가치는 언제나 알 수 있는 것이 아니다. 주식매수선택권의 가치는 단순한 주가와는 다르다. 주식매수선택권이 거래되는 별도의 활성화된 시장이 존재하지 않는다면 주식매수선택권의 가치를 신뢰성 있게 구하는 것은 결코 쉽지 않은 일이다. 만일 주식매수선택권의 공정가치를 알 수 없다면 어떻게 해야 할까?

이번 절에서는 주식매수선택권의 공정가치를 모르는 경우의 회계처리 및 세무조정에 대해서 공부해본다. 가득조건으로는 최소 근로용역제공기간이 부여되어 있으며 주식매수선택권을 행사하면 신주를 발행하여 교부한다는 가정은 동일하다.

1) 기업회계기준

공정가치 vs. 내재가치

> **K-IFRS 제1102호(주식기준보상)** 문단 24
> 부여한 지분상품의 공정가치를 측정기준일 현재 신뢰성 있게 추정할 수 없을 때가 있다. 이러한 드문 경우에만 거래상대방에게서 재화나 용역을 제공받는 날을 기준으로 지분상품을 내재가치로 최초 측정한다.

위 K-IFRS에서는 공정가치 대신에 내재가치로 측정한다고 정한다. 내재가치는 해당 주식매수선택권을 즉시 행사하여 주식을 취득한 후 곧바로 처분한다면 얼마의 이익을 볼 것인지를 나타내는 가치이다. 즉 현재의 주가에서 행사가격을 차감한 값이다. 행사일이 가까워질수록 주식매수선택권의 공정가치와 내재가치는 유사해진다. 이렇게 계속 유사해지다가 결국 주식매수선택권의 행사일에서의 내재가치는 공정가치와 같아질 것이다. 여기에서 내재가치는 결국 공정가치에 대한 대용치이다.

가득일 vs. 결제일

> **K-IFRS 제1102호(주식기준보상)** 문단 24
> 매 보고기간말과 최종 결제일에 내재가치를 재측정하고 내재가치 변동액은 당기손익으로 인식한다. 이 경우에 지분상품이 주식선택권이라면 그 주식선택권이 행사되거나 상실(예: 고용의 중단)되거나 만기소멸(예: 주식선택권 계약기간 만료)되는 날을 주식기준보상약정의 최종 결제일로 한다.

주식매수선택권의 공정가치를 알 수 있는 경우에는 부여일의 공정가치에 기초하여 보상비용을 측정하고 그 이후 공정가치가 변동하더라도 바꾸지 않는다. 그렇지만 위 K-IFRS에 의하면 주식매수선택권의 공정가치를 알 수 없어서 내재가치로 측정하는 경우에는 매 보고기간말에 내재가치를 재측정하고 그 변동액을 당기손익으로 인식한다. 이렇게 하는 이유는 내재가치는 어디까지나 공정가치에 대한 최선의 추정치에 불과하고 그렇다면 추정치에 대해서는 매년 말 검토하고 수정해야 하기 때문이다.

또한 주식매수선택권의 공정가치를 알 수 있다면 부여일로부터 가득일까지 총보상비용을 추정한다. 그렇지만 공정가치를 알 수 없는 주식매수선택권의 경우에는 그 내재가치를 부여일로부터 결제일까지 추정한다. 위 K-IFRS 제1102호에 의하면 결제일은 주식매수선택권을 행사하거나 만기 소멸되는 날이라고 정하고 있다. 이는 가득일이 지난 후에도 총보상비용이 계속해서 수정될 수 있음을 의미한다.

이런 K-IFRS를 따른다면 다음과 같은 단계를 거쳐 매연도 보상비용을 인식한다.

- 1단계: 예상 총보상비용=기말의 주식매수선택권 내재가치×예상 가득수량
- 2단계: 당기말까지 누적보상비용=당기말까지 경과기간×(예상 총보상비용/가득기간)
- 3단계: 당기보상비용=누적보상비용-전기말 누적보상비용

사례 13-3

갑회사는 100명의 종업원에게 5년간 계속 근무하면 보통주 1주를 50원에 구입할 수 있는 주식매수선택권을 부여하였다. 제1차연도말 현재 예상 가득수량은 100명이었는데 제2차연도말 현재 가득 전 퇴사자가 10명 생길 것으로 예상된다. 제1차연도와 제2차연도말 주가는 60원과 65원이었는데 주식매수선택권의 공정가치는 알 수 없다.

제1차연도와 제2차연도 보상비용은 얼마일까? 주식매수선택권의 공정가치를 알 수 없으므로 내재가치로 측정한다. 주식매수선택권의 특정시점의 내재가치는 그 시점의 주가와 행사가격의 차이이다. (사례 13-3)에서 제1차연도와 제2차연도 주가는 각각 60원과 65원이며 행사가격은 50원이므로 내재가치는 제1차연도와 제2차연도에 각각 10원과 15원이다. 이런 내재가치를 이용해서 앞선 단계에 맞추어 단계별로 계산하면 아래의 표와 같다.

연도	내재가치 (A)	기말 예상수량 (B)	예상 총 보상비용 (A×B)	경과기간/ 가득기간 (C)	누적 보상비용 (A×B×C)	전기말 누적 보상비용	당기 보상비용
제1차연도	10	100	1,000	1/5	200	–	200
제2차연도	15	90	1,350	2/5	540	200	340

위 (사례 13-3)에서 제1차연도와 제2차연도 보상비용은 200원과 340원으로 인식되었다. 이에 따라 다음과 같이 분개한다.

제1차연도	차) 보상비용	200	대) 주식매수선택권	200
제2차연도	차) 보상비용	340	대) 주식매수선택권	340

행사

K-IFRS 제1102호(주식기준보상) 문단24
가득일이 지난 뒤, 부여했던 주식선택권이 나중에 상실되거나 만기소멸된다면 제공받은 재화나 용역에 대하여 인식한 금액을 환입한다.

공정가치를 알 수 있는 주식매수선택권에서는 일단 가득되고 난 후에는 자본을 수정하지 않는다. 심지어 주식매수선택권을 행사하지 않아서 권리가 소멸되더라도 이미 인식했던 총보상비용과 자본을 수정하지 않는다. 따라서 공정가치를 알 수 있는 주식매수선택권에서는 보상비용과 행사 여부는 무관하다.

그러나 위 K-IFRS를 보면 공정가치를 알 수 없는 주식매수선택권에서는 최종 결제일까지 계속해서 내재가치를 반영하여 자본과 보상비용을 수정한다. 따라서 만일 주식매수선택권을 행사하지 않아서 권리가 소멸된다면 이미 인식했던 보상비용을 환입하고 자본을 감소시킨다.

사례 13-4

갑회사는 100명의 종업원에게 5년간 계속 근무하면 액면 20원인 보통주 1주를 50원에 구입할 수 있는 주식매수선택권을 부여하였다. 최종적으로 제5차연도말 90명의 종업원이 주식매수선택권을 가득하였다. 제6차연도말 50명의 종업원이 주식매수선택권을 행사하였고 제7차연도말 나머지 40명의 종업원들의 권리가 소멸되었다. 주식매수선택권의 공정가치는 알 수 없으며 주식가격은 제5차연도말 60원, 제6차연도말 65원, 제7차연도말에는 70원이었다.

공정가치를 알 수 있는 주식매수선택권은 가득일 이후에 보상비용과 자본을 수정하지 않는다. 그렇지만 (사례 13-4)에서와 같이 공정가치를 모르는 주식매수선택권은 결제일까지 내재가치로 재측정된다. 이런 점에서 제6차연도말 행사 직전 재측정한 후에 주식매수선택권이 행사된 것으로 보아야 한다. 이에 따라 제6차연도말 해야 할 분개는 다음과 같다.

재측정	차) 보상비용	450	대) 주식매수선택권	450
행사	차) 주식매수선택권	750	대) 자본금	1,000
	현금	2,500	주식발행초과금	2,250

위 분개는 크게 재측정과 행사로 구분된다. 행사 전 전체 수량에 대해서 재측정하면 제5차연도에 비하여 내재가치가 5원 증가하였으므로 90명 종업원에 대한 보상비용은 450원 증가한다. 따라서 전체 기간의 총보상비용은 1,350원으로 증가한다. 이렇게 재측정이 일어난 후 90명 중 50명의 종업원이 주식매수선택권을 행사하였으므로 위와 같이 분개한 것이다.

(사례 13-4)에서 행사하지 않은 40명의 종업원들의 권리는 소멸되었다고 하였다. 일단 소멸 전 기준으로 40명에 대한 주식매수선택권을 재측정하여 보상비용을 수정한 후 소멸로 인한 보상비용을 전액 환입한다. 분개는 다음과 같다.

재측정	차) 보상비용	200	대) 주식매수선택권	200
소멸	차) 주식매수선택권	800	대) 보상비용	800

2) 법인세법과 세무조정

법인세법 규정은 주식매수선택권의 공정가치와 무관하다. 즉 적격이면 행사시점에서의 행사차익을 손금에 산입하지만 비적격이라면 행사시점에서의 행사차익을 손금에 산입하지 않는다. 앞선 (사례 13-4)에서 적격매수선택권임을 전제로 연도별 보상비용 인식과 그에 따른 세무조정 내역을 표로 나타내면 아래와 같다.

구분	연도별 보상비용 및 손금			
	1~5	6	7	계
IFRS	900	450	(600)	750
세법	–	750	–	750
차이	900	(300)	(600)	–

위 표에서 보면 제1차연도부터 제5차연도까지 K-IFRS에 따른 보상비용 합계는 900원이다(90명×10원). 또한 6차연도에는 보상비용을 재측정하여 내재가치 증가분 5원에

대한 보상비용 450원(90명×5원)을 추가로 인식한다. 그리고 제7차연도에 권리소멸분에 대해 이미 인식했던 보상비용 600원을 환입한다. 이에 비해서 법인세법에서 적격주식매수선택권은 행사시점에서 행사차익만큼을 손금에 산입하게 되므로 제6차연도 행사수량 50매에 행사차익 15원을 곱해서 750원을 손금에 산입한다. 제7차연도에는 주식매수선택권의 권리가 소멸하였으므로 법인세법상 손금은 없다. 이에 따라 세무조정으로는 제1차연도부터 제5차연도까지 총 900원을 익금산입하여 기타처분하고 6차연도에는 300원을 손금에 산입하고 기타로 처분하며 7차연도에는 600원을 손금에 산입하고 기타로 처분한다. 이를 보면 공정가치를 알 수 없는 적격주식매수선택권에서는 전체기간에 걸쳐 기업회계기준에 따른 총보상비용과 법인세법상 손금합계가 같다는 것을 알 수 있다.

(사례 13-4)에서의 주식매수선택권이 법인세법상 비적격이라면 세법상 인정되는 손금은 없기 때문에 결산상 계상한 모든 보상비용을 부인하여 익금에 산입하고 기타로 처분한다.

예제 13-2

㈜서울은 홍길동과 근로계약을 체결하고 제1차연도초 향후 1년간 근무용역을 제공하는 대가로 회사주식 100주를 주당 300원에 구입할 수 있는 주식매수선택권을 부여하였다. 홍길동이 제1차연도말 주식매수선택권을 행사함에 따라서 ㈜서울은 100주의 보통주를 발행하였다. 발행한 보통주 액면은 주당 100원이며 ㈜서울 보통주 1주의 시가는 부여일 550원, 행사일 500원이다. 다음과 같은 4가지 경우에 부여일과 행사일에서 K-IFRS에 따른 회계처리와 세무조정을 하시오.

구분		부여일의 주식매수선택권의 공정가치	
		1매당 300원	알 수 없음
주식매수선택권의 세법상 요건	적격	상황 1	상황 2
	비적격	상황 3	상황 4

| 풀이 |

(회계처리)

※ 부여일 당시 주식매수선택권의 공정가치를 알 수 있는 경우라면 총보상비용은 그 공정가치로 정한다. 따라서 그 이후 공정가치가 변동한다고 하더라도 보상비용은 수정하지 않는다. 반면 부여일 당시 주식매수선택권의 공정가치를 알 수 없다면 주식매수선택권의 내재가치로 보상비용을 정하게 되며 내재가치 변동에 따라서 보상비용은 수정된다.

※ 주식매수선택권의 본질은 종업원에게 공정가치보다 낮은 가격으로 주식을 제공하는 것이다. 따라서 세법상 요건을 충족하지 못하면 부당행위로 간주되며 충족한다면 종업원에 대한 급여로 본다.

※ 회계상으로는 상황 1과 상황 3이 동일하고 상황 2와 상황 4가 동일하다.

구분	일자	차변	금액	대변	금액
상황 1, 3	부여일	차) 보상비용	30,000	대) 주식매수선택권	30,000
	행사일	차) 주식매수선택권	30,000	보통주자본금	10,000
		현금	30,000	주식발행초과금	50,000
상황 2, 4	부여일	차) 보상비용	25,000	대) 주식매수선택권	25,000
	행사일	차) 주식매수선택권	25,000	보통주자본금	10,000
		현금	30,000	주식발행초과금	40,000
				보상비용	5,000

(세무조정)

※ 실제로 본 예제의 경우 부여일의 주식의 시가가 행사가격보다 높기 때문에 세법상 적격요건을 충족하지 못한다. 그렇지만 본 예제에서는 일단 적격요건 충족 여부는 문제에 따른다고 가정한다.

※ 세무상 적격주식매수선택권이라면 행사일에 행사차익, 즉 행사가격과 주식의 시가와의 차이를 손금에 산입하지만 비적격주식매수선택권의 경우에는 특수관계인인 종업원에게 시가보다 낮은 가격으로 주식을 발행한 것이다. 따라서 손금에 산입하지 않으며 세무상으로는 상황 1, 2가 동일하고 상황 3, 4가 동일하다.

※ 주식매수선택권에 대한 회계-세무 차이는 순자산의 차이가 아니므로 손익항목을 비교하는 것이 이해하기에 용이하다. 손익에 대한 회계-세무 차이는 다음과 같다.

구분		회계	세법	차이
상황 1	부여일	30,000원	-	30,000원
	행사일	-	20,000	△20,000원
상황 2	부여일	25,000원	-	25,000원
	행사일	(5,000원)	20,000	△25,000원
상황 3	부여일	30,000원	-	30,000원
	행사일	-	-	-
상황 4	부여일	25,000원	-	25,000원
	행사일	(5,000원)	-	△5,000원

상황 1	부여일	익금산입 보상비용 30,000원(기타)
	행사일	손금산입 보상비용 20,000원(기타)
상황 2	부여일	익금산입 보상비용 25,000원(기타)
	행사일	손금산입 보상비용 25,000원(기타)
상황 3	부여일	익금산입 보상비용 30,000원(기타)
	행사일	세무조정 없음
상황 4	부여일	익금산입 보상비용 25,000원(기타)
	행사일	손금산입 보상비용 5,000원(기타)

예제 13-3

제1차연도초 ㈜서울은 3년의 용역제공조건으로 종업원 10명에게 주식매수선택권을 1인당 10매씩 부여하였다. 용역제공기간 내 예상 퇴사자는 제1차연도말 3명으로 추정하였고 제2차연도말 2명으로 추정하였다. 최종 9명이 주식매수선택권을 가득하였고 이 중 3명이 제4차연도 주식매수선택권을 행사하였고 나머지 6명은 제5차연도에 행사하였다. 부여일 현재 주식매수선택권의 공정가치는 알 수 없다. 주식매수선택권은 보통주 1주를 행사가격 600원에 매입하는 것이고 보통주 액면은 500원이다. 각 연도말 ㈜서울 보통주의 시가는 아래와 같다. 주식매수선택권은 세법상 요건을 충족한다고 가정하고 K-IFRS에 따른 회계처리와 세무상 손금에 산입해야 할 금액 그리고 필요한 세무조정을 하시오.

제1차연도	제2차연도	제3차연도	제4차연도	제5차연도
750	720	780	840	810

| 풀이 |

(K-IFRS에 따른 당기보상비용 결정)

※ 권리부여시점에서 주식매수선택권의 공정가치를 알 수 없으므로 내재가치로 보상비용이 정해지고 이는 내재가치 변동에 따라 조정된다. 또한 가득 이후 기간에도 내재가치 변동을 반영하여 보상비용을 수정한다.

연도	내재가치	수량	비율	누적보상비용	당기보상비용
제1차연도	150	70	1/3	3,500	3,500
제2차연도	120	80	2/3	6,400	2,900
제3차연도	180	90	3/3	16,200	9,800
제4차연도	240	90[a)]			5,400[b)]
제5차연도	210	60[a)]			(1,800)[b)]

a) 기초매수선택권 수량

b) 당기말과 전기말 내재가치의 차이를 기초수량에 곱한 금액

(회계처리)

제1차연도	차) 보상비용	3,500	대) 주식매수선택권	3,500
제2차연도	차) 보상비용	2,900	대) 주식매수선택권	2,900
제3차연도	차) 보상비용	9,800	대) 주식매수선택권	9,800
제4차연도	차) 보상비용	5,400	대) 주식매수선택권	5,400
	차) 현금	18,000	대) 자본금	15,000
	주식매수선택권	7,200	주식발행초과금	10,200
제5차연도	차) 주식매수선택권	1,800	대) 보상비용	1,800
	차) 현금	36,000	대) 자본금	30,000
	주식매수선택권	12,600	주식발행초과금	18,600

(세무상 손금에 산입하는 금액)

※ 세무상으로 적격매수선택권이므로 다음과 같이 손금에 산입해야 한다.

연도	행사수량	시가	행사가격	행사차익	손금
제1차연도	–	750	600	150	–
제2차연도	–	720	600	120	–
제3차연도	–	780	600	180	–
제4차연도	30	840	600	240	7,200
제5차연도	60	810	600	210	12,600

(세무조정)

제1차연도 익금산입 주식매수선택권 3,500원(기타)
제2차연도 익금산입 주식매수선택권 2,900원(기타)
제3차연도 익금산입 주식매수선택권 9,800원(기타)
제4차연도 손금산입 보상비용 1,800원(기타)
제5차연도 손금산입 보상비용 14,400원(기타)

5 자기주식결제형 주식매수선택권

이번 절에서는 주식매수선택권을 행사하면 보유 중인 자기주식으로 결제하는 경우를 살펴본다. 다만 주식매수선택권의 공정가치를 알 수 있으며 가득조건으로 최소 근로용역제공기간이 부여된다는 가정은 그대로 유지한다.

1) 기업회계기준

자기주식으로 결제하는 경우도 행사 이전의 회계처리는 신주발행의 경우와 동일하다. 다만 주식매수선택권이 행사될 때 자기주식을 처분하게 된다는 점이 다르다. 따라서 새로운 주식이 발행되지 않고 자기주식이 처분되며 자기주식처분손익이 계상된다. 그렇지만 자기주식과 자기주식처분손익은 모두 자본에 속하므로 자본의 증감은 신주발행의 경우와 동일하다. 다음과 같은 사례를 살펴보자.

사례 13-5

갑회사는 100명의 종업원에게 5년간 계속 근무하면 보통주 1주를 50원에 구입할 수 있는 주식매수선택권을 부여하였는데 부여일의 공정가치는 10원이다. 기말현재 예상 가득수량은 100명이었는데 제2차연도말 현재 가득 전 퇴사자가 10명 생길 것으로 예상된다. 최종적으로 90명의 종업원이 주식매수선택권을 가득하였고 이를 전부 행사하였다. 행사시점의 주가는 주당 65원이다. 이에 따라 회사는 취득가액이 40원인 자기주식을 제공하였다.

(사례 13-5)에서 주식매수선택권 행사에 따른 분개를 하면 다음과 같다.

차) 현금	4,500	대) 자기주식	3,600
주식매수선택권	900	자기주식처분익	1,800

2) 법인세법과 세무조정

적격주식매수선택권

만일 주식매수선택권이 적격이라면 주식매수선택권 행사시점에서 행사차익을 손금에 산입한다. 동시에 자기주식을 행사시점의 시가로 처분한 것으로 보고 자기주식처분손익을 계상한다. 결과적으로 회계상 가득기간 중 계상한 보상비용을 손금불산입하여 기타로 처분한 후 행사시점에서 행사차익에 대해 손금산입하며 자기주식처분손익에 대한 세무조정을 한다. 기업회계기준에 따르면 자기주식처분손익은 자본에 속하지만 법인세법상으로 자기주식처분손익은 익금 혹은 손금에 산입해야 한다는 점을 주의한다.

법인세법에서 자기주식 결제형 적격주식매수선택권에 대한 별도 규정은 없지만 (1) 적격주식매수선택권의 행사 (2) 자기주식의 처분이 동시에 일어난 것으로 볼 수 있다. (1)에 대해서 행사차익만큼 손금에 산입되는 것이며 (2)에 대해서는 자기주식을 시가로 처분한 것으로 보아서 자기주식처분손익을 익금 혹은 손금에 산입한다.

(사례 13-5)에서 행사시점에서의 주가는 65원이다. 이를 위의 (1)과 (2) 거래로 구분하면 (1) 적격주식매수선택권 행사로 인한 행사차익은 90명×15원=1,350원이고 이 금액만큼 손금에 산입한다. 소득처분은 기타이다. (2) 자기주식을 시가인 주당 65원에 처분한 것이므로 2,250원의 자기주식처분이익을 익금에 산입하고 기타로 처분한다. 소득처분이 모두 기타이므로 (1)와 (2) 거래는 합칠 수 있을 것인데 그러면 순효과는 행사시점에서 900원만큼 익금에 산입되어 기타로 처분된 것과 같다. 그리고 이는 3,600원의 자기주식을 행사가격 4,500원에 처분한 것과 동일하며 결과적으로 자기주식을 시가에 미달하는 가격으로 처분했음에도 불구하고 이를 부당행위로 보지 않고 그대로 인정해준 것이다.

비적격주식매수선택권

비적격주식매수선택권과 적격주식매수선택권과의 차이점은 행사차익을 손금으로 인정하지 않는 것이다. 따라서 앞선 적격주식매수선택권의 거래 (1)과 거래 (2) 중에서 거래 (2)만 일어난 것이다. 결과적으로 자기주식으로 결제하는 비적격주식매수선택권은 행사가격으로 자기주식을 처분한 거래를 부인하여 시가로 처분한 것으로 간주하고 세무조정한 것과 효과가 같다.

(사례 13-5)에서 행사시점의 주가를 65원이라고 하고 해당 거래는 적격요건을 갖추지 못하였다고 하자. 가득기간 중 결산상 계상한 보상비용 총 900원을 익금에 산입하는 것은 적격의 경우와 동일하다. 다만 앞선 적격주식매수선택권과의 차이점은 행사시점에서 행사차익 1,350원을 손금에 산입하지 않는 것이다. 따라서 행사시점에서 자기주식처분익 2,250원에 대한 익금산입 조정만 한다. 따라서 이는 자기주식을 행사시점의 주식시가인 주당 65원에 처분한 것과 동일한 효과를 가져다준다.

예제 13-4

㈜서울은 홍길동과 근로계약을 체결하고 제1차연도초 향후 1년간 근무용역을 제공하는 대가로 회사주식 100주를 주당 300원에 구입할 수 있는 주식매수선택권을 부여하였다. 부여일 당시 주식매수선택권의 공정가치는 주당 300원이다. 홍길동이 제1차연도말 주식매수선택권을 행사함에 따라 ㈜서울은 보유 중인 자기주식 100주를 양도하였다. 자기주식의 취득가액은 주당 200원이다. 보통주 액면은 주당 100원이며 보통주 시가는 부여일에 주당 550원이었고 행사일 주당 700원이다.

| 물음 1 | 주식매수선택권은 세법상 요건을 충족한다. K-IFRS에 따른 회계처리와 세무조정을 하시오.

| 물음 2 | 주식매수선택권은 세법상 요건을 충족하지 못한다. K-IFRS에 따른 회계처리와 세무조정을 하시오.

| 풀이 |

※ 자기주식은 회계상 자본조정항목이지만 세무상으로는 자산이다. 자기주식을 취득하면 세무상으로는 자산이므로 유보로 익금산입하고 회계상 자본조정에 있는 자기주식에 대해서는 손금산입 기타로 처분한다. 예를 들어 자기주식 100원을 취득했다고 하면 세무조정은 다음과 같다.

익금산입 자기주식 100원(유보)
손금산입 자기주식 100원(기타)

※ 자기주식처분손익도 회계상 자본조정항목이지만 세무상으로는 익금 혹은 손금으로 본다. 예를 들어 100원에 취득한 자기주식을 120원에 처분하였다면 회계상 자본조정에 계상한 자기주식처분익 20원을 세무상으로는 익금산입하여 기타로 처분해야 하고 동시에 전기유보된 자기주식 100원을 손금으로 추인하며 익금산입 기타로 처분한다. 세무조정은 다음과 같다.

익금산입 자기주식처분익 20원(기타)
손금산입 자기주식 100원(△유보)
익금산입 자기주식 100원(기타)

※ 위에서 볼 수 있듯이 자기주식을 취득하거나 처분하면 항상 동일한 금액의 유보와 기타처분이 따르게 되며 전체 손익에는 영향을 주지 않는다. 이렇게 본다면 자기주식과 관련된 세무조정은 언제나 회계상 당기순이익과 사업연도소득 사이의 차이를 발생시키지 않으므로 세무조정을 하지 않더라도 사업연도소득계산에 영향을 미치지 않는다.

(물음 1)

(회계처리)

부여일	차) 보상비용	30,000	대) 주식매수선택권	30,000
행사일	차) 주식매수선택권	30,000	대) 자기주식	20,000
	현금	30,000	자기주식처분익	40,000

※ 기간 전체로 보면 회계상으로는 현금 30,000원과 보상비용 30,000원을 인식하고 자기주식 20,000원을 처분하고 40,000원의 자기주식처분익을 인식한 것이다.

※ 세무상으로는 현금 30,000원과 보상비용 40,000원을 손금으로 계상하고 자기주식 20,000원을 처분하고 50,000원의 자기주식처분익을 익금으로 산입해야 한다. 이에 따라 세무조정은 다음과 같다.

(세무조정)

부여일	익금산입 보상비용	30,000원(기타)
행사일	손금산입 보상비용	40,000원(기타)
	*행사일의 시가와 행사가액의 차이 (700−300)×100주	
	익금산입 자기주식처분익	50,000원(기타)
	손금산입 자기주식	20,000원(△유보)
	익금산입 자기주식	20,000원(기타)

※ 최초 자기주식 취득에 대해서 유보처분과 함께 동일한 금액을 기타로 처분하였다면 위에서와 같이 자기주식 20,000원에 대해 △유보처분과 함께 기타로 처분해야 한다. 그러나 만일 최초 자기주식 취득에 대해서 세무조정을 하지 않았다면 처분에 대한 세무조정도 생략한다. 결과는 동일하다.

※ 결국 행사일의 세무조정효과를 다 합쳐보면 10,000원만 익금에 산입되는 것이므로 200원에 취득한 자기주식을 행사가격 300원에 처분한 것과 같다.

(물음 2)

(회계처리) 물음 1과 동일하다.

(세무조정)

※ 저가 유상증자의 경우에는 부당행위계산부인을 적용하지 않지만 자기주식을 저가로 양도한 경우에는 부당행위계산부인 규정을 적용받게 된다. 결국 적격주식매수선택권과의 차이점은 행사차익이 손금에 산입되지 않는 것이다. 이는 자기주식을 시가로 처분한 것과 효과가 동일하다.

부여일	익금산입	보상비용	30,000원(기타)
행사일	익금산입	자기주식처분익	50,000원(기타)
	손금산입	자기주식	20,000원(△유보)
	익금산입	자기주식	20,000원(기타)

6 현금결제형 주식매수선택권

이번 절에서는 현금결제형 주식매수선택권의 처리에 대해서 알아본다. 현금결제형이란 행사시점에서 행사차익에 해당하는 금액을 현금으로 제공하는 것이다. 따라서 이는 주식매수선택권을 현금지급액을 계산하는 기준으로 사용할 뿐이며 실제 주식이 발행되거나 자기주식이 처분되는 거래가 아니기 때문에 자본거래가 아니다.

1) 기업회계기준

K-IFRS 제1102호(주식기준보상) 문단 30
현금결제형 주식기준보상거래의 경우에 제공받는 재화나 용역과 그 대가로 부담하는 부채를 부채의 공정가치로 측정한다. 또 부채가 결제될 때까지 매 보고기간말과 결제일에 부채의 공정가치를 재측정하고, 공정가치의 변동액은 당기손익으로 인식한다.

K-IFRS에 따르면 현금결제형 주식매수선택권의 경우에는 실제로 주식매수선택권이 부여되는 것은 아니므로 주식매수선택권의 공정가치가 아닌 부채의 공정가치를 이용하여 보상비용을 측정한다. 즉 최종 결제일에 자본이 발행되는 것이 아니라 현금이 지급되는 것이므로 이의 성격은 부채에 해당한다. 그리고 여기에서 부채의 공정가치는 옵션가격결정모형을 이용한다고 정한다(문단 33).

적격주식매수선택권에서는 부여일 당시의 공정가치에 기초하여 보상비용을 산출하고 그 이후 공정가치 변동을 반영하지 않지만 현금결제형의 경우에는 부채의 공정가치를 부여일로부터 결제일까지 매년말 재측정하여 그 변동을 당기손익으로 인식한다. 이런 점에서 현금결제형 주식매수선택권은 공정가치를 알 수 없는 주식매수선택권과 처리가 유사하다.

위 K-IFRS를 따른다면 다음과 같은 단계를 거쳐 매연도 보상비용을 인식한다.

- 1단계: 예상 총보상비용=기말의 부채의 공정가치×예상 가득수량
- 2단계: 당기말까지 누적보상비용=당기말까지 경과기간×(예상 총보상비용/가득기간)
- 3단계: 당기보상비용=누적보상비용−전기말 누적보상비용

사례 13-6

갑회사는 100명의 종업원과 5년간 계속 근무하면 50원을 초과하는 보통주 1주의 가격에 대해 현금으로 지급하는 보상계약을 맺었다. 제1차연도말 현재 예상 가득수량은 100명이었는데 제2차연도말 현재 가득 전 퇴사자가 10명 생길 것으로 예상된다. 제1차연도와 제2차연도말 이로 인한 부채의 공정가치는 주당 10원과 15원이었다.

제1차연도와 제2차연도 보상비용은 얼마일까? 부채의 공정가치로 보상비용을 측정한다. (사례 13-6)에서는 제1차연도와 제2차연도 부채의 공정가치가 각각 10원과 15원이므로 앞선 단계에 맞추어 단계별로 계산하면 아래의 표와 같다.

연도	공정가치 (A)	기말 예상수량 (B)	예상 총 보상비용 (A×B)	경과기간/가득기간 (C)	누적 보상비용 (A×B×C)	전기말 누적 보상비용	당기 보상비용
제1차연도	10	100	1,000	1/5	200	−	200
제2차연도	15	90	1,350	2/5	540	200	340

위 (사례 13-6)에서 제1차연도와 제2차연도 보상비용은 200원과 340원으로 인식되었다. 이에 따라 다음과 같이 분개한다.

제1차연도	차) 보상비용	200	대) 미지급비용	200
제2차연도	차) 보상비용	340	대) 미지급비용	340

앞선 주식매수선택권 거래와는 달리 보상비용에 대한 상대과목이 주식매수선택권이라는 자본항목이 아닌 미지급비용이라는 부채항목이 되어야 한다는 점에 주의한다.

행사

사례 13-7

갑회사는 100명의 종업원과 5년간 계속 근무하면 50원을 초과하는 보통주 1주의 가격에 대해 현금으로 지급하는 보상계약을 맺었다. 최종적으로 제5차연도말 90명의 종업원이 주식매수선택권을 가득하였는데 부채의 공정가치는 주당 15원이었다. 제6차연도말 보통주의 가격은 70원이 되었고 50명의 종업원이 권리를 행사하여 1인당 20원이 지급되었다.

현금결제형 주식매수선택권의 경우에는 부채의 공정가치를 결제일까지 재측정한다. 결제일의 보통주 시가가 70원이므로 부채의 공정가치는 주당 20원이다. 제6차연도말 행사 직전 보통주 시가를 반영하여 부채의 공정가치를 재측정한 후에 권리를 행사한 것으로 보면 제6차연도말 해야 할 분개는 다음과 같다.

재측정	차) 보상비용	450	대) 미지급비용	450
행사	차) 미지급비용	1,000	대) 현금	1,000

2) 법인세법과 세무조정

현금결제형 주식보상의 경우에도 법인세법상 적격과 비적격으로 구분한다. 법인세법상 적격인 경우에는 현금지급액만큼 인건비로 손금에 산입된다. 따라서 가득기간 중 결산상 계상한 보상비용은 손금에 불산입하고 유보로 처분하며 그 대신 행사시점에서 지급한 현금을 손금에 산입하여 △유보로 추인한다. 앞선 주식매수선택권의 경우와 달라진 것은 기타가 아닌 유보로 처분된다는 것이다. 그 이유는 이런 차이가 기업회계기준과 법인세법의 영구적 차이가 아닌 일시적 차이이기 때문이고 또한 미지급비용이라는 부채와 관련된 차이이기 때문이다.

만일 현금결제형 주식보상이 법인세법상 비적격이라면 결산상 계상한 보상비용은 손금에 불산입하고 유보로 처분한 후 행사시점에서 지급된 현금에 대해서는 일단 앞서 유보로 처분한 금액을 △유보로 추인한 후 다시 손금불산입하여 상여로 처분한다.

예제 13-5

㈜서울은 홍길동과 근로계약을 체결하고 제1차연도 중 향후 1년간 근무용역을 제공하는 대가로 회사주식 100주를 주당 300원에 구입할 수 있는 주식매수선택권을 부여하였다. 주식매수선택권을 행사하면 회사는 행사차익에 대해 현금을 지급한다. 부채의 공정가치는 제1차연도말에 주당 250원이고 행사일에는 주당 400원이다. 홍길동이 제2차연도 중 주식매수선택권을 행사함에 따라 ㈜서울은 40,000원을 지급하였다.

| 물음 1 | 주식매수선택권은 세법상 요건을 충족한다. K-IFRS에 따른 회계처리와 세무조정을 하시오.

| 물음 2 | 주식매수선택권은 세법상 요건을 충족하지 못한다. K-IFRS에 따른 회계처리와 세무조정을 하시오.

| 풀이 |

※ 주식매수선택권을 부여한 후 실제 주식을 교부하지 않고 현금을 지급하는 경우 즉 현금결제형 주식매수선택권은 보상비용 인식에 따라 미지급비용이 계상된다.

(물음 1)

(회계처리)

제1차연도말	차) 보상비용	25,000	대) 미지급비용	25,000
제2차연도(행사일)	차) 미지급비용	25,000	대) 현금	40,000
	보상비용	15,000		

(세무조정)

제1차연도말 익금산입 미지급비용 25,000원(유보)
제2차연도(행사일) 손금산입 미지급비용 25,000원(△유보)

(물음 2)

(회계처리) 물음 1과 동일하다.

(세무조정)

※ 현금보상의 경우에는 세법상 적격요건을 충족하지 못했다고 반드시 부당행위계산부인 규정을 적용받는 것은 아니다. 해당 보상이 적절한 경우에는 현금지급액을 보상으로 인정받을 수 있을 것이며 이 경우에는 적격요건을 충족한 것과 동일하다. 그러나 해당 보상이 업무의 성격상 과도하다면 부당행위계산부인 규정을 적용받고 다음과 같이 세무조정한다.

제1차연도말	익금산입 미지급비용	25,000원(유보)
행사일	손금산입 미지급비용	25,000원(△유보)
	익금산입 과다경비	40,000원(상여)

예제 13-6

제1차연도초 ㈜서울은 3년의 용역제공조건으로 종업원 10명에게 주식매수선택권을 1인당 10매씩 부여하였다. 주식매수선택권 행사 시에는 행사차익에 상당하는 현금이 지급된다. 용역제공기간 내 예상 퇴사자는 제1차연도말 3명으로 추정하고 제2차연도말 2명으로 추정하였으며 최종 9명이 주식매수선택권을 가득하였는데 이 중 3명이 제4차연도에 주식매수선택권을 행사하였고 나머지 6명은 제5차연도에 행사하였다. 주식매수선택권은 보통주 1주를 행사가격 600원에 매입하는 것이고 보통주 액면은 500원이다. 매연도말 ㈜서울 보통주의 시가는 다음과 같다. 부채의 공정가치는 주식매수선택권의 내재가치와 같다. 주식매수선택권은 세법상 요건을 충족한다고 가정하고 K-IFRS에 따른 회계처리와 세무상 손금에 산입해야 할 금액을 구하고 필요한 세무조정을 하시오.

제1차연도	제2차연도	제3차연도	제4차연도	제5차연도
750	720	780	840	810

| 풀이 |

(회계처리)

제1차연도	차) 보상비용	3,500	대) 미지급비용	3,500
제2차연도	차) 보상비용	2,900	대) 미지급비용	2,900
제3차연도	차) 보상비용	9,800	대) 미지급비용	9,800
제4차연도	차) 보상비용	5,400	대) 미지급비용	5,400
	차) 미지급비용	7,200	대) 현금	7,200
제5차연도	차) 미지급비용	1,800	대) 보상비용	1,800
	차) 미지급비용	12,600	대) 현금	12,600

(세무상 손금에 산입하는 금액)

※ 세무상으로 현금지급액을 다음과 같이 손금에 산입해야 한다.

연도	행사수량	시가	행사가격	행사차익	손금
제1차연도	−	750	600	150	−
제2차연도	−	720	600	120	−
제3차연도	−	780	600	180	−
제4차연도	30	840	600	240	7,200
제5차연도	60	810	600	210	12,600

(세무조정)

제1차연도 익금산입 미지급비용 3,500원(유보)
제2차연도 익금산입 미지급비용 2,900원(유보)
제3차연도 익금산입 미지급비용 9,800원(유보)
제4차연도 손금산입 미지급비용 1,800원(△유보)
제5차연도 손금산입 미지급비용 14,400원(△유보)

이번 장의 요약

1. 주식매수선택권의 기본형은 일정기간 동안 근로를 제공할 것을 조건으로 하고 행사가격에 새로운 주식을 취득할 수 있는 권리인데 주식매수선택권의 공정가치는 알려져 있는 것이다.
2. 기본 주식매수선택권이라면 기업회계기준에 따른 총보상비용은 권리부여일의 주식매수선택권의 공정가치에 가득 예상수량을 곱하여 구한다.
3. 기업회계기준에 따르면 기본 주식매수선택권에서 가득 예상수량은 실제 가득될 것으로 예상되는 주식매수선택권을 매연도말 합리적으로 추정한 것이다. 그리고 총보상비용을 가득기간에 걸쳐 비용으로 인식하고 이에 상응하는 자본의 증가를 인식한다. 그리고 가득일 이후에는 보상비용과 자본을 수정하지 않는다.
4. 기업회계기준에 따르면 기본 주식매수선택권이지만 주식매수선택권의 공정가치를 알 수 없다면 주식매수선택권의 내재가치로 공정가치를 대신한다. 내재가치는 매연도말 주식의 시가와 행사가격의 차이로서 측정한다. 이 경우에는 가득일 이후에도 내재가치 변동을 반영하여 보상비용을 수정한다.
5. 기업회계기준에 따르면 현금결제형 주식매수선택권은 상여금 지급의 한 형태로서 행사차익에 해당하는 현금을 지급하는 것이다. 현금결제형 주식매수선택권의 경우에는 주식매수선택권의 내재가치로 총보상비용을 결정하며 이에 상응하는 부채를 인식한다.
6. 법인세법상 주식매수선택권은 상법이나 세법의 요건을 갖춘 적격매수선택권과 그렇지 않은 비적격매수선택권으로 구분된다.
7. 법인세법상 적격매수선택권은 행사일의 행사차익에 상당하는 금액을 손금에 산입한다. 비적격매수선택권은 부당행위계산부인 규정에 따라 처리한다.
8. 적격매수선택권의 경우 법인세법은 손금산입시점과 총금액 면에서 기업회계기준과 다르다. 기업회계기준에서 자본의 증가로 인식하는 주식매수선택권이라면 법인세법과 기업회계기준의 차이는 영구적 차이이며 기업회계기준에서 부채의 증가로 인식하는 현금결제형 주식매수선택권이라면 법인세법과 기업회계기준의 차이는 일시적 차이이다.

| 찾아보기 |

| 저자소개 |

최기호

1981. 3.~1994. 2. 연세대학교 경영학과(경영학사, 경영학석사 및 경영학박사)
1989. 9.~2002. 2. 전주대학교 경영학부 교수
2002. 3.~현재 서울시립대학교 세무전문대학원 및 세무학과 교수

서울시립대학교 세무전문대학원장, 중앙도서관장 및 정경대학장 역임
공인회계사

회계기준과 세법

2022년 9월 15일 1판 1쇄 발행
2024년 1월 15일 1판 2쇄 발행

저 자 | 최기호
발행인 | 이수영
발행처 | 도서출판 청람
서울시 마포구 독막로 288(대흥동, 세양상가 109호)
전 화 | 02)3272-2601~2
팩 스 | 02)3272-2603
이메일 | crbooks@daum.net
홈페이지 | http://www.crbooks.co.kr
등 록 | 2000년 8월 26일 제6-0509호

ISBN 978-89-5972-893-0 93320 [정가 30,000원]

"이 저서는 2021년도 서울시립대학교 기초·보호학문 및 융복합 분야 R&D 기반 조성사업에 의하여 지원되었음"